Ralf Schwarzer

Streß, Angst und Hilflosigkeit

Die Bedeutung von Kognitionen und Emotionen
bei der Regulation von Belastungssituationen

Zweite, erweiterte Auflage

Verlag W. Kohlhammer
Stuttgart Berlin Köln Mainz

CIP-Kurztitelaufnahme der Deutschen Bibliothek

Schwarzer, Ralf:
Stress, Angst und Hilflosigkeit : d. Bedeutung von Kognitionen u. Emotionen bei d. Regulation von Belastungssituationen / Ralf Schwarzer. – 2., erw. Aufl. – Stuttgart ; Berlin ; Köln ; Mainz : Kohlhammer, 1987.
ISBN 3-17-009682-6

Zweite Auflage 1987
Alle Rechte vorbehalten
© 1981 Verlag W. Kohlhammer GmbH
Stuttgart Berlin Köln Mainz
Verlagsort: Stuttgart
Umschlag: hace
Gesamtherstellung:
W. Kohlhammer Druckerei GmbH + Co. Stuttgart
Printed in Germany

Inhalt

Vorwort 7

1. Streß 9
   1.1 Einführung 9
   1.2 Kritische Lebensereignisse 12
   1.3 Soziale Einbettung 25
   1.4 Streß und Gesundheit 31
   1.5 Zusammenfassung der theoretischen Position 40

2. Selbstaufmerksamkeit 47
   2.1 Selbstgerichtete Kognitionen 47
   2.2 Private und öffentliche Selbstaufmerksamkeit 49
   2.3 Selbstaufmerksamkeit als Persönlichkeitsmerkmal 53
   2.4 Experimentell ausgelöste Selbstaufmerksamkeit 57

3. Emotionen 62
   3.1 Einführung 62
   3.2 Der Ansatz von Schachter 63
   3.3 Der Ansatz von Izard 64
   3.4 Der Ansatz von Zajonc 65
   3.5 Der Ansatz von Weiner 67
   3.6 Der Ansatz von Plutchik 68
   3.7 Der Ansatz von Averill 72
   3.8 Der Ansatz von Mandler 73
   3.9 Der Ansatz von Lazarus 75

4. Angst 80
   4.1 Allgemeine Probleme 80

4.1.1	Zustand und Eigenschaft	80
4.1.2	Besorgtheit und Aufgeregtheit	87
4.1.3	Arten von Angst	89
4.2	**Leistungsangst**	**92**
4.2.1	Stand der Theoriebildung	92
4.2.2	Ängstlichkeit und Leistung in der Schule	100
4.2.3	Mathematik-Angst	106
4.2.4	Ängstlichkeit und Lernumwelt	111
4.2.5	Entwicklung der Leistungsängstlichkeit	117
4.2.6	Verminderung von Leistungsängstlichkeit	121
4.3	**Soziale Angst**	**126**
4.3.1	Verlegenheit	126
4.3.2	Scham	130
4.3.3	Publikumsangst	132
4.3.4	Schüchternheit	135
4.3.5	Gemeinsamkeit und Verschiedenheit sozialer Ängste	139
4.3.6	Adaptive Handlungen zur Überwindung sozialer Ängstlichkeit	144

5. Hilflosigkeit ... 147

5.1 Angst und Vorhersagbarkeit ... 147

5.2 Kontrollierbarkeit und Kontingenz ... 149

5.3 Hilflosigkeit in Leistungssituationen ... 156

5.4 Depressive Verstimmtheit ... 160
5.4.1 Kontrollverlust und Attribution ... 160
5.4.2 Selbstwerterhaltung durch Illusion von Kontrolle ... 164
5.4.3 Entstehungsbedingungen depressiver Verstimmtheit ... 166

5.5 Reaktanz und Hilflosigkeit ... 171

5.6 Kontrollverlust durch stellvertretende Erfahrung ... 177

5.7 Kompetenzerwartung in der Verhaltensmodifikation ... 185
5.7.1 Der theoretische Ansatz ... 185
5.7.2 Experimentelle Befunde ... 188

5.8 Die Erfassung individueller Unterschiede in Hilflosigkeit und Selbstwirksamkeit ... 195

5.9 Kontrollverlust bei Schülern ... 200

Literatur ... 207

Ausgewähltes Sachregister ... 244

Vorwort zur 2. Auflage

Die in diesem Buch erörterten theoretischen Konzepte haben in der psychologischen Fachdiskussion der letzten Jahre an Bedeutung gewonnen. Das »Selbst« ist als Gegenstand von vielen Sozialpsychologen und von kognitiv orientierten Emotions- und Motivationsforschern wiederentdeckt worden. »Selbstbezogene Kognitionen« stellen ein Bindeglied zwischen Streß, Angst, Hilflosigkeit und anderen Konzepten dar. Unter selbstbezogenen Kognitionen verstehen wir mehr oder weniger generalisierte, zeitstabile und strukturierte Gedanken, Vorstellungen, Bildepisoden, Schemata oder Modelle von der eigenen Person, die in bestimmten Situationen aktualisiert werden und eine handlungssteuernde Funktion übernehmen können. Dazu gehören z. B. auch die Einschätzung der eigenen sozialen Attraktivität oder situationsspezifische Kompetenzerwartungen.

Neue theoretische Überlegungen und empirische Untersuchungen haben die in der ersten Auflage dargestellten psychologischen Konzepte weiter ausdifferenziert (vgl. Bandura 1986; Lazarus & Folkman, 1984; Schwarzer 1984a, b; 1986a, b). Inzwischen sind fünf Bände der Buchreihe »Advances in Test Anxiety Research« erschienen, in der der fortgeschrittene Leser weiterführende Befunde und Gedanken finden kann (Schwarzer, Ploeg & Spielberger, 1982, 1987; Ploeg, Schwarzer & Spielberger, 1983, 1984, 1985). Ab 1988 erscheint unsere Zeitschrift »Anxiety Research: An International Journal« mit weiteren aktuellen Beiträgen.

Die erste Auflage bedarf jedoch in ihrer Funktion als einführendes Studienbuch keiner Revision, lediglich das Literaturverzeichnis wurde für die zweite Auflage aktualisiert, wofür ich meinen Mitarbeitern Harald Grothe, Holger Liebig und Mary Wegner zu Dank verpflichtet bin.

Berlin, im Januar 1987   *Ralf Schwarzer*

1. Streß

1.1 Einführung

Jeder kennt aus eigener Erfahrung die Alltagsbedeutung des Wortes Streß. Da kommen Belastungen auf jemanden zu, man fühlt sich durch etwas beansprucht oder überbeansprucht und ist sich nicht sicher, ob man damit zurechtkommen wird, d. h. ob man die Situation mittels eigener Kräfte optimal in den Griff bekommen wird. Dabei entstehen Unruhe, Erregung, Nervosität und Angst. Unter Streß verhalten wir uns anders als sonst. Wir strengen uns mehr an oder geben schnell auf, wir suchen aktiv nach Lösungen oder ziehen uns passiv in uns selbst zurück. Unser Erleben und Verhalten läßt sich nicht eindeutig aufgrund einer gegebenen Streßsituation vorhersagen. Vielmehr handelt es sich bei Streß um einen Prozeß, der sowohl von situativen als auch von personalen Merkmalen wechselseitig bestimmt wird. Kritische Lebensereignisse oder alltägliche Dauerbelastungen stellen situative Anforderungen dar, die nach einer angemessenen Antwort verlangen. Der Mensch wird zu einer Anpassungsleistung aufgefordert, für die ihm einige Persönlichkeitsmerkmale hilfreich und andere abträglich sein können. Gute und schlechte Anpassungsleistungen entstehen im Verlauf der Auseinandersetzung des Individuums mit seiner jeweiligen Umwelt. Dabei werden Erfahrungen gewonnen, Kompetenzen aufgebaut und Umweltgegebenheiten gemäß den eigenen Bedürfnissen verändert. In diesem Sinne ist Streß die Grundlage für geistig-seelisches Wachstum. Der Streßbegriff ist offenbar sehr allgemein, lediglich abstrakt beschreibend statt erklärend und ebensogut ersetzbar durch Begriffe wie Belastungsregulation oder adaptive Person-Umwelt-Auseinandersetzung. Die Ursache für diesen hohen Allgemeinheitsgrad ist auch in der Geschichte dieses Begriffs zu suchen. Ursprünglich bezog er sich vor allem auf spezifische Reaktionsweisen des Menschen im physiologischen und emotionalen Bereich (Selye 1956). Später interessierte man sich besonders für die auslösenden Reizsituationen, die man Stressoren nennt. Heute meinen wir mit Streß die prozeßhafte wechselseitige Person-Umwelt-Auseinandersetzung, wofür insbesondere die Arbeiten von Lazarus (1966, 1980) bedeutsam sind. Er definiert: »Stress is any event in which environmental or internal demands tax or exceed the adaptive resources of an individual, social system, or tissue system« (Lazarus/Launier 1978, 296). Demnach müssen die eigenen Fertigkeiten und Fähigkeiten, mit denen man sich normalerweise die Umwelt verfügbar macht, von irgendwelchen Anforderungen übertroffen oder zumindest in Frage gestellt werden. Diese Anforderungen können seitens der Umwelt oder seitens der eigenen Person geltend gemacht werden (zum Beispiel selbstgesetzte Ansprüche). Der daraus resultierende Streß muß sich nicht unbedingt nur auf den einzelnen Menschen beziehen. Der Begriff ist vielmehr so allgemein, daß auch soziale Systeme oder Gewebesysteme unter Streß stehen können.

Wie läßt sich diese Streßdefinition auf konkrete Situationen anwenden? Auf das Individuum strömen Reize ein, die selektiv wahrgenommen werden. Es handelt sich hier um kognitive Vorgänge, bei denen zunächst ausgewählt wird, welche Reize überhaupt in die Phase der bewußten Informationsverarbeitung gelangen und wie diese anschließend eingestuft werden. Die vom Subjekt als relevant wahrgenommenen Reize lassen sich in die positiv-ungefährlichen und die streßvollen aufgliedern. Nur solche, die als streßvoll eingestuft werden, bilden den Ausgangspunkt für einen Bewältigungsprozeß, also eine Streßphase. Ein Schüler, der das Schulheft aufschlägt, um mit den Hausaufgaben zu beginnen, ignoriert in diesem Augenblick die anderen anwesenden Reize wie zum

Beispiel die Zimmertemperatur, den gefüllten Bauch, die Musik im Hintergrund, das Ferienfoto an der Wand usw. Das Schulheft vermittelt ihm einen Reiz, den er bewußt wahrnimmt und als streßvolles Ereignis einstuft. Eine solche Information muß nicht unbedingt im negativen Sinne belastend wirken. Ein streßvolles Ereignis läßt sich nämlich auf verschiedene Weisen bewerten (Lazarus/Launier 1978): als Herausforderung, als Schaden beziehungsweise Verlust oder als Bedrohung. Würde der Schüler den Anblick von komplizierten Aufgaben als Herausforderung bewerten, dann würde er wahrscheinlich Anstrengung investieren. Dieser Sachverhalt wird auf differenziertere Weise in der Leistungsmotivationsforschung untersucht (Heckhausen 1980, Weiner 1980 b). Bewertet der Schüler dagegen die Aufgabe als Bedrohung, wird er ihr vielleicht aus dem Weg gehen oder sie verdrossen oder ängstlich in Angriff nehmen, sich von vielen anderen Reizen ablenken lassen und nur ein mangelhaftes Ergebnis erzielen. Wieso kann eine Hausaufgabe eigentlich als bedrohlich eingeschätzt werden? Die Erwartung eines Mißerfolgs kann zugleich die gedankliche Vorwegnahme einer Bloßstellung vor Mitschülern und einer negativen Beurteilung durch Lehrer und Eltern mit sich bringen. Damit ist eine Erniedrigung der Selbstachtung verbunden. In diesem Sinne sind also Bedrohungen in leistungsbezogenen Streßsituationen meistens Selbstwertbedrohungen. Eine andere Art von Bedrohung bezieht sich auf die körperliche Unversehrtheit (zum Beispiel angesichts einer kritischen Situation im Straßenverkehr, einer bevorstehenden chirurgischen Operation oder einer körperlichen Bestrafung). Der Vorgang der Einschätzung eines streßrelevanten Ereignisses als bedrohlich, schädigend oder herausfordernd wird auch die erste Bewertungsstufe genannt. Demgegenüber steht die zweite Bewertungsstufe, auf der das Individuum seine Gegenkräfte einschätzt, die der Bewältigung der Umweltanforderungen dienen. Gemäß der Streßdefinition kommt es hierbei darauf an, ob die adaptiven Ressourcen des Individuums den Umweltanforderungen standhalten können. Danach wird der Bewältigungsprozeß eingeleitet. Zum Streß gehören sowohl die beiden Bewertungsstufen als auch der Bewältigungsprozeß. Überschreiten die adaptiven Ressourcen die Umweltanforderungen, ist die Streßphase sofort zu Ende. Würde in unserem Beispiel der Schüler seine Gegenkräfte als erheblich höher einschätzen als die situativen Anforderungen, würde er sich möglicherweise gar nicht erst mit den Aufgaben auseinandersetzen beziehungsweise sie routinemäßig erledigen. Wird er seine Gegenkräfte als zu gering einschätzen, dann wird er in irgendeine Form der Bewältigung einsteigen müssen.
Was sind nun adaptive Ressourcen? Damit sind die Fertigkeiten und Fähigkeiten gemeint, über die das Individuum zu verfügen glaubt. Der Betroffene kann hier ganz andere Einschätzungen vornehmen als die außenstehenden Beobachter. Sowohl bei der Bewertung der Umweltanforderungen als auch bei der Bewertung der eigenen Kapazitäten kommt es auf die subjektive Wahrnehmung und weniger auf die objektive Beschaffenheit der Reize und Ressourcen an. Subjektive Kompetenz, Umwelten regulieren zu können, ist daher erforderlich. Das Individuum muß sich selbst die Fähigkeit zuschreiben, mit einem gewissen Grad an Anstrengung oder Überwindung die anstehenden Probleme unter Kontrolle bringen zu können. Es muß erwarten, in einer bestimmten Situation persönlich wirksam sein zu können. Diese Überzeugung wird auch die Erwartung von Selbstwirksamkeit genannt (Bandura 1977, 1980). Der Schüler ist vielleicht davon überzeugt, daß er nicht über die nötige Kompetenz verfügt, um die ihm gestellten Aufgaben in angemessener Zeit richtig lösen zu können. Diese negative Kompetenzerwartung ist dann sicher nicht unbegründet, wenn er in den letzten Monaten immer wieder die Erfahrung gemacht hat, daß seine Anstrengungsversuche ohne Erfolg geblieben sind, während seine Mitschüler bei weniger Anstrengungsaufwand bessere Ergebnisse erzielt haben. Nachdem der Schüler zu der Auffassung gekommen ist, daß

er die ihm gestellten Aufgaben aufgrund mangelnder Kompetenz nicht lösen kann, tritt er in die Phase der Bewältigung ein, das heißt er muß irgend etwas denken oder tun, um entweder sich oder die Situation zu verändern. Er hat dabei eine Reihe von Möglichkeiten. Zunächst kann er die erste Bewertungsstufe wiederholen, indem er sich fragt, ob er nicht vielleicht den Schwierigkeitsgrad der Aufgaben überschätzt hat. Er kann auch die zweite Bewertungsstufe wiederholen, indem er sich fragt, ob er nicht vielleicht seine spezifische Kompetenz zu niedrig eingeschätzt hat und sein Versagen darauf zurückzuführen ist, daß er immer zu früh aufgegeben hat. Er kann auch mehr Informationen über die Umweltanforderungen einholen, indem er den Ursachen für die angebliche Schwierigkeit der Aufgaben nachgeht (vielleicht gibt es ein Buch, das die Aufgaben verständlicher erklärt, oder vielleicht sind die letzten Aufgaben leichter als die ersten, so daß man von hinten beginnen sollte, um sich einzuarbeiten). Er kann auch aktiv handeln, indem er mehr Zeit für die Arbeit einplant und eine Strategie zurechtlegt, wie man Ablenkungen vermeidet. Eine Variante davon wäre die Nutzung von externen Ressourcen. Er könnte sich einem leistungsbesseren Mitschüler anvertrauen und ihn um Hilfe bitten, bis er allein zurechtkommt. Das Ersuchen um Hilfe ist ein zweischneidiges Schwert, weil damit der Mangel an eigenen Kompetenzen unterstrichen wird. Außerdem kann damit eine Selbstenthüllung verbunden sein, die manchmal schwerfällt, wenn sie der gewohnten Selbstdarstellung zuwiderläuft. Es wird aber ersichtlich, daß der Rückgriff auf fremde Hilfe manchmal eine angemessene Bewältigungsform sein kann. Die subjektiv wahrgenommenen Ressourcen beziehen sich also nicht nur auf eigene Kompetenzen und Fertigkeiten, sondern auch auf das Vorhandensein eines sozialen Netzwerkes, das zur Unterstützung bereitsteht.

Der Bewältigungsvorgang besteht aus Informationsverarbeitung und instrumenteller Aktion, also aus Denken und Handeln. Dabei sind aber auch solche Prozesse nicht ausgeschlossen, die unterhalb der Bewußtseinsschwelle verlaufen und die Funktion von Abwehrmechanismen wahrnehmen. Weiterhin ist zu beachten, daß dieser Vorgang von Emotionen begleitet wird. Im Falle einer Auseinandersetzung mit einem streßrelevanten Ereignis, welches als bedrohlich eingeschätzt wird, tritt Angst auf. Dagegen handelt es sich im Falle einer Herausforderung eher um eine produktive Erregung oder Gespanntheit und im Falle von Schaden bzw. Verlust eher um Traurigkeit und Niedergeschlagenheit. Der Schüler, der Mißerfolg erwartet und eine Selbstwertbedrohung erlebt, wird während der Bewältigung ängstlich erregt sein. Die Begleitemotion wird ihrerseits zu einer Informationsquelle. Der Schüler spürt seine Angst und entnimmt daraus die Gewißheit, daß seine Kompetenz nicht ausreicht, um die Aufgaben zu lösen. Angst enthält die Information, daß die eigenen Ressourcen die Umweltanforderungen nicht zu überschreiten vermögen. Die Erwartung von Selbstwirksamkeit dürfte im allgemeinen mit Angst nicht vereinbar sein.

Streß läßt sich also als ein Kräftespiel von Person und Umwelt darstellen, wobei beide Seiten aus der Perspektive des Betroffenen zu sehen sind. Die Verarbeitung von Information ist zentral für den Streßvorgang, sowohl für die Bewertungsstufen (appraisals) als auch für die Bewältigungsphase (coping). Es handelt sich daher vor allem um eine kognitive Auseinandersetzung des Ich mit den Ansprüchen der Außenwelt (manchmal auch der Innenwelt). Dabei verändern sich Person und Umwelt im Fluß des Geschehens. Nach jedem Erkenntnis- oder Regulationsschritt haben sich beide Seiten aufgrund gegenseitiger Beeinflussung zumindest geringfügig verändert. Ein solcher Vorgang heißt Transaktion.

1.2 Kritische Lebensereignisse

Der Lebenslauf des Menschen stellt eine Auseinandersetzung mit einer Vielzahl von kritischen Ereignissen dar. Leben und Streß werden daher manchmal gleichgesetzt: die völlige Abwesenheit von Streß ist der Tod (Selye 1974, 32). Kritische Ereignisse in diesem Sinne sind nicht nur die spektakulären Vorfälle wie Krankheiten, Arbeitslosigkeit, Unfälle, Verlust von Angehörigen, Schwangerschaft usw., sondern auch die alltäglichen, normalen Umstände (soziale Konflikte, Termindruck, Frustrationen).
Ein Ereignis ist dann kritisch, wenn es subjektiv als belastend empfunden wird. Die Forschung befaßt sich vor allem mit den größeren Ereignissen, die von allen Menschen als belastend empfunden werden (Dohrenwend/Dohrenwend 1974, 1978). Dazu können auch solche lebensverändernden Ereignisse zählen, die als positiv bewertet werden wie Eheschließung, beruflicher Aufstieg und Geburt eines Kindes.
Ursprünglich reihte sich diese Forschung in das Stressoren-Konzept ein, bei dem es darum ging herauszufinden, welche Reize aus der Umwelt für den Menschen belastend sind. Zusammenhänge zwischen Krankheitsentstehung und Krankheitsverlauf mit verschiedenen Lebensereignissen wurden ermittelt. Dabei wurde die Person häufig als passives Opfer von situativen Umständen angesehen. Viele kritische Lebensereignisse fügen sich jedoch nicht in dieses Bild. Der Mensch ist ein aktives, seine Umwelt explorierendes Wesen, indem er absichtlich und systematisch Situationen aufsucht, dabei Risiken eingeht und Herausforderungen annimmt. Viele kritische Ereignisse sind daher ein kalkulierbares Produkt der Lebensführung. Verschiedene Individuen werden mit unterschiedlicher Wahrscheinlichkeit mit solchen Ereignissen konfrontiert. Diese Auffassung entspricht der transaktionalen Streßkonzeption.
Die diagnostische Erfassung von lebensverändernden Ereignissen und deren Wirkungen auf Wohlbefinden, Gesundheit, Leistung und Sozialverhalten erfolgt normalerweise mit Hilfe von Fragebogenverfahren. Lebensereignisse werden zum Beispiel erfragt mit dem Life Experiences Survey (LES) von Sarason, Johnson und Siegel (1978). Dabei werden zwei Aspekte unterschieden: die Anzahl von Ereignissen und deren subjektiver Wirkungsgrad. Gefragt wird, welche von 57 vorgegebenen Ereignissen in der letzten Zeit aufgetreten sind und als wie beeinträchtigend oder positiv diese empfunden worden sind. Beispiele daraus sind Heirat, Tod eines Familienmitgliedes, Gesetzesübertretung, Schwangerschaft, Schwierigkeit mit Vorgesetzten, Scheidung, Geldverlust, Arbeitslosigkeit, Krankheit, Hausbau, Studienbeginn usw. Zusammenhänge mit Angst, Depression und Gesundheitsbeschwerden sind gefunden worden, jedoch sind die Ergebnisse uneinheitlich.
Wir erproben zur Zeit eine Kurzform dieses Fragebogens, bei der wir uns auf vierzehn Ereignisse beschränken, die allgemein als negativ und belastend empfunden werden (Tab. 1).

Tab. 1: Kurzfragebogen zur Erfassung und Einschätzung von Lebensereignissen

Nun folgt eine Liste mit Ereignissen, die manchmal das Leben verändern. Bitte kreuzen Sie diejenigen Ereignisse an, die Sie selbst kürzlich erlebt haben, und geben Sie an, in welchen Zeitraum das Ereignis gefallen ist.
Außerdem bitten wir Sie einzuschätzen, wie stark Sie von jedem Ereignis persönlich getroffen worden sind. Eine Einschätzung von Null bedeutet, daß das Ereignis für Sie gleichgültig oder positiv gewesen ist. Eine Einschätzung von 4 sagt aus, daß Sie seelisch extrem negativ belastet worden sind.

	0 bis 6 Monate zurück	7 bis 12 Monate zurück	gleichgültig oder positiv 0	kaum negativ 1	ziemlich negativ 2	sehr negativ 3	extrem negativ 4
1. Streit mit Ehepartner, Nachbarn oder Verwandten	0	0	0	0	0	0	0
2. Tod des Ehepartners	0	0	0	0	0	0	0
3. Tod eines anderen Familienmitgliedes	0	0	0	0	0	0	0
4. Tod eines Freundes	0	0	0	0	0	0	0
5. Tod eines geliebten Tieres	0	0	0	0	0	0	0
6. Umzug in eine andere Wohnung	0	0	0	0	0	0	0
7. Krankheit	0	0	0	0	0	0	0
8. Krankheit einer nahestehenden Person	0	0	0	0	0	0	0
9. Schlaflosigkeit und Schlafstörungen	0	0	0	0	0	0	0
10. Vorladung vor Gericht oder Festnahme durch Polizei	0	0	0	0	0	0	0
11. Finanzielle Schwierigkeiten	0	0	0	0	0	0	0
12. Ehescheidung	0	0	0	0	0	0	0
13. Religiöse Probleme	0	0	0	0	0	0	0
14. Probleme mit Eßgewohnheiten (z. B. Übergewicht)	0	0	0	0	0	0	0

Empirische Befunde, die über die Bewährung dieses Instruments Auskunft geben könnten, liegen noch nicht vor. Historisch gehen Verfahren solcher Art auf die »Social Readjustment Scale« von Thomas Holmes und Richard Rahe (1967) zurück, die jetzt in deutscher Übersetzung vorliegt (1980). Die Skala ist sehr oft angewandt, aber auch heftig kritisiert worden (Katschnig 1980).
Ein anderer Ansatz, die subjektive Belastung von Lebensereignissen zu erfassen, wird von Horowitz, Wilmer & Alvarez (1979) verfolgt. Sie entwickelten eine Skala, bei der es vor allem auf die Kognitionsinhalte ankommt, die mit einer Beeinträchtigung oder mit Vermeidungshandlungen verbunden sind. 66 Erwachsene, die nach einem kritischen Lebensereignis Streßsymptome erlebten und daraufhin die psychosomatische Klinik aufsuchten, gaben anhand von ursprünglich 20 Aussagen an, wie sie sich fühlten. Aufgrund der statistischen Analyse wurde die »Impact of Event« – Skala zusammengestellt (Tab. 2), die aus zwei Unterskalen besteht, nämlich »Beeinträchtigung« (Items 1, 4, 5, 6, 10, 11, 14) und »Vermeidung« (Items 2, 3, 7, 8, 9, 12, 13, 15). Die Gültigkeit der Skala wurde in einer Untersuchung demonstriert, an der 32 der 66 Patienten teilnahmen. Sie

erhielten eine individuelle Kurztherapie von durchschnittlich 11 Wochen (4–31 Wochen). Davor und danach wurde die Skala eingesetzt. Ein Vergleich jedes der 15 Items zu beiden Zeitpunkten ergab in allen Fällen eine signifikante Verringerung der subjektiven Belastung.

Tab. 2: Impact of Event-Skala von Horowitz, Wilmer & Alvarez (1979)

Am ____ erlebten Sie ____
   Datum   Lebensereignis

Im folgenden sind Aussagen aufgeführt, die von Menschen stammen, die ein kritisches Lebensereignis erlebt haben. Bitte kreuzen Sie bei jeder Aussage an, wie häufig sie innerhalb der letzten 7 Tage aufgetreten ist. Wenn ein solcher Kommentar während dieser Zeit nicht aufgetreten ist, dann kreuzen Sie bitte die Spalte »überhaupt nicht« an.

	überhaupt nicht	selten	manchmal	oft
1. Ich dachte daran, wenn ich nicht daran denken wollte.	0	0	0	0
2. Ich unterdrückte meine Aufregung, wenn ich daran dachte oder erinnert wurde.	0	0	0	0
3. Ich versuchte, es aus meiner Erinnerung zu löschen.	0	0	0	0
4. Ich hatte Mühe einzuschlafen oder durchzuschlafen, weil mir Bilder davon oder Gedanken daran durch den Kopf gingen.	0	0	0	0
5. Ich hatte deswegen starke Gemütsbewegungen.	0	0	0	0
6. Ich habe davon geträumt.	0	0	0	0
7. Ich blieb allem fern, was mich daran erinnerte.	0	0	0	0
8. Mir kam es vor, als wäre es nicht wahr oder als wäre es gar nicht passiert.	0	0	0	0
9. Ich versuchte, nicht darüber zu sprechen.	0	0	0	0
10. Bilder davon drängten sich mir in die Vorstellung.	0	0	0	0
11. Ich mußte bei allen Gelegenheiten daran denken.	0	0	0	0
12. Mir war zwar bewußt, daß ich noch gefühlsmäßig damit zu tun hatte, aber ich kümmerte mich nicht darum.	0	0	0	0
13. Ich versuchte, nicht daran zu denken.	0	0	0	0
14. Jeder Gedanke daran brachte Gefühlsregungen mit sich.	0	0	0	0
15. Meine Gefühle darüber waren wie betäubt.	0	0	0	0

Die Erforschung kritischer Lebensereignisse läßt bisher noch viele Fragen offen. Die Quantifizierung mehrerer eingetretener Ereignisse durch Angabe eines globalen Kennwertes führt offensichtlich zu einer Simplifizierung des Problems. Bei der Weiterverarbeitung von Daten, die mit Skalen zur Erfassung von Lebensereignissen gewonnen werden, muß man darauf achten, daß man auch auf der Itemebene weiterrechnet, so daß keine Information verlorengeht. Weiterhin ist es ein Problem, das Ereignis in Beziehung zu den Erwartungen zu setzen. Ein Ereignis ist oftmals nur deswegen stark subjektiv belastend, weil es völlig erwartungswidrig eintritt und daher in der Vorbereitungsphase keine Bewältigungskompetenz aufgebaut werden konnte. Daraus ergibt sich die Notwendigkeit, den Grad der Gewißheit des Eintretens von Ereignissen und die Zeitspanne, die zur Vorbereitung hätte dienen können, mit zu berücksichtigen. Außerdem ist zu überlegen, inwieweit das Nichteintreten von normalen Ereignissen ebenfalls als kritisches Ereignis gewertet werden kann. Wenn z. B. die Karriere nicht fortgesetzt wird, weil die routinemäßige Einstellung oder Beförderung nicht vorgenommen wird, so ist das Nichteintreten dieses erwarteten Ereignisses ausschlaggebend für die psychosoziale Belastung. Dies kann z. B. auch dann gegeben sein, wenn eine Frau erwartungswidrig nicht heiratet. Das Ausbleiben von normalen Ereignissen wäre demnach möglicherweise ein belastender Dauerzustand. Entscheidend ist hier der Zusammenhang zwischen der Erwartung und dem Ausbleiben.

Untersuchungen zu Lebensereignissen müssen altersspezifisch vorgenommen werden, da in verschiedenen Phasen des Lebens unterschiedliche Ereignisse wahrscheinlich sind und unterschiedliche Bedeutungen haben können. So ist es wichtig zu wissen, ob Kinder eine von Erwachsenen abweichende Einschätzung kritischer Ereignisse vornehmen und in welchem Maße überhaupt Umweltanforderungen als beeinträchtigend erlebt werden. Aufschluß darüber gibt eine Untersuchung von Yamamoto (1979), der 20 kritische Ereignisse zusammenstellte und diese Liste von 367 Kindern in der 4., 5. und 6. Klasse bearbeiten ließ. Für jedes Ereignis war anzugeben, ob es schon einmal persönlich erlebt worden war. Außerdem schätzten die Kinder ein, wie belastend es für sie war bzw. wäre, falls es in der Zukunft einträte. Dafür stand eine siebenstufige Skala zur Verfügung mit den Endpunkten 1 (= am wenigsten beunruhigend) und 7 (= am meisten beunruhigend). Die Ergebnisse werden in Tabelle 3 dargestellt. Die Liste ist nach dem Grad der durchschnittlichen Belastung geordnet. Erblinden, Sitzenbleiben und Einnässen kommen in dieser Stichprobe sehr selten vor und werden als sehr beunruhigend eingeschätzt, während elterliche Auseinandersetzungen und Verdächtigungen (als Lügner) sehr häufig und als bedrohlich erlebt werden. Nach Angaben des Autors stimmen die Einschätzungen bezüglich Sitzenbleiben und Tod eines Elternteils mit entsprechenden Fremdeinschätzungen durch Lehrer überein. Dagegen unterschätzten

Tab. 3: Einschätzung von 20 kritischen Ereignissen durch Kinder

Ereignis	Skalenwert	Erfahrungsanteil in %
Geburt eines Geschwisters	1.27	25.6
Vor der Klasse etwas vortragen	2.58	68.1
Zum Zahnarzt gehen	2.73	77.7
In einem Wettspiel verlieren	3.16	81.2
Als letzter in eine Mannschaft gewählt werden	3.30	49.6
Nicht alle Aufgaben lösen können	3.75	83.1
Ein Alptraum	4.08	76.6
In eine andere Schule überwechseln	4.60	42.8
Von der Klasse ausgelacht werden	5.28	46.9
Sich verlaufen	5.49	56.1
Sich einer Operation unterziehen	5.51	30.5
Sich beim Direktor melden müssen	5.75	42.0
Eine Klassenbucheintragung	6.23	46.0
Als Lügner verdächtigt werden	6.53	82.3
Beim Diebstahl ertappt werden	6.63	12.3
Handgreiflichkeiten zwischen den Eltern	6.71	64.0
In der Klasse einnässen	6.74	6.0
Sitzenbleiben	6.82	10.9
Erblinden	6.86	4.1
Tod eines Elternteils	6.90	20.2

Lehrer die Belastung durch elterliche Auseinandersetzungen und überschätzten die Belastung durch die Geburt eines Geschwisters.

Die subjektive Wahrnehmung der Belastung durch ein kritisches Lebensereignis ist nach der Theorie von Lazarus die erste Bewertungsstufe im Streßverlauf. Das Individuum prüft damit, ob die Umweltanforderung als bedrohlich, schädigend oder herausfordernd anzusehen ist. Dieser Vorgang läßt sich in der Realität nicht trennen von der zweiten Bewertungsstufe, auf der die eigenen Bewältigungsressourcen überprüft werden. Man darf sich das nicht so vorstellen, daß immer im zeitlichen Verlauf zuerst bestimmt würde, ein Ereignis sei eine Gefahr für das Selbst, und anschließend nachgeforscht würde, ob eine situationsspezifische Regulationskompetenz verfügbar sei. Die beiden Bewertungsaspekte (appraisals) greifen ineinander. Ist zum Beispiel eine Studentin grundsätzlich davon überzeugt, über eine hohe Sprachgewandtheit in Verbindung mit solidem Fachwissen zu verfügen, wird sie von vornherein einer akademischen Prüfung zuversichtlicher entgegensehen, als wenn sie in dieser Hinsicht Selbstzweifel hegen würde. Die im Laufe des Lebens vorgenommenen Einschätzungen von Umweltereignissen und eigenen Kompetenzen schlagen sich allmählich als überdauernde Überzeugungen nieder, welche das Individuum in neue Situationen hineinträgt und auf Abruf bereithält. Dazu treten allerdings noch andere Persönlichkeitsmerkmale und situative Gegebenheiten, die den Verlauf des Bewältigungsprozesses beeinflussen können.

Die Art und Weise der Bewältigung (coping) von kritischen Lebensereignissen wirft ein Licht auf beide Einschätzungsrichtungen, also auf die Anforderungsstärke und das situationsspezifische Selbstvertrauen. Zum Beispiel kann eine Studentin vor der Prüfung auf eine aktive Auseinandersetzung mit dem anstehenden Problem verzichten, indem sie sich ablenkt und betäubt. Der Griff zu Alkohol und Fernsehen löst die Probleme nicht, sondern schiebt sie auf. Die Studentin müßte sich aus der Sicht des Beobachters eigentlich instrumentell mit den Umweltanforderungen auseinandersetzen, indem sie entweder mehr Anstrengung investiert oder nach anderen Strategien sucht wie zum Beispiel Unterstützung durch gleichermaßen Betroffene. Ein Patient vor der Operation dagegen hat objektiv kaum eine andere Möglichkeit, seine ängstliche Erregung zu dämpfen, als nach einem Beruhigungsmittel zu verlangen. Er kann oder will das kritische Ereignis, welches ihn zur Passivität verurteilt, nicht abwenden. Bewältigungsversuche, die sich auf die eigene Person bzw. die Emotion richten, können daher durchaus angemessen sein. Sie lindern den Streß und geben dem Individuum die Möglichkeit, in Ruhe Entscheidungen über ein späteres aktives Eingreifen zu treffen und den dafür günstigsten Zeitpunkt zu wählen. Es wäre verfehlt, als außenstehender Beobachter mit moralischen Maßstäben über eine Copingstrategie zu urteilen und den Grad der Realitätsangepaßtheit als Richtschnur zu nehmen.

Es gibt zu diesem Punkt allerdings unterschiedliche Auffassungen (vgl. Haan 1977). Lazarus und Launier (1978, 316) unterscheiden wertneutral vier Arten von Bewältigung: Informationssuche, direkte Handlung, Unterdrückung von Handlung und intrapsychisches Coping. Sie können sich sowohl auf die Regulation des Problems als auch auf die Regulation der emotionalen Erregung beziehen. *Informationssuche* kann eine instrumentelle Funktion haben, indem Voraussetzungen für eine Handlung geschaffen werden, mit der sich das Problem lösen läßt. Zum Beispiel könnte die Studentin vor der Prüfung sich erkundigen, wann der Prüfer Sprechstunde hat, um ihn vorher aufzusuchen. Informationssuche kann aber auch emotionsgerichtet sein, indem man nur solche Information zusammenträgt, die den augenblicklichen Gefühlszustand verbessert. Zum Beispiel kann die Studentin sich überlegen, daß wohl die meisten Menschen abends fernsehen und Alkohol trinken und daß demnach ihr Verhalten ganz in

Ordnung sei. *Direkte Handlungen* dienen dazu, die jeweilige Person-Umwelt-Transaktion auf instrumentelle Weise zu verändern, indem man eingreift, arbeitet, entscheidet, Kontakte herstellt usw. Aber auch das Einnehmen von Tabletten oder das systematische Entspannen anstelle von Anstrengung sind direkte Handlungen. Sie dienen der Regulation von Emotionen. *Die Unterdrückung von Handlungen* ist ein Spezialfall der direkten Handlung. Wenn man etwas tut, unterläßt man gleichzeitig etwas anderes. Instrumentelle Unterdrückung einer Gewohnheit wäre zum Beispiel der Verzicht auf das Rauchen angesichts einer gesundheitlichen Bedrohung. Dagegen würde man seine Emotionen regulieren, wenn man eine belastende Auseinandersetzung zum Zweck der Erholung unterbricht. *Intrapsychisches Coping* ist zum Beispiel dann instrumentell, wenn man Selbstbeobachtungen vornimmt, um sich seiner Kompetenz zu vergewissern. Es ist zum Beispiel dann emotionsregulierend, wenn man Abwehrmechanismen hervorruft oder wenn man sich auf regelgeleitete Übungssätze aus einem Entspannungstraining konzentriert.

Welche Art von Bewältigung stattfindet, hängt nach Lazarus und Launier unter anderem von vier Faktoren ab: dem Grad der Ungewißheit oder Unvorhersagbarkeit des Ereignisses, dem Grad der subjektiven Bedrohung, dem Grad der erwarteten Hilflosigkeit und dem Vorhandensein von Konflikten. Auf solche Einflußfaktoren wird später eingegangen.

Das Verhalten unter extremen Bedingungen gibt Aufschluß über den Charakter von Bewältigungsvorgängen. Soldaten im Krieg, verschüttete Bergarbeiter, Geiseln, Unfallopfer und Krebspatienten liefern durch ihr Verhalten ein Bild von der Verschiedenheit, mit der bei objektiv gleicher Situation Coping-Prozesse stattfinden. Extremer Streß mußte zum Beispiel von den Insassen der deutschen Konzentrationslager im 2. Weltkreig ertragen werden. Benner, Roskies und Lazarus (1980) erörtern solche Schicksale aus der Sicht ihres Coping-Ansatzes. Die Arbeit beruht wie die meisten dieser Art auf Erzählungen von Überlebenden sowie auf psychologischen Untersuchungen, die mit ihnen durchgeführt worden sind. Zunächst einmal wäre es falsch anzunehmen, die Überlebenden seien eine positive Auslese von Personen mit hoher Bewältigungskompetenz. Vielmehr war die Vernichtungsprozedur in den Konzentrationslagern weitgehend unabhängig von den Verhaltensweisen der Betroffenen. Gerade dieser Tatbestand verurteilte alle individuellen Bemühungen zur Aussichtslosigkeit. Es gab objektiv keine instrumentellen Aktivitäten, die geeignet waren, der Vernichtung zu entkommen. Die Beziehung zwischen eigener Anstrengung und dem Ergebnis (Leben oder Tod) war möglicherweise eine Zufallsbeziehung wie in den Hilflosigkeitsexperimenten, die Seligman (1975) mit Ratten durchgeführt hat. Das subjektive Wissen, über keine angemessenen Handlungsalternativen zu verfügen, stellte eine schwerwiegende Beeinträchtigung der Bewältigungsressourcen dar. Hinzu traten die gesundheitliche Schwächung, der Verlust des Berufes, des Eigentums und der Familienmitglieder. Dadurch hatten sie den extremen Umweltanforderungen wenig entgegenzusetzen. Die aktiven Problembewältigungsversuche der Insassen richteten sich daher vornehmlich auf untergeordnete Ziele. Sie handelten in der Weise, daß sie möglichst nicht der schlimmsten Arbeit zugeordnet und Strafen ausgesetzt wurden sowie möglichst wenig Hunger leiden mußten. Die Umweltregulation war somit erheblich eingeschränkt und mußte durch Emotionsregulation kompensiert werden. Manche träumten von der Wiedergutmachung nach dem Krieg und hofften, daß sie für ihr Leid entschädigt werden würden. Später stellte sich diese Hoffnung als Illusion heraus. Die Überlebenden mußten erkennen, daß ihre Familien umgekommen waren und sie weder beruflich noch materiell in ihre ehemaligen Positionen zurückkehren konnten. Diejenigen, die nach Israel auswanderten, fanden dort nicht das gelobte Land sondern Zeltstädte, in denen sie durch schwere Arbeit und unter äußerer Bedrohung eine bescheidene Existenz aufbauen mußten. Die während der Lagerzeit erworbenen Bewältigungstechniken waren in dieser neuen Situation nicht mehr adaptiv und führten zu Verhaltensschwierigkeiten, ein Sachverhalt, der übrigens auch bei aus Vietnam heimgekehrten Soldaten gefunden wurde. Die durch den Streß verursachte gesundheitliche Schwächung behinderte auch später eine effektive Umweltregulation. Ein Zeichen dafür sind die Mortalitätsraten, die bei ehemaligen Lagerinsassen höher als bei der entsprechenden Altersgruppe ohne extremen Streß lagen. Die häufigste Todesursache bei diesen Menschen waren während der ersten zehn Jahre Infektionskrankheiten, die entweder ihren Ursprung in der Lagerzeit hatten oder die später auftraten und möglicherweise nur deswegen tödlich verliefen, weil das Immunsystem keinen normalen Widerstand zu leisten vermochte. Daneben ist zu vermuten, daß die Überlebenden an Selbstvertrauen verloren hatten und ohne die Überzeugung lebten, selbst Meister ihres Schicksals zu sein. Das Überleben konnte nicht als persönliches Verdienst interpretiert werden, sondern eher als ein Glücksfall. Das trägt nicht zur Stabilisierung eines Konzeptes eigener Bewältigungsfähigkeit bei.

Dieses Problem ist auch im Zusammenhang mit anderen extremen Streßsituationen aufgegriffen worden. So wird zum Beispiel angenommen, daß Kriegsgefangene während und nach dieser Streßphase dazu neigen, Depressionen, Ängste und ein geringes Selbstvertrauen zu entwickeln. Auf der anderen Seite ist mehrfach festgestellt worden, daß ein Teil von ihnen auf Befragung angibt, von dieser extremen Belastung persönlich profitiert und mehr Einsicht in ihr Selbst gewonnen zu haben. Sledge, Boydstun und Rabe (1980) referieren entsprechende Befunde und fügen Daten einer eigenen Untersuchung hinzu, nach der 61 % der befragten Soldaten (135 von 221) über positive seelische Veränderungen berichteten, die sich auf die Selbstwerteinschätzung und Selbsterkenntnis bezogen. Es handelte sich um Piloten, die in Indochina abgeschossen und gefangengehalten worden waren. In einer Kontrollgruppe von Piloten, die ebenfalls dort eingesetzt waren und nicht abgeschossen und gefangen wurden, berichteten dagegen nur 32 % über positive Persönlichkeitsveränderungen. Die 135 Soldaten waren optimistischer, glaubten, mehr über sich selbst zu wissen und das Wesentliche von dem Unwesentlichen unterscheiden zu können. Im sozialen Bereich kamen sie angeblich besser zurecht und schrieben sich Geduld, Verständnis und Wertschätzung gegenüber anderen Menschen zu. Diese Untergruppe bestand zugleich aus solchen Personen, die besonders extremen Belastungen ausgesetzt waren. Der Befund fügt sich offenbar in die Auffassung, Streß sei unter anderem auch eine Voraussetzung für persönliches Wachstum. Die Autoren räumen ein, daß auch psychische Abwehrmechanismen für die positiven Aussagen verantwortlich gemacht werden können, meinen jedoch, es handele sich in jedem Fall um eine adaptive Anstrengung, das Beste aus einer Situation zu machen, die andernfalls unerträglich wäre. Die Gefangenen waren in einer ohnmächtigen Lage und hatten keine Handlungsalternativen zur Verfügung, mit denen sie ihre Umwelt hätten regulieren können. Sie hatten dadurch Gelegenheit, sich mit sich selbst zu befassen, in sich hineinzusehen und die Gedanken und Gefühle zu erforschen. Diejenigen, welche auf diesem Wege sehr reflexiv und introspektiv geworden sind, haben tatsächlich viel über sich gelernt und sind sich ihrer Persönlichkeit bewußt geworden. Wenn diese Interpretation richtig ist, haben wir es hier mit dem Nachweis für die Entstehung von Selbstaufmerksamkeit durch Hilflosigkeit zu tun. Die Kausalkette würde demnach so aussehen:

1. Erzeugung einer Situation der objektiven Ohnmacht durch Gefangennahme.
2. Erleben von Hilflosigkeit angesichts der wahrgenommenen Konsequenzenlosigkeit jeglichen Handelns.
3. Abwendung der Aufmerksamkeit von der Umwelt und Hinwendung auf das Selbst.

4. Gewinnung von systematischen Erkenntnissen über die eigene Person.
Die Soldaten, bei denen ein solcher Prozeß abgelaufen sein könnte, müßten demnach selbstreflexiv, hilflos und depressiv sein. Sie müßten von sich eine geringe Selbstwirksamkeit erwarten und gleichzeitig über eine hohe Selbstaufmerksamkeit verfügen. Da man bei Depressiven eine besonders realistische Selbsteinschätzung gefunden hat (Abramson 1980), wäre dies eine theoretisch sinnvolle Beziehung. Der Gedanke wird weiter unten wieder aufgenommen.

Mit diesen beiden Beispielen sollten mögliche Wirkungen von extremen Belastungen dargestellt und erste Erklärungsversuche angesprochen werden. Die Regulation der äußeren und der inneren Welt erfolgt jedoch nicht nur in extremen Situationen, sondern bestimmt unser alltägliches Handeln.

Die alltäglichen Lebensprobleme, die oft unscheinbar sind und für kaum erwähnenswert gehalten werden, bedürfen einer Bewältigung, die psychologisch gesehen nach denselben Prinzipien abläuft wie bei großen Lebenskrisen. Folkman und Lazarus (1980) haben während eines Jahres 100 Personen im Alter von 45 bis 64 Jahren befragt, um herauszufinden, wie sie mit ganz normalen Person-Umwelt-Transaktionen zurechtkommen. Dabei wurde nicht die Qualität ihrer Problemlösungen im Hinblick auf Leistung, Moral oder Gesundheit beurteilt. Anstelle der Anpassungsgüte stand die Anpassungsweise im Mittelpunkt des Interesses. Dies geschieht in Abgrenzung zu drei anderen Ansätzen. Coping wird häufig als Ich-Prozeß beschrieben (Haan 1977), bei dem das Ich mit Hilfe von Abwehrmechanismen den Forderungen der inneren und äußeren Welt begegnet, bis eine hinreichende Anpassung erfolgt ist. Dabei wird das Funktionieren des Ich im Hinblick darauf beurteilt, wie gut es gelingt, einer objektiven Realität gerecht zu werden. Bei diesem Ansatz findet eine Vermischung des eigentlichen Bewältigungsvorgangs mit einer Bewertungsdimension statt. Zugleich liegt die Betonung dabei auf der Reduktion von Spannung. Das Ich als Verteidigungsinstanz sorgt für ein Spannungsgleichgewicht. Aus der Sicht der kognitiv-phänomenologischen Theorie von Lazarus besteht Coping dagegen aus zwei gleichberechtigten Funktionen, nämlich problemlösenden und emotionsregulierenden. Für diagnostische Zwecke muß daher nach anderen Lösungen gesucht werden.

Ein zweiter Ansatz geht von Persönlichkeitseigenschaften aus. Individuelle Unterschiede zum Beispiel in der Wahrnehmung und Kategorisierung von Ereignissen oder Unterschiede in Einstellungen werden mit dem Bewältigungsprozeß oder -ergebnis in Beziehung gesetzt. Besonders dem Konstrukt Repression-Sensitization wird dabei Beachtung geschenkt (Krohne 1975, 1978, 1980). Represser tendieren dazu, bedrohliche Information zu unterdrücken, während Sensitizer sie gerade bevorzugt wahrnehmen. Damit sind verschiedene Coping-Strategien verbunden. Überdauernde Verhaltensdispositionen eignen sich jedoch im allgemeinen nicht sehr gut für die Vorhersage von Person-Umwelt-Auseinandersetzungen. Ihnen liegt die Annahme zugrunde, Verhalten sei über verschiedene Situationen und Zeitpunkte hinweg stabil. Dem widersprechen Beobachtungen von Coping-Verhaltensweisen unter verschiedenen Bedingungen. In der Auseinandersetzung mit einem kritischen Ereignis spielen gedankliche Prozesse ebenso eine Rolle wie sichtbare Tätigkeiten zur Regulation einer Umwelt. Außerdem wechselt ständig die Richtung der Bewältigung von der Emotionsregulation zur Umweltregulation und umgekehrt. Die Abhängigkeit jedes Schrittes von den vorhergegangenen verringert die Möglichkeit einer allgemeinen Vorhersage aufgrund irgendwelcher Persönlichkeitscharakteristika.

Ein dritter Ansatz geht von Situationen aus. Dabei werden Verhaltensweisen von Personen in ganz spezifischen Situationen beschrieben. Die Funktionen bestimmter Coping-Strategien lassen sich nach ihrer Situationsangemessenheit klassifizieren: Selbstwerterhaltung, Informationssuche, Wiederaufbau von Sozialbeziehungen usw. Als Beispiel führen Folkman und Lazarus (1980) die Untersuchung von Mechanic (1962) an, der das Bewältigungsverhalten von Doktoranden vor der Prüfung studiert hat. Die Kandidaten regulierten ihr Befinden unter anderem mit Hilfe selbstbezogener Kognitionen. Die Tabelle 4 zählt die häufigsten solcher Kognitionen auf.

Tab. 4: Prozentuale Häufigkeit von Kognitionen bei Studenten vor der Prüfung (Mechanic 1962, S. 121)

»Ich bin genauso klug und informiert wie andere Studenten, die diese Prüfung bestanden haben.«	64%
»Ich habe auch früher schon Prüfungssituationen in den Griff bekommen – warum also nicht auch jetzt?«	59%
»Ich tue für die Vorbereitung, was ich kann – alles andere ist nicht meine Sache.«	50%
»Ich wäre nicht soweit gekommen, wenn ich nicht über einiges Wissen verfügt hätte.«	50%
»Man kann mich leiden in diesem Institut.«	45%
»Ich habe meine Kompetenz schon anhand früherer Arbeiten demonstriert, daher wird man mich bestehen lassen.«	26%

Die Beschreibung situationsspezifischer Bewältigungsprozesse hat den Vorteil, eine möglichst vollständige Darstellung aller Coping-Aspekte liefern zu können. So hat Mechanic beschrieben, wie die Studenten sich gegenüber dem Doktorexamen als Streßquelle verhielten (Zeiteinteilung, Wahl der Gebiete, Entwicklung von Fertigkeiten usw.) und wie sie ihre Gefühle beeinflußten, indem sie selbstbezogene und andere komfortable Kognitionen ablaufen ließen und emotionale Wärme und Wertschätzung bei anderen Personen zu erreichen suchten. Das Hauptproblem des Situationsansatzes liegt jedoch gerade in seiner Stärke, nämlich in der Situationsspezifität. Es sind keine Verallgemeinerungen auf andere Situationen möglich. Man erhält somit keine Informationen, wie Personen üblicherweise mit einer breiten Klasse von Streßereignissen fertigwerden.

Die Untersuchung von Folkman und Lazarus (1980) geht von einem anderen Ansatz aus. Aufgrund ihrer kognitiv-phänomenologischen Theorie bemühen sie sich um eine exakte Beschreibung und Interpretation von Coping-Verhalten aus der subjektiven Wahrnehmung der betroffenen Personen. Sie verwenden dazu die »Ways of Coping Checklist« (Schaefer et al., 1980), die aus zwei Skalen zusammengesetzt ist. Die Skala »Problemorientiertes Coping« besteht aus 24 Items folgender Art: »Ich überlegte mir einen Handlungsplan und ging dementsprechend vor.« Oder: »Ich erinnerte mich an frühere Erfahrungen, denn ich war schon einmal in einer ähnlichen Situation.« Die Skala »Emotionsorientiertes Coping« besteht aus 40 Items folgender Art: »Ich tat so, als ob nichts geschehen war.« Oder: »Ich teilte jemandem meine Gefühle mit.« Die Zweiteilung des Fragebogens wurde zwar mit den üblichen statistischen Mitteln gewonnen, doch bleiben hinsichtlich der Inhaltsgültigkeit einiger Aussagen noch Fragen offen. Verschiedene Coping-Versuche erscheinen gleichzeitig emotions-und problemorientiert. Die 100 Personen im Alter von 45 und 64 Jahren, die im Verlauf von 12 Monaten siebenmal mit diesem Fragebogen untersucht wurden, hatten die Aufgabe, sich zunächst die Lebensereignisse vorzustellen, die sie im letzten Monat am meisten belastet hatten. Anschließend sollten sie anhand der 64 Aussagen angeben, auf welche Weise sie damit zurechtgekommen sind. Insgesamt wurden 1332 Episoden ausgewertet.

Sie ließen sich bezüglich des Kontextes in vier breite Kategorien ordnen: Gesundheit, Beruf, Familie und Sonstiges. Bezüglich der beteiligten Personen ließen sie sich ebenfalls in vier Kategorien ordnen: Nur die eigene Person, Personen am Arbeitsplatz, Familienmitglieder und Andere. Ein erstes wichtiges Ergebnis liegt in der Variabilität der Bewältigungsmuster. Wenn die Art und Weise der Lebens- und Krisenbewältigung überwiegend von stabilen Persönlichkeitsmerkmalen abhinge, müßten konsistente Muster auftreten. Jedoch zeigte es sich, daß die Personen je nach Problem und Zeitpunkt verschiedene Coping-Strategien auswählten. Die Variabilität war größer als die Konsistenz. Weiterhin ließ sich zeigen, daß der Kontext mit der Bewältigungsrichtung in Beziehung stand. Schwierigkeiten am Arbeitsplatz wurden mehr problemorientiert, Gesundheitskrisen mehr emotionsorientiert bewältigt. Es spielte eine Rolle, welche Personen beteiligt waren, denn bei der Auseinandersetzung mit Berufskollegen wurde problemorientiert vorgegangen. Die Einschätzung, das Ereignis passiv hinnehmen zu müssen, stand in Verbindung mit emotionsorientiertem Coping. Insgesamt zeigt diese Studie, daß es im Alltag viele kleine Ereignisse gibt, die doch belastend sind, daß Bewältigungsstrategien erforderlich sind, welche sich im Prinzip nicht von denen bei großen Lebenskrisen unterscheiden.

Alltagsstreß wird gelegentlich als ein Produkt unserer modernen Zeit angesehen. Ob das wirklich zutrifft, läßt sich schwer nachweisen. Modernität ist ein schillernder Ausdruck. Jedoch gibt es einen interessanten Ansatz, ihn zu operationalisieren. Inkeles und Smith (1974) haben Persönlichkeitsveränderungen in sechs Entwicklungsländern studiert und in diesem Zusammenhang das Konstrukt »*Individuelles Modernitätssyndrom*« vorgelegt. Damit ist die typische Persönlichkeit des in der Industriegesellschaft lebenden, relativ gut ausgebildeten Menschen gemeint. Der ihm zugeschriebene Komplex von Einstellungen und Werthaltungen enthält folgende Aspekte: persönliche Wirksamkeit; eine Überzeugung, das eigene Schicksal in der Hand zu haben; Informiertheit; mehr Interesse an überregionalen Problemen und Nachrichten als an Sport und Lokalnachrichten; Glaube an Medizin und Technologie; die Auffassung, jemand könne auch ohne Religion ein guter Mensch sein; Offenheit für neue Erfahrungen und soziale Veränderungen; Bereitschaft zur Übernahme von Innovationen; Reiselust; Kontaktfreudigkeit; Pünktlichkeit; Vorausplanung; Bereitschaft zur Familienplanung; Beteiligung am Gemeindeleben bzw. politisches Engagement; Ehrgeiz; Bildungsbewußtsein usw. Die empirische Erfassung des individuellen Modernitätssyndroms erfolgt mit Hilfe einer Skala. Die Autoren haben sie an 6000 Personen in Argentinien, Chile, Bangladesh, Indien, Israel und Nigeria eingesetzt. Die Dauer der Schulbildung bzw. Berufsausbildung eignet sich danach am besten zur Vorhersage von individueller Modernität. Die Korrelation von Einzelmerkmalen mit der Modernitätsskala zeigt Tabelle 5, wobei die Streuung pro Zeile durch die sechs Länder zustandekommt.

Tab. 5: Korrelation von Einzelmerkmalen mit der individuellen Modernität (nach Inkeles/Smith 1974, 125)

Merkmal	Höhe des Zusammenhangs
1. Dauer der Schulbildung in Jahren	.41 bis .71
2. Grad der Konfrontation mit Massenmedien	.36 bis .55
3. Zahl der Monate mit Fabrikerfahrung	.11 bis .36
4. Fertigkeiten	.23 bis .34
5. Schulbildung des Vaters	.02 bis .42
6. Verfügung über Konsumgüter	.17 bis .44
7. Städtische Wohnumwelt	-.01 bis .45

Der moderne Mensch lebt in der Stadt, geht lange zur Schule, ist den Massenmedien intensiv ausgesetzt, verfügt über viele Konsumgüter usw., wobei im allgemeinen nicht alle Merkmale gleichzeitig zutreffen und die Höhe des Zusammenhangs erheblich von dem jeweiligen Land beeinflußt wird. Eine der wenigen Untersuchungen über Streß und Modernität wurde von Bowler und Lanneret (1980) vorgelegt. Die Autorinnen haben amerikanische Familien, die in der Außenstelle eines Ölkonzerns in Saudi-Arabien beschäftigt sind, über ihre psychische und gesundheitliche Belastung befragt und in Ergänzung dazu die Modernitätsskala eingesetzt. Die Auswertung ergab insgesamt eine hohe subjektive Belastung der expatriierten Amerikaner. Die besonderen Lebensumstände fern der Heimat wurden einerseits als belastend empfunden, andererseits waren sie aber auch eine Quelle höherer Lebenszufriedenheit. Streß am Arbeitsplatz stand in Beziehung zu mangelnder sozialer Unterstützung. Ehefrauen, die nicht bei der Ölgesellschaft beschäftigt waren, empfanden besonders starke Belastungen. Das läßt sich vielleicht mit ihrem eingezäunten, relativ künstlichen Lebensraum erklären. Sie dürfen zum Beispiel in Saudi-Arabien nicht allein Autofahren. Interessant ist die Beziehung zwischen Streß und Modernität. Diejenigen Amerikaner mit den niedrigsten und höchsten Modernitätswerten zeigten zugleich die höchste subjektive Belastung. Offenbar sind Anpassungsleistungen am einfachsten bei mittlerer Modernität. Personen mit sehr geringer Modernität können sich dem artifiziellen Leben unter der amerikanischen »Glasglocke« in der Wüste schwer anpassen. Personen mit sehr hoher Modernität sind ebenfalls unter Streß, weil sie ihren Lebensraum eingeengt finden und unter zu geringer Stimulation leiden. Die Beziehung zwischen Streß und Modernität ist also in dieser Untersuchung U-förmig. Das Konstrukt »individuelle Modernität« ist für die Streßforschung grundsätzlich interessant, weil es mehr als nur ein Persönlichkeitsmerkmal darstellt – nämlich eine internalisierte Person-Umwelt-Auseinandersetzung.

Die Frage nach Streß und Modernität ergibt sich auch immer dann, wenn verschiedene Kulturen aufeinanderstoßen. Dies ist zum Beispiel bei ausländischen Arbeitnehmern der Fall, die gerade nach Deutschland gekommen sind. Länger dauernde und schwere Belastungen sind dann zu erwarten, wenn die individuelle Modernität dieser Arbeiter zu gering ausgeprägt ist. Die Tatsache, daß sie aber – gemessen an deutschen Vergleichsgruppen – über eine gute psychische Gesundheit verfügen (Häfner 1980), legt die Vermutung nahe, daß wir es hier mit einer geradezu elitären Gruppe von Aufsteigern zu tun haben, die möglicherweise gerade aufgrund besonders hoher individueller Modernität ihr Heimatland verlassen haben, um beruflich und sozial Karriere zu machen und neue Erfahrungen zu sammeln. Daher fällt ihnen die Anpassungsleistung weniger schwer, als man zunächst vermuten würde. Dies dürfte jedoch nicht für die »zweite Generation« gelten, also für solche Ausländer, die als Kleinkinder mitgebracht oder in Deutschland geboren wurden. Für diese Gruppe läßt sich eine hohe Belastung vorhersagen, die in Fehlanpassung resultieren wird. Eine problemlösende Regulation ist hier sowohl aufgrund situativer Umstände als auch aufgrund mangelnder Kompetenzen nur relativ selten zu erwarten. Normabweichungen bzw. in spezifischen Subkulturen adäquate spezifische Regulationen sind dagegen leichter zu erreichen.

Die Bewältigung von Situationen, die als herausfordernd, bedrohlich oder schädigend eingeschätzt werden, ist mit *emotionalen Reaktionen* verbunden. So wird z. B. angenommen, daß bei Herausforderung eine Art »produktiver Erregung« oder auch Ärger dominiert, bei Bedrohung vor allem Angst und bei Verlust bzw. Schädigung in erster Linie eine depressive Verstimmung, die sich aus Hoffnungslosigkeit, Passivität und Traurigkeit zusammensetzt. Mehrere Emotionen können gleichzeitig auftreten und ganz spezifische Muster bilden. Gefühle stellen ihrerseits eine Informationsquelle für kognitive Prozesse während der weiteren Person-Umwelt-Transaktion dar. Unangenehme Lebensereignisse werden meist als verlustreich und bedrohlich eingeschätzt, so daß Depression und Angst am häufigsten während und nach solchen Ereignissen erwartet werden. Weder die Streßkonzeption von Lazarus (1980) noch andere Theorien erlauben gezielte Vorhersagen des emotionalen Zustandsbildes während und nach kritischen Lebensereignissen. Auch ist nicht hinreichend geklärt, wie universell eine Emotion ist, d. h. mit welcher Sicherheit das Auftreten einer ganz bestimmten Emotion in einer ganz bestimmten Lebenskrise für die meisten Menschen ist.

Silver & Wortman (1980) haben über eine Reihe von Untersuchungen berichtet, in denen Menschen nach ihren Gefühlen als Reaktion auf unangenehme und belastende Ereignisse befragt worden sind. *Ärger* wird demnach selten erlebt. Von 70 Opfern von Vergewaltigungen berichteten 10 % über Ärger während des Angriffs und 20 % über Ärger danach. Weniger als die Hälfte der in einer anderen Studie erfaßten Krebspatienten waren ärgerlich wegen ihrer Krankheit. Von Eltern, bei deren Kind Leukämie diagnostiziert worden war, reagierten 28 % ärgerlich auf dieses Ereignis. In einer Untersuchung an Personen, die den Tod eines geliebten Menschen zu beklagen hatten, zeigte ein Drittel der Trauernden Feindseligkeit und ein Fünftel Ärger über den Verlorenen, und zwar angeblich deswegen, weil dieser mehr hätte auf sich achten können. Die emotionale Befindlichkeit nach dem Tod einer nahestehenden Person scheint etwas konfus zu sein, denn viele Untersuchungen führen zu widersprüchlichen Angaben. Das mag damit zusammenhängen, daß die Betroffenen zunächst nicht immer von der Endgültigkeit des Ereignisses überzeugt sind. So wird berichtet, daß acht Wochen nach dem Todesfall mehr als die Hälfte der Witwen und ein Fünftel der Witwer glaubten, ihre verlorenen Partner kämen doch noch wieder zurück.

Während Ärger als relativ selten beobachtet wurde, ist *Depression* angesichts solcher Lebensereignisse stärker verbreitet, wie Silver & Wortman (1980) bei ihrer Literaturdurchsicht gefunden haben. 87 % der in einer Studie untersuchten Angehörigen berichteten über Traurigkeit und Depression nach einem Todesfall. 46 % dieser Personen waren schon zuvor während der Krankheitsphase deprimiert gewesen, während bei 41 % der Personen die Depressionen erst nach dem eigentlichen Todesfall begannen. 13 % der Angehörigen zeigten überhaupt keine Symptome von Depression. In einer Untersuchung an Krebspatienten wurden 74 % von ihnen als depressiv eingestuft, in einer anderen aber dagegen fast keiner dieser Patienten. Vier Monate nach einer Brustamputation wurden 75 Frauen nach dem Grad ihrer depressiven Verstimmtheit eingeschätzt: eine war sehr depressiv, neunzehn zeigten einen mittleren Grad an Depression, vierundzwanzig nur einen geringen und einunddreißig hatten keine solchen Symptome. Insgesamt waren diese Frauen aber im Durchschnitt stärker depressiv verstimmt, als eine andere Gruppe von Frauen mit gutartigen Geschwulsten.

Diese Daten lassen erkennen, daß es kein einheitliches Bild von emotionalen Reaktionen nach Tod und Krebserkrankung gibt. Ähnlich unklar ist das Bild für *Angst* in solchen Lebenssituationen. Auch hier liegen wieder Arbeiten vor, die von Silver & Wortman (1980) referiert werden. Angst wird im Vergleich zu Depression bei lebensbedrohlichen Krankheiten öfter als die dominierende Emotion angegeben. Fast alle der brustamputierten Frauen schätzten sich als ängstlich ein, die Hälfte davon als sehr verängstigt. Opfer von Vergewaltigungen hatten keine Depressionen, dafür aber starke Ängste, die thematisch an den kritischen Vorgang gebunden waren. Sie fürchteten sich, allein zu sein oder verfolgt zu werden, und hatten Alpträume und Zwangsvorstellungen. Von den Personen, die den Tod eines geliebten Menschen zu beklagen hatten, waren 26 % etwa vier Wochen nach dem Verlust von Angst geplagt, aber nach zwei bis vier Jahren waren es 44 %. Dies entspricht zunächst nicht den Annahmen von Lazarus (1980), denn auf den Verlust sollte Trauer folgen, während Angst ein Ergebnis von

Bedrohung darstellen sollte. Man müßte daher weiterfragen, um zu klären, ob die Angst hier eine direkte Reaktion auf den Tod oder vielmehr eine indirekte Reaktion auf Bedrohungen darstellt, die sich erst nach der Trennung von der geliebten Person als Resultat des Verlustes entwickelt. Zum Beispiel wäre es denkbar, daß Hinterbliebene aufgrund der Einsamkeit und des erlebten Verstärkerverlustes sich nicht mehr gewiß sind, ob sie ihre soziale Umwelt noch hinreichend unter Kontrolle haben. Vor einem endgültigen Zustand der Hoffnungslosigkeit, Passivität und Traurigkeit könnte eine längere Phase der Ungewißheit über die eigene Lebenssituation liegen, in der viele Aspekte der Umwelt als bedrohlich bewertet werden, was zur Auslösung von Angst führt (vgl. Kap. 5).

Das führt zu der Frage, ob die Bewältigungsphase (coping) im Anschluß an ein unangenehmes Lebensereignis einer bestimmten Verlaufsgestalt folgt. Dafür gibt es eine Reihe von theoretischen Überlegungen. Klinger (1975) postulierte einen Zyklus von Hinwendung und Abwendung (commitment to and disengagement from incentives or goals). Menschen binden sich vorübergehend an Ziele, Anreize und Ereignisse, bis sie das Problem bewältigt haben oder die Lösungsversuche aufgeben. Dann beginnt ein neuer Zyklus; der Mensch hat ein neues »derzeitiges Anliegen« (current concern). Nach dieser Auffassung wäre z. B. die depressive Verstimmtheit ein Durchgangsstadium, das eines Tages mit einer Wiederanpassung oder Erholung endet. Emotionale Beeinträchtigungen stellen eine Stufe innerhalb eines mehrstufigen Adaptionsprozesses dar. Wortman & Brehm (1975) postulieren zwei Phasen, die der Mensch durchlebt, wenn ihm die Kontrolle über seine Umwelt versagt ist: zuerst lehnt er sich auf und bringt vermehrte Kräfte ins Spiel, bis er sich schließlich der Aussichtslosigkeit seines Tuns gewahr wird, aufgibt und in den Zustand der Hilflosigkeit fällt, der mit einer depressiven Verstimmung einhergeht (vgl. Kap. 5).

Bowlby (1973, 1980) hat ein Stufenmodell postuliert, das die emotionale Reaktion nach Trennung bzw. Verlust beschreiben soll: erst Protest, dann Verzweiflung und schließlich Ablösung. Es gibt viele weitere Autoren, die solche Verlaufsgestalten von emotionalen Prozessen für zutreffend halten. Allerdings liegen für den Bereich der unangenehmen und belastenden Lebensereignisse nur geringe empirische Hinweise vor, die diese Annahme bestätigen. Die Variabilität im subjektiven Erleben ist offenbar größer als die Konstanz von problemtypischen Verlaufsgestalten. Silver & Wortman (1980, 304) haben aufgrund ihrer Recherchen keine hinreichende empirische Evidenz für die Gültigkeit eines Stufenmodells der Problembewältigung gefunden. Die erheblichen individuellen Unterschiede zwischen den Personen erlauben keine befriedigenden Vorhersagen darüber, ob und wann eine bestimmte Emotion in einer Lebenskrise auftritt. Die Autoren gehen insbesondere der Frage nach, ob es für solche emotional aufgeladenen Bewältigungsphasen immer einen Abschluß gibt, der mit einer Erholung des Organismus oder mit dem Akzeptieren des Verlustes verbunden ist. Sie referieren empirische Studien, in denen eine derartige Anpassung nicht erfolgt. So wurden z. B. sterbende Patienten während ihrer letzten acht Wochen beobachtet. 20% bis 40% dieser Patienten hatten sich nicht mit dem nahen Tod abgefunden, sondern litten unter Depressionen. Von den brustamputierten Frauen in der oben genannten Untersuchung litten ein Jahr nach der Operation noch 39% unter Angst, Depressionen und Sexualstörungen. Von den trauernden Witwen waren 38% noch nach einem Jahr in einem Zustand starker emotionaler Beeinträchtigung. In einer anderen Studie zu dieser Thematik hatten sich 81% der Witwen auch zwei Jahre nach dem Todesfall nicht wieder angepaßt. Von den Vergewaltigungsopfern waren 26% auch nach 4–6 Jahren nicht über das Geschehen hinweggekommen. Es gibt danach unter denen, die ein schweres Lebensereignis durchstehen mußten, eine beachtliche Minderheit ohne Wiederanpassung. Die

Autoren schließen daraus, daß es keinen allgemeingültigen Zyklus der Bewältigung solcher Lebenskrisen gibt, sondern statt dessen individuell verschiedene Strategien der Problemverarbeitung.

1.3 Soziale Einbettung

In der Erforschung von Streß und kritischen Lebensereignissen wird immer wieder auf die Pufferfunktion von sozialer Unterstützung hingewiesen (Cassel 1974, Mitchell & Trickett 1980). Demnach dient soziale Einbettung als Schutz vor den psychischen oder auch gesundheitlichen Folgen kritischer Ereignisse. Wie ist das theoretisch zu erklären? Die subjektive Einschätzung einer potentiellen Belastung erfolgt als kognitive Gegenüberstellung von Umweltanforderungen und eigenen Ressourcen. Die Ressourcen müssen sich nicht allein auf innerpsychische Aspekte beziehen, wie zum Beispiel die eigene Kompetenz. Vielmehr gibt es auch externale Ressourcen, auf die das Individuum unter Streß zurückgreifen kann. Dazu gehören zum Beispiel finanzielle Reserven und die Einbettung in ein Netzwerk von Sozialbeziehungen, welches dem betreffenden Subjekt in allen möglichen Situationen durch psychologische Verstärkung und aktive Unterstützung Rückhalt bietet. Soziale Unterstützung kann demnach als Teil der individuellen Gegenkräfte wirksam werden und dazu führen, daß von vornherein die Belastung als geringer eingeschätzt wird oder daß im Verlauf des Bewältigungsprozesses durch Rückgriff auf diese Unterstützung eine Erleichterung eintritt.
Cobb (1976) definiert soziale Unterstützung als Information über die Zugehörigkeit zu einem Netz gegenseitiger Verbindlichkeit und Kommunikation sowie als Information, geliebt, umsorgt und anerkannt zu werden. Nach dieser Auffassung sind also weniger die materielle Hilfe an sich oder der gute Rat entscheidend, sondern eher die Interpretation solcher Handlungen sowie die subjektive Wahrnehmung der bloßen Existenz nahestehender Personen. Wenn wir im Zusammenhang mit Streß und Coping von sozialer Unterstützung sprechen, meinen wir daher in erster Linie die persönliche Überzeugung, in ein hilfreiches Kommunikationsnetz eingebettet und dadurch vor allen möglichen Gefahren geschützt zu sein. Die objektiv nachweisbare Unterstützung in Form von konkreten Hilfsmaßnahmen ist dagegen von sekundärer Bedeutung und dient nur als Indikator für das subjektive Erleben.
Es gibt eine Reihe von Beispielen zur Beziehung zwischen sozialer Einbettung und psychischen Schwierigkeiten. Bricht das Netzwerk zusammen, so leidet das Individuum direkt darunter oder wird verwundbarer gegenüber anderen kritischen Lebensereignissen. So läßt sich feststellen, daß Ehepartner nach ihrer Scheidung häufig verstärkte psychische Konflikte durcharbeiten müssen oder Arbeitslose nach ihrer Entlassung häufiger krank werden. Ein eindringliches Beispiel findet sich in der Arbeit von Swank (1949), der im 2. Weltkrieg Nervenzusammenbrüche von Soldaten an der Front untersucht hat. Er stellte fest, daß die Verwicklung in schwere Kampfhandlungen allein noch nicht zu Zusammenbrüchen führt. Ein derart kritisches Lebensereignis läßt sich von normalen, seelisch gesunden Soldaten im allgemeinen noch bewältigen. Die Belastung erreicht erst dann einen Höhepunkt, wenn die soziale Einbettung verloren geht. Nach Swank wird bei einer Ausfallquote von 65 % der Soldaten der Verlust an sozialer Einbettung als derart bedrückend wahrgenommen, daß es zu einer epidemieähnlichen Erschöpfung der verbliebenen Soldaten kommt. Kämpft jemand in einer objektiv schwierigen Situation gemeinsam mit guten Freunden oder Kameraden, so wird er die Situation mit großer Wahrscheinlichkeit psychisch durchstehen. Muß er jedoch erleben, wie einer nach dem anderen durch Tod oder Verwundung ausfällt, bis zwei Drittel des

sozialen Netzes nicht mehr existieren, so wird dem normalen Soldaten mit großer Wahrscheinlichkeit ein Zusammenbruch bevorstehen.
Burgess & Holmstrom (1978, 1979) haben 81 Opfer von Vergewaltigungen im Längsschnitt untersucht. Von denjenigen Frauen, die über gute Sozialbeziehungen verfügten, hatten sich 45% schon nach wenigen Monaten wieder psychisch erholt, wie sie 4 bis 6 Jahre später angaben. Von den anderen Frauen, deren soziales Netzwerk weniger unterstützend war, hatte sich keine in so kurzer Zeit erholt. Von dieser zweiten Gruppe hatten sich 53% auch zum Zeitpunkt der Interviews, also 4 bis 6 Jahre nach dem Vorfall, noch nicht wieder seelisch gefangen. Vachon (nach Silver & Wortman 1980, 310) untersuchte eine Gruppe von Krebspatientinnen und eine Gruppe von Witwen, während eines Zeitraums von zwei Jahren. Mangelnde soziale Unterstützung erwies sich als wesentliche Ursache für emotionale Beeinträchtigungen. Bei den Witwen wurde die Hilfe und Zuwendung anderer Personen vor allem im ersten Jahr nach dem Todesfall vermißt, bei den Krebspatientinnen erst später.
Diese Beispiele beziehen sich auf extreme Belastungen. Aber auch bei Alltagsbelastungen sollen ähnliche Beziehungen vorliegen. Der Zusammenhang zwischen psychischen Beeinträchtigungen und sozialer Unterstützung konnte an einer repräsentativen Stichprobe von 863 Vorstadtbewohnern in Australien ermittelt werden (Andrews u. a. 1978). In einer Befragung erhoben die Autoren die subjektiven Merkmale Streß, soziale Unterstützung und Bewältigungsstil und verwendeten sie als unabhängige Variablen zur Vorhersage der psychischen Beeinträchtigung, die ebenfalls mit Hilfe einer Skala erhoben worden war. Personen mit niedrigem Streß, adäquatem Bewältigungsstil und hoher sozialer Unterstützung verfügten über ein psychisches Beeinträchtigungsrisiko von 12,8%, etwa die Hälfte des Populationsrisikos. Personen mit hohem Streß, unadäquatem Bewältigungsstil und geringer sozialer Unterstützung erzielten ein Beeinträchtigungsrisiko von 43,3%, fast das Doppelte des Populationsrisikos. Entscheidend ist hier, daß keine Wechselwirkungen vorliegen. Die drei unabhängigen Merkmale liefern jeweils für sich einen bedeutsamen Beitrag zur Vorhersage des abhängigen Merkmals. Sie sind also additiv. Eine Wechselwirkung läge zum Beispiel dann vor, wenn soziale Unterstützung die Wirkung von hohem Streß ausschalten und die von niedrigem Streß nicht beeinflussen würde. Hier liefert die soziale Unterstützung jedoch für alle befragten Untergruppen einen ungefähr gleichmäßigen Beitrag zur seelischen Stabilität.
Ähnliche Befunde sind in einer eigenen Untersuchung enthalten (Schwarzer 1980 a). Eine Stichprobe von 190 Studenten der University of Washington wurde nach kritischen Lebensereignissen und deren Wirkungen gefragt. Die Ereignisse sind mit dem Life Event Survey von Johnson, Sarason und Siegel (1978) und die soziale Unterstützung mit einem noch unveröffentlichten Social Support Questionnaire von Sarason erhoben worden, in dem zwischen der Zahl der als unterstützend wahrgenommenen Personen und der Zufriedenheit mit der Unterstützung unterschieden wird. Als abhängige Merkmale dienten Symptombeschwerden, Depression und Prüfungsangst (Skala von Sarason, 1978). Kritische Lebensereignisse und soziale Unterstützung stehen hier in keiner Beziehung zueinander. Das Erleben von negativen Ereignissen im Verlauf des vergangenen Jahres ist mit Symptombeschwerden und Prüfungsangst verbunden, ohne daß die berichtete soziale Einbettung diese Beziehung zu beeinflussen in der Lage ist. Jedoch wird Depression in erheblich geringerem Maße erlebt, wenn soziale Unterstützung gegeben ist und als zufriedenstellend wahrgenommen wird. Soziale Unterstützung hat demnach zwar eine positive Wirkung, aber unabhängig von den eingetretenen Lebensereignissen.
Demgegenüber haben andere Untersuchungen moderierende Einflüsse der sozialen Einbettung festgestellt. Insbesondere Erhebungen über Streß am Arbeitsplatz oder im

Zusammenhang mit der Berufstätigkeit überhaupt konnten derartige Wechselwirkungen nachweisen. So hat Gore (1978) Arbeitslose nach Schließung ihrer Firma untersucht. Diejenigen Personen, die von ihrer Familie und ihren Freunden in dieser Situation Verständnis und Zuneigung erhielten, verfügten über günstigere psychologische Meßwerte als diejenigen ohne entsprechende Unterstützung. Bei einer Kontrollgruppe von Vollbeschäftigten dagegen gab es keine Meßwertunterschiede zwischen solchen mit hoher und solchen mit geringer sozialer Unterstützung.

In der bereits erwähnten Untersuchung von Bowler und Lannaret (1980) fühlten sich unbeschäftigte Frauen stärker psychisch belastet als berufstätige Frauen. Das Leben in Saudi-Arabien ist für Amerikanerinnen in jedem Fall eine Belastungssituation. Hat man jedoch nette Kolleginnen am Arbeitsplatz, reduziert sich diese Belastung. Innerhalb der Gruppe von berufstätigen Frauen gab es ebenfalls Unterschiede im Streß. Solche, die am Arbeitsplatz weniger soziale Einbettung empfanden, fühlten sich stärker beeinträchtigt. Legt man die Hypothese von Cobb (1976) zugrunde, nach der soziale Unterstützung als eine Information zu betrachten ist, dann läßt sich Streß unter anderem aus der Aufmerksamkeitsrichtung interpretieren. Frauen, die ihren Alltag in Saudi-Arabien in ihrer Wohnung verbringen, richten ihre Aufmerksamkeit auf die eingeschränkten Lebensbedingungen, während die anderen Frauen ihrer aus Amerika gewohnten Tätigkeit nachgehen und diese im sozialen Verbund als alltäglich und wenig belastend ansehen.

Ein anderes Beispiel für den Zusammenhang von Streß und sozialer Einbettung ist im Fall von Ehescheidungen gegeben. Das Auseinanderbrechen einer Ehe ist schon für sich genommen ein kritisches Lebensereignis. Gleichzeitig verlieren die Ehepartner ihren sozialen Kontext. Die Zahl der Verwandten und Freunde sinkt sofort, und zwar um so mehr, je stärker die Überlappung des Freundeskreises der beiden Partner gewesen war. Hinzu kommt der Umzug in eine andere Wohnung, so daß auch die Kontakte mit den Nachbarn seltener werden. Es stellt sich für die Geschiedenen das Problem, sich möglichst schnell und wirksam an den neuen Familienstatus mit seinen Begleiterscheinungen anzupassen. Wilcox (1980) hat 50 soeben geschiedene Frauen untersucht, um die Größe und Dichte ihres sozialen Netzwerkes vor und nach der Trennung zu ermitteln. Er teilte die Stichprobe in eine Hälfte, die einen positiven Bewältigungsprozeß erkennen ließ, und eine Hälfte, die mit der neuen Situation große Schwierigkeiten hatte. Bei der positiven Frauengruppe gab es eine Überlappung mit dem sozialen Netzwerk des ehemaligen Partners zu 17,4 %. Bei der negativen Gruppe dagegen waren es 36,3 % gewesen. Möglicherweise ist es leichter, mit den Folgen einer Scheidung fertig zu werden, wenn man bereits vorher ein eigenes soziales Netzwerk aufgebaut hat, das sich nur geringfügig mit dem des Partners überlappt. Darüber hinaus zeigte sich ein verblüffendes Ergebnis. Während die absolute Größe des Netzwerkes bei beiden Frauengruppen vor und nach der Trennung ungefähr gleich war, war die Dichte des Netzwerks bei den Frauen mit Bewältigungsproblemen höher. Eigentlich hätte man das Gegenteil erwartet, nämlich ein sehr dichtes Netz von Sozialbeziehungen bei denjenigen Frauen, die nach der Scheidung ihre Probleme relativ gut bewältigen konnten. Beim näheren Hinsehen ergibt sich eine Interpretationsmöglichkeit. Die hohe Netzwerkdichte kommt dadurch zustande, daß der soziale Kontext dieser Frauengruppe vor allem aus eigenen Kindern besteht. Diese sehr engen Beziehungen erleichtern aber nicht unbedingt die Problembewältigung, weil sie auf der anderen Seite selbst ein Problem darstellen und die ganze Situation auch verschärfen können. Im Interview gaben die Frauen an, in ihren Familienmitgliedern zwar diejenigen Personen mit besonders hoher seelischer Unterstützung zu sehen, zugleich aber auch diejenigen mit dem höchsten Belastungspotential. Dieser Sachverhalt verweist auf die Komplexität der Zusammenhänge zwischen kritischen Ereignissen, sozialer Einbettung und subjektiven Beeinträchtigungen. Man kann nicht generell eine streßmildernde Wirkung aufgrund enger Sozialbeziehungen annehmen, sondern es ist im Einzelfall zu prüfen, ob der soziale Kontext selbst eine Quelle von Streß darstellt und ob darüber hinaus Wechselwirkungen vorliegen. Ein Beispiel dafür wäre die im Alltag sich auf die Nerven gehende Familie, die sich im Falle einer großen Lebenskrise plötzlich in eine haltbare Wir-Gruppe verschweißt und damit die Krise gemeinsam durchsteht.

In einer Arbeit von Rhoads u. a. (1980) wurden seelische Belastungen von ehemaligen Drogenabhängigen untersucht. 21 Frauen und 28 Männer im Durchschnittsalter von 27 Jahren hatten gerade eine Entzugsbehandlung hinter sich gebracht. Sie waren im Durchschnitt acht Jahre heroinabhängig gewesen und standen nun am Beginn eines neuen Lebens. Mit Hilfe von schriftlichen und mündlichen Befragungen im Verlauf von 3 Monaten konnten Merkmale wie subjektive Belastung durch kritische Ereignisse während dieser Anpassungsphase, soziale Unterstützung, Bewältigungsformen und psychiatrische Symptome erhoben werden. Es stellte sich heraus, daß die Frauen mit dem neuen Leben viel schwerer zurechtkamen als die Männer, also verwundbarer gegenüber allen möglichen kritischen Ereignissen waren, sowohl hinsichtlich der Häufigkeit als auch der Intensität. Dieser geschlechtsspezifische Unterschied ist übrigens auch von Masuda und Holmes (1978) gefunden worden. Zugleich waren die Frauen in stärkerem Maße von sozialer Unterstützung abhängig als die Männer. Als Reaktion auf solche Ereignisse kam es bei ihnen vor allem zu Depressionen, während bei den Männern Angstreaktionen überwogen. Die Tendenz zu Depressionen läßt sich als Ergebnis mangelnder Kontrollüberzeugungen interpretieren. Die weiblichen Heroinabhängigen verfügten über eine sehr geringe subjektive Kontrolle. Sie glauben, die Lebensereignisse nicht in den Griff zu bekommen, und fühlten sich daher verstärkt von fremder Hilfe abhängig. Bei fehlender sozialer Unterstützung versuchten sie innerpsychische Bewältigungsprozesse in Verbindung mit erhöhtem Alkohol- und Drogenverbrauch.

Diese Studie wirft zwei Fragen auf. Zunächst ist zu klären, inwieweit der Verlust von sozialen Bindungen zum Verzicht auf aktive zielgerichtete Bewältigungsstrategien angesichts kritischer Lebensereignisse führt. Erklären ließe sich ein solcher Vorgang als Schwund von eigenen Ressourcen und der Wahrnehmung erhöhter, nicht bewältigbarer Umweltanforderungen. Dadurch ergeben sich emotionsregulierende Verhaltensweisen anstelle problemlösender. Weiterhin ist zu fragen, welcher Art die soziale Einbettung bei Drogenabhängigen ist. Häufig erfolgt die wahrgenommene soziale Unterstützung gerade durch Freunde, die selbst drogenabhängig sind, das heißt es wird zwar Unterstützung erlebt, aber ihre Wirkung führt langfristig zu einer Fehlanpassung. Da auf Problemlösungen verzichtet wird, erhält das Individuum nur noch soziale Verstärkungen für Emotionsregulierungen. Die subjektive Wahrnehmung einer hilfreichen Umwelt darf also für sich genommen noch nicht als Voraussetzung für die erfolgreiche Bewältigung kritischer Lebensereignisse angesehen werden. Soziale Kontexte sind nicht nur Ressourcen, sondern auch Forderungen, das heißt sie können auch als eine Schädigung, Bedrohung oder Herausforderung des Individuums angesehen werden.

Eine Reaktion auf den Verlust sozialer Unterstützung kann der Suizid sein. Kobler und Stotland (1964) sind einer Suizidepidemie in einer Nervenklinik nachgegangen. Wenn bei einem Patienten alle medizinisch-psychiatrischen Behandlungen erfolglos waren, brachten die Ärzte und das Pflegepersonal den Mitpatienten gegenüber ihre Hoffnungslosigkeit zum Ausdruck. Sie kommunizierten auf indirekte Weise, daß alle Bemühungen zur Verbesserung des Zustands vergeblich sind. Die Mitpatienten kommunizierten ihrerseits diese Überzeugung an den betreffenden Patienten. Dieser deutete die sozialen Hinweise richtig, erlebte Auswegslosigkeit und beging Suizid. Innerhalb dieser eingegrenzten sozialen Umwelt gab es offenbar ein derartiges gemeinsames Zeichen- und Überzeugungssystem, so daß im Laufe der Zeit viele Selbstmorde begangen wurden.

Die in der Streßforschung gewachsene Bedeutung der Wirkung von sozialen Einbettungen macht es erforderlich, dieses Merkmal auf zuverlässige und gültige Weise diagnostisch zu erfassen. In den älteren Projekten wurde meist nur nach der Anzahl der Freunde und Verwandten gefragt sowie nach der Zufriedenheit mit der Unterstützung. Dagegen betont Wilcox (1980) die Erfassung der Anzahl und Dichte von Sozialbeziehungen mit Hilfe der Netzwerkanalyse. Ein anderer Vorschlag stammt von Barrera (1980). Er hat einen Fragebogen entwickelt, den Arizona Social Support Interview Schedule, der sechs inhaltliche Kategorien enthält, um unterschiedliche Arten von sozialer Unterstützung zu erfassen: (1) materielle Hilfe, (2) physischer Beistand, (3) Intimbeziehungen, (4) Beratung, (5) Bekräftigung und (6) positive soziale Interaktion. Die Befragten stellen zuerst fest, wer in ihrer Umwelt sich am besten diesen Kategorien zuordnen läßt. Anschließend schätzen sie sowohl ihr Bedürfnis nach Unterstützung als auch ihre Zufriedenheit mit der Unterstützung auf einer Skala ein. Daneben wird mit einem weiteren Instrument, dem Inventory of Socially Supportive Behaviors, ermittelt, welche Verhaltensweisen im einzelnen als unterstützend angesehen werden. Dieses Verfahren besteht aus 40 Items, von denen hier diejenigen mit den höchsten Trennschärfen sinngemäß wiedergegeben werden: Person X...

1. sagte mir, daß sie/er mich so mag, wie ich bin.
2. gab mir Informationen, um mir zu helfen, meine Situation zu verstehen.
3. hörte mir zu, wie ich von meinen persönlichen Gefühlen sprach.
4. stimmte mir zu, daß das richtig war, was ich tun wollte.
5. sagte etwas, was die Situation eindeutig und leichter verständlich machte.
6. brachte zum Ausdruck, daß sie/er sich um mein Wohlbefinden Sorgen macht.
7. sagte mir, daß sie/er sich mir sehr verbunden fühlt.
8. gab mir Rückmeldungen über meine Handlungen, ohne sie als gut oder schlecht zu bewerten.
9. machte Späße, um mich aufzumöbeln.

Diese Skala korrelierte mit dem subjektiven Befinden um $r = .27$ bei einer Gruppe von 59 schwangeren Jugendlichen. Daneben zeigte sich ein enger Zusammenhang zwischen der Befindlichkeit und dem Bedürfnis nach sozialer Unterstützung ($r = .49$) sowie der Zufriedenheit mit Unterstützung ($r = -.47$). Bei starker psychologischer Beeinträchtigung wünschen und erhalten diese jungen Frauen viel soziale Unterstützung, die zum Teil so verläuft, wie in den Items des Fragebogens beschrieben ist. Die diagnostische Erfassung derart komplizierter Sachverhalte steht erst am Anfang. Wenn wir mehr darüber wissen, wie soziale Einbettung unter verschiedenen Bedingungen subjektiv wahrgenommen wird, können wir auch die individuellen Bewältigungsprozesse besser verstehen und beeinflussen.

Die bisherige Forschung zu dieser Thematik ist noch etwas oberflächlich. Das liegt wohl daran, daß es sich hier um angewandte Forschung im Zusammenhang mit tatsächlichen kritischen Lebensereignissen handelt, während die experimentell orientierte Psychologie über einen größeren theoretischen Bezugsrahmen verfügt. Es ist zu fragen, welche kognitiven Prozesse sich abspielen, wenn soziale Unterstützung gewährt oder wahrgenommen wird. Die Entgegennahme von Hilfe mag zu einem Gefühl der Dankbarkeit und Erleichterung führen, gleichzeitig drängen sich jedoch Schlußfolgerungen auf. Warum bin ich auf fremde Hilfe angewiesen und kann mir nicht selbst helfen? Dem Geholfenen liefert die Hilfe nicht nur Informationen über seine Sozialbeziehungen, sondern auch Informationen über die eigene Person. Seine Fähigkeit, die Umwelt unter Kontrolle zu bringen, erscheint ihm begrenzt angesichts seiner Hilfsbedürftigkeit. Der

Helfende wird als der Überlegenere eingeschätzt, und die eigene Kompetenz wird demnach als geringer eingestuft als die des anderen (Weiner 1980 a). Damit kann ein subjektiver Verlust von Bewältigungsressourcen verbunden sein. Soziale Unterstützung – insbesondere unverlangte – mag demnach kurzfristig hilfreich sein, langfristig könnte sie aber auch abträglich für eine effektive Umweltbewältigung wirken. Eine etwas andere Situation haben wir in der Verhaltensmodifikation mit Modellen, die einen Bewältigungsprozeß vornehmen. Sich selbst enthüllende Modellpersonen (self-disclosing coping models) teilen ihre Schwierigkeiten bei der Überwindung eines Problems mit und helfen dem Klienten durch schrittweisen Erfolg, der stellvertretend erfahren wird und die Nachahmung erleichtert (Sarason 1975). Diese Art von Hilfe dürfte ohne gleichzeitig verminderte Fähigkeitswahrnehmung stattfinden. Das liegt daran, daß beim schrittweisen Vorgehen in einer Lernhierarchie die durch den sozialen Vergleich ermittelten Fähigkeitsdiskrepanzen sehr gering ausfallen.

Soziale Unterstützung ist eine Information aus einer sozialen Quelle. Man wird daher immer mit sozialen Vergleichsprozessen rechnen müssen. Diese aber stellen potentiell eine Bedrohung der Selbstwerte dar. In der Arbeit von Swank (1949) brachen die Soldaten zusammen, wenn circa zwei Drittel ihrer Kameraden kampfunfähig geworden waren. Als Interpretation ist der Verlust des sozialen Netzwerkes möglich. Es wäre aber auch denkbar, daß aufgrund sozialer Vergleiche die Wahrscheinlichkeit der eigenen Verwundbarkeit steigt, was ja auch objektiv richtig ist. Wieder anders ist es bei einem Schüler, der sich sozial gut eingebettet fühlt, weil er von den Klassenkameraden anerkannt wird. In einer Prüfungssituation, die für ihn ein kritisches Schulereignis darstellt, nützt ihm diese Unterstützung wenig, denn hier sind seine Mitschüler im abstrakten Sinne seine Konkurrenten, denn die Leistung wird aufgrund von sozialen Vergleichen bewertet. Derselbe soziale Kontext, der ihm Rückhalt bietet, liefert also die Grundlage für Fremdbewertungen und Selbstbewertungen. Wenn ein soziales Netzwerk evaluativen Charakter hat, ist seine Unterstützungsfunktion fragwürdig. Die beste Unterstützung für den einzelnen Schüler würde darin liegen, daß alle anderen schlechter abschneiden als er. Eine ähnliche Situation schaffen sich Schüler manchmal dadurch, daß sie sich nur noch mit solchen Kameraden vergleichen, die ihnen zwar hinsichtlich mancher Merkmale ähnlich, jedoch bezüglich der Leistung geringerwertig sind. Die systematische Auswahl von Bezugspersonen und Bezugsgruppen stellt einen innerpsychischen Bewältigungsprozeß dar. Das kann auch so weit gehen, daß sich jemand an imaginären Bezugsgruppen orientiert. Das Prinzip des sozialen Vergleichs kann auch außerhalb von Leistungssituationen zum Tragen kommen. So kann zum Beispiel ein Patient seinen Gesundheitszustand mit dem anderer Patienten vergleichen und zu dem Schluß kommen, er sei eigentlich in einer relativ guten Lage. Auch hier ist wieder zu fragen, was für den Genesungsprozeß förderlich ist: die soziale Unterstützung durch Mitpatienten oder die Tatsache, daß es ihnen noch viel schlechter geht. Wenn wir selbst unglücklich sind, nützen uns die Späße und Liebkosungen freundlicher Mitmenschen manchmal nicht genug. Soziale Unterstützung kann auf bessere Weise manchmal dadurch erfolgen, daß man jemanden trifft, der noch unglücklicher ist.

Für eine effektive Beratung von belasteten Individuen wäre es demnach wichtig, nach Wegen zu suchen, um entweder psychisch hilfreiche soziale Vergleiche zu ermöglichen oder auf andere Vergleichskognitionen auszuweichen. Dafür bieten sich temporale und kriteriale Vergleiche an. Bewertet man seinen Zustand oder seine Leistung aufgrund früherer Zustände oder Leistungen, so relativiert sich die augenblickliche Belastung. Die Längsschnittperspektive hebt die eigene Entwicklung in den Vordergrund und verdrängt den sozialen Vergleich, was oft vorteilhaft sein kann. Der kriteriale Vergleich dagegen beschreibt die Auseinandersetzung mit einem absoluten Gütestandard, der in der Natur der Sache liegen oder der gesetzt sein kann (zum Beispiel Rauchen ganz aufgeben, 20 Klimmzüge schaffen). In einem Bewältigungsprozeß wie zum Beispiel der eigengesteuerten Verhaltensmodifikation können kriteriale Vergleiche sinnvoll sein und soziale Vergleiche ersetzen. So ist es zum Beispiel hilfreicher, ein persönliches Idealgewicht anzustreben als den Gewichtsdurchschnitt zu unterbieten, der sich in einem bestimmten sozialen Kontext ermitteln läßt. Für den Berater, der belasteten Menschen soziale Unterstützung anbietet, ist also zu empfehlen, nach Lage der Dinge die Vergleichsperspektive so auszuwählen, daß der Belastete optimal profitiert und seine eigene Kompetenz in dieser Situation möglichst hoch einschätzt.

Schließlich verdient noch ein Aspekt der Erwähnung. Jeder hat schon einmal erlebt, daß ihm schwierige Dinge in der Gruppe leichter fallen, als wenn er auf sich allein gestellt ist. Dieser Fall von sozialer Unterstützung ist als »Risikoschubphänomen« bekannt. Man riskiert in der Gruppe Kopf und Kragen, mißachtet Gebote und Verbote und fühlt sich dabei gut eingebettet in einen mithandelnden sozialen Kontext. Das läßt sich mit der Selbstaufmerksamkeitstheorie erklären (Buss 1980, Wegner 1980). Die Verantwortlichkeit ist auf viele Personen verteilt, und die Aufmerksamkeit des Individuums ist nicht auf die eigene Person gerichtet, sondern nach außen. Selbstaufmerksamkeit auf der anderen Seite sorgt für die Einhaltung von selbstgesetzten Normen und von als richtig erachteten Wertvorstellungen und resultiert in einer hohen Übereinstimmung von Verhalten und Einstellung. Durch soziale Interaktionen kann eine Ablenkung von der eigenen Person auf andere Sachverhalte erfolgen, womit die Beachtung eigener Standards verlorengeht und Handlungen entstehen, die später bereut werden, wenn die Aufmerksamkeit wieder auf das Selbst gerichtet ist. Unter psychischem Streß sind viele Menschen in einem erhöhten Zustand von Selbstaufmerksamkeit und grübeln ständig über Probleme, die mit der eigenen Person zusammenhängen. Soziale Unterstützung führt dann möglicherweise zu einer Verringerung der Selbstaufmerksamkeit und ermöglicht problemorientiertes Handeln. Eine sich sorgende Person tritt auf der Stelle und nimmt überall in der Umwelt Risiken wahr. Die Teilung des Risikos mit anderen ergibt einen Risikoschub und erlaubt instrumentelles Verhalten. Manchmal ist es sehr schwer, Personen mit überhöhter Selbstaufmerksamkeit soziale Unterstützung zuteil werden zu lassen. Belastete Menschen, die ängstlich sind und Selbstwertbedrohung erleben, sehen sich selbst fortwährend in einem Spiegel beziehungsweise vor einem imaginären Publikum, von dem sie bewertet werden. Diese Menschen brauchen einerseits soziale Unterstützung, aber andererseits fürchten sie jeden Kontakt gerade wegen ihrer sozialen Ängstlichkeit. Die Ausschaltung nachteiliger sozialer Vergleiche durch Auswahl anderer Vergleichsperspektiven sowie die Relativierung von Werten können hier Beratungsmaßnahmen darstellen.

Die hier kurz angerissenen Probleme lassen erkennen, daß traditionelle Arbeiten über Zusammenhänge zwischen kritischen Lebensereignissen und sozialer Einbettung häufig noch zu unscharf sind, um der Komplexität des Gegenstandes voll gerecht werden zu können. Angesichts der bestehenden Schwierigkeiten wird man sich hier sehr langsam vorantasten müssen. Einige der hier aufgeworfenen Fragen werden in späteren Kapiteln wieder aufgegriffen werden.

1.4 Streß und Gesundheit

Ein Individuum, das ständig unter subjektiven Belastungen leidet, reagiert nicht nur seelisch, sondern auch körperlich. Für außenstehende Personen ist diese körperliche Reaktion oft die einzig sichtbare. Sie wird als Indikator für den körperlich-seelischen

Zustand der Gesamtpersönlichkeit gewertet. Die Erforschung der Ursachen und des Verlaufs der gesundheitlichen Beeinträchtigungen ist vor allem Sache der Medizin. Trotzdem soll hier in aller Kürze darauf eingegangen werden. Zum einen ist die subjektive Wahrnehmung des eigenen Gesundheitszustandes ein psychologischer Vorgang, der in Anforderungssituationen die Einschätzung der Bewältigungsressourcen beeinflußt. Weiterhin ist die Inanspruchnahme professioneller Hilfe durch den Patienten ein Verhalten, das mit der Wahrnehmung von zu geringer eigener Kontrolle einhergehen kann. Die Überzeugung, für seine Gesundheit selbst verantwortlich zu sein, kann mit der Abhängigkeit von Ärzten und Medikamenten kollidieren.

Bekanntlich sind seelische Dauerbelastungen mit Erscheinungsbildern verbunden wie Erschöpfung, Kopf- und Rückenschmerzen, Nervenzusammenbrüchen, Depressionen, Magengeschwüren, aber auch Infektionskrankheiten als Sekundärwirkungen, nachdem das Immunsystem geschwächt worden ist. Krebs und Herzinfarkt werden durch Streß begünstigt oder teilweise verursacht.

Zum besseren Verständnis der Entstehung von gesundheitlichen Beeinträchtigungen eignet sich der Streßbegriff von Selye (1956), der weniger die Person-Umwelt-Transaktion als vielmehr die Reaktionsweise des belasteten Individuums hervorhebt. Er definiert Streß als die unspezifische Reaktion des Organismus gegenüber irgendwelchen Anforderungen. Diese Reaktion erfolgt über das vegetative Nervensystem und das Hormonsystem. Sie verläuft typischerweise in drei Phasen, ein Vorgang, der als *Adaptationssyndrom* bezeichnet wird: (1) Alarmreaktion, (2) Phase des Widerstands und der Anpassung, (3) Periode der Erschöpfung. In der Alarmreaktion erfolgt eine Aktivierung des sympathischen Nervensystems in Verbindung mit einer erhöhten Produktion und Ausschüttung von Katecholaminen (Adrenalin und Noradrenalin) im Nebennierenmark. Der erhöhte Adrenalinspiegel im Blut führt zu hoher Herzfrequenz, Erweiterung der Luftröhre, vermehrter Durchblutung der Skelettmuskulatur, Beschleunigung der Blutgerinnung, Anstieg des Blutzuckers, blasser Haut, gesteigerter Schweißsekretion, trockenem Mund und Pupillenerweiterung. Die Noradrenalinausschüttung führt zu erhöhtem Blutdruck. Damit ist eine verstärkte Kampfbereitschaft gegeben, die jedoch für den zivilisierten Menschen kaum noch funktional ist, da wir selten mit Kampf oder Flucht reagieren können. Unsere Belastungen entstehen meist durch Leistungsanforderungen oder soziale Konflikte. Schon die Vorstellung solcher Anforderungen können eine Alarmreaktion herbeiführen.

Die Phase der Anpassung und des Widerstands entspricht einer andauernden Kampfbereitschaft des Organismus. Seelische Dauerbelastungen bewirken eine anhaltende Kortikoidproduktion der Nebennierenrinde und damit einen Abbau des Lymph- und Thymusgewebes, wodurch das Immunsystem geschwächt und somit die Infektionsabwehr verringert wird. In dieser Phase treten vermehrt funktionelle Störungen auf wie Herzbeschwerden und Verdauungsunregelmäßigkeiten. Vegetative Labilität steht im allgemeinen in Verbindung mit Kopf- oder Rückenschmerzen, Muskelverspannungen oder Atembeschwerden. Im psychischen Bereich entstehen Reizbarkeit, Niedergeschlagenheit, Ermüdbarkeit oder Stimmungslabilität.

In der Periode der Erschöpfung schließlich sinkt der Widerstand des Organismus gegen die Dauerbelastung, und es kommt zur Somatisierung, das heißt zur Herausbildung organischer Krankheiten. Das ist dann der Fall, wenn eine Disposition zu bestimmten Erkrankungen vorliegt oder wenn ein Organ vorgeschädigt ist. Krankheitsbilder wie Magen- und Darmgeschwüre, Bluthochdruck, Arteriosklerose und Herzinfarkt können aus dem Zusammentreffen von Streß mit anderen Risikofaktoren entstehen.

Die Kenntnis dieses dreiphasigen Adaptationssyndroms, welches allgemeine Gültigkeit bei Lebewesen beansprucht, ist hilfreich für die Belastungsdiagnostik und für die Erklärung verschiedener gesundheitlicher Beeinträchtigungen. So lassen sich zum Beispiel die physiologischen Reaktionen auf der ersten Alarmstufe als Indikatoren für das Vorhandensein von akutem subjektivem Streß benutzen. Man könnte zum Beispiel eine Operationalisierung von Streß durch einen nervösen oder hormonellen Parameter vornehmen. Allerdings herrscht hier keine Einigkeit. So ist zum Beispiel für Selye der Streß unabhängig von der Art des Stressors durch die Aktivität der Nebennierenrinde gegeben, für Levi durch die Katecholaminausscheidung und für von Eiff durch den Blutdruckanstieg (von Holst 1977, 131). Die Unspezifität der Reaktion wird heute übrigens sehr in Frage gestellt. Vielmehr wird angenommen, daß spezifische Reize oder Emotionen mit spezifischen physiologischen Reaktionsmustern verbunden sind (Lazarus, Kanner, Folkman, 1980). Solange man hier jedoch keine präzisen Angaben über die jeweilige Art des erwarteten Reaktionsmusters machen kann, empfiehlt sich eine multiple Messung einiger physiologischer Indikatoren wie Blutdruck, Herzfrequenz usw. Man muß bedenken, daß diese Indikatoren oft nur sehr schwach miteinander korreliert sind. Anhand von Beispielen subjektiver Belastungen sollen nun derartige diagnostische Vorgehensweisen veranschaulicht werden.

So hat Hüllemann (1978, 95) die Herzfrequenz, den Blutdruck und die Katecholaminausscheidung bei einem Fernsehzuschauer untersucht. Der Proband war ein ehemaliger Amateurboxer, und die Sendung war ein Weltmeisterschaftsboxkampf. Die Involviertheit des Zuschauers war sehr stark, so daß aufgrund aller physiologischer Maße erheblicher psychologischer Streß angezeigt wurde. Der Puls zum Beispiel hatte vor der Sendung eine Frequenz von 55, beim Einschalten 77, in der 11. Runde 108 und in der 15. Runde 111. Ein äußerlich ruhig dasitzender Fernsehzuschauer kann also subjektiv belastet sein. Die muskuläre und sprachliche Reaktion läßt sich willentlich unterdrücken, nicht jedoch die vegetative und hormonelle Reaktion. Ein anderes Beispiel ist die

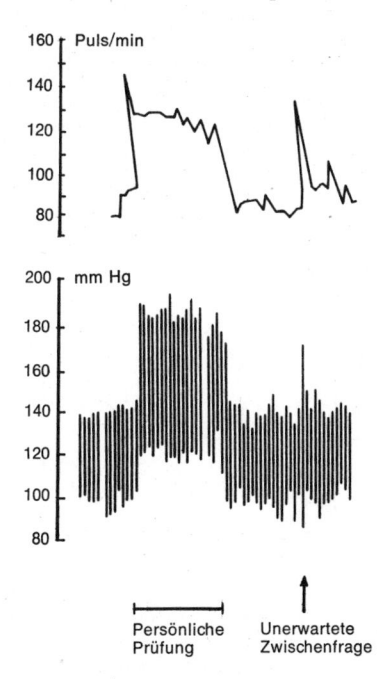

Abb. 1: Herzfrequenz und Blutdruck während einer Prüfung (Kielholz 1976, 9)

psychische Belastung aufgrund der Erwartung eines bedeutenden Ereignisses. Bei einem Mondraketenstart in Cape Kennedy stieg der Blutdruck aller Beteiligten innerhalb der letzten Tage permanent an (Stocksmeier 1977, 149). Die Hälfte der Leute war Hypertoniker. Nach dem Abschluß waren es wieder 30 %. Eine andere Art von Ereignis ist die akademische Prüfung. Schon lange vor dem Termin schlägt sich die psychische Belastung in physiologischen Maßen nieder. Von Eiff (1977, 126) hat eine Gruppe von Medizinstudenten vor einem Examen untersucht und herausgefunden, daß schon Monate davor ein signifikanter Blutdruckanstieg zu verzeichnen war. Während eines halben Jahres konnte die Entstehung einer hypertonen Regulationsstörung beobachtet werden. Die Mikroanalyse einer einzelnen Prüfung zeigt ebenfalls, wie aufgrund einer Zwischenfrage Herzfrequenz und Blutdruck steigen (Abb. 1).

Es ist möglich, daß man die Belastung des Prüfungskandidaten nicht bemerkt und er selbst darüber auch keine Auskunft geben kann. Wir haben es daher oft mit einem unvollständig miteinander gekoppelten Reaktionssystem zu tun: subjektives Befinden tritt später auf als die physiologische Reaktion, und sichtbares Verhalten noch später. Mit Hilfe von Biofeedback kann man solche Prozesse beobachten und steuern. Bei der Selbst- und Fremddiagnose von seelischen Beeinträchtigungen bedeuten physiologische Indikatoren daher eine wertvolle Unterstützung. Schlagen bei einer Interviewfrage die Instrumente aus, dann ist anzunehmen, daß der angesprochene Themenbereich subjektiv bedeutsam ist. Erwartungen von mangelhafter Umweltkontrolliertheit, also antizipierte Risiken in der Person-Umwelt-Transaktion, führen zu physiologischen Erregungen. Ein Beispiel dafür ist das Fallschirmspringen. Fenz und Epstein (1967) haben Hautwiderstand und Herz- und Atemfrequenz vor, während und nach dem Sprung gemessen und gleichzeitig Befragungen durchgeführt. Die physiologischen Werte stiegen bis zum Absprung kontinuierlich an. Die verbalen Mitteilungen der Springer kennzeichneten einen anderen Verlauf, nämlich ein Absinken der subjektiven Belastung. Es ist anzunehmen, daß die kognitiven Prozesse sich nach den Erfordernissen der Situation gerichtet haben. Während der besonders kritischen Augenblicke bestand kaum Gelegenheit zur Selbstbeobachtung. Vielmehr war die Aufmerksamkeit auf die Bewältigung der konkreten Anforderungen gerichtet. Das Ansteigen der Herzfrequenz vor dem Absprung zeigt auch eine andere Untersuchung von Keul (1978, 59). An dieser Darstellung (Abb. 2) ist bemerkenswert, wie die Belastung mit Hilfe von Medikamenten gesenkt werden kann (Beta-Rezeptoren-Blocker).

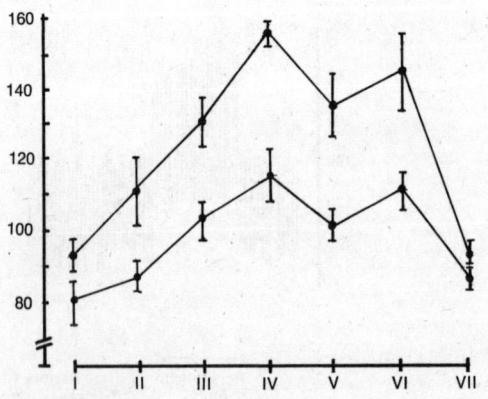

Abb. 2: Herzfrequenz beim Fallschirmspringen. Stufe IV ist der Absprung. Die untere Kurve gibt die Werte nach Einnahme eines Beta-Rezeptorenblockers wieder.

Ein anderes Beispiel für Belastung aufgrund von kognitiven Vorgängen bei äußerer körperlicher Bewegungslosigkeit stellt das Schachspiel dar – insbesondere in ausgeprägten Bewertungssituationen. Dabei ist nicht das Schachspiel an sich ein unvermeidlicher »Stressor«, sondern die subjektive Einschätzung als Bedrohlichkeit, Herausforderung und Schädigung/Verlust der ganzen Situation oder einzelner Spielzüge. Dies ist natürlich verschärft, wenn die Rahmenhandlung extrem leistungsthematisiert ist wie etwa bei einer Schachmeisterschaft. Der deutsche Schachgroßmeister Helmut Pfleger hat an sich und an Kollegen Herzfrequenzmessungen vorgenommen, um die Erregung unter bestimmten Bedingungen des Schachspiels diagnostisch zu erfassen (vgl. Abb. 3).

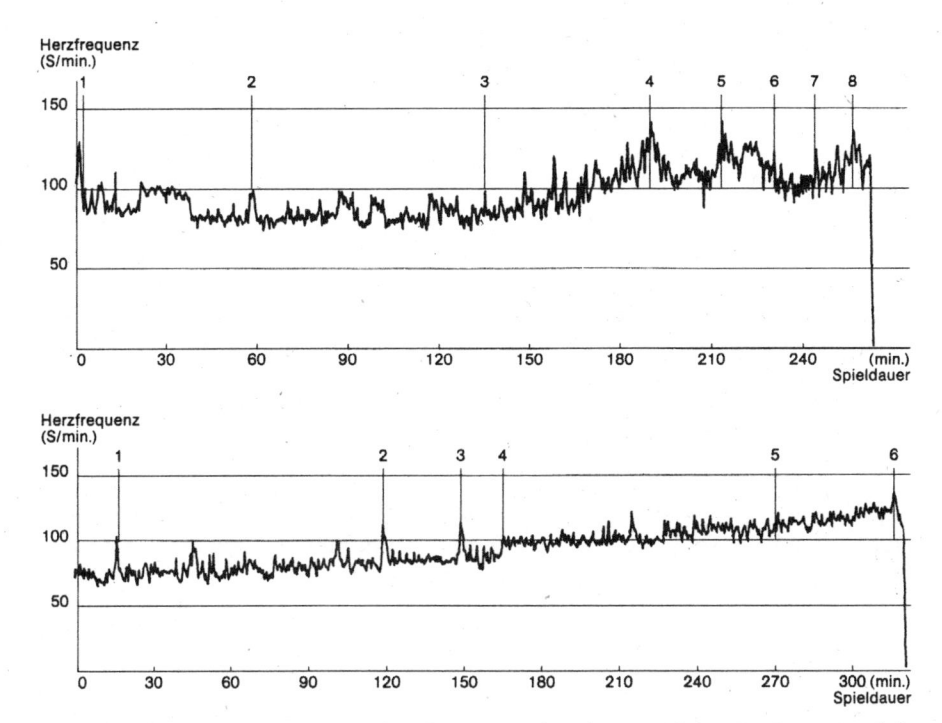

Abb. 3: Pulsmessungen an zwei Schachgroßmeistern während einer wichtigen Partie (aus: Runkel 1980, 48)

Im folgenden soll auf die *Entstehung von koronaren Herzkrankheiten* eingegangen werden, weil sich an diesem Beispiel am besten die Gesundheitsgefährdung durch seelische Belastungen verdeutlichen läßt. Die Fachdiskussion zu dieser Thematik dreht sich unter anderem um die relativen Anteile klinischer und psychischer Risikofaktoren bei der Pathogenese von Herzinfarkt und Angina Pectoris (Halhuber 1977, 1978). Aufgrund epidemiologischer Untersuchungen haben sich verschiedene Risikofaktoren herauskristallisiert, die sehr häufig in Verbindung mit diesen Herzkrankheiten beobachtet worden sind. Als die drei wichtigsten gelten: (1) erhöhter Blutfettspiegel (Serum Cholesterin), (2) erhöhter Blutdruck und (3) Rauchen. Daneben werden oft genannt: (4) Bewegungsmangel, (5) Übergewicht, (6) hohe Blutgerinnung und (7) Zuckerkrankheit. Gelegentlich wird Streß als ein weiterer Faktor neben diesen genannt, oder er wird als notwendige psychische Voraussetzung zum Wirksamwerden klinischer Faktoren angeführt. Einen Vorschlag zur theoretischen Systematisierung dieser Merkmale hat Schaefer (1977, 21) vorgelegt. Er beurteilt deren Wirkung in Beziehung zu ihrer Entfernung vom Endereignis, dem Infarkt. Als unmittelbare Voraussetzung des Infarkts wird die Koronarsklerose genannt, also die Arteriosklerose der Herzkranzgefäße. Weiterhin spielen der erhöhte Herzstoffwechsel und die Vasokonstriktion (Verengung der Herzkranzgefäße) eine unmittelbare Rolle. Diese beiden Faktoren hängen von der Sympathikusaktivierung und Katecholaminausschüttung ab, welche ihrerseits als streßbedingt anzusehen sind. Die Koronarsklerose ist direkt abhängig von Blutdruck, Blutfett, Blutzucker und Blutgerinnung, welche ihrerseits über nervöse und hormonale Zwischenprozesse von Streß beeinflußt werden. Außerdem werden sie vom Risiko*verhalten*, nämlich Essen, Rauchen und Bewegungsmangel, beeinflußt. Übergewicht dagegen ist lediglich ein Nebenprodukt dieses Risikoverhaltens und hat keine kausale Wirkung auf die Pathogenese. Das Merkmal stellt demnach nur einen Risiko*indikator* dar. Streß und Risikoverhalten liegen in Schaefers Modell auf einer Ebene und lassen sich ihrerseits auf die Risiko*persönlichkeit* sowie auf die gesellschaftliche Umwelt zurückführen. Dieses Modell einer *Hierarchie der Risikofaktoren* stellt demnach die letztgenannten Aspekte in den Vordergrund, da sie über eine große Entfernung zum Endereignis verfügen und als kausale Vorläufer einer Kette von anderen Risikofaktoren dienen. Der Grundgedanke liegt in der Bestimmung der Ätiologie »klassischer« Risikofaktoren wie Blutdruck, Blutfett und Rauchen. Dabei taucht dann zum Beispiel die Frage auf, was eigentlich kausal wichtiger für das Endereignis ist, das Rauchen oder die Raucherpersönlichkeit. Seelische Belastungen spielen in diesem Modell eine wesentliche Rolle. Unzufriedenheit, Angst, Aggression und Sorgen beeinträchtigen langfristig die Gesundheit. Die empirischen Nachweise dafür sind teilweise vorhanden. Im Tierversuch ließ sich beobachten, daß zum Beispiel bei Affen Herzinfarkt auftritt, wenn sie längere Zeit ärgerlich erregt waren (von Holst 1977, 136). Dominante Männchen wurden von ihrer Gruppe getrennt und mußten zusehen, wie unterlegene Gruppenmitglieder vor ihnen fressen oder sich mit ihrem Weibchen paaren. Nach einigen Monaten kam es in vielen Fällen zum Herzinfarkt. Dies ist ein Beispiel für die experimentelle Einleitung einer streßbedingten Pathogenese. Auf ähnliche Weise konnte festgestellt werden, wie aufgrund zu hoher Populationsdichte sich das Sozialverhalten änderte, bis es zum Tod durch sozialen Streß kam.

Als ein wesentlicher psychosozialer Faktor gilt die Arbeitszufriedenheit beziehungsweise Arbeitsbelastung. In einer prospektiven Studie von Theorell (1977), die an fast 7000 Bauarbeitern in Stockholm erfolgte, wurden Befragungen auch zum Bereich der beruflichen Belastungen vorgenommen. Arbeitsbelastung wurde unter folgenden Aspekten erfaßt: Verantwortlichkeit, Überstunden, vorübergehende Arbeitslosigkeit und Probleme mit Vorgesetzten und Kollegen. Innerhalb von zwei Jahren erlitten 51 der Bauarbeiter einen Herzinfarkt, den 32 überlebten. Diese 51 Personen hatten in den betreffenden Variablen signifikant höhere Werte als die Reststichprobe. Müller und Hauss (1978) referieren Befunde, nach denen die klinischen Risikofaktoren etwa 25 % der Varianz von Herzinfarkt-Morbidität aufklären. Die verbleibende Varianz soll überwiegend durch psychosoziale Faktoren erklärt werden können. Arbeitszufriedenheit ist dabei nach ihrer Ansicht die wichtigste Variable. In einer Studie von Lind und Theorell (1973) wurden 104 Herzinfarktpatienten und 96 Kontrollpersonen im Durchschnittsalter von 50 Jahren bezüglich ihrer Lebensgeschichte befragt. Es stellte sich heraus, daß Herzinfarktpatienten mehr als 60 Stunden pro Woche gearbeitet hatten, über Konflikte mit Lehrern während der Schulzeit berichteten und über Schwierigkeiten mit Vorgesetzten am Arbeitsplatz. Da die Unterschiede zwischen beiden Gruppen vor allem bei jüngeren Personen bestanden, wurde die Schlußfolgerung gezogen, der junge männli-

che Herzinfarktpatient sei im Verlaufe seines Lebens unangepaßt gewesen, bevor sich die Krankheit manifestierte.
Befunde dieser Art haben zwar aus methodischen Gründen keine Beweiskraft, aber sie stützen die Hypothese von der streßbedingten Pathogenese der koronaren Herzkrankheiten. Demnach ist ein längerer Entwicklungsprozeß anzunehmen, in dem die Risikopersönlichkeit und das Risikoverhalten die entscheidende Rolle spielen. Gibt es den psychologischen Typ des infarktgefährdeten Menschen? Friedman und Roseman (1975) behaupten dies. Aufgrund von Untersuchungen ermittelten sie einen gefährdeten *A-Typ* und einen nicht gefährdeten *B-Typ* und verallgemeinerten diese Unterscheidung. Das Typ-A-Verhaltensmuster ist gekennzeichnet durch: (1) ein intensives Bedürfnis, selbstgesetzte aber unscharf definierte Ziele anzustreben, (2) eine Tendenz, mit anderen in Wettbewerb zu treten, (3) eine besondere geistige und körperliche Handlungsbereitschaft, (4) ständiges Bedürfnis nach Anerkennung und Vorwärtskommen, (5) eine Tendenz, die Ausführung aller Handlungen zu beschleunigen, (6) eine ständige Involviertheit in unterschiedliche Aktivitäten unter Zeitdruck. Nach Glass & Carver (1980) sind es jedoch im wesentlichen drei Faktoren, die den A-Typ charakterisieren: (a) konkurrenzorientiertes Leistungsstreben, (b) Erleben von Zeitdruck, und (c) Aggressivität. Im übrigen weisen sie zurecht darauf hin, daß »Typ« hier nicht im statistischen, sondern im alltagssprachlichen Sinne definiert ist.
Während der A-Typ also ein hektisches und kämpferisches Leben führt, stellt der B-Typ das Gegenteil dar. Er ist besonnen und betont Lebensbedürfnisse, die weniger krankheitsfördernd sind. Aufgrund einer Reanalyse von Daten der beiden Verfasser kommt Epstein (1978, 180) zu dem Urteil, daß je nach Kombination verschiedener Risikofaktoren zu einer Prognosegleichung unterschiedliche, aber beachtliche Erklärungsanteile zu Lasten dieser Typologie gehen. In einem der statistischen Modelle ergab sich eine Risikoverdopplung für A-Typen gegenüber B-Typen bei Konstanthaltung von Cholesterin, Blutdruck und Rauchen. In zwei großen amerikanischen Längsschnittuntersuchungen, der Framingham-Studie und der Western Collaboration Group-Studie, konnten immer wieder signifikant verschiedene Inzidenzraten für A-Typen und B-Typen gefunden werden (Falger 1979, 1980).
Eine frühzeitige Veränderung der Risikopersönlichkeit ist demnach eine sinnvolle Präventionsmaßnahme. Dafür muß man die A-Typen diagnostisch erfassen. Befragungen zum Beispiel mit dem »Jenkins Activity Survey for Health Prediction« (JAS) liefern entsprechende Anhaltspunkte (Jenkins, Zyzanski, Rosenman, 1971). Der Befragte kreuzt dabei Aussagen an wie »Ich bin immer unter Zeitdruck«, »Ich mache oft Überstunden« und »Mir geht jede Verzögerung auf die Nerven«. In der Untersuchung von Theorell (1977) hatte das Item die beste Vorhersagekraft für den Herzinfarkt, das sich auf Feindseligkeit beim Warten, bis man an die Reihe kommt, bezog.
Die individuell verschiedene Zustimmung zu den Fragebogeninhalten stellt nur eine Möglichkeit der diagnostischen Abschätzung dieses Persönlichkeitstyps dar. Eine andere liegt im mündlichen Interview, bei dem die Sprechgeschwindigkeit und die Lautstärke erfaßt werden. Es hat sich angeblich gezeigt, daß diese beiden Merkmale diagnostisch mindestens ebenso wertvoll sein können wie die geäußerten Inhalte (Glass & Carver 1980). Personen des A-Typs reden oft »wie ein Maschinengewehr«.
Die Autoren haben Personen, die aufgrund verschiedener diagnostischer Verfahren als dem A-Typ zugehörig klassifiziert waren, mit Personen des B-Typs verglichen. Dabei konnten sie experimentell bestätigen, daß die ersteren tatsächlich aggressiver, feindseliger und ärgerlicher reagierten, wenn man sie frustrierte, und außerdem bei Aufgaben schlechter abschnitten, die ein geduldiges Warten erforderten. Personen vom A-Typ sind im Durchschnitt ungeduldiger, weil sie sich selbst in Zeitdruck bringen. Sie wollen

das Maximum aus sich herausholen, um anderen überlegen zu sein. Die Autoren haben ein Experiment durchgeführt, bei dem beide Personengruppen eine Reihe von Rechenaufgaben ohne Zeitdruck bewältigen sollten. Die A-Gruppe löste mehr Aufgaben in kürzerer Zeit als die B-Gruppe. Wurde dagegen für alle Personen eine Zeitgrenze von 5 Minuten vorgegeben, dann verschwand der Unterschied. Die A-Gruppe hatte sich beim ersten Mal selbst unter Druck gesetzt, um viel zu erreichen, während die B-Gruppe dafür keine Notwendigkeit gesehen hatte. Personen des A-Typs arbeiten näher an ihrer Leistungsgrenze und unterdrücken Symptome von Erschöpfung, um mehr zu erreichen. Sie streben unaufhörlich nach Leistung, wobei der Maßstab für Güte und Menge aufgrund von »Konsensinformation« vorgegeben wird: der soziale Vergleich mit anderen Menschen liefert die Grundlage für die Einschätzung der eigenen Leistung und spornt dazu an, noch mehr Anstrengung zu investieren, auch wenn die Grenze der Belastbarkeit fast erreicht ist. Konkurrenzorientiertes Leistungsstreben, Zeitdruck und Ungeduld sowie feindselig-ärgerliche Reaktionen bei Unterbrechungen des Handlungsablaufs sind miteinander verknüpfte, funktionale Tendenzen im Persönlichkeitstyp A.

Dieses Verhaltensmuster kann zugleich als eine Bewältigungsstrategie angesehen werden (coping style). Personen des A-Typs sind immer »im Streß«. Ihr Alltag ist dadurch gekennzeichnet, daß sie permanent ihre Umwelt unter Kontrolle bringen müssen. Sie wollen ihr Leben aktiv beeinflussen und etwas bewirken (vgl. Kapitel 5). Offenbar handelt es sich um eine Personengruppe, die die Umwelt als grundsätzlich kontrollierbar erlebt und glaubt, durch vermehrte Anstrengung bessere Ergebnisse erzielen zu können. Insofern haben wir es hier mit einem Typ zu tun, der durchaus dem Zeitgeist entspricht und dessen Merkmale und Handlungen in unserer Gesellschaft erwünscht sind und daher honoriert werden. Das Verhalten der Personen des A-Typs wird sozial bekräftigt. Einen A-Typ aus gesundheitlichen Gründen in einen B-Typ zu verwandeln, könnte zu einem Verstärkerverlust und zu einer Persönlichkeitsverarmung führen. Nach Glass & Carver (1980) tritt das Typ-A-Verhaltensmuster besonders dann auf, wenn die Überzeugung der eigenen Umweltkontrolle bedroht oder herausgefordert wird. Personen vom A-Typ sind gegenüber Kontrollverlust besonders empfindlich und wehren sich zunächst heftig, bevor sie aufgeben. Koronare Herzkrankheiten werden nach Auffassung der Autoren dann wahrscheinlicher, wenn solche Lebensereignisse auftreten, die eine Unkontrollierbarkeit hervorrufen. Einige Fragebogendaten unterstützen diese Ansicht. Wenn ein Lebensereignis Hilflosigkeit erzeugt (z. B. der Tod einer nahestehenden Person oder plötzliche Arbeitslosigkeit), dann sind A-Typen stärker gesundheitlich gefährdet als B-Typen. Die Autoren halten insbesondere den Zyklus »erst Mobilisierung, dann Depression« für riskant. Sie glauben, daß dieser Zyklus gerade von Personen des A-Typs sehr häufig und intensiv erlebt wird und daß die damit verbundenen physiologischen Reaktionen sich kumulieren und somit eine gesundheitliche Gefährdung hervorrufen. Diese Aussage ist jedoch kein empirisch gesichertes Wissen, sondern eine Expertenmeinung.

Neuerdings gibt es einen Versuch, das Typ-A-Verhaltensmuster bereits bei Schulkindern zu erfassen (Matthews/Angulo 1980). Dieser Ansatz ist eine konsequente Fortführung des Präventionsgedankens bis in die erste Phase der Lebensspanne hinein, in der die Risikopersönlichkeit leichter pädagogisch beeinflußbar ist als später. Allerdings stellt sich hier forschungsmethodisch das Problem, daß die Gültigkeit der Diagnose nicht direkt überprüfbar ist, weil die Kinder keinen Herzinfarkt erleiden. Die Autoren entwickelten eine Skala von 17 Items, die den Lehrern von 483 Kindern im Kindergarten sowie in der 2., 4. und 6. Klasse vorgelegt wurden (Tab. 6).
Eine Faktorenanalyse erbrachte einen Konkurrenzfaktor und einen Faktor, der sich auf

Ungeduld und Aggression bezog. Die Gültigkeit der Skala hinsichtlich des offenen A-Typ-Verhaltens (nicht hinsichtlich einer Gesundheitsbelastung) wurde mit Hilfe von Versuchen ermittelt, in denen Wettbewerbs- und Spielsituationen vorgegeben waren. Kinder, die aufgrund des Fragebogens als A-Typen eingeschätzt waren, zeigten dabei im Durchschnitt höhere Aggression und Konkurrenzorientierung.

Tab. 6: Aussagen des Matthews Youth Test for Health zur Erfassung des A-Typ-Verhaltensmusters bei Kindern (Matthews/Angulo 1980)

1. Wenn dieses Kind spielt, tritt es in Wettbewerb zu anderen.
2. Dieses Kind arbeitet eher schnell und energiegeladen, als langsam und besonnen.
3. Wenn dieses Kind auf andere warten muß, wird es ungeduldig.
4. Dieses Kind tut alles in Eile.
(-) 5. Es dauert sehr lange, bis dieses Kind auf seine Eltern wütend wird.
6. Dieses Kind unterbricht andere.
7. Dieses Kind ist Anführer bei verschiedenen Tätigkeiten.
8. Dieses Kind ist leicht abgelenkt.
9. Es leistet mehr, wenn es in Konkurrenz zu anderen steht.
10. Dieses Kind widerspricht und diskutiert gern.
(-) 11. Dieses Kind ist geduldig, wenn es mit anderen arbeitet, die langsamer sind.
12. Beim Spielen oder Arbeiten versucht es, besser zu sein als andere.
(-) 13. Dieses Kind kann lange stillsitzen.
14. Für dieses Kind ist es wichtiger, zu gewinnen als Spaß zu haben beim Spielen oder bei den Schulaufgaben.
15. Andere Kinder betrachten dieses Kind als Anführer.
16. Dieses Kind ist konkurrenzorientiert.
17. Dieses Kind läßt sich schnell in Streitereien verwickeln.

Während die grundsätzliche Bedeutung von psychosozialen Risikofaktoren, also Streß, für die Pathogenese der koronaren Herzkrankheiten kaum noch umstritten ist, gibt es gegenüber der Typologie von Friedman und Rosenman einige Vorbehalte. Die Einteilung der Menschheit in A und B stellt offenbar eine methodisch unzulängliche Vereinfachung dar, die vor allem bei Medizinern auf Widerstand stößt. Als Psychologe wird man dazu gelassener stehen, die Typologie unter theoretischer Perspektive sehr vorsichtig behandeln und weiterhin versuchen, mit Hilfe des daraus entstandenen Fragebogens oder Beobachtungsschemas für bestimmte Risikogruppen mehr Varianz aufzuklären. »Gesundheitliche Beeinträchtigung durch Streß« ist offenbar eine Kurzformel für einen komplizierten längerdauernden Prozeß. Am Anfang stehen kognitive Vorgänge, nämlich die subjektive Wahrnehmung und Einschätzung von Umweltanforderungen. Kritische Ereignisse zum Beispiel im Beruf oder in den Sozialbeziehungen werden als schädigend, bedrohlich oder herausfordernd bewertet, woraufhin die individuellen Ressourcen zur Bewältigung derartiger Anforderungen geprüft werden. Dann setzt dieser Bewältigungsprozeß mehr oder weniger erfolgreich ein und bewirkt sowohl eine Regulation der Umwelt als auch des Selbst. Die Handlung des Individuums kann ein problemlösendes Verhalten oder auch ein Risikoverhalten darstellen wie zum Beispiel Rauchen, Essen, Alkohol- oder Medikamentengenuß. Mit der Handlung sind Kognitionen verbunden, zum Beispiel Sorgen über die zukünftige Konfrontation mit gleichartigen Ereignissen. Mit der Handlung sind auch Begleitemotionen und physiologische Begleiterscheinungen verbunden. Die Verarbeitung kann ängstlich oder aggressiv erfolgen. Der Sympathikus wird aktiviert, Katecholamine ausgeschüttet, Herzstoffwechsel und Blutdruck beeinflußt. Eine Häufung dieser Vorgänge vor dem Hintergrund einer seelischen Dauerbelastung führt zur Realisierung des Adaptationssyndroms, nämlich zur Phase des Widerstands und zur Periode der Erschöpfung. Wenn die Psyche bereits dafür disponiert ist, wird sich der Prozeß beschleunigen. Sind Organe vorgeschädigt, führt der Prozeß zum Ausbruch einer Krankheit am schwächsten Glied der Kette. Im Laufe der Lebensspanne erfolgt somit ein Aufschaukelungsprozeß. Die Risikopersönlichkeit wird ihre Bewältigungsressourcen von vornherein gering einschätzen und mit dieser Kognition in die nächste Phase der Person-Umwelt-Transaktion eintreten. Das Leben wird dadurch immer schwerer. Die Verwundbarkeit und die Angst vor Erkrankung nehmen zu. Die Überzeugung, die eigene Gesundheit kontrollieren zu können *(Health Locus of Control),* läßt sich dabei nur schwer aufrechterhalten. Umgekehrt ist eine solche Kontrollüberzeugung ein wichtiges Mittel zur Reduktion des Risikoverhaltens. Wir haben es hier mit einem Spezialfall der Selbstwirksamkeitserwartung zu tun. Wer seine Lebensführung unter Kontrolle zu haben glaubt, kann leichter das Rauchen aufgeben oder andere Risikoverhaltensweisen beeinflussen. Andererseits verringert sich die Kontrollüberzeugung, wenn man trotzdem krank wird und keine positiven Verknüpfungen zwischen gesundheitsbezogenem Handeln und dem Zustand des Organismus erkennbar sind. Die Gesundheitserziehung macht sich diese psychologischen Variablen zunutze. Sie zielt auf die Übernahme von Verantwortlichkeit für die eigene Gesundheit und auf damit vereinbare Verhaltensweisen (Parcel, Nader, Rogers, 1980). So haben Parcel, Nader und Tiernan (1980) bei asthmatischen Kindern ein derartiges Gesundheitserziehungsprogramm durchgeführt mit dem Ergebnis, daß ihre krankheitsbezogene Ängstlichkeit vermindert und ihre gesundheitsbezogene Kontrollüberzeugung verstärkt wurde. Mit solchen Maßnahmen wird die subjektive Kompetenz gegenüber Gesundheitsgefahren verbessert und die erlebte Verwundbarkeit reduziert.

1.5 Zusammenfassung der theoretischen Position

In den vorangegangenen Abschnitten sind allgemeine Aussagen und empirische Befunde der neueren psychologischen Streßforschung mitgeteilt worden. Ausgewählt wurden vor allem solche Arbeiten, die im Zusammenhang mit natürlichen Lebenssituationen durchgeführt worden sind. Dem liegt eine transaktionale Perspektive zugrunde. Man kann Streß aber auch im Labor untersuchen, und man kann auch das Schwergewicht der Betrachtung z. B. auf die Merkmale von Stressoren legen. Dies ist hier nicht beabsichtigt, weil damit eine wesentliche Klasse von streßrelevanten Erscheinungsweisen ausgeklammert würde. Streß wird hier als ein Alltagsphänomen verstanden, das auf der prozeßhaften und vor allem kognitiven Person-Umwelt-Auseinandersetzung beruht.
Neuere Darstellungen stützen diese Auffassung (Krohne & Laux 1981, Lazarus 1980, Nitsch & Hackfort 1981, Schönpflug 1979). Im folgenden soll die eigene theoretische Position, die vor allem an Lazarus (1980) angelehnt ist, zusammenfassend dargestellt werden (vgl. auch Schwarzer, Jerusalem & Lange 1981).
Der Verlauf der Streßwahrnehmung und -bewältigung ist ein Informationsverarbeitungsprozeß. In Abhängigkeit von dieser Informationsverarbeitung kommt es zu Handlungen und Gefühlsregungen. Der Strom der äußeren und inneren Ereignisse wird ständig auf der Bewußtseinsebene und auch darunter registriert und einer Bewertung im Hinblick auf die eigene Person zugänglich gemacht. Die Prüfung der Bedeutsamkeit einer Transaktion zwischen Person und Umwelt ist Gegenstand der primären Einschätzung (primary appraisal). Diese Prüfung kann zu drei möglichen Ergebnissen führen: die Transaktion wird aufgefaßt als (1) irrelevant, (2) angenehm-positiv oder (3) streßrelevant. Erscheint sie als streßrelevant, dann wird eine Differenzierung der Situation nach drei Klassen vorgenommen: (a) *Schädigung bzw. Verlust,* wobei es sich um bereits abgeschlossene Vorgänge handelt wie Beeinträchtigung der körperlichen Unversehrtheit, Verlust von Wohnung oder Arbeitsplatz, Trauer um eine verblichene naheste-

hende Person, Verlust von Selbstachtung usw., (b) *Bedrohung*, wobei es sich um gleichartige Erscheinungsformen handeln kann, die jedoch noch nicht eingetreten sind, sondern in der Zukunft liegen, (c) *Herausforderung*, worunter eine Gelegenheit für Wachstum, Gewinn, Erfolg usw. gesehen wird.
Diese mehrstufige Einschätzung der Transaktion kann vereinfacht als ein *Situationsmodell* verstanden werden. Die Person repräsentiert kognitiv alle für sich wesentlichen Aspekte der Situation, in der sie sich gerade befindet. Sie modelliert diese Situation also im Hinblick auf die eigene Person, indem sie die Bedeutsamkeit des Ereignisses (z. B. streßrelevant) und die Qualität des Ereignisses (z. B. Verlust) einschätzt. Ein und dieselbe äußere Situation (z. B. eine Prüfung) kann von verschiedenen Personen unterschiedlich kognitiv repräsentiert werden. Die eine bildet ein Situationsmodell, bei dem das Ereignis als irrelevant erscheint, eine andere bildet ein Situationsmodell, bei dem das Ereignis als streßrelevant und bedrohlich erscheint; eine weitere schließlich bildet ein Situationsmodell, bei dem das Ereignis als streßrelevant und herausfordernd erscheint. Die Merkmale der Person, wie z. B. überdauernde Einstellungen, gegenstandsbezogene Überzeugungen und Erwartungen, beeinflussen die Herstellung der jeweiligen Situationsmodelle. Die kognitive Repräsentation eines Ereignisses ist also immer relativ zur kognitiven Repräsentation der eigenen Person. Das Modell, das die Person von sich selbst in eine Person-Umwelt-Transaktion hineinträgt, ist eine der Determinanten des Einschätzungs- und Bewältigungsprozesses. Wir sprechen hier von einem *Selbstmodell*, während Lazarus (1980) von der sekundären Einschätzung spricht (secondary appraisal). Diese beiden Einschätzungen müssen nicht zeitlich aufeinander folgen, sondern können integrativ gleichzeitig vorgenommen werden. Streß ist die Machtbalance zwischen den situativen Anforderungen und den individuellen Ressourcen, die ihnen entgegenzusetzen sind. Situationsmodell und Selbstmodell sind wie auf einer Waage angeordnet. Je nach Stellung dieser beiden Gewichte zueinander erfolgt ein Bewältigungsprozeß zur Veränderung der relativen Position. Streß ist immer dann gegeben, wenn das Situationsmodell dominiert oder gleichgewichtig erscheint, weil immer dann die individuellen Gegenkräfte mobilisiert werden müssen. Die Interpretation von Situations- und Selbstmodell zueinander kann also zur Wahrnehmung von Bedrängnis führen. Mit Beginn der kognitiven Einschätzungen treten zugleich Begleitemotionen auf. Diese Emotionen, wie z. B. Angst, Ärger und Schuld verfügen ihrerseits über einen Informationswert und veranlassen das Individuum zu Neueinschätzungen. Solche Wiederholungen (reappraisals) sind Bestandteile der prozeßhaften Person-Umwelt-Transaktion. Sie beziehen sich nicht nur auf das Situationsmodell, sondern auch auf das Selbstmodell.
Im Situationsmodell wird vor allem die Bedeutsamkeit einer Transaktion abgebildet, im Selbstmodell vor allem die Verfügbarkeit von adaptiven Handlungsalternativen. Situations- und Selbstmodell sind also durch ihre unterschiedlichen Kognitionsinhalte charakterisiert. Die subjektive Verfügbarkeit von Bewältigungshandlungen oder Ressourcen anderer Art verhindert das Auftreten schwerer psychosozialer Beeinträchtigungen während der weiteren Person-Umwelt-Transaktion. Die individuellen Gegenkräfte können auf verschiedenen Wegen zustandekommen. Je nach der Art des kritischen Lebensereignisses kann es sich dabei auch um materielle Ressourcen, wie z. B. Geld, soziale Ressourcen, wie z. B. gute Freunde oder körperliche Ressourcen, wie z. B. Kraft und Gesundheit, handeln. In Alltagssituationen am häufigsten dürften jedoch adaptive Handlungen eine Rolle spielen. Dazu gehören insbesondere fachliche Kompetenzen, z. B. in der Berufsausübung oder in der Schule, und soziale Kompetenzen, z. B. in der Interaktion mit anderen Menschen, wenn es um die Durchsetzung eigener Interessen, um die Aufrechterhaltung guter Sozialbeziehungen oder um Hilfeleistung geht.

Die subjektive Verfügbarkeit solcher Handlungen beruht auf ihrer objektiven Verfügbarkeit und auf dem Vorhandensein allgemeiner und spezifischer Überzeugungen von der eigenen Person.

Das Selbstmodell kann daher als eine geordnete Menge von *Erwartungen* angesehen werden (vgl. Schwarzer, Jerusalem & Lange 1981). Im Vorgriff auf Befunde, die im Kapitel 5 referiert werden, soll an dieser Stelle etwas näher darauf eingegangen werden. Die zugrundeliegenden theoretischen Überlegungen beruhen vor allem auf Bandura (1977, 1980), Bowerman (1978, 1979), Heckhausen (1977, 1980) und Kraak (1976). In einer bestimmten Situation, die als bedeutsam angesehen wird, hegt eine Person Erwartungen bezüglich ihrer Handlungen, der Ergebnisse dieser Handlungen und der Folgen dieser Ergebnisse usw. (Abb. 4).

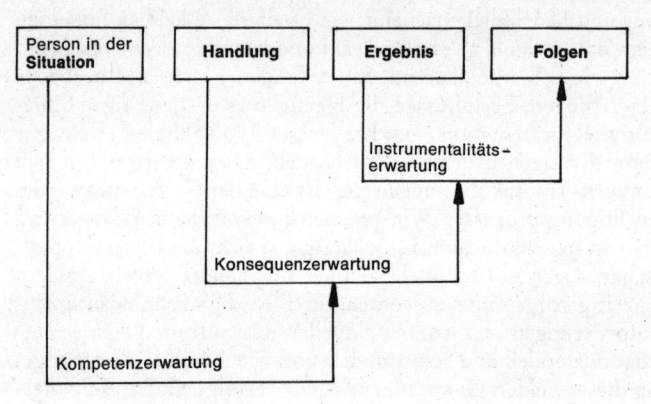

Abb. 4: Formale Darstellung des Selbstmodells als einer geordneten Menge von Erwartungen

Man hat es dabei oft mit einem Ausschnitt aus einem längeren Handlungspfad zu tun. Die Person strebt in streßrelevanten Situationen nach einer Dominanz des Selbstmodells über das Situationsmodell und antizipiert zu diesem Zweck erwünschte Folgen (z. B. Herbeiführung eines angenehmen Zustands oder Beseitigung eines unangenehmen Zustands). Für diese erwünschten Folgen werden bestimmte Handlungsergebnisse als erforderlich angesehen. Die Ergebnisse müssen für eine Folge instrumentell sein, d. h. ein Mittel zum Zweck darstellen. So kann z. B. die genaue Kenntnis eines Gegenstands als instrumentell für das Bestehen einer Prüfung angesehen werden. Man muß also die Kenntnis erworben haben (Ergebnis), damit die Wahrscheinlichkeit des Bestehens (Folge) erhöht wird. Dies wird *Instrumentalitätserwartung* genannt. Jemand kann z. B. subjektiv davon überzeugt sein, daß ihm der Erwerb bestimmter Kenntnisse zu 90 % den Erfolg in der Prüfung sichert. Ein anderer hegt dagegen nur eine subjektive Instrumentalitätserwartung von 50 %. Nachdem eine Instrumentalitätserwartung vorliegt, prüft das Individuum, ob das Ergebnis handlungsabhängig ist. Es geht dabei darum, ob das Ergebnis durch Zufälle und schwer kalkulierbare Bedingungen zustandekommt oder ob es überwiegend auf spezifischen Handlungen beruht. Dies kann als Kontingenzprüfung bezeichnet werden. Ist das Ergebnis Y kontingent mit der Handlung X, d. h. ist Y handlungsabhängig? Wir sprechen hier von einer *Konsequenzerwartung.* Das Individuum erwartet angesichts einer bestimmten Handlung mit einer gewissen Wahrscheinlichkeit ein bestimmtes Ergebnis. Die Handlung kann irgend jemand ausführen. Taucht zusätzlich die Frage auf, ob die Person sie auch selbst ausführen kann, ist eine Ursachenzuschreibung erforderlich. Die internale Attribution der Handlungsabhängigkeit führt zur Annahme einer Kompetenz, etwas selbst tun zu können. Erwartet eine Person, durch Einsatz von ihr zur Verfügung stehenden Mitteln mit einer gewissen Wahrscheinlichkeit etwas bewirken zu können, dann hegt sie eine *Kompetenzerwartung*. Dies kann man auch als Selbstwirksamkeit bezeichnen (self-efficacy, Bandura 1977) oder als die subjektive Verfügbarkeit von Handlungen (Kraak 1976). Das Vorhandensein einer hohen Kompetenzerwartung impliziert also hinreichende Konsequenz- und Instrumentalitätserwartungen. Glaubt man, daß bestimmte Ergebnisse für bestimmte Folgen instrumentell sind, und glaubt man, daß bestimmte Handlungen zu bestimmten Ergebnissen führen, dann läßt sich prüfen, ob diese Handlungen als subjektiv verfügbar angesehen werden. Persönliche Kontrolle über die Umwelt setzt alle drei Erwartungen voraus. Möchte jemand eine Prüfung bestehen (Folge) und glaubt, daß dafür vor allem bestimmte Kenntnisse (Ergebnis) wichtig sind (Instrumentalitätserwartung), die man durch Lesen und Üben (Handlung) erwerben kann (Konsequenzerwartung), was er sich persönlich zutraut (Kompetenzerwartung), dann enthält das Selbstmodell Kognitionen, die einen konstruktiven Bewältigungsvorgang wahrscheinlich machen. In welchem Maße hier Anstrengung erforderlich scheint und schließlich auch tatsächlich aufgewendet wird, ist allerdings von einer Reihe weiterer Parameter abhängig (vgl. Heckhausen 1980, Heckhausen & Rheinberg 1980). Diese handlungstheoretischen Vorstellungen dürften aufgrund ihrer Allgemeinheit über einen großen Anwendungsbereich verfügen. Sie gelten auch bei Handlungsverzicht bzw. Handlungsunterdrückung. Will jemand schlank werden (Folge) und glaubt, daß eine Diät (Ergebnis) dafür instrumentell ist (Instrumentalitätserwartung), die man durch Verzicht (Handlung) auf bestimmte Speisen einhalten kann (Konsequenzerwartung), was er sich persönlich zutraut (Kompetenzerwartung), dann ist auch für diese Situation ein kongruentes Selbstmodell gegeben. Das Nichthandeln ist sozusagen die Nullvariante eines Handlungsspektrums. Selbstregulation läßt sich gut mit Hilfe von solchen Erwartungen beschreiben.

Kompetenzerwartung im Sinne der subjektiven Verfügbarkeit von Handlungen wird im Laufe des Lebens für ganz bestimmte Anwendungsgebiete erworben. Kompetenzerwartung ist daher zunächst einmal gegenstandsspezifisch, kann aber allmählich generalisiert werden. Nach Bandura (1977) erwirbt man Kompetenzerwartungen auf folgende Weise:
1. durch direkte Erfahrungen, indem man Anforderungssituationen erfolgreich meistert und dadurch den Zusammenhang zwischen persönlichem Anstrengungsaufwand und Konsequenzen aus der Umwelt wahrnimmt,
2. durch stellvertretende Erfahrung, indem man eine Modellperson beobachtet, die einen Bewältigungsvorgang erfolgreich ausführt,
3. durch symbolische Erfahrung, z. B. indem man sich durch Argumente davon überzeugen läßt, daß man bestimmte Ereignisse unter Kontrolle bringen kann.

Die Machtbalance zwischen den Anforderungen der Umwelt und den individuellen Ressourcen – also zwischen Situationsmodell und Selbstmodell – veranlaßt die Person zum Handeln. Dieses Handeln (oder Nichthandeln) ist Ausdruck des *Bewältigungsprozesses* (coping). Handeln ist eine der möglichen Realisierungen von kognitiven Regulationsvorgängen, deren Ziel in der Reduktion der Belastung, also der Herstellung einer Dominanz des Selbstmodells dient. Die Bewältigung kann auf die Situation oder auf das Selbst gerichtet sein. Instrumentelles Handeln dient dazu, das in Frage stehende Problem zu lösen und dadurch die Umweltkomponente der Transaktion zu regulieren. Beruhigung, Linderung und Leugnung dienen dazu, die Emotionen zu beeinflussen und dadurch die Personkomponente der Transaktion zu regulieren. In ähnlichem Sinne unterscheidet Lazarus (1980) *problemlösendes* von *emotionsregulierendem* Coping. Beide Coping-Arten können dazu dienen, das Selbst zu beeinflussen. Sie können aber auch die Umwelt regulieren. Die begriffliche Schwierigkeit liegt darin, daß alles mit allem auf komplexe Weise zusammenhängt. Sobald auch nur ein Element in der Person-Umwelt-Transaktion verändert wird, können sich alle anderen ebenfalls verändern. Lazarus und Launier (1978, 312) führen zusätzlich eine Zeitperspektive ein: Bewältigung kann auf Vergangenes und Gegenwärtiges gerichtet sein (z. B. beim Trauern) oder auf Zukünftiges (z. B. Vorbereitung auf eine Prüfung). Verbindet man dies mit der Dichotomie Selbst oder Umwelt und der Dichotomie problemlösendes oder emotionsregulierendes Coping, so erhält man ein heuristisches Schema von acht Feldern, innerhalb derer verschiedene Copingmodalitäten möglich sind. Die Autoren nennen vier solche *Copingmodalitäten*: (1) Informationssuche, (2) direkte Handlungen, (3) Handlungsunterdrückung, (4) intrapsychisches Coping.

Informationssuche liefert eine Voraussetzung für gezielte Bewältigungshandlungen. Dabei kann es sich um Information über die Situation oder über das Selbst handeln. Direkte Handlungen können Maßnahmen zur Erhaltung der Gesundheit, Anstrengung beim Lernen, Führen eines streitschlichtenden Gesprächs, Schreiben eines Briefes usw. sein. Handlungsunterdrückung ist oft dann angebracht, wenn impulsive Handlungen mehr Schaden anrichten würden oder wenn zum Zwecke der Selbstregulation ein Verzicht auf die Befriedigung von Bedürfnissen geboten ist, um den eigenen Prinzipien und selbstgesetzten Zielen gerecht zu werden. Intrapsychisches Coping umfaßt alle Vorgänge, die innerhalb der eigenen Person ablaufen, wie z. B. Leugnung des Problems, ich-schützende Attributionen und andere selbstdienliche Kognitionen. Dies ist ein wichtiger Punkt, weil oft gesagt wird, wirksame Streßbewältigung müsse realitätsgerecht sein (Haan 1977). Oft sind aber die Leugnung der Realität oder das Vergessen des Problems wirksamer, z. B. wenn ein Patient die Besorgtheit über die bevorstehende Operation durch eine Selbsttäuschung (Herunterspielen der Gefahr) oder ein Beruhigungsmittel beiseiteschiebt, weil ihm ohnehin keine direkten Handlungen zur Verfügung stehen (Lazarus & Golden 1980). Menschen erhalten sich ihre seelische Gesundheit auch dadurch, daß sie die Realität zu ihren Gunsten verzerren und sich selbst schöner, klüger und erfolgreicher hinstellen als sie sind (vgl. Lewinsohn u. a. 1980, Miller & Ross 1975, Nisbett & Ross 1980, Ross & Sicoly 1979).

Die Auswahl dieser vier Copingmodalitäten wird durch eine Reihe von Merkmalen beeinflußt. Lazarus & Launier (1978, 319) nennen in diesem Zusammenhang den Grad der Ungewißheit bzw. Unvorhersagbarkeit des schädigenden Ereignisses, den Grad der Bedrohung, das Vorhandensein eines Konflikts und den Grad der Hilflosigkeit. Hilflosigkeit läßt sich interpretieren als ein Mangel an subjektiver Kontrollierbarkeit (vgl. Kap. 5). Dem liegt der Sachverhalt zugrunde, daß die Person normalerweise im Laufe ihres Lebens für alle möglichen Prototypen von Situationen gegenstandsbezogene Kompetenzerwartungen erwirbt. Enthält das Selbstmodell jedoch keine hinreichend stabile Kompetenzerwartung für die in Frage stehende Streßsituation, dann ist die Person sehr verwundbar und wird es schwer haben, wirksame direkte Handlungen auszuführen. Der Bewältigungsversuch erfolgt dann eher durch z. B. intrapsychisches Coping. Konflikte stellen die Person vor die Entscheidung, das kleinere von zwei Übeln herauszufinden, und verlangen nach Informationssuche und intrapsychischem Coping. Auf intensive Bedrohung reagiert die Person allzu leicht unbeherrscht emotional und verfällt in unwirksame Primitivformen von Coping wie z. B. Panik und Wutausbruch. Ungewißheit blockiert direkte Handlungen und verursacht ständige Informationssuche, um mehr Gewißheit zu erhalten. Krohne & Rogner (1981) unterscheiden zeitliche Ungewißheit (nicht wissen, wann die Streßsituation eintritt) von ereignisbezogener Ungewißheit (nicht wissen, welche Art von Streßsituation eintritt) und fassen beides unter dem Begriff Informationskontrolle zusammen. Eine Versuchsperson z. B. hat keine Informationskontrolle, wenn ihr im Experiment unregelmäßig Elektroschocks vorgegeben werden. Dies gilt auch für ein Kind, das von strengen Eltern inkonsistent bestraft wird. Monat (1976) hat herausgefunden, daß zeitliche Ungewißheit zu kognitiven Vermeidungsreaktionen führt. Ungewißheit kann aber oft auch positiv gewertet werden, weil sie die Möglichkeit zur Hoffnung bietet. Solange ein schädliches Ereignis noch nicht mit endgültiger Gewißheit vorliegt, kann man die Hoffnung haben, daß es nicht eintreten wird. Erst Gewißheit läßt Hoffnungslosigkeit entstehen, wie auch empirische Befunde zeigen (vgl. Kap. 5).

Krohne & Rogner (1981) unterscheiden zwischen situativen und personalen Determinanten des Bewältigungsprozesses. Sie nennen vier wesentliche Situationsparameter:
1. die Zeitdauer, die während der Vorbereitungsphase für den Aufbau eines Streß-Regulations-Systems zur Verfügung steht,
2. der zugestandene Aktivitätsgrad während der Vorbereitungsphase (Explorationsmöglichkeiten),
3. die während der Handlungsausführung bestehende Aufgabenstruktur,
4. die Stressorstärke (Wichtigkeit der Leistungsbewertung für die eigene Person).

Eine der möglichen personalen Determinanten ist der Copingstil »Repression gegenüber Sensitization«. Sensitizer richten ihre Aufmerksamkeit auf bedrohliche Information, während Represser diese Information unterdrücken. Represser unterschätzen die bedrohliche Information, während Sensitizer sie überschätzen. In einer Vorbereitungs- oder Erwartungsphase gibt es einen Einfluß repressiver oder sensitiver Bewältigung auf die Aufmerksamkeit gegenüber aufgabenrelevanten Informationen. Im Vergleich zu Personen mit einem modulierten Bewältigungssystem schneiden beide Gruppen in neuartigen und komplexen Aufgaben mit Prüfungscharakter schlechter ab; die Sensitizer deswegen, weil sie das Material nicht angemessen lernen, die Represser deswegen, weil sie es nicht ungestört reproduzieren können. In der experimentellen Forschung wird häufig unterschieden zwischen Schmerz-Bedrohung und Ich-Bedrohung. Leistungssituationen enthalten prinzipiell eine Selbstwertbedrohung. Repressives Coping dagegen ist verbunden mit einer Unterschätzung solcher Situationselemente, die eine Selbstwertbedrohung enthalten. Es gibt empirische Evidenz dafür, daß derartige motivationale Konsequenzen auftreten. Die Sensitizer verbrauchen dabei sehr viel Zeit für selbstbezogene Kognitionen. Diesen erhöhten Zeitverbrauch können sie dadurch kompensieren, daß sie sich tatsächlich länger vorbereiten auf eine leistungsthematische und bedrohliche Situation als die Represser. Ein inneres Streßregulationssystem kann während einer Vorbereitungsphase aufgebaut werden in Abhängigkeit von dem Grad der Information (aufgabenrelevante und aufgabenirrelevante), die verfügbar ist. Die Aufnahme bedrohlicher Information kann für die eigentliche Aufgabenlösungsphase Vor- und Nachteile haben. Wenn während der Vorbereitungsphase eine verstärkte Aufmerksamkeit auf bedrohliche Information gerichtet wird (sensitives Coping), dann kann der Aufbau einer solchen Regulation dadurch begünstigt werden. Der Nachteil liegt eben darin, daß die Person dann zugleich mit dem erhöhten Erregungsniveau fertig werden muß, das seinerseits die Verwendung aufgabenrelevanter Information behindern kann (selbstbezogene Kognitionen). Wenn dagegen bedrohliche Information unterdrückt wird (repressives Coping), dann ist der Vorteil darin zu sehen, daß das Erregungsniveau vergleichsweise niedrig ist und daher eine ziemlich ungestörte Vorbereitung auf die eigentliche Auflösungsphase möglich ist. Der Nachteil liegt dafür in der Möglichkeit, von der Situation überrascht zu werden und bis dahin kein geeignetes Regulationssystem aufgebaut zu haben. Dazu kommen die motivationalen Konsequenzen, da ein niedriges Erregungsniveau in der Hinführungsphase zu einem nur geringen Maß an Anstrengung führt, so daß nicht genügend aufgabenrelevante Information gesucht wird.

Streß ist nach dem bisher Gesagten eine prozeßhafte Auseinandersetzung der Person mit ihrer Umwelt. Es gibt überdauernde Copingstile, die diesen Vorgang ebenso beeinflussen wie die Situationsparameter. Entscheidend für den tatsächlichen Verlauf der Auseinandersetzung sind die kognitiven Prozesse, also zunächst die Einschätzungen, bei denen ein Situationsmodell dem Selbstmodell gegenübergestellt wird, und dann die handlungsleitenden Kognitionen, von denen das Coping bestimmt wird (Abb. 5).

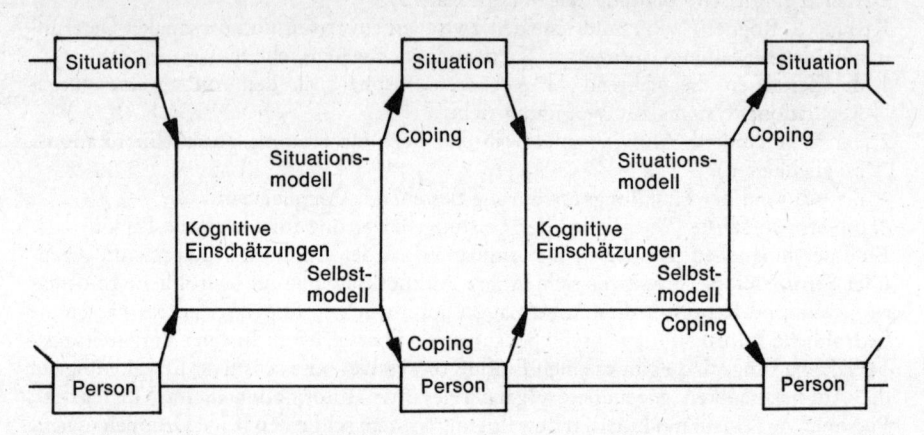

Abb. 5: Person-Umwelt-Transaktion

Die Person ist nicht Opfer der Situation, sondern zum Teil auch ihr Gestalter. Die Person wählt systematisch Situationen aus und drückt ihnen ihren Stempel auf. Reize sind nicht von vornherein da, sondern erhalten erst durch ihre subjektive Wahrnehmung eine Bedeutung für die Transaktion. Dieses Wechselspiel wird an anderer Stelle »reziproker Determinismus« genannt (Bandura 1979). Eine Konsequenz aus dieser Auffassung des Streßgeschehens für die Forschung liegt in der Bevorzugung der Beobachtung von natürlichen Lebenssituationen, in denen die Phänomene ohne experimentelle Reduktion erfaßt werden können. Dazu müssen die Personen wiederholt beobachtet und befragt werden und ihre subjektiven Deutungen der Transaktion offenlegen.

2. Selbstaufmerksamkeit

2.1 Selbstgerichtete Kognitionen

Die Hinwendung der Aufmerksamkeit einer Person auf sich selbst wird als Selbstaufmerksamkeit bezeichnet. Der Mensch erlebt sich dabei als Mittelpunkt seiner bewußten Wahrnehmung. Die Kognitionen sind nicht auf die Umwelt, sondern auf die eigene Person gerichtet. Dieser einfache Sachverhalt ist Ausgangspunkt einer Reihe von Überlegungen, die zu einer Theorie der objektiven Selbstaufmerksamkeit geführt haben, welche heute zu einem zentralen Bestandteil der Sozialpsychologie geworden ist (Buss 1980, Wicklund und Frey 1980, Frey/Wicklund und Scheier 1978).
Es ist nicht ganz einfach, Selbstaufmerksamkeit von anderen Begriffen abzugrenzen, die ebenfalls auf die eigene Person bezogen sind wie zum Beispiel Selbstkonzept und Selbstwertschätzung. Das *Selbstkonzept* wird meist als die kognitive Repräsentation der eigenen Person oder als die Summe der Erfahrungen über sich selbst bezeichnet. Die Person verfügt demnach über ein Bild von sich, das im Laufe des Lebens entwickelt worden ist. Dabei werden Person-Umwelt-Bezüge hergestellt und abgespeichert, die dem Selbstkonzept einen Inhalt geben. Diese inhaltliche Ausfüllung wirft die theoretische Frage auf, ob das Selbstkonzept ein Konzept mit einer differenzierten Struktur darstellt, in der die einzelnen Person-Umwelt-Bezüge repräsentiert sind, oder ob es statt dessen so viele Selbstkonzepte oder Selbstkonzeptionen gibt, die jeweils für sich einen Person-Umwelt-Bezug ausmachen (Gergen 1971). Beispielsweise läßt sich das Selbstkonzept der körperlichen Attraktivität von dem Selbstkonzept der Begabung (Meyer 1973) oder dem Selbstkonzept der mathematischen Fähigkeit (Jopt 1978) unterscheiden. Diese Selbstkonzepte sind inhaltlich verschieden oder unterschiedlich allgemein und umfassend, so daß es nützlich ist, sich das Selbstkonzept als eine hierarchische Organisation von selbstgerichteten Kognitionen vorzustellen, an deren Spitze eine globale Auffassung von sich selbst steht, die sich ihrerseits als Integration einer Reihe von Elementen der nächsttieferen Stufe der Hierarchie verstehen läßt. Mit absteigendem Grad in dieser Pyramide werden die Kognitionen situationsspezifischer und weniger zeitstabil, das heißt sie sind anfälliger gegenüber neuen Erfahrungen, die im Widerspruch zu ihnen stehen. Ist zum Beispiel jemand der Überzeugung, ein sehr guter Tennisspieler zu sein, und verliert er dann unerwartet ein Spiel gegen einen als schwach eingestuften Gegner, so gerät diese Überzeugung ins Wanken, während die globalere Annahme, ein überdurchschnittlicher Sportler zu sein, dadurch noch nicht berührt wird. Eine solche hierarchische Organisation des Selbstkonzepts wird auch als eine *implizite Selbsttheorie* bezeichnet (Epstein 1979, 1980). Der Unterschied zwischen Selbstaufmerksamkeit und Selbstkonzept läßt sich vor allem als Unterschied zwischen Prozeß und Status charakterisieren. Die Richtung der Aufmerksamkeit auf das Selbst zu lenken, ist ein kognitiver Prozeß. Die subjektive Überzeugung dagegen, so und nicht anders zu sein, bezieht sich mehr auf einen Status. Man »besitzt« also – zumindest vorübergehend – ein bestimmtes Selbstkonzept, jedoch kann man Selbstaufmerksamkeit nicht besitzen. Vielmehr läßt sich sagen, jemand tendiere dazu, immer wieder auf sich selbst zu achten, statt sich auf Dinge in der Umwelt zu konzentrieren. Nimmt man jetzt den Begriff Selbstwertschätzung (oder Selbstwertgefühl oder Selbstakzeptierung) hinzu, so wird das Selbstkonzept um eine Bewertungskomponente bereichert, die normalerweise von Emotionen begleitet ist. Anstelle der neutralen Überzeugung, so und nicht anders zu sein, haben wir es hier mit einer Beurteilung der eigenen Person zu tun.

Dabei können verschiedene Urteilsperspektiven eine Rolle spielen. Jemand kann sich mit anderen Menschen ins Verhältnis setzen (sozialer Vergleich) oder mit sich selbst zu einem anderen Zeitpunkt seines Lebens (temporaler Vergleich) oder mit einem absoluten Maßstab (kriterialer Vergleich). Die *Selbstwertschätzung* beruht auf der wiederholten Erfahrung von Selbstbewertungsprozessen, wobei diese Urteilsperspektiven für den Ausgang solcher Prozesse mitverantwortlich sind. Die theoretische Trennung von Selbstkonzept und Selbstwertschätzung wird in empirischen Untersuchungen und in der Alltagssprache oft nicht eingehalten, weil es tatsächlich sehr kompliziert und umständlich ist, diese Unterscheidung in der Realität vorzunehmen. Das gilt manchmal auch für die Selbstaufmerksamkeit. Menschen mit Selbstwertproblemen sind besonders selbstaufmerksam, das heißt sie richten ihre Aufmerksamkeit auf bestimmte Inhaltsaspekte der eigenen Person, die aufgrund von persönlichen Erfahrungen mit einer geringen Selbstachtung verbunden sind. Ein Oberbegriff, der Selbstaufmerksamkeit, Selbstkonzept, Selbstwertschätzung und andere Varianten umfaßt, heißt *selbstgerichtete Kognitionen*. Damit können zugleich die prozeßhafte Wahrnehmung und Reflexion sowie die subjektiven Überzeugungen von bestimmten Aspekten der eigenen Person gemeint sein.

Die terminologischen Schwierigkeiten sind darauf zurückzuführen, daß das Thema »Selbst« schon immer für die Menschen von großer Bedeutung gewesen ist und zu einer Vielzahl ähnlich lautender Wortschöpfungen und theoretischer Vorstellungen geführt hat. Hinzu kommen bestimmte Forschungstraditionen, die mit der Wahl des einen oder anderen Begriffs verknüpft sind. So sind die Selbstkonzeptforschung (Wylie 1974, 1979) und die Selbstwertforschung (Coopersmith 1967, Covington/Beery 1976) in Amerika zeitweilig getrennte Wege gegangen, während in Deutschland in letzter Zeit eher integrative Sichtweisen bevorzugt werden (Filipp 1978, 1979, 1980). Im Augenblick scheint die Theorie der Selbstaufmerksamkeit einen besonders aktuellen Zugang zur Erforschung der Gesamtheit von selbstgerichteten Kognitionen zu bieten. Die weitere Erörterung dieses Themas folgt daher der neuen Darstellung von Buss (1980).

Die Entwicklung des Selbst beruht auf der Verarbeitung von komplexer Information über die eigene Person. Damit erfolgt eine Eingrenzung unserer Betrachtung auf das »kognitive Selbst«, während wir uns mit dem »sensorischen Selbst« nicht näher beschäftigen wollen. Zur Abgrenzung soll der Unterschied kurz erläutert werden.

Das *sensorische Selbst* ist in folgenden drei Komponenten begründet: 1. Die Erfahrung von doppelter Stimulation. Wenn man zum Beispiel sein Bein mit der Hand berührt, empfindet man gleichzeitig einen »passiven Reiz« im Bein und einen »aktiven Reiz« in der Hand, und man kann beide voneinander unterscheiden. 2. Körpergrenzen. Man spürt, wo der eigene Körper aufhört und wo die Umwelt beginnt. Für das kleine Kind ist das der Unterschied zwischen innen und außen. Der Erwachsene weiß darüber hinaus zum Beispiel, daß der Magen- und Darminhalt keinen dauerhaften Bestandteil der eigenen Person, sondern einen Teil der Umwelt darstellt. 3. Wiedererkennen des eigenen Spiegelbildes. Wenn man die Nase eines Kindes unauffällig mit einem roten Fleck versieht und dann einen Spiegel davorhält, läßt sich prüfen, ob bereits ein sensorisches Selbst vorhanden ist oder nicht. Erst im Alter von ungefähr zwei Jahren erkennen Kinder sich selbst im Spiegel und fassen sich an die eigene Nase, statt den Spiegel zu berühren. Dieser Versuch gelingt auch bei Schimpansen, während bei allen anderen Tieren offenbar ein Wiedererkennen im Spiegel nicht möglich ist.

Diese drei grundlegenden Aspekte des sensorischen Selbst könnten vielleicht als Vorläufer von drei Aspekten des kognitiven Selbst verstanden werden. Die bewußte Erfahrung der Selbstberührung (doppelte Stimulation) mag der Selbstbewertung vorangehen. Die Wahrnehmung von Körpergrenzen mag der Fähigkeit vorausgehen, zwischen verdeckten und offen gezeigten Gefühlen unterscheiden zu können. Das Wiedererkennen des Spiegelbildes schließlich mag dem Vermögen zur Unterscheidung eigener und fremder Perspektiven vorausgehen. Dies sind also drei mögliche Grundlagen des *kognitiven Selbst:* Fähigkeit zur Selbstbewertung, zur Gefühlsdifferenzierung und zur Rollenübernahme.

2.2 Private und öffentliche Selbstaufmerksamkeit

Die Theorie der Selbstaufmerksamkeit befaßt sich nur mit dem kognitiven Selbst. Innerhalb der Theorie wird zwischen privaten und öffentlichen Aspekten sowie zwischen dem Zustand und der Eigenschaft von Selbstaufmerksamkeit unterschieden. Wir wenden uns jetzt der *privaten Selbstaufmerksamkeit* zu. Wenn man einen Muskelkater hat oder Kopfjucken oder kalte Füße, so nimmt man diese Körperempfindungen wahr, außer wenn externe Ereignisse auftreten, die unsere Aufmerksamkeit auf wichtigere Dinge lenken. Im Zustand der Selbstaufmerksamkeit können wir etwas über unseren körperlichen Zustand erfahren. Die Tatsache, daß es vielleicht andere bemerken, wenn wir die Füße zu wärmen versuchen oder uns am Kopf kratzen, ist nicht hinreichend, um von öffentlicher Selbstaufmerksamkeit sprechen zu dürfen. Entscheidend ist die private Körperempfindung. In gleicher Weise erfahren wir innere Zustände wie zum Beispiel Entspannung, Ärger, Erschöpfung, Depression, Liebe und Lust. Andere Menschen können uns beobachten und aufgrund der Kenntnis ihrer eigenen Gefühle auf unseren inneren Zustand rückschließen. Doch handelt es sich auch hier nicht um öffentliche, sondern private Selbstaufmerksamkeit, die sonst niemand direkt erleben kann. Weiterhin gehören zum privaten Bereich die Motive und Einstellungen. Man weiß besser als andere, was man will, welche Ziele man anstrebt, über welche Meinung man verfügt, auch wenn man sie nicht mit Nachdruck offen vertritt. Erforscht man seine Gedanken, Verhaltensweisen und Voreingenommenheiten auf gründliche Weise, so betreibt man Selbstreflexion. Man überlegt sich beispielsweise, warum man im Laufe des Lebens so und nicht anders geworden ist, warum man einen bestimmten Beruf oder Wohnsitz oder Ehepartner gewählt hat und warum man bestimmte Mitmenschen mag und andere nicht. Kurz gefaßt erstreckt sich der Bereich der privaten Aspekte also auf Körperempfindungen, Stimmungen, Gefühle, Motive, Einstellungen, Phantasien und Selbstreflexionen. Diese privaten Aspekte können mehr oder weniger affektgeladen sein.

Was ist nun die Wirkung von Selbstaufmerksamkeit? Körperliche und seelische Zustände sind uns oft nicht bewußt, weil wir gerade mit anderen Dingen beschäftigt sind. Lenken wir jedoch unsere Aufmerksamkeit auf unseren körperlichen oder psychischen Zustand, so erfahren wir mehr über die inneren Vorgänge und intensivieren die Gefühlsstärke. Alle inneren Ereignisse werden durch Selbstaufmerksamkeit eindeutiger, klarer und differenzierter. Dies ist eine reine Analogie zu allen möglichen Konzentrationsvorgängen. Genauso wie wir bei hoher Aufmerksamkeit auf eine Rechenaufgabe die Lösungswahrscheinlichkeit vergrößern, so nehmen wir auch uns selbst differenzierter wahr, wenn wir die Aufmerksamkeit auf die eigene Person richten. Befragt man irgendwelche Leute über ihre Persönlichkeitsmerkmale wie zum Beispiel Neurotizismus oder Aggressionstendenz, so geben selbstaufmerksame Personen wirklichkeitsgetreuere Antworten als andere, weil sie sich selbst besser kennen. Würde man zum Beispiel ein Experiment durchführen, in dem die Einstellung der Versuchspersonen geändert werden soll, so sind selbstaufmerksame Personen widerstandsfähiger gegenüber derartigen experimentellen Einwirkungen. Andere Personen, die nicht so genau über ihre eigenen Einstellungen Bescheid wissen, lassen sich schneller beeinflussen. Das ist auch demonstrierbar an Versuchen mit Leerpräparaten (Placebos). Gibt man den Versuchspersonen ein Placebo und erläutert ihnen, daß dadurch die Herzfrequenz erhöht würde, dann werden selbstaufmerksame Personen davon weniger beeindruckt, da sie gewohnt sind, ihre Körperempfindungen realistisch zu intepretieren. Die Selbstreflexion führt besonders bewußt zu mehr Kenntnissen über die eigene Person. Denkt man über seine Gedanken nach, so handelt es sich um *Metakognition*. Dies ist die intellektuell höchste Form der Konzentration auf das Selbst. Daneben tritt eine Intensivierung der Affekte ein. Ist jemand ärgerlich und wird er zusätzlich noch selbstaufmerksam, so steigert sich der Ärger. Da Ärger und Aggression eng miteinander zusammenhängen, kann die Herbeiführung von Selbstaufmerksamkeit zur Auslösung aggressiven Handelns führen. Solche Vorhersagen sind jedoch spekulativ, denn man muß bedenken, daß andererseits zugleich Wertmaßstäbe und moralische Kategorien eindringlicher werden und auf diese Weise ein Konflikt zwischen widersprüchlichen Tendenzen im Individuum auftreten kann. Grundsätzlich erfolgt jedoch eine Intensivierung der gerade vorhandenen Gefühle. Beobachtet man Studenten vor der Prüfung oder Schüler vor der Klassenarbeit, dann sieht man, wie sie Informationen über ihre augenblickliche Befindlichkeit austauschen. Die Kommunikation solcher internen Ereignisse erfolgt im Zustand der Selbstaufmerksamkeit, und daher wird die Prüfungsangst immer größer. Intensivierung und Selbsterkenntnis sind also die wichtigsten Wirkungen von privater Selbstaufmerksamkeit.

Nun muß noch geklärt werden, wie es überhaupt zur privaten Selbstaufmerksamkeit kommt. Alle Formen der Introspektion führen dahin. Aus irgendeinem Anlaß denkt man zum Beispiel über seine Einstellung zur Kernenergie oder Wehrpflicht nach, oder man wendet bei einem langweiligen Vortrag seine Gedanken ab und ersetzt sie durch Tagträume, in denen man selbst die Hauptrolle spielt. Beim Schreiben eines Tagebuchs oder von persönlichen Briefen ergibt sich ebenfalls eine Gelegenheit, neben sachlichen Themen auf sich selbst einzugehen. Meditation kann ebenfalls der Anlaß für private Selbstaufmerksamkeit sein. Das Musterbeispiel jedoch ist der Spiegel, denn die meisten experimentellen Untersuchungen zu diesem Thema nehmen eine Induktion des gewünschten Zustands mit Hilfe von Spiegeln vor. Es ist anzunehmen, daß sich große Spiegel mehr für öffentliche und kleine Spiegel mehr für private Selbstaufmerksamkeit eignen. Es genügt, wenn man nur sein Gesicht sieht, das einen gewohnten Anblick darstellt und kaum über Möglichkeiten der Veränderung verfügt. Sieht man nämlich vor allem seine Kleider, dann wird eher eine öffentliche Selbstaufmerksamkeit hervorgerufen, bei der man darauf achtet, wie man auf andere Menschen wirkt. Ein kleiner Spiegel dagegen lenkt die Wahrnehmung eher auf private Aspekte. Strittig ist, welche Art von Selbstaufmerksamkeit die Teilnahme an einem Interview oder das Ausfüllen eines Persönlichkeitsfragebogens erzeugt. Buss (1980, 18) ist der Meinung, daß keine private, sondern öffentliche Selbstaufmerksamkeit dabei hervorgerufen wird, da auch hier die Selbstdarstellung gegenüber anderen Personen, die real oder imaginär anwesend sein können, im Vordergrund steht.

Die bisher aufgezählten Auslöser stellen situative Anlässe dar. Im Gegensatz dazu erscheint es sinnvoll, *private Selbstaufmerksamkeit auch als ein Persönlichkeitsmerkmal* aufzufassen. Es gibt also einerseits einen Zustand und andererseits eine Disposition oder Eigenschaft der Selbstaufmerksamkeit. Offenbar beobachten sich manche Menschen überhaupt nicht, während andere ständig über ihr Selbst reflektieren. Das Vorhandensein von individuellen Unterschieden rechtfertigt die Annahme eines theoretischen Konstrukts der relativ situationsgeneralisierten und zeitstabilen Selbstaufmerksamkeit. Solche Personen, die darin über eine hohe Ausprägung verfügen, nehmen ihre

körperlichen und seelischen Zustände öfter und genauer wahr als andere und lernen sich im Laufe der Zeit sehr gut kennen. Fragt man sie nach ihren Einstellungen oder Stimmungen, so sind sie in der Lage, wirklichkeitsgetreue Darstellungen zu geben. Ihre hohe Ausprägung führt aber auch dazu, daß die affektgeladenen privaten Aspekte intensiviert werden. Sie empfinden mehr Schmerz, wenn sie verletzt werden, und mehr Freude, wenn sie Erfolg haben.
Fragt man, wie situative und personale Faktoren der Selbstaufmerksamkeit zusammenwirken, so gibt es verschiedene Möglichkeiten. Man kann sich dieses Problem so vorstellen, daß man zwei Gruppen, Personen mit hoher und niedriger dispositionaler Selbstaufmerksamkeit, vor einem Spiegel eine Aufgabe lösen läßt. Zunächst wäre denkbar, daß Personen mit hoher Disposition einen gleich starken Anstieg der Aufmerksamkeit erfahren wie Personen mit niedriger Disposition (Haupteffekte-Modell). Andererseits wäre auch denkbar, daß Personen mit hoher Disposition anfälliger gegenüber solchen situativen Anlässen wie zum Beispiel Spiegel sind und darauf besser »anspringen«, so daß sich die Kluft zwischen beiden Gruppen vergrößert (Schereneffekt-Modell). Ebenfalls wäre das Gegenteil möglich, daß nämlich die Personen mit hoher Disposition bereits die obere Grenze der Selbstaufmerksamkeit erreicht haben und die anderen daher aufgrund der Situationsanreize etwas mehr aufholen können, wodurch der Abstand beider Gruppen geringer würde (Deckeneffekt-Modell). Dieser Sachverhalt ist noch nicht endgültig erforscht, aber zur Zeit wird das Modell der Haupteffekte für besonders plausibel gehalten (Buss 1980, 21).
Zusammengefaßt beginnt der Prozeß der selbstgerichteten Aufmerksamkeit also entweder durch ein entsprechendes Persönlichkeitsmerkmal oder durch situative Anreize (zum Beispiel Spiegel) oder durch beides. Aufgrund des Auslösevorgangs wird die Konzentration zum Beispiel auf Körperempfindungen, Stimmungen, Gefühle, Motive, Einstellungen, Phantasien oder Selbstwert gelenkt. Als Folge dieser kognitiven Aktivität kommt es zu einer Steigerung der Affektgeladenheit (falls gerade affektgeladene Aspekte im Mittelpunkt der Beachtung stehen) und zu einer deutlicheren, klaren, differenzierten Erkenntnis dieser Aspekte der eigenen Person. Affektintensivierung und Selbsterkenntnis sind die unmittelbaren Folgen von privater Selbstaufmerksamkeit.
Der Zustand der Selbstaufmerksamkeit kann sich aber auch auf *öffentliche Aspekte* des Seins beziehen. Diese sind mit der äußeren Erscheinung oder mit dem Verhalten verbunden, das von anderen Menschen beobachtet werden kann. Es gibt eine Reihe von ungeschriebenen Regeln, die festlegen, wie jemand aussehen sollte oder sich geben sollte. So wählt man seine Kleidung dem sozialen Anlaß entsprechend aus, frisiert sein Haar ungefähr so, wie die meisten Menschen es gerade tun, und sorgt dafür, daß der eigene Körpergeruch möglichst nicht von anderen wahrgenommen wird. Menschen, die hinsichtlich ihrer äußeren Erscheinung von der Norm abweichen, zum Beispiel wenn sie Übergewicht oder viele Pickel im Gesicht haben, richten besonders häufig ihre Aufmerksamkeit auf diese öffentlichen Aspekte ihres Selbst. Ein anderer Aspekt liegt im typischen Verhaltensstil einer Person, zum Beispiel wenn jemand immer viel zu leise spricht, mit Händen und Füßen redet oder betont aufrecht daherschreitet. Tischmanieren und soziale Umgangsformen sind weitere Aspekte. Immer wenn man sich überlegt, was andere wohl von einem halten, liegt öffentliche Selbstaufmerksamkeit vor. Die Übernahme der Rolle eines Beobachters ist jedoch keine notwendige Bedingung dafür. Vielmehr genügt es zu wissen, daß man im Augenblick sozial exponiert ist und nur möglicherweise von irgend jemandem beobachtet werden kann, um den Zustand der öffentlichen Selbstaufmerksamkeit hervorzurufen. Daher ist auch der auf uns gerichtete Blick eines wenig vertrauten Menschen eine typische Auslösesituation. Angestarrt zu werden, führt geradezu automatisch zur Hinwendung unserer Wahrnehmung auf

Selbstaspekte, indem wir prüfen, ob zum Beispiel die Kleidung richtig sitzt, wir etwas Ungeschicktes gesagt haben oder unser Verhalten sonst irgendwie auffällig ist. Auf der anderen Seite ist soziale Nichtbeachtung ebenfalls ein Auslöser. Wenn man erwartet, angesprochen oder zumindest gegrüßt zu werden, und tatsächlich behandelt wird, als sei man Luft, dann wird ein Selbstbezug hergestellt. Normalerweise wird ein mittlerer Grad an Beachtung durch die Mitmenschen als angenehm empfunden. Wird man entweder völlig ignoriert oder von allen Leuten kritisch angeblickt, so entsteht ängstliche Erregung. Dabei gibt es individuelle Unterschiede. Ein schüchterner Mensch ist besonders empfindlich, wenn er sich von anderen Menschen auf den Prüfstand gehoben fühlt. Das ist besonders dann der Fall, wenn man in der Öffentlichkeit das Wort ergreift, zum Beispiel als Student im Seminar, als Lehrer in der Konferenz oder als Teilnehmer an einer geselligen Veranstaltung. Angst vor dem öffentlichen Auftreten ist sehr stark verbreitet. Die tatsächliche Erregung wird noch gesteigert durch Selbstaufmerksamkeit, die in solchen Fällen fast immer vorhanden ist. Neben den sozial Ängstlichen gibt es aber auch einige wenige Exhibitionisten, die ihren öffentlichen Auftritt genießen und sich während des Agierens der öffentlichen Aspekte ihres Selbst gewahr sind.

Die Anwesenheit von Zuschauern oder Zuhörern kann durch technische Medien ersetzt werden. Wenn wir wissen, daß wir fotografiert werden, achten wir auf unsere Körperhaltung, die Frisur und das Lächeln. Wird der Fotoapparat oder die Videokamera auf uns gerichtet oder hält uns jemand ein Mikrophon entgegen, versetzen wir uns sofort in den Zustand der öffentlichen Selbstaufmerksamkeit. Hört man seine eigene Stimme von einem Tonband, die dort immer anders klingt als sonst, so lenkt man erst einmal die Aufmerksamkeit auf seine Stimme als einem öffentlichen Aspekt des Selbst und weniger auf den Inhalt des Gesprochenen. Auch der Spiegel stellt hier einen guten Auslöser dar, aber diesmal nicht der kleine, sondern der große dreiteilige, der auch einen Blick auf den Körper aus solchen Perspektiven freigibt, die normalerweise nur anderen Beobachtern zugänglich sind. Technische Hilfsmittel wie Spiegel oder Fotografien sorgen für eine Wahrnehmungsrückmeldung. Man sieht sich so, wie man von anderen gesehen werden kann. Ein Foto konfrontiert uns mit einem ungewohnten Bild von uns selbst, so daß wir oft fragen, ob wir wohl wirklich so aussehen, wie auf diesem Bild. Die Wahrnehmungsrückmeldung erzeugt meistens eine unerfreuliche Diskrepanz zwischen dem vertrauten Selbstbild und der Realität und ist daher häufig mit Selbstzweifeln oder einem vorübergehenden Selbstwertverlust verbunden. Diesen Effekt hat man auch in der Lehrerbildung zu spüren bekommen, als man gegen Ende der sechziger Jahre damit begann, Studenten vor der Videokamera auszubilden. Das Training des Lehrerverhaltens in Verbindung mit Fernsehaufzeichnungen hat vielen Studenten zunächst einen Schock versetzt, weil sie zum ersten Mal auf massive Weise mit öffentlichen Aspekten ihres Selbst konfrontiert wurden, indem sie gleichzeitig ihre äußere Erscheinung, ihre Stimme und ihr Interaktionsverhalten beobachten konnten. Gravierend ist dabei, daß diese Rückmeldung innerhalb einer leistungsthematischen Situation erfolgt. Video-Selbstkonfrontation außerhalb von leistungsthematischen Situationen läßt sich dagegen psychotherapeutisch nutzen.

Die Wahrnehmungsrückmeldung und das Gefühl, von anderen Menschen beobachtet zu werden, sind also die situativen Auslöser des Zustands von öffentlicher Selbstaufmerksamkeit. Daneben können wir auch hier wieder von einem relativ situationsgenerellen und zeitstabilen Persönlichkeitsmerkmal sprechen, also von einer Eigenschaft oder *Disposition der öffentlichen Selbstaufmerksamkeit*. Manche Menschen brauchen immer Rückmeldung darüber, wie sie aussehen, ob sie etwas besonders gut oder schlecht gemacht haben und wie sie überhaupt auf andere Leute wirken. Sie machen sich ständig Gedanken über sich selbst als ein soziales Objekt. Dabei werden sie von

Ungewißheit darüber geplagt, ob sie wirklich einen guten Eindruck machen. Eine überdauernde öffentliche Selbstaufmerksamkeit ist daher oft mit sozialer Ängstlichkeit verbunden. Sozial Ängstliche sind wahrscheinlich den öffentlichen Aspekten ihres Selbst in hohem Maße zugewendet. Sie fürchten sich vor allen sozialen Auftritten, glauben, sich nicht behaupten zu können, und reagieren verlegen und schüchtern, sobald sie selbst ins Zentrum der Aufmerksamkeit gerückt werden. Umgekehrt müssen Personen mit hoher öffentlicher Selbstaufmerksamkeit nicht unbedingt sozial ängstlich sein, denn es gibt auch ständige Exhibitionisten oder andere abgeschwächte Formen von Selbstdarstellungsfreude. Die individuellen Differenzen betreffen die Art und Weise, wie schnell und intensiv man auf Auslösebedingungen reagiert. Personen mit hoher öffentlicher Selbstaufmerksamkeit geraten in diesen Zustand, sobald sie in eine bestimmte soziale Situation eintreten oder mit einem nichtsozialen Auslöser wie zum Beispiel einem großen Spiegel oder einem Foto konfrontiert werden, während Personen mit niedriger öffentlicher Selbstaufmerksamkeit unter gleichen Bedingungen nicht in diesen Zustand geraten und stattdessen kognitiv mit irgendwelchen Dingen ihrer Umwelt beschäftigt bleiben.

Zusammengefaßt läßt sich bei der öffentlichen Selbstaufmerksamkeit folgender Ablauf annehmen. Es gibt zwei Arten von Auslösebedingungen, nämlich die *Beobachtungssituation* und die *Wahrnehmungsrückmeldung*. Im ersten Fall kann es sich um ein Publikum, einen auf die Person gerichteten Fotoapparat, eine Fernsehkamera mit Mikrofon oder auch um eine ausdrückliche und unerwartete soziale Nichtbeachtung handeln. Daraufhin erfolgt eine Zentrierung der Aufmerksamkeit auf unspezifische öffentliche Aspekte des Selbst, was normalerweise zu einer Beeinträchtigung des Wohlbefindens und des Verhaltens führt. Im zweiten Fall kann es sich um einen großen dreiteiligen Spiegel, eine Fotografie, ein Videoband oder Tonband handeln. Dadurch rücken spezifische öffentliche Aspekte des Selbst in den Mittelpunkt, nämlich die äußere Erscheinung und die Stimme. Die Person erlebt dabei meistens eine negative Diskrepanz zwischen dieser Wahrnehmung und dem Selbstbild, was zu einem augenblicklichen Selbstwertverlust führt. Auf beide Arten von Auslösebedingungen reagieren Menschen mit einer hohen entsprechenden Disposition schnell und intensiv. Die Ausprägung des Zustandes der öffentlichen Selbstaufmerksamkeit ist also auf situative und personale Faktoren zurückzuführen.

2.3 Selbstaufmerksamkeit als Persönlichkeitsmerkmal

Wenn jemand gewohnt ist, sich zu beobachten, wird er angesichts einer entsprechenden Reizsituation schneller und intensiver als andere in den akuten Zustand der Selbstaufmerksamkeit versetzt. Daher haben wir unterschieden zwischen einem Zustand und einer Disposition. Der Zustand wird als »self-awareness«, die Disposition als »self-consciousness« bezeichnet. Da sich ohnehin beide Begriffe schwer übersetzen lassen, soll nicht auch noch in gleicher Weise hier terminologisch differenziert werden. »Selbstbewußtheit« ließe sich außerdem sprachlich nicht klar genug von »Selbstbewußtsein« abgrenzen. Es erscheint daher einfacher, immer dort, wo eine Präzisierung erforderlich ist, von akuter und von dispositionaler Selbstaufmerksamkeit zu sprechen. In diesem Abschnitt geht es also um dispositionale Selbstaufmerksamkeit.

Aufgrund der theoretisch plausiblen Annahme von individuellen Differenzen in der Bereitschaft, auf sich selbst aufmerksam zu werden, stellt sich die Frage nach der *Diagnose* eines solchen Konstrukts. Wenn eine Disposition besteht, muß sie sich grundsätzlich irgendwie messen lassen. Wie bei den meisten psychologischen Konstrukten ist auch hier die Verwendung eines Fragebogens eine brauchbare Methode, individuelle Unterschiede abzuschätzen. Da man nicht aufgrund von Beobachtungen feststellen kann, worauf sich jemand gerade konzentriert, muß man ihn direkt danach fragen. Bei der Methode der Selbstberichte wird unterstellt, daß jemand über seine Gedanken auf zutreffende Weise Auskunft geben kann. Ein solcher Fragebogen ist von Fenigstein, Scheier und Buss (1975) entwickelt und erprobt worden. Er wird hier in der deutschen Übersetzung von Heinemann (1979) wiedergegeben (Tab. 7).

Tab. 7: Die Selbstaufmerksamkeits-Skala von Fenigstein, Scheier und Buss (1975) in der Übersetzung von Heinemann (1979).

1   Ich versuche immer, mir ein klares Bild von mir selbst zu machen.
3 (-)   Mir ist im allgemeinen nur wenig von dem bewußt, was in mir vorgeht.
5   Ich denke viel über mich nach.
7   Meine Vorstellungen und Gedanken drehen sich häufig um mich selbst.
9 (-)   Intensive Selbstbeobachtungen sind mir ausgesprochen fremd.
13   Im allgemeinen beachte ich meine inneren Gefühle genau.
15   Ich prüfe ständig, was die Motive für mein Verhalten sind.
18   Mir ist manchmal, als ob ich mich selbst von irgendwo außerhalb beobachte.
20   Ich nehme Schwankungen in meiner Stimmung immer sofort wahr.
22   Wenn ich mich in eine Aufgabe vertiefe, ist mir klar bewußt, wie dabei meine Gedanken ablaufen.

2   Ich mache mir oft Gedanken über die Art, wie ich mich verhalte.
6   Mich beschäftigt oft, wie ich mich anderen gegenüber geben soll.
11   Ich fühle mich befangen wegen meines Aussehens.
14   Ich bin gewöhnlich sehr bemüht, einen guten Eindruck zu machen.
17   Bevor ich aus dem Haus gehe, sehe ich schnell noch einmal in den Spiegel.
19   Mich beschäftigt, was andere Leute von mir denken.
21   Gewöhnlich bin ich mir meiner äußeren Erscheinung bewußt.

4   Ich brauche einige Zeit, bis ich in ungewohnten Situationen meine Schüchternheit überwinde.
8   Es fällt mir schwer, zu arbeiten, wenn mir jemand zusieht.
10   Ich werde sehr leicht verlegen.
12 (-)   Es fällt mir leicht, mit Fremden ins Gespräch zu kommen.
16   Wenn ich vor einer Gruppe sprechen muß, ist mir sehr unbehaglich zumute.
23   Größere Gruppen von Menschen machen mich nervös.

Wir selbst benutzen diese Skala bei erwachsenen Versuchspersonen, während für Schulkinder zur Zeit ein anderes Verfahren erprobt wird.
Diese 23 Aussagen werden fünfstufig beantwortet, von »trifft auf mich überhaupt nicht zu« bis »trifft auf mich ganz genau zu«. In der linken Spalte stehen die Nummern der Items, wie sie normalerweise angeordnet sind. Die Items 3, 9 und 12 müssen bei der Auswertung umgepolt werden. Die ersten 10 Items richten sich auf die privaten Aspekte. Jemand, der solche Aussagen als für sich zutreffend kennzeichnet, ist selbstreflexiv und untersucht seine Stimmungen und Motive. Die nächsten 7 Items betreffen die öffentlichen Aspekte. Jemand, der hier im Sinne der Skala ankreuzt, macht sich Sorgen um sein Aussehen und Verhalten und ist sich immer bewußt, welchen Eindruck er auf andere Menschen gerade machen könnte. Die letzten 6 Items sollen soziale Ängstlichkeit messen. Buss (1980, 45) hat bei Verwendung seiner Skalen herausbekommen, daß der private und der öffentliche Aspekt nur geringfügig miteinander korreliert sind, während die soziale Ängstlichkeit um $r = .30$ mit der öffentlichen Selbstaufmerksamkeit korreliert. In der Arbeit von Fenigstein, Scheier und Buss (1975) werden Koeffizienten von $r = .20$ bis $r = .26$ zwischen öffentlicher und privater sowie zwischen

öffentlicher Selbstaufmerksamkeit und sozialer Ängstlichkeit genannt, während private Selbstaufmerksamkeit nicht mit sozialer Ängstlichkeit korreliert. Weiterhin gab es keine Zusammenhänge mit der sozialen Erwünschtheit sowie eine Korrelation von r = .48 zwischen privater Selbstaufmerksamkeit und einer Skala, die »Nachdenklichkeit« messen soll. Diese Skala korrelierte aber nur r = .22 mit der öffentlichen Selbstaufmerksamkeit. Relationen, wie sie hier ansatzweise vorliegen, liefern einen ersten Beitrag zur Konstruktgültigkeit des Instruments. Heinemann (1979), der das Verfahren bei 165 männlichen und 152 weiblichen Psychologiestudenten einsetzte, ermittelte für seine deutsche Fassung eine Interkorrelation von r = .39 zwischen den privaten und den öffentlichen Meßwerten sowie von r = .29 zwischen letzteren und der sozialen Ängstlichkeit. Private Aspekte dagegen waren mit der sozialen Ängstlichkeit nicht signifikant korreliert. Die drei Unterskalen ließen sich auch mit Hilfe der Faktorenanalyse trennen, und zwar gelang dies sowohl bei der amerikanischen als auch bei der deutschen Version. Die bisherige Forschung über private dispositionale Selbstaufmerksamkeit hat vor allem Ergebnisse hervorgebracht, die mit internalen Hinweisreizen und mit emotionalen Reaktionen zu tun haben. Mit internalen Hinweisreizen ist gemeint, daß jemand sich selbst gut kennt und daher seine Gefühle und Einstellungen zutreffend mitteilen kann und sich nicht so leicht von seinen Überzeugungen abbringen läßt. Personen mit hochgradiger privater Selbstaufmerksamkeit sind weniger suggestibel, das heißt sie lassen sich nicht so leicht in ihrem Urteil beeinflussen, und sie sind widerstandsfähig gegenüber Versuchen, mit Druck ihre Einstellungen verändern zu lassen. Wenn jemand versucht, ihre persönliche Freiheit einzuschränken, zeigen sie starke Abwehrreaktionen.

Die hohe Gültigkeit ihrer Selbstberichte eröffnet neue Perspektiven für die Erforschung von Einstellungen, insbesondere des Zusammenhangs zwischen Überzeugungen und tatsächlichem Verhalten. Bekanntlich reden Menschen oft anders als sie handeln. Jemand, der sich als aggressionsfrei beschreibt, wird in bestimmten Situationen trotzdem aggressiv reagieren. Dazu haben Scheier, Buss und Buss (1978) neue Befunde vorgelegt. 63 Versuchspersonen füllten den oben genannten Fragebogen zur Selbstaufmerksamkeit und einen anderen Fragebogen, der aus 43 Items zur Erfassung der Aggressionsneigung besteht, aus. Diese selbsteingeschätzte Aggressionsneigung stand in keinem nennenswerten Zusammenhang mit der privaten oder öffentlichen Selbstaufmerksamkeit. Einige Wochen später wurde das tatsächliche aggressive Verhalten der Versuchspersonen gemessen. Dazu wurde die sogenannte Buss-Maschine benutzt, eine Vorrichtung, die es der Versuchsperon erlaubt, anderen Personen, die sie wegen schlechter Lernergebnisse bestrafen sollen, Elektroschocks unterschiedlicher Stärke zu versetzen. Die Autoren setzten anschließend die Meßwerte des Aggressionsfragebogens mit denen des Aggressionsverhaltens in Beziehung. Dabei ergab sich eine Korrelation von r = .34, deren Höhe für derartige Zusammenhänge charakteristisch ist. Überzeugung und Verhalten stehen nur in einer mäßigen Beziehung zueinander. Geschlechtsunterschiede waren hier unbedeutend. Dann haben die Autoren die Maße für Selbstaufmerksamkeit als Moderatorvariablen benutzt. Sie haben Versuchspersonen mit hoher und solche mit niedriger Selbstaufmerksamkeit getrennt analysiert. Innerhalb der Gruppe mit hoher *privater* Selbstaufmerksamkeit (N = 31) betrug die Korrelation zwischen Aggressionsneigung und Aggressionsverhalten r = .66, in der anderen Gruppe dagegen nur r = .09, ein Unterschied, der hoch signifikant ist (z = 2,80). Die Trennung in zwei Gruppen mit hoher und niedriger *öffentlicher* Selbstaufmerksamkeit erbrachte keine derartigen Differenzen. Dieser Befund bedeutet zweierlei: einmal ist unterstrichen worden, daß es sich lohnt, zwischen privaten und öffentlichen Aspekten zu unterscheiden; zum anderen wird die Bedeutung des privaten Aspekts als Moderator hervorgehoben. Bei Personen, deren entsprechende Disposition hoch ausgeprägt ist, stimmen Selbstberichte und

Verhalten sehr gut überein, während dies bei Personen mit schwacher Ausprägung überhaupt nicht der Fall ist. Offenbar beruht dieser Unterschied auf dem Grad der Selbsterkenntnis, der durch häufige Introspektion und Selbstreflexion erworben wird.

Für die psychologische Diagnostik ergibt sich daraus die Überlegung, in Zukunft bei Untersuchungen die Selbstaufmerksamkeit mitzuerfassen, weil man dann Untergruppen von Personen identifizieren kann, deren Aussagen besonders vertrauenswürdig sind.

Wir haben 1979 in einer Untersuchung, die eigentlich anderen Zwecken diente, einen Fragebogen zur Selbstaufmerksamkeit in den achten Klassen von zwei Kölner Gesamtschulen eingesetzt. Dieser Fragebogen differenzierte allerdings nicht zwischen privaten und öffentlichen Aspekten, so daß nur schwache Effekte erwartet werden dürfen. In der Gruppe der hochgradig selbstaufmerksamen Schüler korrelierte die Schulzufriedenheit mit dem erlebten Leistungsdruck $r = -.50$, in der anderen Gruppe nur $r = -.24$. Der Unterschied ist signifikant ($t = 2.37$). In gleicher Richtung bestand eine Differenz in der Korrelation zwischen subjektiver Hilflosigkeit und erlebtem Konkurrenzdruck von $r = .41$ gegenüber $r = .16$. Auch diese Differenz war signifikant ($t = 2.34$). Schüler mit hoher Selbstaufmerksamkeit haben mehr Erfahrungen mit ihren Sorgen, Gefühlen und Stimmungen und können daher konsistentere Selbstberichte abgeben als andere Schüler.

Emotionen werden von Personen mit privater Selbstaufmerksamkeit stärker erlebt, und zwar sowohl positive als auch negative. Attraktive Menschen werden von ihnen als viel attraktiver, häßliche Szenen werden von ihnen als besonders abstoßend beurteilt. Die Intensivierung der Emotionen geht in beide Richtungen. Es findet also eine Polarisierung statt, die Einfluß auf das Verhalten haben kann. Bei einem Konflikt zwischen dem Hilfemotiv und der Furcht vor einer Verletzung ist der Grad der Emotion ausschlaggebend. Bei geringer Furcht helfen Personen mit hoher privater Selbstaufmerksamkeit eher als andere, bei großer Furcht kehrt sich das Verhältnis um (Buss 1980, 52).

Nicht nur die private, sondern auch die *öffentliche* Selbstaufmerksamkeit kann als eine Disposition aufgefaßt werden. Es gibt individuelle Unterschiede die anhand der angegebenen Skala erfaßt werden können. Hat jemand hohe Werte in dieser Disposition, reagiert er schneller und intensiver auf entsprechende Auslösesituationen. Im Falle von Nichtbeachtung einer Person zum Beispiel gerät diese vor allem dann in den Zustand der öffentlichen Selbstaufmerksamkeit, wenn bereits eine Tendenz dazu besteht. In Konformitätsexperimenten hat sich gezeigt, daß Personen mit hoher öffentlicher Selbstaufmerksamkeit dem Gruppendruck nicht widerstehen konnten. Da sie immer besorgt darüber sind, welchen Eindruck sie auf andere machen und ob sie von der Norm abweichen, lassen sie sich ihr Verhalten teilweise von den anderen aufzwingen. Personen mit niedriger öffentlicher Selbstaufmerksamkeit verleihen jedoch ihrer Meinung ungezwungen Ausdruck. Ihre Selbstberichte sind daher vertrauenswürdiger. Bei ihnen findet man eine hohe Einstellungs-Verhaltens-Konsistenz, wie bei den Personen mit hoher privater Selbstaufmerksamkeit. Demnach wäre die gleichzeitig niedrige Ausprägung von öffentlicher und hohe Ausprägung von privater Selbstaufmerksamkeit die beste Voraussetzung für eine Übereinstimmung des Verhaltens mit der eigenen Überzeugung sowie für eine Widerstandsfähigkeit gegenüber fremden Beeinflussungsversuchen. Genau das ist bei einem Experiment von Scheier herausgekommen (Buss 1980, 56).

Die Versuchspersonen füllten einen Fragebogen aus, der ihre Einstellung gegenüber der Prügelstrafe erfassen sollte. Monate später wurden sie in Kleingruppen aufgeteilt und aufgefordert, einen Aufsatz über die Bedeutung der Prügelstrafe für die Kindererziehung zu schreiben, der zur Grundlage für eine anschließende Diskussion gemacht werden sollte. Die Aufsätze wurden danach ausgewertet, zu welchem Grad in ihnen eine Einstellung zur Prügelstrafe zum Ausdruck gebracht wurde (Punktwerte aufgrund einer Inhaltsanalyse). Diese Werte ließen sich mit den Fragebogenwerten in Beziehung setzen. Zuvor aber wurden die Versuchspersonen nach dem Grad ihrer privaten und öffentlichen dispositionalen Selbstaufmerksamkeit nach Art einer 4-Felder-Tafel eingeteilt: hoch/hoch, hoch/niedrig, niedrig/hoch, niedrig/niedrig. Während in drei der vier Gruppen keine signifikanten Korrelationen zwischen dem Fragebogen und dem späteren Aufsatz ermittelt wurden, war der Koeffizient in der Gruppe mit hoher privater und niedriger öffentlicher Selbstaufmerksamkeit mit $r = .64$ bedeutsam. Diese Personen kannten sich selbst gut genug, um ihre Auffassung korrekt wiedergeben zu können, und sie ließen sich nicht aufgrund der Kleingruppensituation von ihrer Meinung abbringen. Die Kombination dieser hohen und niedrigen Skalenwerte führte also zu einer optimalen Einstellungs-Verhaltens-Konsistenz. Durch diese Untersuchung ist auf eindringliche Weise klargemacht worden, daß private und öffentliche Aspekte zu unterscheiden sind und daß gerade ihre Kombination in einer 4-Felder-Tafel die Voraussetzung dafür schafft, die moderierende Wirkung des Konstrukts zu prüfen. Verzichtet man dagegen auf die Trennung der beiden Aspekte, kommt es vor, daß sich Personen mit sowohl hoher privater als auch hoher öffentlicher Selbstaufmerksamkeit in derselben Gruppe befinden und die Wirkungen sich daher gegenseitig aufheben.

Die relative Bedeutung von privater gegenüber öffentlicher Selbstaufmerksamkeit hängt von der Situation ab. Sagt man zum Beispiel einem Schüler, er möge bitte ein Gedicht vortragen oder an der Tafel eine schwierige Aufgabe vorrechnen, so dominieren die öffentlichen Aspekte. Der Schüler sieht sich als ein soziales Objekt, er ist vor allem besorgt darüber, was andere in diesem Augenblick von ihm denken mögen. Dies ist bei dem einen mehr und bei dem anderen weniger der Fall. Wir haben es ja hier mit individuellen Differenzen zu tun. Dagegen spielt die private Selbstaufmerksamkeit in dieser Situation keine Rolle. Dieser Sachverhalt relativiert unser Wissen über Prüfungen, Interviews und andere Anlässe, die der Eindrucksbildung über eine Person dienen. Unterliegt der Kandidat einer hohen öffentlichen Selbstaufmerksamkeit, so ist er nicht frei in seinem Verhalten, sondern wird vielmehr von sozialen Erwartungen und oft von sozialen Ängsten in seinem Handeln gesteuert und beeinträchtigt. Er kann die ihm sonst verfügbaren Einstellungen, Motive und Verhaltensdispositionen nicht voll zur Geltung bringen. Wir haben natürlich schon immer gewußt, daß sich manche Menschen in der Prüfung anders verhalten als sonst, aber aufgrund dieser Theorie ist eine gezielte Vorhersage möglich. Es bleibt abzuwarten, ob sich die oben angegebene Skala zur Identifikation von Problempersonen bewährt. Eine gültige Risikoprognose wäre für die Beratung eine wesentliche Hilfe.

2.4 Experimentell ausgelöste Selbstaufmerksamkeit

Die meisten Forschungsarbeiten stützen sich auf die Theorie von Duval und Wicklund (1972), die vor allem Experimente durchgeführt haben, um den Zustand der Selbstaufmerksamkeit auszulösen. Dabei wurden vor allem Spiegel, aber auch Tonbandgeräte und Videokameras als Auslöser verwendet.

Die vielen Untersuchungen des vergangenen Jahrzehnts verwenden solche technischen Hilfsmittel relativ beliebig, teilweise auch kombiniert miteinander und ohne die Absicht, private und öffentliche Aspekte voneinander zu unterscheiden. Diese Differenzierung wird nämlich von Wicklund nicht vorgenommen. Sie stellt aber den Kern der

Theorie von Buss dar. Die Unterscheidung von Zustand und Disposition ist ebenfalls charakteristisch für die Theorie von Buss, während sie bei Wicklund keine Rolle spielt. Allerdings akzeptiert er durchaus die Annahme individueller Unterschiede und hält die private Skala von Buss für ein nützliches Instrument zur diagnostischen Erfassung der privaten Disposition (Frey, Wicklund, Scheier 1978, 194; Wicklund, Frey 1980, 38).
In einem Experiment von Carver, Blaney und Scheier (1979) wurde die Affektintensivierung durch Selbstaufmerksamkeit überprüft. Die Autoren wählten dafür Studenten aus, die unter einer besonders großen Angst vor Schlangen litten. Ihre Aufgabe war es, auf einen Schlangenkäfig zuzugehen und mit Handschuhen die Tiere zu berühren oder aufzuheben. Die meisten gelangten nicht bis zum Käfig. Führte man jedoch einen Spiegel ein, dann blieben die Versuchspersonen noch viel früher stehen und waren nicht bereit, sich dem Käfig weiter zu nähern. Private Selbstaufmerksamkeit wird für diesen Angstanstieg verantwortlich gemacht.
Die typische Versuchsanordnung enthält Spiegel oder Kameras oder beides. Die Versuchspersonen werden einer Leistungsprobe unterworfen und erhalten manipulierte Ergebnisrückmeldungen. In einem Experiment von Duval und Wicklund (1972) lösten die Probanden Aufgaben, die eine Mischung aus Intelligenz und Kreativität – nämlich »Cleverness« – erfassen sollten. Einige Versuchspersonen erfuhren anschließend, daß sie mit ihrem Ergebnis im oberen Zehntel, andere, daß sie im unteren Zehntel liegen. Sie sollten anschließend in einem Raum auf den Versuchsleiter warten, der noch einige Erläuterungen abgeben wollte. Sie durften aber auch den Raum verlassen, falls die Wartezeit länger als fünf Minuten dauerte. Die Situation im Warteraum stellte den Kern des Experiments dar, denn für einige Probanden war da ein Spiegel, für andere eine Kamera oder beides, und der Rest schließlich war in einer Kontrollbedingung ohne irgendwelche Auslöser. Es stellte sich heraus, daß die Versuchspersonen unter dieser Kontrollbedingung im Durchschnitt erst nach 8.1 Minuten den Raum verließen, während die Probanden unter kombinierter Spiegel- und Videobedingung ihn schon nach durchschnittlich 6.4 Minuten verließen. Diese Differenzen entstanden bei den Personen, welche eine besonders negative Ergebnisrückmeldung bezüglich ihrer »Cleverness« erhalten hatten, bei den anderen gab es jedoch keinen Unterschied. Wie läßt sich dieser Befund nun erklären? Nach Wicklund und Frey (1980) hat man von sich selbst die Vorstellung, man sei einigermaßen clever. Erhält man nun eine erwartungswidrig ungünstige Leistungsrückmeldung, so erfährt man einen negativen Affekt, der im Zustand der Selbstaufmerksamkeit zu einer Aktualisierung und Intensivierung bestimmter Facetten des Selbst führt. Die negative Selbstbewertung erfordert nun irgendwelche Bewältigungsmaßnahmen. Man kann sich das so vorstellen, als sei das Selbst unter Streß und müßte eine Coping-Strategie einleiten. Die negative Diskrepanz läßt sich auf verschiedene Weisen reduzieren. Eine Möglichkeit liegt in der direkten Veränderung der Diskrepanz, das heißt in diesem Fall einer Verbesserung der Leistungsfähigkeit, was natürlich im Experiment nicht gegeben ist. Die andere Möglichkeit liegt in der Vermeidung oder Reduktion von Selbstaufmerksamkeit, was durch Verlassen der unangenehmen Situation geschehen kann. Genau diese Defensivreaktion ist hier geprüft worden. Keine der Versuchspersonen war aufgefordert worden, über ihre schlechten Resultate nachzudenken. Vielmehr ist das frühzeitige Verlassen des Raumes allein auf die Spiegel und Kameras zurückzuführen, also auf die Auslösung eines Zustands von Selbstaufmerksamkeit. Die Theorie von Wicklund zielt unter anderem darauf, konsistentes Verhalten unter Bezugnahme auf das Selbst zu erklären. Dabei stellt sich immer die Frage, wie vom Individuum die negativen Diskrepanzen abgebaut werden können. Der Defensivreaktion zur Vermeidung von Selbstaufmerksamkeit steht die konstruktive oder direkte Reaktion zum Abbau von Diskrepanz gegenüber. So kann man zum Beispiel

sein Verhalten der eigenen Einstellung gemäß ausrichten, damit keine Diskrepanzen entstehen. Einstellungs-Verhaltens-Konsistenz ist also aus der Sicht von Wicklund auf ein Motiv der Diskrepanzreduktion zurückzuführen. In einem Experiment von Gibbons (1978, nach Wicklund/Frey 1980, 44) mit Studentinnen wurde zunächst der Grad sexueller Schuldgefühle mit einem Fragebogen erhoben. Einige Wochen später wurden sie gebeten, pornographische Hefte zu lesen und anhand einer Skala einzuschätzen, wie gut oder schlecht ihnen die Lektüre gefallen hat. In der Gruppe, die die Einschätzung vor einem Spiegel vornahm, gab es eine Korrelation von $r = .74$ zwischen den zuvor erhobenen Fragebogenwerten der sexuellen Schuldgefühle mit dem Grad des Mißfallens der Lektüre, während in der Kontrollgruppe keine nennenswerte Beziehung bestand ($r = .20$). Nach Buss wäre hier zu interpretieren, daß private Selbstaufmerksamkeit erzeugt wurde, die mit einer stärkeren Kenntnis der eigenen Person, also mit einer Aktualisierung von im Selbst gespeicherten Wissensbeständen über eigenes Denken und Handeln, in Verbindung stehen, woraus Einstellungs-Verhaltens-Konsistenz erfolgt. Nach Wicklund ist mit der Fragebogenerhebung für die Person sozusagen der Standard gesetzt worden, der eine überdauernde Leitlinie für das Verhalten repräsentiert. Um sich dieser Leitlinie bewußt zu werden, muß man erst einmal in den Zustand der Selbstaufmerksamkeit versetzt werden. Nur diejenigen Personen, die mit Hilfe des Spiegels diesen Zustand erreicht haben, verhalten sich gemäß irgendeiner Moral.

Diese Moral kann auf allgemein akzeptierten Werten beruhen, wie zum Beispiel Sauberkeit, Ehrlichkeit, Hilfsbereitschaft, Toleranz. Gibt es für bestimmte Situationen keine generell verfügbaren moralischen Standards, so orientiert sich das Individuum an seinen persönlichen Standards beziehungsweise an seinen relevanten Vorerfahrungen. In einem Experiment von Pryor, Gibbons, Wicklund, Fazio und Hood (1977) erhielten 15 Studentinnen die Möglichkeit, unter 5 völlig unvertrauten Puzzle-Aufgaben zu wählen und damit 10 Minuten zu spielen. Der Versuchsleiter stellte fest, wieviele Aufgaben jeder Art die Studentinnen bearbeitet hatten. Anschließend wurden sie unter Spiegel- und Kontrollbedingungen gefragt, wie interessant beziehungsweise wie langweilig die Puzzles waren. In der Spiegelgruppe gab es eine Rangkorrelation zwischen dem Aufgabentyp und dem Interesse von $rho = .74$, in der anderen Gruppe von $rho = .13$. Damit soll gezeigt werden, daß in Abwesenheit jeglicher Standards diese von den Probanden selbst geschaffen werden. Interessant ist danach das, womit man schon Erfahrungen gesammelt hat beziehungsweise was man zuerst erlebt hat. Doch gilt das nur, sofern man auf sich selbst aufmerksam geworden ist. Ohne den Focus auf die eigene Person gibt es keinen Zusammenhang zwischen Erfahrungen und Urteilen darüber. Ist durch einen Spiegel aber die Selbstaufmerksamkeit ausgelöst worden, schlußfolgert man von dem frei gewählten Verhalten auf die eigene Einstellung. Dies stimmt überein mit der Selbstwahrnehmungstheorie von Bem (Enzle 1980, Grabitz 1978), nach der man seine Einstellung am eigenen Verhalten orientiert. Die Theorie von Wicklund betont jedoch das Motiv, Konsistenz zu erzeugen, das heißt die Person macht bei der Entwicklung ihres Wertsystems dieses konsistent mit dem früheren Verhalten.

In einem Experiment von Diener und Wallbom (1976; nach Wicklund/Frey 1980, 46) wurde die Ehrlichkeit von Studenten unter verschiedenen Bedingungen untersucht. Auf Befragen gab die große Mehrheit an, Täuschungsversuche seien moralisch falsch. Tatsächlich aber täuschten 70 % der Studenten, als ein Intelligenztest mit Zeitgrenze vorgegeben wurde, indem sie länger als erlaubt an den Aufgaben arbeiteten. Vor einem Spiegel sitzend jedoch reduzierte sich diese Zahl auf 7 %. Offenbar werden sich die Studenten angesichts ihres Spiegelbildes der allgemein akzeptierten Maßstäbe gewahr und hüten sich vor Diskrepanzen, die zu einer negativen Selbstbewertung führen. Am Beispiel der Ehrlichkeitsexperimente läßt sich der Unterschied zwischen den Theorien

von Buss und Wicklund ablesen. Beide sagen vorher, daß Einstellung und Verhalten unter der Bedingung von Selbstaufmerksamkeit in relativ hohem Maße konsistent ausfallen. Jedoch verzichtet Buss auf die Annahme eines Motivs, Diskrepanz zu reduzieren. Dafür unterscheidet er zwischen Verhalten angesichts öffentlicher und privater Standards. Jemand, der bei Unehrlichkeiten nicht beobachtet werden möchte, ist abzugrenzen von demjenigen, der auch ehrlich ist, wenn er allein und unbeobachtet ist. Grundsätzlich gibt es nach Wicklund drei Annahmen: (1) Selbstaufmerksamkeit führt zur Selbstbewertung, (2) diese führt zur negativen Diskrepanz zwischen Standard und Verhalten (gelegentliche positive Diskrepanzen sind für die Theorie nicht bedeutsam). (3) Um diese Diskrepanz wieder abzubauen, wird entweder das in Frage stehende Verhalten konstruktiv geändert oder die Selbstaufmerksamkeit wird vermieden. Buss verzichtet auf jegliche Annahmen einer negativen Diskrepanz und das Motiv, sie abzubauen. Dafür unterscheidet er zwischen privaten und öffentlichen Aspekten sowie zwischen dem Zustand und der Disposition. Bei *privater* Selbstaufmerksamkeit beschränkt er sich auf die Annahme, das eigene Selbst würde besser kennengelernt und die Affekte würden intensiviert. Das reicht aus, um die Ergebnisse der Experimente mit moralischen Standards interpretieren zu können. Bei *öffentlicher* Selbstaufmerksamkeit gibt es keinen Unterschied zwischen beiden Theorien, sofern die Selbstaufmerksamkeit durch Wahrnehmungsrückmeldung ausgelöst wird wie zum Beispiel durch große Spiegel, Fotos oder Tonbandaufnahmen. Dann vergleichen die auf sich selbst aufmerksamen Personen diesen Reiz mit über sich selbst gespeicherten Wissensbeständen und erleben meistens einen Selbstwertverlust. Wird jedoch diese Selbstaufmerksamkeit durch ein Publikum, eine Kamera oder ein Mikrofon ausgelöst, gibt es verschiedene Vorhersagen. Wicklund erwartet eine negative Diskrepanz, während Buss psychische Beeinträchtigungen und vielleicht auch Verlegenheit, Schüchternheit und soziale Angst erwartet (Buss 1980, 101). Es gibt aber keine Befunde darüber, daß eine hohe öffentliche Selbstaufmerksamkeit zu gleichen Verhaltensweisen führt wie ein (kleiner) Spiegel. Hohe öffentliche Selbstaufmerksamkeit erhöht Konformität und vermindert – falls über Wahrnehmungsrückmeldung erzeugt – die Selbstwertschätzung. Sie verringert die Einstellungs-Verhaltens-Konsistenz und macht anfälliger gegenüber Beeinflussungsversuchen in Gruppen. Hohe private Selbstaufmerksamkeit dagegen führt zur Affektintensivierung. Dies gilt, wenn affektgeladene Elemente im Selbst gerade bedeutsam sind. Andernfalls wird die Übereinstimmung zwischen Verhalten und Überzeugung erhöht sowie der Widerstand gegenüber Beeinflussungsversuchen verstärkt. Dies geschieht, weil die Person sich selbst gut kennt.
Als Beispiel für die Selbstwertbeeinträchtigung durch Auslösung öffentlicher Selbstaufmerksamkeit soll ein Experiment von Fenigstein (1979) dienen. Er prüfte die Wirkung von Nichtbeachtung, indem er 80 Studentinnen in folgender Weise untersuchte. Die Versuchsperson sollte im Wartezimmer der Versuchsleiterin Platz nehmen, bis das angebliche Experiment stattfinden sollte. Die Situation im Wartezimmer war aber schon das eigentliche Experiment. Zwei ins Vertrauen gezogene Versuchspersonen kamen ebenfalls nacheinander in das Zimmer und begannen nach einer Weile miteinander zu sprechen, ohne dabei den Eindruck zu erwecken, daß sie sich jemals vorher gesehen hätten. Immer wenn die Versuchsperson ein Gespräch mit den beiden anzuknüpfen versuchte, waren sie nur kurz angebunden. Dabei brachten sie nicht etwa Feindseligkeit, sondern nur Desinteresse gegenüber der Versuchsperson zum Ausdruck. In der Kontrollgruppe dagegen wurden normale Gesprächssequenzen geführt. Im Anschluß an die Versuchsphase kam die Versuchsleiterin in das Zimmer und fragte die Versuchspersonen, ob sie bei den beiden Kommilitonen bleiben oder das Experiment mit neuen Partnern beginnen wollte. In der Kontrollgruppe wollten 29 der 40 Versuchspersonen

bleiben, während in der Versuchsgruppe nur 13 der ebenfalls 40 Versuchspersonen bleiben wollten. Nichtbeachtung hat der Theorie zufolge hier eine hohe öffentliche Selbstaufmerksamkeit ausgelöst und einen Selbstwertverlust herbeigeführt. Nach Wicklund müßte man sagen, eine negative Selbstbewertung sei entstanden, die mit Hilfe einer Vermeidungsreaktion abgebaut werden soll, indem man die soziale Situation verläßt, in der die Selbstaufmerksamkeit entstanden ist. Nachdem die Studentinnen über den wahren Charakter des Experiments aufgeklärt worden waren, zeigten sich viele von ihnen sichtlich erleichtert, denn sie hatten geglaubt, daß irgend etwas mit ihnen selbst nicht in Ordnung sei. Warum sonst sollten die anderen sie überhaupt nicht beachtet haben? Offensichtlich liegt hier ein Attributionsproblem. Die Zuschreibung eines Ergebnisses auf die eigene Person ist nur unter der Voraussetzung von Selbstaufmerksamkeit möglich, während im anderen Fall externale Ursachenzuschreibung vorgenommen wird.

Sowohl soziale Nichtbeachtung als auch das Gegenteil, nämlich prüfend angesehen oder sogar angestarrt zu werden, gelten als Auslöser für öffentliche Selbstaufmerksamkeit. Allein die Anwesenheit anderer Personen in einer Bewährungssituation reicht dafür aus. In einem Experiment erhielten Studenten schmerzhafte Elektroschocks unter zwei Bedingungen. Die einen waren allein, die anderen wurden beobachtet. Männer, die allein waren, nahmen höhere Schmerzeinschätzungen vor. Fühlten sie sich aber beobachtet, schätzten sie den Schmerz geringer ein. Dieser Befund ließe sich sicher nicht auf Frauen übertragen, denn sie haben im allgemeinen andere Standards. Schmerztoleranz gilt als ein Aspekt der Männlichkeit. Hätte man in diesem Experiment die Selbstaufmerksamkeit mit Hilfe eines Spiegels erzeugt, hätte die Schmerztoleranz geringer sein müssen, denn private Selbstaufmerksamkeit intensiviert den Affekt (Buss 1980, 76). Wir haben es hier also mit einer Differenzierung von situativen Auslösern zu tun. Sozialer Kontext und Spiegel rufen zwei verschiedene Zustände hervor, die in entgegengesetzten Vorhersagen bezüglich des Grads der Schmerztoleranz resultieren.

3. Emotionen*

3.1 Einführung

Angst ist ein unangenehmer Gefühlszustand, der als Folge, Begleiterscheinung oder Voraussetzung von Handlungen oder Ereignissen auftreten kann. Die Beschreibung und Erklärung von Angst sowie ihre Abgrenzungen gegenüber anderen Erlebens- und Verhaltenskategorien ist Gegenstand von *Gefühlstheorien*.
Es gibt jedoch keine allgemeingültige Gefühlstheorie, sondern vielmehr eine Vielzahl konkurrierender Ansätze innerhalb der Psychologie und darüber hinaus in anderen Wissenschaftsbereichen. »Weil über die wesentlichen Bestimmungsmerkmale von Gefühlen keine Einigkeit besteht, basiert die Auswahl der beobachtbaren Sachverhalte in der Forschung hauptsächlich auf dem Alltagsverständnis, das der Forscher von Gefühlen hat.« ... »Eine theoretische Integration der vielfältigen empirischen Ergebnisse innerhalb einer einheitlichen Theorie der Gefühle ist bislang nicht gelungen« (Debus 1977, 157, 158).
Unsere Betrachtung der Bedeutung von Angst im Rahmen subjektiver Belastungs- und Regulationsprozesse soll zunächst mit einem allgemeinen Überblick über die verschiedenen Emotionen und dahinführende theoretische Zugänge eingeleitet werden.
Emotionen werden meistens gekennzeichnet als subjektive Einschätzungen, als Aktivierungsvorgänge und als Verhaltensabläufe. Kognitive, physiologische und motorische beziehungsweise handlungsbezogene Komponenten spielen also zusammen.
Die Auslösung der Gefühle erfolgt normalerweise durch kognitive Prozesse, zum Beispiel wird auf Grund der Wahrnehmung einer Gefahr Angst ausgelöst. Es ist aber auch möglich, daß eine allgemeine Erregung bereits vorhanden ist, die durch nachfolgende Umweltreize ihre emotionale Färbung erhält und dann vom Individuum als ein bestimmtes Gefühl identifiziert wird.
Physiologisch gibt es kein für alle Emotionen gleiches Muster, vielmehr dominiert entweder eine Aktivierung des Sympathikus (Ärger, Freude, Angst) oder des Parasympathikus (Traurigkeit, Verlegenheit, Scham).
Das Erleben der Emotion kann mit unterschiedlicher Dauer, Intensität und Qualität erfolgen. Kurzfristige Emotionen, die nur wenige Sekunden oder Minuten dauern, werden gelegentlich auch Affekte genannt (zum Beispiel Wutausbruch, freudige Überraschung).
Länger dauernde Emotionen, die stundenlang anhalten können, werden manchmal Stimmungen genannt (zum Beispiel Traurigkeit).
Stimmungslabile Menschen sind an manchen Tagen freudig erregt und an anderen Tagen depressiv verstimmt, ohne daß Anlässe immer dafür erkennbar sind.
Die inhaltliche Differenzierung der Emotionen stößt auf Schwierigkeiten. Es gibt keine gültige Klassifikation, die es erlaubt, das eine Gefühl dem anderen vor- oder überzuordnen oder mehrere Gefühle trennscharf zu einer Gruppe zusammenzufassen. Wundt (nach Debus 1977, 163) vermutet drei grundlegende emotionale Dimensionen: Lust-Unlust, Erregung-Beruhigung und Spannung-Lösung. In empirischen Untersuchen haben sich häufig eine Lust-Unlust-Dimension und eine Dimension der Aktivierung abbilden lassen. Im Folgenden sollen einige moderne gefühlstheoretische Ansätze skiz-

---

* Bei diesem Kapitel handelt es sich um einen Exkurs, der die Heterogenität und Widersprüchlichkeit der meistdiskutierten modernen Ansätze veranschaulichen soll.

zenhaft dargestellt werden, damit der Stellenwert der Angst im Rahmen der Gesamtheit von Emotionen deutlich wird.
Das Kapitel über Emotionen soll in diesem Buch nur einen Exkurs darstellen, um die Einordnung des Phänomens Angst zu erleichtern.

3.2 Der Ansatz von Schachter

Die kognitiv-physiologische Emotionstheorie von Schachter (1978) geht von der Annahme aus, daß Emotionen sowohl von Kognitionen als auch von körperlicher Erregung abhängig sind. Das Zusammenwirken beider Faktoren macht den Gefühlszustand aus. Versetzt man Personen durch Eingabe von Medikamenten in einen Erregungszustand, dann reicht dies noch nicht aus, um emotional wirksam zu werden. Die Personen haben ein Bedürfnis nach Bewertung der bei ihnen ablaufenden Vorgänge. Sie wollen ihre Körperwahrnehmung interpretieren und suchen zu diesem Zweck Hinweise aus der Situation, die eine Erklärung für die Erregung liefern. Diese Hinweise bestimmen dann den Charakter der Emotion, also ob die Erregung zum Beispiel als Angst, Ärger, Freude oder Überraschung gedeutet wird. Die Erregung stellt somit den unspezifischen Faktor dar, während die Kognition den spezifischen Faktor ausmacht.
In einem Experiment von Schachter und Singer (1962) wurde den Versuchspersonen unter einem Vorwand Adrenalin verabreicht, so daß sie in einen körperlichen Erregungszustand gerieten. Diejenigen Versuchspersonen, die keine Erklärung für ihre Erregung erhalten hatten, benutzten Hinweisreize aus der jeweiligen Situation, um ihren Zustand zu interpretieren.
Personen, die mit einer verärgerten Person zusammentrafen, reagierten nämlich ärgerlich, während solche, die mit einer gutgelaunten Person zusammentrafen, eher mit Freude reagierten. Es wird angenommen, daß die Versuchspersonen ihre Gefühle durch Vergleich mit der jeweiligen Kontaktperson bewertet haben und dadurch eine Etikettierung ihrer Erregung vornehmen konnten. Das wahrgenommene Verhaltensangebot lieferte nachträglich den kognitiven Faktor für die Aktualisierung einer Emotion. Dieses Experiment ist zwar kritisiert und abgewandelt worden, doch gilt es trotzdem als eine eindrucksvolle Demonstration der Theorie von Schachter (vgl. Grabitz und Gniech 1978).
Grundlegend für die Theorie sind folgende Annahmen:
a) Hat die Person keine Erklärung für ihren Erregungszustand, dann verwertet sie Informationen aus der jeweiligen Situation, womit sie ihren Zustand etikettiert (cognitive labeling). Verschiedene situative Umstände erlauben also in diesem Fall verschiedene Emotionen bei ein und demselben Erregungszustand.
b) Hat die Person bereits eine Erklärung für ihren Erregungszustand, so ist eine weitere Informationssuche nicht mehr erforderlich.
c) Hat die Person Kognitionen, die erfahrungsgemäß zu Emotionen führen, so tritt der erwartete Gefühlszustand erst dann auf, wenn auch die körperliche Erregung vorhanden ist.
Die ersten beiden Annahmen beziehen sich auf die zeitliche Reihenfolge von Kognition und Erregung. Hier muß wohl zwischen dem Laborexperiment und der natürlichen Lebenssituation unterschieden werden. Im Experiment kann man für eine Erregung sorgen, ohne daß den Versuchspersonen dafür Erklärungen bereitstehen. Im Alltag wird das die Ausnahme sein. Der Mensch kogniziert in der Regel zuerst seine Umwelt und wird dann je nach dem Grad der subjektiv wahrgenommenen Bedrohung ängstlich reagieren, wie es auch bei der Streßkonzeption von Lazarus der Fall ist. Übertragen auf

die Pädagogik werden wir nicht annehmen, daß ein Teil der Schüler erregt zur Schule kommt und dort nach situativen Hinweisreizen sucht, um eine geeignete Interpretation zu finden, die dann schließlich zum Beispiel eine Angstreaktion gestattet. Vielmehr erleben die Schüler Reize, die als Bedrohung gedeutet werden, wie zum Beispiel die Ankündigung von Klassenarbeiten, die Bloßstellung vor den Mitschülern oder die Erwartung von Strafe durch den Lehrer. Kognitive Prozesse gehen normalerweise der Erregung voraus und bestimmen die Art und Weise der Erlebnisqualität.

Die dritte der Annahmen in der Theorie von Schachter behauptet, daß ohne körperliche Erregung keine Emotionen entstehen können. Dieser Auffassung wird heute von mehreren Seiten widersprochen, indem behauptet wird, Kognitionen allein seien schon hinreichend, um Emotionen auszulösen. Liebhart (1978) tritt im Anschluß an Valins (vgl. Grabitz/Gniech 1978) dafür ein, daß die physiologische Erregung lediglich eine Informationsquelle unter anderen darstellt. So, wie jemand situative Reize wahrnimmt, registriert er auch seine inneren Zustände und reagiert darauf emotional.

Dieser Sachverhalt läßt sich nachweisen, indem man bei Versuchspersonen physiologische Erregung simuliert. Erhält jemand falsche physiologische Rückmeldung, dann müßte er in ebensolche Gefühlszustände geraten, wie bei realitätsangemessenen Rückmeldungen (Valins-Effekt).

In einem Experiment ließ Valins die Versuchspersonen Bilder von weiblichen Halbakten betrachten und gab ihnen eine falsche Rückmeldung ihrer Herztöne. Diejenigen Bilder, bei denen das Tempo vom Versuchsleiter geändert wurde, wurden von den Versuchspersonen als attraktiver eingestuft. Valins nimmt an, daß die falschen Herztöne den Versuchspersonen eine Information über ihren vermeintlichen Erregungszustand lieferten, so daß auch auf rein kognitivem Wege ohne wirkliche Beteiligung von Erregung die emotionale Reaktion zustande kam.

3.3 Der Ansatz von Izard

Die differentielle Emotionstheorie von Izard (1977) geht davon aus, daß es sich bei den Emotionen um ein Subsystem der Persönlichkeit handelt, das parallel zu anderen Subsystemen wie zum Beispiel Trieben und Kognitionen wirkt und außerdem mit diesen in Interaktion steht. Daher stellt sich hier nicht die Frage, ob eine bestimmte Kognition eine bestimmte Emotion auslöst. Emotionen sind vielmehr im Bewußtsein ständig anwesend und beeinflussen die kognitiven Vorgänge, welche ihrerseits die Intensität oder Qualität der Emotion verändern können (Izard und Buechler 1980, 180). Die Theorie unterscheidet ebenfalls zwischen den »fundamentalen Gefühlen« und den »Gefühlsmustern«. Demnach gibt es folgende zehn fundamentale Gefühle: Interesse, Vergnügen, Überraschung, Traurigkeit, Ärger, Ekel, Verachtung, Furcht, Scham/Schüchternheit und Schuld. Diese Emotionen können jeweils für sich, aber auch in Gruppen auftreten. Wenn zwei oder drei Gefühle gleichzeitig vom Individuum erlebt werden, handelt es sich um ein Gefühlsmuster. Solche Muster bilden eine Art »Super-Emotion«, welche aufgrund von Erfahrungen im Laufe der Sozialisationsgeschichte des Individuums erworben werden und in bestimmten Auslösesituationen aktiviert werden. Die drei wichtigsten Gefühlsmuster sind nach dieser Theorie Angst, Depression und Feindseligkeit.

Angst setzt sich zusammen aus Furcht und einer oder mehreren fundamentalen Emotionen, nämlich Traurigkeit, Ärger, Scham/Schüchternheit, Schuld oder Interesse. Furcht ist also die notwendige, aber allein noch nicht hinreichende Komponente. Sie ist als eine negative Emotion definiert, die als Ungewißheit und Bedrohung erlebt wird.

Menschen lassen sich danach unterscheiden, wie ihre spezielle Ängstlichkeitsstruktur aussieht, die in ihrer Persönlichkeit dominiert. Es wird zum Beispiel angenommen, daß bei der einen Person das Angstmuster mehr aus Furcht-Ärger-Interesse besteht und bei der anderen Person mehr aus Furcht-Schuld-Scham-Schüchternheit. Dieser Gedanke ist nicht abwegig, da wir in unserem Alltagsverständnis ähnliche Unterscheidungen vornehmen, indem wir zum Beispiel von aggressiver Ängstlichkeit oder sozialer Ängstlichkeit sprechen. Auch andere Autoren sehen Angst als ein Reaktionsmuster an, zum Beispiel Publikumsangst als Summe von Erregung, Selbstaufmerksamkeit und Bewertungsangst in bestimmten Situationen (Buss 1980). Kritisch wäre zu fragen, ob nicht eine Erregungskomponente und eine kognitive Komponente ausreichen, um derartige Differenzierungen vornehmen zu können und ob daher die Trennung von fundamentalen Emotionen und komplexen Emotionsmustern auch wirklich über einen höheren Erklärungswert verfügt.

Depression wird ebenfalls als ein Gefühlsmuster angesehen. Hier steht die Traurigkeit als notwendige, aber allein noch nicht hinreichende Emotion im Mittelpunkt. Dazu treten Ärger, Ekel, Verachtung, Furcht, Schuld oder Schüchernheit. Klinische Beobachtungen zeigen, daß es hier Unterschiede zwischen Patienten bezüglich der Gestalt des bei ihnen vorherrschenden Gefühlsmusters gibt, aber auch Unterschiede innerhalb derselben Person zu verschiedenen Zeitpunkten.

Feindseligkeit verfügt nicht über eine einzige Schlüsselkomponente, sondern stellt ein komplexes Muster von Emotionen, Trieben und affektiv-kognitiven Orientierungen dar, wobei Ärger, Ekel und Verachtung die zentralen emotionalen Aspekte ausmachen. Die Abgrenzung zur Aggression liegt im Verzicht auf schädigende Handlungen. Feindseligkeit gilt nach dieser Theorie aber als motivationaler Wegbereiter für Aggression. Ähnliche Gedanken sind auch bei anderen Autoren zu finden. So macht man häufig einen Unterschied zwischen einer zornmotivierten Aggression und einer instrumentellen Aggression. Feindseligkeit mit einer akzentuierten Ärgerkomponente kann in der entsprechenden Situation eine zornmotivierte Aggression auslösen.

3.4 Der Ansatz von Zajonc

Einen neuen Ansatz, den theoretischen Status von Emotionen zu bestimmen, legt Zajonc (1980) vor. Er kritisiert die herrschenden Auffassungen als »postkognitiv«. Während heute allgemein angenommen wird, daß in einer Reizsituation zuerst komplizierte kognitive Prozesse ablaufen, die eine Grundlage für die affektiven Reaktionen liefern, glaubt er, daß es eher umgekehrt sei: Affektive Urteile entstehen unabhängig von Kognitionen, sie sind schneller verfügbar und werden mit größerer Sicherheit abgegeben. Seine Auffassung über Affekt und Kognition als voneinander unabhängige Systeme soll hier näher erläutert werden.

Zajonc befaßt sich nicht mit den komplizierten Emotionen wie Angst, Stolz, Scham, Ärger usw. sondern mit der grundlegenden affektiven Tönung von Reizen z. B. auf der Dimension »gut-schlecht« oder »positiv-negativ«. Er meint, daß diese Affekte dem Individuum eher präsent sind als die »rein kognitiven« Urteile über die Qualität eines Reizes. Er unterscheidet zwischen »heißen und kalten Kognitionen«, indem er den Gefühlsanteil zum Unterscheidungskriterium macht. »Ich liebe Katzen« wäre z. B. eine »heiße Kognition« oder ein affektives Urteil, »Katzen sind Säugetiere« wäre dagegen eine »kalte Kognition« oder ein kognitives Urteil. Dahinter steht die Frage, wie vollständig Dinge kogniziert werden müssen, bevor das Individuum sie als für sich wichtig und als positiv bzw. negativ beurteilen kann. Zajonc sagt, die Dinge müßten so gut wie gar nicht gedanklich verarbeitet werden, denn die Präferenz für oder gegen ein Objekt sei unmittelbar verfügbar und entstünde unterhalb der Bewußtseinsschwelle. Emotionale Einstellungen fließen im Wahrnehmungsprozeß mit und erlauben an verschiedenen Stellen den Einstieg von Kognitionen. Das Umgekehrte gilt nicht. Affekte sind grundlegend unausweichbar und enthalten einen unmittelbaren Selbst-Bezug. Affektive Urteile sind immer auch Urteile über das Selbst, indem man das zu beurteilende Ereignis im Hinblick auf seine Bedeutung für die eigene Person wahrnimmt und dabei eine mehr positive oder mehr negative Tönung erlebt. Dafür legt Zajonc eine Reihe von empirischen Nachweisen vor, die meist auf experimentellen Untersuchungen über die Beurteilung von Reizen beruhen. Den Probanden wurden Reize mit extrem kurzer Expositionszeit dargeboten, einige mehrfach und andere einmalig. Dann wurden sie gefragt, welche Reize ihnen gefallen und welche sie wiedererkannt haben.

Es zeigte sich, daß die Reizdarbietung auf die affektive und auf die kognitive Beurteilung einen unabhängigen Einfluß ausübte. Den Versuchspersonen gefielen solche Reize wegen ihrer mehrfachen Darbietung sehr gut, die sie trotz mehrfacher Darbietung nicht wiedererkennen konnten, das heißt, daß eine Affektbeeinflussung in Abwesenheit kognitiver Prozesse vorgenommen wurde. Sollten in einem ähnlichen Experiment die Versuchspersonen Urteile darüber abgeben, ob ihnen etwas gefällt oder nicht, so wird dieses Urteil mit größerer subjektiver Gewißheit abgegeben als ein Urteil darüber, ob der Gegenstand alt oder neu bzw. rund oder oval ist. Dies läßt sich auch mit dem Selbst-Bezug erklären: Wird jemand gefragt, ob ihm etwas gefällt, so wird die Relevanz eines Ereignisses für die eigene Person hervorgehoben, was von vornherein mit einer früheren Affektgeladenheit verbunden ist. Alle Kognitionen unter einer solchen Instruktion sind »heiße Kognitionen«. Dinge werden dabei affektiv beurteilt, von denen man nicht viel weiß.

Dies ist im Einklang mit unserer Alltagsbeobachtung. Jemand mag ein Auto, ohne die technischen Daten zu kennen. Erst die »heiße Kognition« veranlaßt das Individuum dazu, mehr »kalte Kognitionen« in eine bestimmte Richtung vorzunehmen, sich eine Autozeitung mit dem Fahrbericht zu kaufen und Zeitungsanzeigen über dieses Modell genauer zu studieren, bis schließlich die Kaufentscheidung in Übereinstimmung mit dem allerersten affektiven Urteil erfolgt. Untersucht man die handlungsleitende Funktion von kognitiven Prozessen, so müßte man also vor allem die Affektgeladenheit der ersten Wahrnehmungen des Objekts studieren. Der Ansatz von Zajonc führt daher zu einer Betonung der Steuerfunktion des ersten Eindrucks (primacy effect).

Die Trennung von Affekt und Kognition läßt sich auch damit begründen, daß beide unterschiedlich schnell und intensiv verlaufen. Affekte spielen sich ohne jeden Anstrengungsaufwand ab, sind ganzheitlich, unausweichbar, schwer zu verbalisieren, aber leicht zu verstehen und an andere weiterzuvermitteln. Die Verknüpfung der Kognition mit Sprache dagegen läßt sie langsamer, abstrakter und mißverständlicher in der Kommunikation werden. Im Modell der affektiven und kognitiven Reaktion des Autors stehen zu Beginn die sensorischen Prozesse, mit denen die Reizaufnahme erfolgt, anschließend wird der Reiz affektiv beurteilt (gut-schlecht), dann findet die Wiedererkennung statt (alt-neu) und erst auf der dritten Informationsverarbeitungsstufe wird eine nähere gedankliche Verarbeitung des Gegenstands hinsichtlich seiner Form vorgenommen (rund-oval). Allgemein läßt sich sagen, daß im Gegensatz zu den herrschenden kognitiven Theorien die Verarbeitungsvorgänge hier erst im Anschluß an die emotionale Einschätzung stattfinden. Nun wäre es voreilig, wollte man die Auffassung von Zajonc so weit interpretieren, als wären die Kognitionen zeitlich und ursächlich von den Emotionen abhängig. Er befaßt sich ja nicht mit den üblichen Emotionen wie Angst, Ärger, Freude usw. sondern lediglich mit dem Affektgehalt der ersten Informationsverarbeitungsprozesse im Verlauf einer Reizwahrnehmungs- und Reizbeurteilungssequenz. Grundlegende und einfache Affekte, die sich auf der Dimension »gut-schlecht« abbilden lassen, treten danach vorzeitig und unabhängig von der Wiedererkennung eines Reizes auf und liefern eine weitere Grundlage für kognitive Prozesse neben der objektiven Reizumwelt. Möglicherweise stellen »heiße Kognitionen« eine zusätzliche Informationsquelle dar, die dem Individuum in jeder Situation rasch zur Verfügung gestellt wird und auf die in der nächsten Stufe der Informationsverarbeitung zurückgegriffen wird. Das Auftreten von differenzierten Emotionen dagegen bedarf einer kognitiven Vorgeschichte im Geschehensverlauf. »Kalte Kognitionen« wie z. B. Kausalattributionen können als Vorläufer und Determinanten von spezifischen Emotionen dienen.

3.5 Der Ansatz von Weiner

Dieser Punkt spielt eine zentrale Rolle in dem Ansatz von Weiner (1980 b), der sich mit der Rolle von Affekten im Rahmen seiner kognitiven Motivationstheorie befaßt. Der Autor unterscheidet drei Dimensionen von Ursachen, welche vom Individuum für ein Leistungsergebnis verantwortlich gemacht werden können: Locus (Ort der Verursachung), Zeitstabilität und Kontrollierbarkeit. Mit *Locus* wird die internale oder externale Verursachung eines Ereignisses bezeichnet, *Zeitstabilität* meint, ob ein Kausalfaktor überdauernd oder variabel angesehen wird, und *Kontrollierbarkeit* bedeutet, ob das Individuum glaubt, ein Ereignis beeinflussen zu können oder nicht. Ein Leistungsergebnis läßt sich z. B. auf die eigene Fähigkeit zurückführen. Dies wäre eine internale, zeitstabile und kontrollschwache Attribution. Es läßt sich auch auf die eigene Anstrengung zurückführen. Dies wäre eine internale, variable und kontrollstarke Attribution. Weiner betont heute den Unterschied zwischen den Kausalfaktoren Fähigkeit und Anstrengung hinsichtlich ihrer Beteiligung an der Dimension der Kontrollierbarkeit, während er sich früher auf den Unterschied hinsichtlich der Dimension der Zeitstabilität beschränkt hatte. Ist etwas kontrollierbar und wird es vom Individuum trotzdem nicht kontrolliert, so entstehen Scham- und Schuldgefühle. Ein Mißerfolg, der auf mangelnde Fähigkeiten zurückgeführt wird, ist mit einem Gefühl der Inkompetenz verbunden. Dieses Gefühl veranlaßt den Handelnden nicht zu einem größeren Arbeitsaufwand. Fähigkeit wird nicht als kontrollierbarer Kausalfaktor angesehen, und Inkompetenz stellt keinen motivierenden Zustand dar. Dagegen bedeutet die Erklärung eines Mißerfolgs mit mangelnder Anstrengung eine Ursachenzuschreibung auf einen kontrollierbaren Kausalfaktor, was in Schuld oder Scham resultiert. Diese Emotionen werden als handlungsleitend angesehen. Die Überwindung solcher Gefühle erfolgt am besten durch mehr Investition von Anstrengung. Tritt dann wiederholt Mißerfolg ein, so könnte eventuell eine Zuschreibung auf mangelnde Fähigkeit erfolgen, womit das Gefühl der Inkompetenz resultiert, was weitere gleichartige Handlungsinitiativen erübrigt. Motivationsförderungsprogramme zielen auf internal-variable-kontrollstarke Attribution (Anstrengung), nicht weil dadurch Erwartungen aufgebaut werden, sondern weil dadurch Schuldgefühle vermittelt werden (Weiner 1980, 10). Dieser Aspekt stellt eine Neufassung der attributiven Motivationstheorie des Autors dar, indem Motivänderungseffekte durch Rückgriff auf Emotionen erklärt werden.
Kurz gefaßt läßt sich die Position wie folgt darstellen: Wir fühlen so, wie wir denken, und wir handeln auf der Grundlage dieser Gefühle. Emotionen sind demnach Ergebnisse von Kognitionen. Sie veranlassen das Individuum zu handeln. Außerdem geben sie Hinweise, die die Selbstwahrnehmung steuern helfen. Mit Emotionen sind hier – anders

als bei Zajonc – immer sehr differenzierte, sprachlich bestimmbare Zustände gemeint. Der Autor befaßt sich vor allem mit leistungsthematischen Situationen und beschränkt sich auf die beiden Reizklassen Erfolg und Mißerfolg. Kausalattributionen stellen die Kognitionen dar, die zwischen der Wahrnehmung des Handlungsausgangs und dem Gefühl vermitteln. Führt jemand den Erfolg auf seine Begabung zurück, so erlebt er ein Gefühl der Zuversichtlichkeit oder Kompetenz, führt er ihn auf seine Anstrengung zurück, so erlebt er Befriedigung und Entspannung, führt er ihn auf die Hilfe anderer Menschen zurück, erlebt er Dankbarkeit, und führt er ihn auf Zufall zurück, erlebt er Überraschung (vgl. Tab. 8).

Tab. 8: Zusammenhänge zwischen Kausalattributionen und Gefühlen (Weiner 1980, 5)

Attribution	Leistungsergebnis	
	Erfolg	*Mißerfolg*
Fähigkeit	Zuversicht	Inkompetenz
Anstrengung	Entspanntheit	Schuld/Scham
Andere	Dankbarkeit	Ärger
Zufall	Überraschung	Überraschung

Die erlebten Affekte sind also Reaktionen auf Attributionen, die mit dem Handlungsausgang verknüpft werden. Sie liefern die Grundlage für nachfolgendes Handeln. Hat sich jemand mit Erfolg um einen Arbeitsplatz beworben und führt er diesen Erfolg auf eine Referenz eines Bekannten zurück, so empfindet er vielleicht Dankbarkeit und kauft aus diesem Gefühl heraus ein Geschenk für den hilfreichen Bekannten. Die Kaufhandlung ist nach Weiner primär emotionsbedingt und nur indirekt attributionsbedingt.
Gefühle dienen auch als Hinweisreize für die Wahrnehmung der eigenen Person. Beobachten wir bei anderen Menschen auf uns gerichtete Emotionen, so schließen wir daraus, was jemand von uns hält oder wie wir selbst beschaffen sind. Emotionen sind dann kausale Vorläufer von Attributionen. Wenn ein Schüler in einer Arbeit versagt und der Lehrer daraufhin ärgerlich reagiert, so erklärt sich der Schüler die Lehreremotionen in der Weise, daß von ihm mehr erwartet wurde, seine Fähigkeit also höher eingeschätzt wurde und offenbar die Anstrengung nicht hinreichend gewesen ist, um diese Erwartungen zu erfüllen. Zeigt der Lehrer dagegen ein Gefühl des Mitleids, so muß der Schüler annehmen, er sei zu unbegabt und hätte keine Kontrolle über sein Leistungshandeln. Der Schüler schreibt sich in diesem Beispiel mangelnde Fähigkeit zu, während er angesichts des Ärgeraffekts auf mangelnde Anstrengung attribuiert. Diese Emotions-Attributions-Verknüpfungen bei Ärger-Anstrengung und Mitleid-Begabung hat der Autor nicht nur bei Studenten sondern auch bei siebenjährigen Kindern gefunden.
Die Beziehungen zwischen Kognition und Emotion sind also ziemlich komplex. Ereignisse werden ursächlich erklärt und dann mit einem Gefühl verbunden. Daraus resultiert die nachfolgende Handlung. In einer sozialen Interaktion kann die ausgedrückte Emotion als ein Ereignis verstanden werden, welches eine Ursachenerklärung nach sich zieht, die ihrerseits ein Gefühl hervorruft, das handlungsrelevant ist.

3.6 Der Ansatz von Plutchik

Plutchik (1980) hat eine »psychoevolutionäre Theorie der Emotion« vorgelegt, die für alle Stufen der Phylogenese und für Mensch und Tier gleichermaßen gültig sein soll. Darin führt er aus, daß Emotionen als Mittel zur Anpassung von Organismen an ihre

Umwelt dienen und in der Menschengeschichte eine Funktion zum Überleben einer Art innehaben. Es gibt nur eine kleine Zahl primärer oder grundlegender Emotionen, und alle anderen Gefühle stellen Mischzustände oder abgeleitete Emotionen dar. Die acht Primär-Emotionen sind Furcht, Ärger, Freude, Traurigkeit, Aufnahmebereitschaft, Ekel, Erwartung und Überraschung. Sie sind hypothetische Konstrukte oder idealisierte Zustände, die nur mit Hilfe einer Mehrzahl von diagnostischen Verfahren (z. B. Beobachtung und Befragung) erschließbar sind.

Gefühle sind postkognitiv, das heißt, erst auf Grund von Informationsverarbeitungsprozessen entsteht eine Emotion. Eine Kognition oder Situationseinschätzung ist Voraussetzung von affektiven Reaktionen, jedoch führen nicht alle Kognitionen zu Emotionen. Diese Kognitionen müssen nicht unbedingt bewußt ablaufen. Dies ist übrigens eine Quelle von Mißverständnissen. Tritt eine Emotion auf und ist dem Individuum keine vorauslaufende Kognition bewußt, so entsteht der Eindruck, die Emotion sei *vor* den kognitiven Prozessen anwesend. Da es keinen direkten methodischen Zugang zu nichtbewußten Kognitionen gibt, können diese auch nicht bewiesen, sondern nur indirekt erschlossen werden. Man erschließt affektleitende Kognitionen aber gerade mit Hilfe dieses Affekts. Die Annahme unbewußter Kognitionen stellt also einen Kunstgriff dar, um die theoretische Überzeugung von der Abfolge Kognition – Emotion aufrechterhalten zu können.

Der adaptive Wert von Emotionen als Mittel zum Überleben wird darin deutlich, daß jede Primär-Emotion über eine durch sie angestrebte Wirkung verfügt. So ist z. B. die Furchtemotion auf eine Schutzwirkung gerichtet, Ärger auf eine Destruktion und Ekel auf eine Zurückweisung des abstoßenden Objekts. Die Stellung der Emotion innerhalb einer Ereignissequenz veranschaulicht Tabelle 9. Auf einen Reiz erfolgt eine Kognition, die eine subjektive Bewertung des Reizes ausmacht. Daran schließt sich ein Gefühl an, auf das eine Handlung folgt, welche schließlich die erwünschte Wirkung realisieren hilft.

Tab. 9: Folge von Ereignissen bei der Entstehung von Emotionen bei Mensch und Tier (nach Plutchik 1980, 16)

Reiz	Erschlossene Kognition	Gefühl	Verhalten	Wirkung
Bedrohung	»Gefahr«	Furcht	Flucht	Schutzsuche
Hindernis	»Feind«	Ärger	Angriff	Destruktion
Mögliche(r) Gatt (in)	»Besitz«	Freude	Werbung und Paarung	Reproduktion
Verlust einer nahestehenden Person	»Isolation«	Traurigkeit	Hilferuf	Reintegration
Gruppenmitglied	»Freund«	Aufnahme-Bereitschaft	Herausputzen und Teilen	Sozialer Anschluß
Scheußlicher Gegenstand	»Gift«	Ekel	Erbrechen, Wegstoßen	Zurückweisung
Neuartige Umwelt	»Was gibt es hier?«	Erwartung	Untersuchung	Exploration
Plötzlicher neuartiger Gegenstand	»Was ist das?«	Überraschung	Anhalten	Orientierung

Diese Kette darf nicht deterministisch aufgefaßt werden, sondern als eine Folge von Wahrscheinlichkeiten. Man kann einen Reiz z. B. anders oder falsch einschätzen, mit einem unpassenden Gefühl reagieren und das Falsche tun. Der Emotionsbegriff wird in diesem Zusammenhang mit unterschiedlicher Reichweite gebraucht. Einerseits wird damit das Gefühl bezeichnet, das zwischen der Kognition und der Handlung liegt, andererseits stellt eine ganze Kette vom Reiz bis zur Wirkung eine komplexe Emotion im weiteren Sinne dar.

Die Emotionen lassen sich auf Grund ihrer Polarität und Ähnlichkeit einem Ordnungsversuch unterwerfen. In der Tab. 9 finden wir Paare, die zueinander im Gegensatz stehen wie Furcht und Ärger, Freude und Traurigkeit, Aufnahmebereitschaft und Ekel, Erwartung und Überraschung. Diese Polarität führt zu einer Kreisanordnung, in der sich die Gegensätze gegenüber stehen. Benachbart sind dabei Gefühle mit hoher Ähnlichkeit wie Ärger, Ekel, Traurigkeit usw. Ein solches Circumplex-Modell ist dreidimensional vorstellbar, indem die Intensität als weitere Perspektive hinzugefügt wird. Die Steigerung von Ärger wäre dann Wut, die von Ekel wäre Abscheu, die von Traurigkeit wäre Schmerz usw. Außerdem lassen sich Mischgefühle als Ergebnis benachbarter Emotionen darstellen wie z. B. Optimismus als Mischung von Ärger und Ekel. Der Autor hat diese Modellvorstellung mit Hilfe von Befragungen und semantischen Studien, die mit Hilfe der Faktorenanalyse ausgewertet wurden, bestätigen können.

Emotionen lassen sich übersetzen in verschiedene »Sprachen«. Flucht z. B. ist die Verhaltenssprache der Furchtemotion, Schutzsuche die entsprechende Funktionssprache. Diesen Gedanken erweitert der Autor, in dem er jeder Emotion einen Begriff aus dem Vokabular der Persönlichkeitseigenschaften, der psychiatrischen Diagnostik und der psychoanalytischen Ich-Abwehr-Sprache zuweist.

Man unterscheidet üblicherweise zwischen Zustandsangst als einer akuten Befindlichkeit und Ängstlichkeit als einer überdauernden Persönlichkeitseigenschaft. Genauso läßt sich auch mit den anderen Emotionen verfahren. Es gibt z. B. Aggressivität als Persönlichkeitsmerkmal für die Emotion Ärger oder Neugier als Persönlichkeitsmerkmal für die Emotion Erwartung. Menschen, die bevorzugt eine bestimmte Menge von Emotionen zeigen, lassen sich mit Hilfe solcher Persönlichkeitseigenschaften charakterisieren.

In Analogie dazu gibt es Menschen, die diese Merkmale in übertriebener Weise verwirklichen und daher psychiatrische Fälle darstellen. In der Sprache des Psychiaters finden wir für jede Emotion ein klinisches Zustandsbild, für das eine diagnostische Kategorie reserviert ist. So ist z. B. die krankhafte Form von Traurigkeit die Depression. In der Sprache der Ich-Abwehr lassen sich ebenfalls die einzelnen Abwehrmechanismen zuordnen. Jede Ich-Abwehr stellt in einer Situation, in der das Selbst im Streß ist, eine Bewältigungsstrategie dar, deren Aufgabe darin liegt, innere Konflikte, die mehr oder weniger affektgeladen sein können, zu verarbeiten. Es handelt sich um innerpsychisches oder emotionsgerichtetes Coping. Die sechs »Sprachen« der Emotion sind in Tab. 10 zusammengefaßt. Man gewinnt dabei allerdings den Eindruck, daß diese Schematisierung und Modellbildung zu einfach und zu wenig schlüssig ist, um der Wirklichkeit gerecht zu werden. Auf jeden Fall aber ist es ein interessanter Ordnungsversuch, der zu weiterem Nachdenken und Forschen anregen kann.

Im Rahmen der psychoevolutionären Theorie wendet sich der Autor grundlegenden Problemen der *Adaptation* zu. Wie paßt sich der Organismus mit Hilfe von Emotionen verschiedenen Umweltmerkmalen an? Vier grundlegende Probleme aller Organismen werden genannt: Hierarchie, Territorialität, Identität und Zeitlichkeit.

In allen sozialen Gruppierungen gibt es irgendeine Art von *Hierarchie*, in der die einen stärker, geschickter oder klüger sind als die anderen. Lebewesen, die hohe Positionen einnehmen, erhalten einen bevorzugten Zugang zu Nahrung, Behausung, Komfort und Geschlechtsbeziehungen. Als Primäremotionen nennt der Autor in diesem Zusammenhang Ärger und Furcht. Die Nichterfüllung von Aufgaben oder Nichteinhaltung von

Tab. 10: Emotionen und ihre Ableitungen oder »Sprache« (nach Plutchik 1980, 26)

Subjektive Sprache	Verhaltenssprache	Funktionssprache	Eigenschaftssprache	Diagnostische Sprache	Ich-AbwehrSprache
Furcht	Flucht	Schutzsuche	Furchtsamkeit	Passiver Typ	Repression
Ärger	Angriffe	Destruktion	Aggressivität	Aggressiver Typ	Verschiebung
Freude	Paarung	Reproduktion	Geselligkeit	Manischer Zustand	Reaktionsbildung
Traurigkeit	Hilferuf	Reintegration	Schwermut	Depression	Sublimation
Aufnahmebereitschaft	Herausputzen	Sozialer Anschluß	Zugänglichkeit	Hysterie	Verleugnung
Ekel	Erbrechen	Zurückweisung	Geringschätzigkeit	Paranoia	Projektion
Erwartung	Untersuchen	Exploration	Neugier	Zwangcharakter	Intellektualisierung
Überraschung	Anhalten	Orientierung	Impulsivität	Psychopathie	Regression

Vorschriften seitens der Untergebenen führt zu Ärger bei den Vorgesetzten. Je tiefer sich jemand in der Hierarchie befindet, desto stärker ist seine Angst ausgeprägt. Persönlichkeitseigenschaften, die aus diesen Primäremotionen abgeleitet werden können, sind Dominanz und Submission.

Das zweite Adaptionsproblem ist die *Territorialität*. Jedes Lebewesen muß lernen, zu welchem Teil der räumlichen und sozialen Umwelt es gehört. Das Territorium, das bei Tieren z. B. durch Geruchsmarken abgesteckt wird, wird mit Hilfe des Explorationsverhaltens ermittelt.

Dadurch gewinnt man Kontrolle über einen Teil der Umwelt. Dringt jemand in das eigene Territorium ein, so wird Kontrollverlust befürchtet. Kontrolle und Nichtkontrolle sind hier die gegensätzlichen Kategorien. Als Primäremotionen sind nach Meinung des Autors vor allem Erwartung (Exploration) und Überraschung (Orientierung) im Spiel.

Die *Identität* stellt ein weiteres Anpassungsproblem dar. Das Lebewesen muß lernen, welchem sozialen Kontext es angehört. Die Definition und Schaffung von Bezugsgruppen durch Aufnahme und Zurückweisung von Mitgliedern ist ein andauernder Prozeß, der für das Überleben bzw. die Erhaltung des Selbst unvermeidbar ist. Die hier wesentlichen Emotionen sind also Aufnahmebereitschaft (sozialer Anschluß) und Ekel (Zurückweisung).

Die *Zeitlichkeit* schließlich betrifft die Begrenztheit der Lebensspanne zwischen Geburt und Tod und das Bewußtsein des Alterns. Verlust und Trennung von Angehörigen als vorhersehbare Ereignisse lassen sich hier einordnen. Traurigkeit bzw. Trauer wird als vorherrschende Primäremotion genannt. Wer trauert, ruft um Hilfe und erwartet soziale Unterstützung. Die Neubildung eines Netzes sozialer Beziehungen kann durch die Emotion der Freude unterstützt oder von ihr begleitet werden.

Plutchik legt eine sehr umfassende psychoevolutionäre Theorie der Emotion vor, die für Mensch und Tier Gültigkeit haben und eine Vielzahl grundlegender Phänomene der Anpassung von Lebewesen an ihre Umwelt erklären soll. Darin liegt zugleich die Schwäche dieses Ansatzes. Die Welt ist komplizierter und läßt sich mit Hilfe von acht Primäremotionen nicht hinreichend beschreiben, erklären und vorhersagen.

3.7 Der Ansatz von Averill

Averill (1980 a, b) legt einen theoretischen Entwurf vor, der sich von den meisten anderen durch seine soziologische Orientierung unterscheidet. Er definiert: »Eine Emotion ist eine transitorische soziale Rolle (ein sozial konstituiertes Syndrom), die die Situationsbewertung eines Individuums einschließt, und die eher als Passion denn als Aktion interpretiert wird« (1980 a, 312).

Emotionen enthalten eine überindividuelle Bedeutung, die durch gesellschaftliche Definitionsprozesse hergestellt und im Laufe der Sozialisation individuell erworben wird. Dies ist eine Gegenposition zu den biologisch orientierten Ansätzen. Die Annahme von Primäremotionen, die bei Mensch und Tier ähnlich oder gleich sind, wird von dem Autor nicht geteilt. Die Bedeutung einer Emotion hängt vielmehr von sozialen Konventionen ab. Doch enthalten Emotionen durchaus auch biologische, psychologische und soziokulturelle Bestimmungsstücke, die für sich genommen zwar notwendig, aber nicht hinreichend sind.

Eine Emotion ist ein *sozialkonstituiertes Syndrom*. Es gibt keine einzelne Reaktionsweise oder eine bestimmte Untermenge von Reaktionen, die als wesentlich und unaustauschbar für die Definition einer Emotion angesehen werden kann. Vielmehr enthält das Syndrom eine Reihe von Elementen, z. B. die physiologische Zustandsänderung, den Gesichtsausdruck und Bewältigungshandlungen, die in ziemlich schwachem Zusammenhang miteinander stehen. Jemand kann z. B. ärgerlich sein und sich dabei entweder zurückziehen oder jemanden angreifen, er kann sich dabei aufgeregt oder deprimiert fühlen usw. Die Emotion ist nicht auf Grund eines dieser Elemente zu definieren und zu diagnostizieren, sondern im Hinblick auf den Syndromcharakter durch eine Mehrzahl solcher Elemente.

Die *Situationseinschätzung* wird von Averill (1980 a, 310) als ein Aspekt des Emotionssyndroms gesehen, nicht als kognitiver Vorgang, der der Entstehung einer Emotion vorausläuft. Dies ist ein wesentlicher Unterschied zu den meisten anderen Ansätzen. Das Objekt einer Emotion stellt einen komplexen situativen Zustand dar. Man ist nicht einfach ärgerlich oder ängstlich, sondern ärgerlich über jemanden und ängstlich vor jemandem. Die subjektive Einschätzung des Objekts kann Elemente von Liebe, Ärger und Furcht gleichzeitig oder nacheinander hervorrufen.

Das urteilende Subjekt tritt in eine Beziehung zu der Situation bzw. ist selbst Bestandteil jeder Situation, die emotional relevant ist. Die kognitive Einschätzung und emotionale Reaktion stellen keine Abfolge von distinkten Ereignissen dar, sondern zwei Aspekte derselben transitorischen sozialen Rolle. Die Bedeutung, die der Situation zugeschrieben wird, beruht gleichermaßen auf sozialer Konvention wie die damit verknüpfte Emotion überhaupt.

Mit Passion meint Averill (1980 a, 311) nicht so sehr Leidenschaft, sondern passives Erleben. Emotionen sind nicht Ergebnisse eigenen Handelns, sondern eigenen Erduldens. Sie überwältigen die Person und füllen sie aus. Sie werden als nicht kontrollierbar erlebt. Zugleich sind sie unverfälschte Bestandteile des Selbst, die gerade wegen ihrer mangelnden Kontrollierbarkeit wertvolle Hinweise auf das Wesen der eigenen Person liefern und daher über besondere diagnostische Valenz verfügen.

Averill unterscheidet drei Arten oder »Paradigmen« von Emotionen: impulsive, konfliktive und transzendentale. *Impulsive Emotionen* sind z. B. Trauer, Vergnügen, Hoffnung, sexuelle Bedürfnisse und Furcht. Sie werden ähnlich wie instinktive Gefühle betrachtet und stellen relativ autonome Tendenzen dar, die zwar aus dem Selbst resultieren, nicht jedoch aus der expliziten Handlung der eigenen Person. Sie sind sozial konstituierte Syndrome mit biologischen Elementen. Trauer ist ein gutes Beispiel. Es gibt dafür zwei englische Begriffe: »Grief« als Schmerz oder Kummer und »mourning« als Trauer im Sinne des eher öffentlichen Trauerhandelns wie Tragen von schwarzer Kleidung, Weinen am Grab usw. Im Falle des schmerzlichen Verlustes (bereavement) einer nahestehenden Person treten beide Aspekte auf. Es handelt sich um spontanen Schmerz, den man nicht unter Kontrolle hat und der sich in das eigene Erleben hineinzwängt. Daneben verhält man sich entsprechend der Erwartung der sozialen Umwelt und benimmt sich, wie es sich für einen Trauernden gehört. Die Emotion zeigt sich als transitorische soziale Rolle. Fällt jemand aus der Rolle z. B. indem er bei der Beerdigung lacht, ist es abnorm im Sinne einer Abweichung von der sozialen Norm. Beide Aspekte des Trauerns bedeuten nicht etwa verschiedene Emotionen, sondern Elemente eines einzigen Emotionssyndroms.

Der transitorische Charakter der Emotion wird bei der Trauer als gestufter Verlauf sichtbar. Zuerst gibt es einen inneren Protest und eine Sehnsucht nach der verlorenen Person, dann Verzweiflung und schließlich eine Reorganisation des Verhaltens in Verbindung mit dem Aufbau neuer Sozialbeziehungen (Averill 1980 b, 166). Diese Reorganisation läßt sich als wesentlicher Bestandteil der Trauerarbeit ansehen, weil sie die Lebenstüchtigkeit erhöht bzw. funktional ist für die Erhaltung der seelischen Gesundheit. Diese Funktion ist auch auf der Ebene sozialer Gruppierungen zu beobachten. Tod und Beerdigung eines großen Staatsoberhaupts wird zum Anlaß für öffentliche Trauer genommen, was die führungslose Gesellschaft einigen hilft.

Konfliktive Emotionen sind z. B. Ärger oder romantische Liebe. Eine Handlung wird z. B. blockiert, man kann nicht erreichen, was man haben möchte, man sucht Hindernisse zu überwinden. Irgendwo ist immer ein Konflikt im Handlungsverlauf der Person oder in den gesellschaftlichen Ansprüchen, den es zu lösen gilt. Die »Liebe auf den ersten Blick« stellt nach Averill eine transitorische soziale Rolle dar, mit der Menschen dem Druck sich widersprechender Normen ausweichen können. Einerseits wird heute seitens der Gesellschaft erwartet, daß man unabhängig, auf sich selbst gestellt und rational das Leben bewältigt. Andererseits wird erwartet, daß man als Frau z. B. den Beruf aufgibt, um zu heiraten und Kinder zu gebären, oder daß man als Mann ein guter Familienvater ist. Wer sich dagegen Hals über Kopf verliebt und heiratet, löst den Konflikt und kann mit dem wohlwollenden Verständnis der sozialen Umwelt rechnen.

Transzendentale Emotionen sind z. B. mystische Erfahrungen oder Angst (Existenzangst). Sie entstehen, wenn kognitive Strukturen, die das Selbst definieren, zusammenbrechen. Angst ist charakterisiert durch diffuse Gefühle von Hilflosigkeit, Ungewißheit und Scheu. Man ist unfähig, routinemäßig Bewältigungshandlungen in Gang zu setzen, kann der Welt keine Bedeutung beimessen und fühlt sich machtlos und desorganisiert. Die Bedrohung kommt von innen und wird als chaotisch erlebt (im anderen Falle spricht Averill nicht von Angst, sondern Furcht). Das vom Zusammenbruch der kognitiven Struktur bedrohte Individuum weicht auf eine Reihe von Abwehrhandlungen aus, die mit sozialen Rollen übereinstimmen. Religiöse und rituelle Handlungen gelten nach Averill als solche Abwehrmechanismen, die angstmotiviert sind. Diese Verhaltensweisen selbst stellen Elemente des transzendentalen Emotionssyndroms dar.

3.8 Der Ansatz von Mandler

Mandler (1975, 1979, 1980) sieht emotionale Erregung als Ergebnis von gestörten Handlungsabläufen an. Seine »Unterbrechungstheorie« geht davon aus, daß dem Verhalten und Erleben immer irgendwelche Sequenzen zugrundeliegen, die mehr oder weniger störanfällig sind. Treten aufmerksamkeitsbeanspruchende Ereignisse auf, un-

terbrechen diese die zugrundeliegende Sequenz, was mit erhöhter Erregung einhergeht. Jede Überraschung oder jeder Mißerfolg z. B. stellen Unterbrechungen dar, da sie nicht zu der von dem Individuum absichtlich herbeigeführten Handlungskette gehören. Jede Art von Streß verringert vorhandene Aufmerksamkeitskapazität (1979, 191) und läßt Erregung entstehen. Die Verknüpfung der Erregung mit Reizen aus der Situation führt zu einer Etikettierung. Kognitive Prozesse verwandeln neutrale Erregung in eine inhaltlich bestimmte Emotion. Hier stimmen Mandler und Schachter überein.
Schon 1952 hat Mandler Aussagen über ängstliche Erregung vorgelegt, die heute sein Konzept bestimmen und weitgehend als gültig angesehen werden. Angst ist demnach in erster Linie eine kognitive Erscheinung. Das Individuum wird in seinem Handlungslauf unterbrochen und nimmt aufgabenablenkende Reize wahr, die seine Aufmerksamkeit beanspruchen. Der in einer Situation Ängstliche registriert seine Erregung, denkt an sich selbst, empfindet Bedrohung und zieht dadurch Aufmerksamkeit von der Handlungsausführung ab, so daß diese beeinträchtigt wird. Angst erzeugt Interferenz und erlaubt dem Individuum nicht, seine Kompetenzen voll in die Anforderungssituation einzubringen. Die Diagnose von Leistungsängstlichkeit war schon immer an diesem Ansatz orientiert, denn Angstskalen messen aufgabenirrelevante Reaktionen (Mandler 1975, 181). Heißt es z. B. in einem Fragebogen zur Erfassung von Schulangst: »Wenn ich vom Lehrer aufgerufen werde, steigt mir das Blut in den Kopf, und ich denke, daß ich die Frage nicht beantworten kann«, dann wird damit eine aufgaben-irrelevante Reaktionsweise erfragt. Der Schüler erinnert sich bei der Testbearbeitung daran, daß er diese tatsächlich oft erlebt. Er tendiert dazu, seine Aufmerksamkeit von dem eigentlichen Anforderungsinhalt wegzuschieben und auf die eigene Person zu richten. Diese Tendenz interferiert mit dem Handlungsvollzug und führt zu einer Leistungsbeeinträchtigung. Angst als Persönlichkeitsmerkmal wird von Mandler daher immer als eine kognitive Variable angesehen (1975, 187). Er kritisiert in diesem Zusammenhang die verbreitete Auffassung, man solle zwischen der Angst als Zustand und der Angst als Eigenschaft trennen.
Er begründet diese Kritik vor allem damit, daß die Zustandsangst angeblich als inhaltsleere Erregung angesehen wird – also als kognitionsfreie Emotion. (Wir werden später zeigen, daß dies nicht so ist.) Ängstliche Personen geben sich Selbstanweisungen, die von der Handlung ablenken und die die augenblickliche Lage der Person betonen. Dies ist ein Zustand von *Selbst*aufmerksamkeit, der zuviel *Sach*aufmerksamkeit verbraucht. Nichtängstliche Personen dagegen denken handlungsorientiert und lassen ihre gerade ablaufende Verhaltenssequenz nicht so leicht unterbrechen. Dies konnte auch experimentell gezeigt werden. Legte man den Versuchspersonen direkt vor einer Leistungssituation einen Angstfragebogen vor, so wurde das nachfolgende Lernverhalten bei den Niedrigängstlichen beeinträchtigt. Diese sind nämlich durch die aufgaben-irrelevanten Reaktionangebote im Fragebogen erst auf sich selbst aufmerksam geworden und haben während der Auseinandersetzung mit den komplexen Anforderungen an ein mögliches Versagen und seine Folgen gedacht. Die Ängstlichen dagegen waren bereits auf der Stufe der Selbstaufmerksamkeit, gaben sich unvorteilhafte Selbstanweisungen und dachten an mögliche Mißerfolge, so daß sie wie immer in gewohnter Weise im Lernverhalten beeinträchtigt waren. Zwischen beiden Gruppen gab es also keinen Unterschied, weil beide eine Instruktion bekommen haben, die den Ängstlichen das sagt, was sie sowieso wissen, und den Nichtängstlichen etwas sagt, was zu einer kognitiven Behinderung in dieser spezifischen Situation führt.
Glaubt das Individuum, das Auftreten und die Beendigung von Unterbrechungen nicht kontrollieren zu können, ist es hilflos. Angst ist die subjektive Überzeugung, über keine Mittel verfügen zu können. Glaubt dagegen jemand, Unterbrechungen vermeiden

oder alternative Handlungen bereitstellen zu können, sofern schon eine Unterbrechung erfolgt ist, dann verfügt er über ein hohes Maß an subjektiver Kompetenz. Dies ist identisch mit dem Konzept der Selbstwirksamkeit bei Bandura (1977). Allerdings setzt Mandler das Nichtvorhandensein von Kompetenzerwartung mit Hilflosigkeit und diese wiederum mit Angst weitgehend gleich. »Hilflosigkeit und Desorganisation *sind* Angst« (Mandler 1975, 199). Verwandt mit Kompetenz ist die Frustrationstoleranz, die eine Fähigkeit darstellt, im Anschluß an eine Unterbrechung das Handeln oder Gegenhandeln solange aufzuschieben, bis eine angemessene Reaktionsweise zur Verfügung steht. Handelt die Person jedoch häufig impulsiv bzw. nichtadaptiv, so besteht die Gefahr, neurotisch zu werden. Das Gefühl, nicht angemessen handeln zu können, aber handeln zu müssen, erzeugt Zwangsvorstellungen und -handlungen. Die Hilflosigkeit resultiert aus einer Unterschätzung eigener Bewältigungsressourcen bzw. einer Überschätzung der Unterbrechung.

Die damit einhergehende Angst reflektiert die subjektive Bedrohlichkeit der Situation. Furcht und Angst sind übrigens für Mandler untrennbar (1975, 200). Reale Bedrohung ist in beiden Fällen gegeben, denn nicht die soziale Umwelt entscheidet in der externen Rolle von Beobachtern darüber, ob eine Gefahr real ist, sondern das Subjekt selbst schätzt die Situation mehr oder weniger gefährlich ein und reagiert darauf mit Angst bzw. Furcht, eine Reaktionsweise, die subjektiv immer einen realen Bezug hat.

Versucht man den Ansatz von Mandler im Sinne eines Kausalmodells darzustellen, so müßte am Anfang die *Unterbrechung* einer Verhaltenssequenz stehen. Daraus folgt eine *Erregung*, die kognitiv überformt wird. Die entscheidende Kognition ist hier die *Wahrnehmung von Nichtkontrolle*. Glaubt das Individuum, die Unterbrechung nicht beeinflussen zu können, und wird das eigene Verhalten auf Grund der Unterbrechung als desorganisiert erlebt, so tritt *Angst* auf. Hilflosigkeit geht mit Desorganisation einher. *Niedrige Selbstwertschätzung* intensiviert diesen Vorgang, indem sie von vornherein die Suche nach alternativen Handlungen als aussichtslos hinstellt und dadurch eine Demotivierung erzeugt, die sich als Mangel an Anstrengungsinvestition dokumentiert. Wird das Gefühl des Nichthandelnkönnens oft erlebt und im Laufe der Zeit auf eine Vielzahl von Situationen verallgemeinert, so bezeichnet Mandler das Ergebnis als Hoffnungslosigkeit. *Hilflosigkeit* stellt eine Kognition dar, die Handlungsohnmacht und Verhaltensdesorganisation beinhaltet. Sie verwandelt Erregung in Angst (Mandler 1975, 207). *Hoffnungslosigkeit* dagegen ist ein Persönlichkeitsmerkmal, das auf Grund einer großen Zahl von erlebten Hilflosigkeitssituationen, die verallgemeinert wurden, erworben worden ist. Was Mandler als Hoffnungslosigkeit bezeichnet, nennt Seligman (1975, dt. 1979) »erlernte Hilflosigkeit«.

3.9 Der Ansatz von Lazarus

Lazarus, Kanner und Folkman (1980) gehen von einer kognitiv-phänomenologischen Perspektive aus. Nicht die verborgenen Triebe, Motive und Bedürfnisse des Menschen sind Ursachen von Emotionen, sondern die in einer bestimmten Situation ablaufenden Bewertungsvorgänge. Dazu gehören Wahrnehmungs-, Denk-, Lern- und Erinnerungsprozesse. Die Emotionen entstehen auf Grund von Kognitionen des Individuums über die eingetretenen oder erwarteten Ergebnisse von spezifischen Auseinandersetzungen mit der Umwelt. Diese Kognitionen stellen Einschätzungsprozesse dar, mit denen die Person die Anforderungen der Umwelt und die eigenen Kompetenzen bewertet. Jede emotionale Qualität und Intensität, sei es Angst, Schuld, Eifersucht, Liebe, Ärger, Neid oder was auch immer, beruht auf einem bestimmten Muster kognitiver Aktivität. Dabei wird nicht ausgeschlossen, daß Emotionen ihrerseits solche kognitiven Prozesse beeinflussen oder auslösen. Nicht nur akute und einmalige Kognitionen, die an die augenblickliche Situation gebunden sind, bestimmen die Gefühlsrichtung und -ausprägung, sondern auch erworbene Überzeugungen von der eigenen Person und der Umwelt wirken als überdauernde Einflußgrößen in einer Mehrzahl von Situationen. Glaubt jemand, seine Umwelt grundsätzlich kontrollieren zu können und für alle möglichen Geschehnisse mit hinreichenden Handlungsalternativen gewappnet zu sein, so ist dies eine stark an die Person gebundene Kognition, die das Auftreten von als negativ erlebten Emotionen einschränkt. Selbstwirksamkeit im Sinne von Bandura (1977) stellt somit eine überdauernde kognitive Prädisposition von aktuellen Einschätzungsprozessen dar, die zu entsprechend positiv getönten Emotionen führen.

Die Emotionstheorie ist aus der transaktionalen Streßkonzeption von Lazarus abgeleitet. Darin spielen die Situationseinschätzung und die Selbsteinschätzung eine zentrale Rolle. Die erste Einschätzung prüft zunächst, ob die anstehende Transaktion irgendeine Bedeutung für das persönliche Wohlbefinden hat. Falls ja, dann handelt es sich entweder um eine wohltuend-positive oder um eine streßrelevante Transaktion. Eine streßrelevante Begegnung mit einem Umweltaspekt kann als schädigend, bedrohlich oder herausfordernd angesehen werden. Die zweite Einschätzung betrifft die dem Individuum zur Verfügung stehenden Handlungen, mit denen die Situation bewältigt werden kann. Dies ist die wichtigere von beiden Einschätzungen. Sie kann auch der anderen zeitlich vorangehen, denn Selbsteinschätzungen werden zwar meistens durch Anforderungen von außen veranlaßt, finden aber auch gelegentlich ohne eine solche Veranlassung statt. Hohe Kompetenzerwartung kann dazu führen, daß bestimmte Umweltanforderungen von vornherein als herausfordernd oder als irrelevant angesehen werden, die bei niedriger Kompetenzerwartung als bedrohlich einzuschätzen wären. Diese kognitiven Einschätzungsvorgänge sind meistens bewußt, müssen es aber nicht sein. Sie werden im Verlauf einer bestimmten Person-Umwelt-Transaktion ständig wiederholt, bis eine Adaption stattgefunden hat. Auch diese wiederholten Neueinschätzungen stellen bewertende Kognitionen dar, die zu emotionalen Begleiterscheinungen führen. Sie richten sich während des Bewältigungsprozesses sowohl auf die sich verändernden Umweltanforderungen als auch auf die innerpsychischen Regulationsaktivitäten. Letztere dienen dazu, die emotionale Erregung abzubauen, die auf Grund der Einschätzung z. B. eines bedrohlichen Ereignisses entstanden ist.

Streßbewältigungen können mehr problemorientiert oder mehr emotionsorientiert sein. Emotionen lassen den augenblicklichen Status eines individuellen Bewältigungsprozesses sichtbar werden. Wer ängstlich und passiv in einer Leistungssituation steht, hat noch keine direkte Handlung gefunden, die das Problem unter Kontrolle bringt und nimmt ständig kognitive Neueinschätzungen vor, während gleichzeitig Vermeidungen, Verleumdungen, Rationalisierungen oder andere innerpsychische Bewältigungsformen stattfinden. Wer voller Freude und Anspannung aktiv an einer Aufgabe arbeitet, fühlt sich dagegen herausgefordert und bewältigt die Umweltanforderungen auf problemorientierte Weise.

Die Autoren definieren Emotion als einen komplexen, organisierten Zustand, der aus kognitiven Einschätzungen, Handlungsimpulsen und körperlichen Reaktionen besteht (Lazarus u. a. 1980, 198). Jede emotionale Qualität (z. B. Ärger, Angst, Freude) läßt sich an Hand eines eigentümlichen Musters dieser Anteile unterscheiden, so daß man auch von Syndromen sprechen kann. Die drei Anteile – kognitive, handlungsbezogene und physiologische – werden von den Individuen als ganzheitlich erlebt. Die ständige *Neueinschätzung* der Anforderungssituation und der emotionalen Befindlichkeit während des Bewältigungsvorganges ist eine wesentliche, unverzichtbare Komponente der

Emotion selbst. Solche Einschätzungen sind z. B. Attributionen, wie sie auch in dem Ansatz von Weiner (1980 b) dargestellt werden. Ein negativer Handlungsausgang, der einem Mangel an Anstrengung seitens der eigenen Person zugeschrieben wird, führt dabei zu einem Schuldgefühl. Andere Emotionen lassen sich in gleicher Weise auf derartige kognitive Prozesse zurückführen. Emotion und Kognition sind aus diesem Grunde untrennbar.

Handlungsimpulse sind in der Lazarusschen Emotionsdefinition ebenfalls integrale Bestandteile der Emotion. Nicht die Handlungen selbst, sondern die kognitive Wahrnehmung möglicher Handlungen oder Handlungsblockierungen ist dabei entscheidend. Dazu gehört auch das Ausdrucksverhalten wie z. B. Gesichtsausdruck, Sprechstil und Körperhaltung, welche den Gefühlszustand kommunizieren. Der Handlungsimpuls eines Ärgeraffekts liegt in der Zerstörung des Gegners, ohne daß eine solche Handlung tatsächlich ausgeführt zu werden braucht. Der Handlungsimpuls im Falle von Furcht liegt in der Reizvermeidung, also der Flucht, ohne daß die Person wirklich davonlaufen muß. Die menschheitsgeschichtlich alten Flucht-Angriff-Reaktionen verfügten früher über einen hohen adaptiven Wert, während sie heute kulturell überformt und nur selten von instrumenteller Bedeutung für die Lösung eines Problems sind.

Physiologische Reaktionen sind ebenfalls integrale Bestandteile der Emotion. Die Autoren wenden sich gegen die Theorie der allgemeinen Erregung, welche besagt, daß Erregung in physiologischer Hinsicht immer gleich sei und nur kognitive Komponenten die Qualität der Emotion bestimmen (z. B. Schachter). Vielmehr ist jede Emotion mit einem für sie spezifischen Erregungsmuster gekoppelt. So referieren die Autoren z. B. einen Befund, nach dem das Erregungsmuster bei räuberischer Aggression anders verläuft als bei defensiver Aggression.

Die Definition der Emotion ist also prozeßhaft und kognitiv gemeint und auf die Person-Umwelt-Transaktion bezogen. Mehrere Emotionen können gleichzeitig auftreten, wobei die eine meist von anderen überdeckt oder auf andere Weise beeinflußt wird. Während Emotionen an kurzfristige Episoden gekoppelt sind, halten Stimmungen länger an. Sentimente bedeuten darüber hinaus überdauernde persönlichkeitstypische Gefühlstendenzen. Die Stabilität einer Emotion kann auf individuellen Entwicklungsbedingungen beruhen. Im Laufe der Sozialisation werden Überzeugungen und Bedürfnisse erworben, die später die Person dazu veranlassen, sich selbst als hilflos oder kompetent bzw. die Umwelt als bedrohlich oder herausfordernd einzuschätzen, was zu entsprechenden Emotionen führt. Die Stabilität einer Emotion kann auch situativ bedingt sein, indem z. B. bestimmte Anlässe für eine Kognition immer wiederkehren und zu einer »sich-selbst-erfüllenden Erwartung« führen.

Trifft ein Angestellter mit seinem Vorgesetzten zusammen und resultiert dabei öfter ein Ärgeraffekt, so wird diese Emotion für die nächste Begegnung schon von vornherein erwartet. Das führt zu einer Sensibilisierung für Reize, die als provokant eingeschätzt werden können und dann tatsächlich den Ärgeraffekt hervorrufen. Die Betonung der kognitiven Einschätzung als Bestandteil der Emotion führt die Autoren zu der Auffassung, daß Gefühle bei Mensch und Tier nicht miteinander vergleichbar oder sogar identisch sind, wie es z. B. Plutchik (1980) behauptet. Die kognitiven Vorgänge beziehen sich auf komplexe sozial-kulturelle Phänomene, z. B. wenn ein Leistungsergebnis in der Schule auf mangelnde Anstrengung zurückgeführt wird, also ein Vorgang, der in der Tierwelt überhaupt nicht existiert. Die Vielfalt der Erscheinungen unserer Lebenswelt läßt außerdem die übliche Klassifizierung von Emotionen in fünf bis fünfzehn Kategorien als unbrauchbar erscheinen. Die Abgrenzung von Ärger, Freude, Heimweh, Angst, Liebe usw. beruht auf der Annahme von größeren Unterschieden zwischen als innerhalb der Kategorien. Dies ist aber im Einzelfall nicht hinreichend geklärt. Es gibt viele Arten von Trauer, Hoffnung oder Eifersucht, je nach den besonderen Gegebenheiten, die vom Individuum kognitiv verarbeitet werden. Angst z. B. läßt sich in Existenzangst, soziale Angst und Leistungsangst unterteilen. Soziale Angst läßt sich wiederum in Scham, Verlegenheit, Schüchternheit und Publikumsangst aufspalten, worauf weiter unten eingegangen werden soll. Aus diesem Grunde empfehlen die Autoren nicht nur eine Trennung von z. B. Angst und Furcht, sondern noch weitergehende Differenzierungen, für die sich Unterschiede in der kognitiven Einschätzung, aber auch Unterschiede in den Handlungsimpulsen und physiologischen Reaktionen nachweisen lassen. Die Autoren wenden sich dann den *positiv getönten Emotionen* zu, die bisher kaum Gegenstand wissenschaftlicher Betrachtungen gewesen waren. Die Psychologie hat sich überwiegend mit Angst und Ärger befaßt, weniger jedoch mit Hoffnung, Friedfertigkeit, Neugier, Erleichterung, Freude usw. Neurosen, Spannungsreduktion oder Triebkonflikte und deren emotionale Begleiterscheinungen standen viel öfter im Mittelpunkt des Interesses. Bei der Streßbewältigung fielen positive Emotionen ins Blickfeld, wenn es um das Erleben von gelungenen Anpassungsprozessen ging, also zum Beispiel Stolz nach der Aufgabenlösung oder Entspannung nach der Gefahrbeseitigung. Die Frage ist dann aber, warum positive Emotionen mit physiologischen Zustandsänderungen einhergehen. Warum soll man freudig erregt sein, oder warum soll man vor Vergnügen in die Luft springen? Die Erregung bei Furcht und Ärger verfügt über einen hohen adaptiven Wert, zumindest aus der evolutionären Perspektive gesehen. Furchterregung führt bei einem Lebewesen zum Fluchtverhalten, Ärgererregung zum Angriffsverhalten. Beides ist adaptiv, indem es der Erhaltung der Art dient. Erregung bei positiven Emotionen dagegen läßt sich nicht so einfach begründen. Gefühle von Hoffnung, Neugier, Freude usw. sind evolutionär offenbar mit Explorationsverhalten verbunden. Nicht das bedrohte Lebewesen spielt und erkundet die Umwelt, sondern das gelöste, sich sicher fühlende und neugierige. Der adaptive Wert positiver Emotionen dürfte vor allem in der Explorationstätigkeit liegen. Daher sind sie nicht als Endpunkt eines Anpassungsprozesses zu sehen, sondern als Zwischenstufen einer größeren Hierarchie von Coping-Phasen. Die Freude oder Erleichterung nach der Lösung eines Problems läßt das nachfolgende Problem als bewältigbarer erscheinen. Das Gefühl, etwas unter Kontrolle bringen zu können, ist funktional für die Kompetenzerwartung gegenüber weiteren Umweltanforderungen. Jede Episode, die von Neugier, Hoffnung und Freude in der Auseinandersetzung charakterisiert ist, trägt zum Aufbau von subjektiver Selbstwirksamkeit bei und macht die Person weniger verwundbar für zukünftige Lebensereignisse.

Setzt man positive Emotionen in Beziehung zu Bewältigungsprozessen, so zeigt die bisherige Forschung, daß sie nur als Endpunkt erfolgreicher Auseinandersetzungen angesehen werden, während nur negative Emotionen über eine Signalfunktion für Bewältigungsanforderungen angesehen werden. Wenn die Situationseinschätzung des Individuums in der Wahrnehmung einer Bedrohung oder Schädigung resultiert, ist tatsächlich die positive Emotion als Bestandteil des Bewertungsprozesses ausgeschlossen. Wird die Situation jedoch als herausfordernd eingeschätzt – und auch dies ist eine streßrelevante Bewertung – dann ist das weitere Handeln problemorientiert und erfolgsgerichtet. Die damit verbundene produktive Erregung ist positiv getönt mit Elementen von Neugier, Hoffnung, Freude, Sensationssuche usw. Dadurch wird die Person für alle Reize sensibilisiert, die aufgabenlösungsrelevant sind. Diese Emotionen geben das Signal für einen Bewältigungsvorgang, der positiv erlebt wird, und sie halten die Bewältigungsmotivation aufrecht. Auch in sehr schwierigen Situationen kann »gute Laune« die Problemverarbeitung unterstützen, die Sorgen werden dabei »auf die leichte Schulter« genommen, und eine Portion Erfolgszuversicht läßt den Hoffnungsschimmer größer erscheinen als er ist. Drei Funktionen werden den positiven Emotionen von den Autoren zugeschrieben: Atempausen, Aufrechterhaltung der Ausdauer und Wiederherstellung von Bewältigungskompetenz.

Atempausen unterbrechen die Person-Umwelt-Transaktion und erlauben dem Individuum, sich emotional »aufzutanken«, um dann wieder aktiv ans Werk zu gehen. Die *Aufrechterhaltung der Aktivität* wird durch freudige Gestimmtheit begünstigt. Hoffnung ist hier eine Emotion, die das Coping unterstützt. Hoffnung setzt Ungewißheit voraus. Nur wenn das Handlungsergebnis als nicht vollständig determiniert erscheint, ist Hoffnung möglich. Ungewißheit ist somit nicht nur eine Quelle von Angst, sondern zugleich eine Quelle von Hoffnung. Dabei wird die Hilfe von außen erwartet. So kann zum Beispiel der unheilbar erkrankte Patient aus zweideutigen Aussagen der Angehörigen die Hoffnung schöpfen, daß die Ärzte oder der Zufall ihn doch wieder gesund werden lassen. Zwischen Hoffnung und Herausforderung unterscheiden die Autoren, indem sie die subjektive Kontrollierbarkeit des Ereignisses zum Kriterium machen. Wer sich herausgefordert fühlt, vermutet in sich selbst die Kompetenz, das Problem unter Kontrolle zu bringen. Wer hofft, der sieht in anderen Menschen oder dem Zufall eine Chance. Die *Wiederherstellung von Bewältigungskompetenz* kann ebenfalls durch positive Emotionen erfolgen. Eine Person zum Beispiel, die sich in einer längeren depressiven Phase befindet, kann wiederholt mit Situationen konfrontiert werden, die ein Minimum an Vergnügen bereiten. Daraus kann langsam das Gefühl wachsen, daß das Leben noch etwas zu bieten hat. Das Wiedererwachen eines zerstörten Selbstwertgefühls ist in vielen Situationen der Anfang einer von vorsichtigem Optimismus gezeichneten Lebensführung. Positive Emotionen stellen verlorene Ressourcen wieder her, unterstützen die Ausdauer bei der Lebensbewältigung und füllen Atempausen aus, die neue Kraft vermitteln. Die wissenschaftliche Betrachtung von positiven Emotionen ist besonders im Zusammenhang mit der Streßforschung und Selbstkonzeptforschung von Bedeutung.

4. Angst

4.1 Allgemeine Probleme

4.1.1 Zustand und Eigenschaft

Angst ist ein Gefühlszustand, der als unangenehm erlebt wird. Die Angstemotion tritt normalerweise als Ergebnis von kognitiven Prozessen auf. Ein Ereignis wird als bedrohlich eingeschätzt, woraufhin sich Erregung ausbreitet, die vom Individuum in Übereinstimmung mit dem Bedeutungsgehalt der Situation als ängstliche Erregung interpretiert wird. Die Bedrohung kann auf die körperliche Unversehrtheit oder auf das Selbstkonzept gerichtet sein. Kommt man in einer Kurve ins Schleudern, steht man einem bissigen Hund gegenüber oder erwartet man einen chirurgischen Eingriff, so ist die körperliche Unversehrtheit der inhaltliche Oberbegriff für die Gefahrensituation. Befindet man sich vor einer Prüfung, muß man öffentlich reden oder will man sich gegenüber einer anderen Person durchsetzen, so wird eine Gefährdung des Selbstkonzepts erlebt. In beiden Fällen werden das Situationsmodell und das Selbstmodell zueinander in Beziehung gesetzt, wobei die Situation als stark fordernd und das Selbst als zu schwach zur Gegenwehr eingeschätzt werden. Diese kognitiven Prozesse müssen nicht unbedingt bewußt vorgenommen werden. Vielmehr entsteht im Laufe der Zeit ein verfestigtes Selbstmodell für eine Reihe von Anforderungssituationen, das blitzartig abgerufen werden kann und somit eine Aktualisierung einer latenten Größe darstellt. Die Situations- und Selbsteinschätzung ist für immer wiederkehrende Situationen bereits abgespeichert und tritt bei entsprechenden Anlässen an die Oberfläche, was mit der Wahrnehmung ängstlicher Erregung verbunden ist. Jemand, der immer in Angst ausbricht, wenn sich ihm eine Spinne nähert, hat aufgrund früherer Erfahrung die Bereitschaft erworben, darauf ängstlich zu reagieren, das heißt, die Bedrohung der körperlichen Unversehrtheit wird unmittelbar erlebt, ohne daß sich die Person lange damit beschäftigt, den Gefahrengehalt der Situation und die eigenen Abwehrmöglichkeiten gegeneinander abzuwägen. Reagiert ein Schulkind immer ängstlich, wenn es an die Tafel gerufen wird, so ist diese Situation bereits als gefährlich verinnerlicht worden. Aufgrund früherer Erfahrungen weiß der Schüler, daß er sich selbst als zu schwach einschätzt, um derartigen Anforderungen sicher ins Auge blicken zu können. Das Ereignis ruft unmittelbar eine Selbstwertbedrohung hervor, die sich in ängstlicher Erregung manifestiert.

Die Unterscheidung zwischen einer Bedrohung des Selbstkonzepts und der körperlichen Unversehrtheit erwies sich als hilfreich bei der Untersuchung von Angstreaktionen bei Soldaten, die an einem Fallschirmspringertraining teilnahmen (Basowitz u. a. 1955, nach Spielberger 1972, 40). Die Autoren fanden heraus, daß nur bei einem Teil der Soldaten die Angst auf die objektive Verletzungsgefahr zurückzuführen war (»harm-anxiety«), während bei den meisten die Angst auf ein ungünstiges Abschneiden gerichtet war (»shame-anxiety«). Sie fürchteten, beim Training zu versagen und von ihren besseren Kameraden belächelt oder geringschätzig angesehen zu werden. Die Wahrnehmung der eigenen Person im Vergleich zu anderen war Ausgangspunkt für eine Bedrohung des Selbstkonzepts, die sich als ängstliche Erregung zeigte. Für die Soldaten war es allerdings gleichgültig, warum sie Angst hatten. Bedrohungen von Unversehrtheit oder des Selbstkonzepts führten gleichermaßen zu subjektiven Beeinträchtigungen.
Der Angstzustand läßt sich unterscheiden von der Ängstlichkeit als einem Persönlich-

keitsmerkmal. Wir haben es im ersten Fall mit der akuten Reaktionsweise und im zweiten Fall mit der chronischen Erregungsbereitschaft zu tun. Menschen, die sehr häufig ängstlich reagieren, schreibt man die Eigenschaft zu, ängstlich zu sein. Dies ist eine überdauernde Disposition wie viele andere Persönlichkeitsmerkmale auch (zum Beispiel Intelligenz, Konzentration, Geselligkeit). Diese Unterscheidung ist nützlich, weil sie die Gefühlsbezogenheit menschlichen Handelns differenziert und Aussagen darüber erlaubt, inwieweit eine bestimmte Reaktionsweise mehr durch situative Reize oder mehr aufgrund einer stark ausgeprägten Disposition ausgelöst wird. Zugleich ergeben sich aus dieser Unterscheidung Konsequenzen für die Diagnose von Angst oder Ängstlichkeit. So kann man zum Beispiel Angstveränderungen in Abhängigkeit von sie fördernden Umweltaspekten diagnostizieren oder auf der anderen Seite die individuellen Unterschiede in der Ängstlichkeit. Darauf wird weiter unten eingegangen. Zunächst soll *Angst als Zustand* näher betrachtet werden. Angst ist das bewußte Erleben eines unangenehmen Erregungszustandes. Das Individuum kann seine Erfahrungen daher mitteilen. Die Beschreibung des persönlichen Angsterlebens stellt aus diesem Grunde die wichtigste Informationsquelle dar. Ob jemand ängstlich reagiert, ist für den Außenstehenden nicht immer sichtbar. Es handelt sich vor allem um eine private Erfahrung. Dabei erlebt das Individuum körperliche und gedankliche Vorgänge, die gemeinsam das ängstliche Zustandsbild charakterisieren. Die Bedrohung durch eine situative Anforderung wird erkannt (also kogniziert), und das Auftreten von Anzeichen autonomer Erregung (zum Beispiel Zittern, feuchte Hände, Anstieg von Blutdruck und Herzfrequenz) wird registriert. Der Zustand läßt sich kognitiv und physiologisch beschreiben. In Laborsituationen ist es möglich, die Person an Registriergeräte anzuschließen, die die Quantifizierung der physiologischen Erregung gestatten. Ein weiterer Indikator der Angstreaktion ist das Verhalten. Meidet jemand die Situation beziehungsweise will er flüchten, so haben wir hier einen Hinweis auf Angst auf der Verhaltensebene. Schließlich liefert der Ausdruck zusätzliche nonverbale Information über die ängstliche Erregung eines Menschen. Zum Ausdruck gehören die Körperhaltung (zum Beispiel gebeugt, starr), die Stimme (zum Beispiel leise, stotternd, desorganisiert), der Gesichtsausdruck (zum Beispiel weit aufgerissene Augen) usw. Die Angstreaktion läßt sich daher mit Hilfe von mindestens 4 Meßebenen beschreiben und diagnostisch erfassen: *sprachliche Mitteilung, körperliche Erregung, offenes Verhalten* und *Ausdruck*. Diese Ebenen sind nicht vollständig miteinander gekoppelt, so daß oft das eine fehlt beziehungsweise verzögert auftritt, während das andere Merkmal vorhanden ist. Angst ist aber in erster Linie eine private Erfahrung. Subjektives, verbal mitteilbares Erleben von Erregung und bedrohungsrelevanten Gedanken stellt somit die zentrale Zugangsweise dar. Offenes Verhalten und Ausdruck dienen als sekundäre Indikatoren, mit Hilfe derer sich die Angstreaktion eines Mitmenschen bis zu einem gewissen Grade erschließen läßt.

Kognitive und physiologische Komponenten der akuten Angstreaktion lassen sich getrennt untersuchen. Dabei zeigen sich vielfältige und teils widersprüchliche Forschungsergebnisse. Holroyd und Appel (1980) referieren eine Reihe von Arbeiten über den Zusammenhang physiologischer Reaktionen und dem Erleben von Prüfungsängstlichkeit. Darin wird die Rolle der autonomen Erregung bei der Angstentstehung als weit unbedeutender dargestellt als etwa die kognitiven Prozesse. In einem Experiment erhielten die Studentinnen 8 Sekunden vor der visuellen Darbietung einer schwierigen Aufgabe ein Warnsignal. In der Wartezeit zwischen dem Signal und der Aufgabe wurden physiologische Reaktionsmaße erfaßt wie Herzfrequenz und Hautwiderstand. Die Studentinnen zeigten Veränderungen, wie sie für Streßsituationen normal sind. Sie waren jedoch zusätzlich zuvor auf der Grundlage eines Angstfragebogens in zwei

Gruppen aufgeteilt worden: Hochängstliche und Niedrigängstliche. Es war erwartet worden, daß die Hochängstlichen stärkere Erregung oder zumindest einen anderen Erregungsverlauf zeigen würden. Das war aber nicht der Fall. Beide Gruppen unterschieden sich nicht in ihrer Reaktionsweise. Bei der nachträglichen Befragung berichteten die als hochängstlich klassifizierten Studentinnen über mehr Angst, Aufgeregtheit und Besorgtheit als die Niedrigängstlichen, obwohl keine Unterschiede gemessen worden waren. Außerdem schnitten sie bei den zu lösenden Aufgaben schlechter ab. In mehreren Untersuchungen waren die berichteten Angstunterschiede nicht mit tatsächlichen Erregungsunterschieden verbunden. Individuelle Differenzen in der Prüfungsängstlichkeit korrelierten mit der mitgeteilten Angst, nicht aber mit der physiologischen Erregung. Dies könnte auf Unterschieden in der Verarbeitung innerer Informationen bei Hoch- und Niedrigängstlichen liegen. Die Art und Weise, wie autonomes Feedback wahrgenommen und eingeschätzt wird, ist vielleicht in beiden Gruppen anders organisiert. Nicht tatsächliche Erregungsdifferenzen, sondern die unterschiedliche informative Weiterverarbeitung und Interpretation von bestehender Erregung liefern die Grundlage für Selbstberichte über den eigenen Zustand. Demnach richten die Hochängstlichen ihre Aufmerksamkeit mehr auf sich selbst, auf ihre Körpersensationen und inneren Erfahrungen, während die Niedrigängstlichen die anstehenden Probleme im Kopf haben und ihre Erregung nicht differenziert genug wahrnehmen. Es könnte also sein, daß beide Gruppen zwar über ein gleiches Erregungsniveau in der Streßsituation verfügen, dieses aber entweder überschätzen oder unterschätzen, je nachdem als wie ängstlich sie sich allgemein einzustufen pflegen. Eine weitere Hypothese liegt darin, daß sie die Erregung zwar korrekt wahrnehmen, aber qualitativ verschieden interpretieren. Hochängstliche werten ihre Erregung eher als Hinweis auf eigene Schwäche oder ängstliche Erregbarkeit, während Niedrigängstliche sie als Handlungsaufforderung werten oder als produktive, handlungserleichternde Erregung deuten. Hier gibt es noch viele offene Fragen, so daß eine abschließende Beurteilung der Rolle von autonomer Erregung bei der Angstentstehung und -verarbeitung noch aussteht.

Die Tendenz geht dahin, den kognitiven Prozessen mehr Beachtung zu schenken. Der beste Weg, einen Angstzustand zu diagnostizieren, ist die Beobachtung der eigenen Gefühle beziehungsweise die Befragung von anderen Personen, deren Zustand von Interesse ist. Dieses introspektive und verbale Vorgehen ist deswegen sinnvoll, weil Angst über eine sprachlich vermittelte öffentliche Bedeutung verfügt. Der Bedeutungsgehalt dieses Konzepts, der auf einem erworbenen Konsensus zwischen Menschen beruht, ist über physiologische Methoden nicht erschließbar. Die diagnostische Gültigkeit ist nur über subjektive Interpretationen von Gefühlszuständen erreichbar. Dies klingt paradox, denn Subjektivität und Validität schließen sich in der herkömmlichen Diagnostik aus. Da wir es aber mit nicht direkt beobachtbaren kognitiven Vorgängen zu tun haben, die sprachlich weitgehend mitteilbar sind, sind diese der Gegenstand der Betrachtung und nicht irgendwelche darunter liegenden Organismusaktivitäten. Die Diagnose von Angst ist begrenzt auf den bewußt erlebten Zustand, so wie er subjektiv interpretiert wird. Das Erleben bezieht sich auf zwei Aspekte, nämlich die Empfindung von Erregung und die Wahrnehmung von selbstbezogenen Gedanken. Wenn also von einer physiologischen und einer kognitiven Komponente der Angst die Rede ist, dann ist meistens das subjektive Erleben beider Komponenten gemeint, nicht aber die tatsächlichen autonomen und zentralnervösen Prozesse, die unterhalb dieser Ebene ablaufen. Die Empfindung und Interpretation von autonomer Erregung soll als »Aufgeregtheit« und die Wahrnehmung von selbstbezogenen Gedanken als »Besorgtheit« bezeichnet werden. Auf die theoretische Bedeutung und Diagnose von Aufgeregtheit und Besorgtheit als Komponenten der Angst und Ängstlichkeit wird weiter unten eingegangen.

Ängstlichkeit als eine Eigenschaft ist auf einer allgemeineren Ebene angesiedelt als der akute Angstzustand. Man kann sich daran erinnern, ängstlich reagiert zu haben. Dieses Erinnern stellt eine Kognition vieler Kognitionen, nämlich der einzelnen Angstwahrnehmungen, dar, die in der Vergangenheit aufgetreten sind. Fragt man jemanden, ob er sich für einen ängstlichen Menschen hält, dann liefert er eine Summe von gespeicherten Kognitionen. Er interpretiert die Häufigkeit und Intensität seines Angsterlebens, wobei als Maßstab oft der Vergleich mit anderen Menschen eine Rolle spielen dürfte. Auf diesem Wege können indirekt Unterschiede in der Bereitschaft, ängstlich zu reagieren, ermittelt werden. Die einen reagieren schneller und heftiger auf bedrohliche Situationen als andere. Um diesen Sachverhalt zu erklären, bedient man sich eines Konstrukts. Man sagt, alle Menschen verfügen über eine nicht direkt beobachtbare Größe, die die Bezeichnung »Ängstlichkeit« trägt. Jeder Mensch verfügt über einen für ihn charakteristischen Ausprägungsgrad in dieser latenten Verhaltensdisposition. Ängstlichkeit wird dabei als zeitlich überdauernd und mehr oder weniger generell – also situationsübergreifend – angesehen. Die *Stabilität* kann man sich am besten in Jahren vorstellen, das heißt, jemand, der sehr ängstlich ist, wird nicht schon nach einem Jahr wieder angstfrei sein, sofern keine gezielten therapeutischen Interventionen stattfinden. Die *Generalität* bezieht sich auf die Breite der Situationen, die als bedrohlich bewertet werden. Es gibt Menschen, für die sehr viele Aspekte der Umwelt bedrohlich und daher angsterregend sind. Normalerweise jedoch ist Ängstlichkeit situationsspezifisch, das heißt, man ist kein ängstlicher Mensch schlechthin, sondern fürchtet sich vor ganz bestimmten Situationen, zum Beispiel vor Mäusen, Krankenhäusern, Autoritätspersonen, Ehekrach oder dem Fliegen. Im Leistungsbereich gibt es eine Reihe von Unterschieden in der Situationseinschätzung, die auf vorangegangenen Erfahrungen mit dieser Situation und der damit verbundenen Selbsteinschätzung beruhen. Ein Schüler, der ein schwieriges Problem in Mathematik lösen und dafür beurteilt werden soll, wird dies als bedrohlich ansehen und darauf ängstlich reagieren, sofern er bereits längere Zeit solche Anforderungen nicht angemessen bewältigen konnte und sich deswegen für einen schlechten Schüler in diesem Fach hält, während der Schüler mit positiven Lernerfahrungen in diesem Fach eine solche Anforderung als weniger bedrohlich erlebt. Dafür hat dieser vielleicht eine spezifische Angst vor dem Schwimmen oder Geräteturnen entwickelt. Die Auslösung von Angst erfolgt immer durch situative Reize. Allerdings können solche situativen Reize auch innerlich sein, das heißt in der Vorstellung eines bedrohlichen Ereignisses begründet liegen. Wie schnell und wie heftig jemand reagiert und bei welchen Situationen dies bevorzugt geschieht, ist überwiegend abhängig von der Ängstlichkeit als einem Persönlichkeitsmerkmal, das sich im Laufe der Lebensgeschichte entwickelt hat.

Die diagnostische Erfassung von Ängstlichkeit erfolgt normalerweise mit Hilfe von Fragebogen, die mehr oder weniger situationsspezifisch sein können (zum Beispiel mit Fragen über Infektionsangst, Tierangst, Prüfungsangst, Mathematikangst). Die meisten der vorliegenden Forschungsbefunde sind mit diesen Verfahren gewonnen worden. Natürlich gibt es dabei Probleme. So ist zum Beispiel nicht eindeutig geklärt, inwieweit systematische Verfälschungstendenzen einfließen. Ein Beispiel dafür mag in der Darstellung von Geschlechtsunterschieden liegen. Mädchen erhalten grundsätzlich in fast allen Fragebogen durchschnittlich höhere Ängstlichkeitswerte als Jungen. Deswegen müssen sie aber in realen Situationen nicht unbedingt ängstlicher reagieren. Die Unterschiede lassen sich eventuell darauf zurückführen, daß Mädchen eher bereit sind, Angst einzugestehen, weil dies mit ihrer Geschlechtsrolle durchaus vereinbar ist. Dagegen stünde das Eingeständnis von Angst seitens der Jungen im Widerspruch zu dem von ihnen angestrebten Männlichkeitsideal. In einer Untersuchung von Mack und Schröder

(1979) wurden Kinder im Alter von 10 und 11 Jahren nach der Ausprägung verschiedener Ängste befragt, so auch nach der Angst vor Blut und Blutentnahme, Infektionen usw. Mädchen erhielten dabei höhere Angstwerte als Jungen. Anschließend wurde den Kindern Blut abgenommen. Ihr Verhalten dabei wurde von trainierten Beobachtern eingeschätzt und nach dem Grad der Angstreaktion beurteilt. Hier gab es keine Unterschiede zwischen Mädchen und Jungen. Mädchen wurden von den Beobachtern als genauso ängstlich beurteilt, wie sie sich selbst eingeschätzt hatten. Jungen dagegen wurden als ängstlicher beurteilt, als sie selbst zugegeben hatten. Dieser Befund kann als Hinweis darauf verstanden werden, daß die im Fragebogen gefundenen Geschlechtsunterschiede auf defensiven Tendenzen der Jungen beruhen, doch läßt sich dies nicht nachweisen. Das introspektiv erfaßte Angsterleben und das beobachtete Angstverhalten sind zwei verschiedene Variablen, die nicht unmittelbar miteinander vergleichbar sind. Definieren wir Ängstlichkeit als das überdauernde Erleben von Aufgeregtheit und Besorgtheit in bestimmten Situationen, so spielt es nur eine geringe Rolle, ob in realen Situationen Beobachtungsdaten gewonnen werden, die davon abweichen. Wenn Angst nur das ist, was man denkt, ist es egal, was andere beobachten. Private Erfahrungen lassen sich nur mit privaten Erfahrungen unmittelbar vergleichen. In der oben genannten Untersuchung hätte der Vergleichswert aus der eigenen Angsteinschätzung in der Realsituation bestehen müssen, um dieser theoretischen Forderung zu genügen. Berichtete Erregung ist eine andere als die gemessene oder als die aufgrund des Verhaltens erschlossene Erregung. Wenn Mädchen generell mehr Selbstzuschreibungen von Ängstlichkeit vornehmen als Jungen, so könnte dies durchaus ein zutreffendes Bild von den Kognitionen liefern, die bei ihnen vorherrschen. Definieren wir Angst kognitiv, dann sind solche Geschlechtsunterschiede diagnostisch gültig. Warum bei den Mädchen die Kognitionsinhalte Aufgeregtheit und Besorgtheit stärker ausgeprägt sind (zum Beispiel aufgrund von Geschlechtsrollensozialisation), ist eine davon getrennt zu behandelnde Frage. Andererseits messen wir Dispositionen um ihrer Handlungsrelevanz willen. Wenn wir mit den Ängstlichkeitswerten keine individuellen Unterschiede in Realsituationen vorhersagen könnten, wäre ihr Nutzen in Frage gestellt. Das Thema »Ängstlichkeit und Geschlechtsunterschiede« wird daher in theoretischer und empirischer Hinsicht auch in Zukunft ein Thema für die Forschung bleiben.
Angstzustand und Ängstlichkeit stellen zwei Aspekte von Angst dar, die sich in einer gemeinsamen Theorie vereinigen lassen (Trait-State-Anxiety Theorie von Spielberger 1966, 1972, 1980). Danach sind folgende Aussagen maßgeblich: (1) Ein Angstzustand wird ausgelöst, wenn das Individuum eine Situation als bedrohlich einschätzt. Aufgrund sensorischer und kognitiver Rückmeldungen des Organismus wird dieser Zustand als unangenehm erlebt. (2) Je bedrohlicher die Situation eingeschätzt wird, desto stärker wird die Angstreaktion. (3) Je länger diese Situationseinschätzung unverändert anhält, desto länger wird die Angstreaktion dauern. (4) Personen mit hoher Ängstlichkeit nehmen selbstwertrelevante Situationen als bedrohlicher wahr als Personen mit niedriger Ängstlichkeit. (5) Die Auslösung von Angstreaktionen kann sich direkt im offenen Verhalten ausdrücken oder zu innerpsychischen Abwehrvorgängen führen. (6) Häufig auftretende Streßsituationen können ein Individuum dazu veranlassen, spezielle Bewältigungshandlungen oder Abwehrmechanismen zu entwickeln, mit denen sich der Angstzustand reduzieren läßt.
Entscheidend ist hier die Annahme, daß Ängstlichkeit vor allem angesichts selbstwertrelevanter Situationen von Bedeutung für die Auslösung des Angstzustandes ist. Dies muß keineswegs so sein, und es ist zu erwarten, daß Ängstlichkeit gegenüber Krankheiten, Unfällen und Dunkelheit vor allem in solchen Situationen eine verstärkte Angstreaktion erzeugt, die die Bedrohung der körperlichen Unversehrtheit hervorrufen. Die

Aussage von Spielberger muß so verstanden werden, daß die meisten Fragebogen der letzten drei Jahrzehnte sich auf allgemeine Ängstlichkeit beziehen. Diese ist in unserer Kultur vornehmlich auf soziale und leistungsfordernde Anlässe gerichtet, in denen das Selbst eine zentrale Rolle spielt. Schon 1960 sagte Sarason, daß Hochängstliche mehr selbstabwertend, gedanklich mit sich selbst mehr beschäftigt und insgesamt weniger zufrieden mit sich sind als Niedrigängstliche. Ängstlichkeitsfragebogen erfassen traditionsgemäß zugleich Selbstwertbedrohungen und Furcht vor Mißerfolg, und dies ist theoretisch durchaus sinnvoll. Wer sich selbst als ängstlich beschreibt, meint damit, daß er über zu geringe adaptive Ressourcen verfügt, um einer bestimmten Klasse von Anforderungssituationen genügen zu können, und daß ihn die Begegnung mit derartigen Situationen besorgt und aufgeregt werden läßt. »Worry« (Besorgtheit) läßt sich dabei auch als Selbstzweifel übersetzen (Heckhausen 1980, 245). Es gibt eine Reihe von empirischen Studien zu der Frage, wie sich Hoch- und Niedrigängstliche in ihrer tatsächlichen Angstreaktion unterscheiden.

Spielberger (1972, 41) referiert Befunde, nach denen Hochängstliche körperliche Gefährdungen nicht als bedrohlicher einschätzen als Niedrigängstliche, wohl aber selbstbezogene Gefährdungen wie zum Beispiel Prüfungen und ähnliche Leistungsanforderungen, die in einem sozialen Kontext stattfinden. Elektroschocks oder Filme mit Unfallszenen erzeugten bei allen Versuchspersonen starke Angstreaktionen, unabhängig davon, ob sie zuvor anhand eines Fragebogens als ängstlich oder nichtängstlich eingestuft worden waren. Nicht Schmerzerfahrungen, sondern Selbstwerterfahrungen sind für den Aufbau eines Angstabwehrsystems von größerer Bedeutung. Selbstvertrauen stellt einen Gegenpol zur Wahrnehmung eigener Ängstlichkeit dar (Schwarzer 1979 b). Ängstlichkeit wird offenbar im Laufe der Lebensgeschichte in Verbindung mit Bewertungssituationen erworben, wobei Kindheitserfahrungen mit strafenden Eltern eine wichtige Rolle spielen könnten (Spielberger 1972, 44).

Die *Diagnostik* des Angstzustands und der Ängstlichkeit kann sich auf die verschiedenen Definitionsebenen beziehen: verbal, motorisch, expressiv, physiologisch. Meistens bedient man sich jedoch der ersten Ebene und verwendet Fragebogen. Dies hat forschungsökonomische und -ethische Gründe, läßt sich aber auch theoretisch rechtfertigen. Angst ist vor allem als Kognitionsinhalt von Bedeutung und dies läßt sich sprachlich einigermaßen zutreffend mitteilen, sofern die Person dazu bereit ist. Ein älteres, aber heute noch vielbenutztes Verfahren zur Erfassung akuter Gefühlsreaktionen ist die Multiple Affect Adjective Check List (MAACL) von Zuckerman und seinen Mitarbeitern (nach Spielberger 1972). Damit sollen Zustände von Angst, Depression und Feindseligkeit erfaßt werden. Die Probanden erhalten eine Liste von Eigenschaftswörtern, von denen sie diejenigen ankreuzen, die ihren augenblicklichen Gefühlszustand am besten beschreiben. Da Emotionen vor allem über ihren sprachlichen Bedeutungsgehalt definiert sind, läßt sich dieses einfache diagnostische Vorgehen durchaus rechtfertigen, sofern gerade keine besseren Methoden zur Verfügung stehen. Dieselbe Adjektivliste läßt sich zur Erfassung der Ängstlichkeit als einer Disposition verwenden, wenn man nur die Anweisung verändert. Statt die Probanden aufzufordern, ihren heutigen oder augenblicklichen Zustand zu beschreiben, kann man sie auffordern, diejenigen Adjektive anzukreuzen, die am besten charakterisieren, wie sie sich sonst immer oder im allgemeinen fühlen. Die Abwandlung der Instruktion ist das allgemein übliche Mittel, um bei Fragebogenverfahren zwischen dem Angstzustand und der Ängstlichkeit zu unterscheiden. Am deutlichsten wird dieses Konzept im State-Trait-Anxiety Inventory (STAI) von Spielberger u. a. (1971) vertreten, das gerade in deutscher Bearbeitung erschienen ist (Schaffner, Laux, Hodapp 1981). Das Verfahren besteht aus 20 Aussagen zur Erfassung des Angstzustands wie zum Beispiel »Ich bin nervös«, »Ich bin aufgeregt« und 20 ähnlich oder gleich formulierten Aussagen zur Erfassung der Ängstlichkeit. Die erste Instruktion fordert dazu auf, sich so zu beschreiben, wie man sich gerade fühlt, und die zweite Instruktion auf der Rückseite desselben Blattes fragt nach dem allgemeinen Befinden unabhängig von der augenblicklichen Stimmung. Die einzelnen Aussagen erfordern eine vierstufige Beurteilung. Zum STAI liegen inzwischen über 900 Veröffentlichungen vor, was als Hinweis auf die Popularität des Konzepts verstanden werden kann.

Ein neues Verfahren, welches außer Angst auch Neugier und Ärger messen soll, ist das »State-Trait Personality Inventory« (Spielberger u. a. 1979). Es wird gerade von uns für deutsche Verhältnisse bearbeitet. In diesem Fragebogen gibt es je 10 Aussagen zur Angst als Zustand und Ängstlichkeit als Eigenschaft. Dieser Teil des Fragebogens, der bei älteren Schülern und bei Erwachsenen eingesetzt werden soll, wird hier in unserer ersten deutschen Erprobungsfassung wiedergegeben.

Tab. 11: Angst als Zustand (STPI State)

Dieser Fragebogen enthält Aussagen, die man benutzt, um sich selbst zu beschreiben. Lesen Sie jede Aussage und kreuzen Sie die Zahl an, die am besten beschreibt, wie Sie sich *im Moment* fühlen. Es gibt keine richtigen oder falschen Antworten.
Halten Sie sich nicht zu lange bei einer Aussage auf. Geben Sie die Antwort, die am besten beschreibt, wie Sie sich *jetzt* fühlen.

		Mittelwert	Trennschärfe
(−)	1. Ich bin ruhig und gelassen.	2.1	.52
	2. Ich bin angespannt.	1.8	.46
(−)	3. Ich fühle mich behaglich und zufrieden.	2.2	.36
	4. Ich mache mir jetzt schon Sorgen, irgendwo zu versagen.	1.8	.50
	5. Ich bin nervös.	1.6	.62
	6. Ich bin zitterig.	1.4	.52
(−)	7. Ich bin ganz entspannt.	2.4	.44
	8. Ich bin beunruhigt und voller Zweifel.	1.5	.51
(−)	9. Ich bin ausgeglichen und habe mich unter Kontrolle.	2.3	.39
	10. Ich habe Angst.	1.5	.53

Innere Konsistenz der Skala: α = .80

Tab. 12: Angst als Eigenschaft (STPI Trait)

Dieser Fragebogen enthält Aussagen, die man benutzt, um sich selbst zu beschreiben. Lesen Sie jede Aussage und kreuzen Sie die zutreffende Zahl an, die am besten beschreibt, wie Sie sich *im allgemeinen* fühlen. Es gibt keine richtigen oder falschen Antworten.
Halten Sie sich nicht zu lange an einer Aussage auf. Geben Sie die Antwort, die am besten beschreibt, wie Sie sich *meistens* fühlen.

		Mittelwert	Trennschärfe
	1. Ich fühle mich nervös und unruhig.	1.6	.47
(−)	2. Ich bin mit mir selbst zufrieden.	2.3	.44
(−)	3. Ich bin ein beständiger Mensch.	2.7	.23
	4. Ich wünschte, ich wäre so glücklich wie andere.	2.0	.48
	5. Ich fühle mich als Versager.	1.5	.56
	6. Ich werde in Anspannung und Unruhe versetzt, wenn ich an meine Sorgen und Probleme denke.	1.9	.46
(−)	7. Ich fühle mich sicher.	2.4	.41
	8. Ich habe kein Selbstvertrauen.	1.9	.35
	9. Ich fühle mich unfähig.	1.5	.53
	10. Ich mache mir zuviel unnötige Sorgen.	2.0	.43

Interne Konsistenz der Skala: α = .77

Einige Items tragen ein Minuszeichen, weil sie in Gegenrichtung gepolt sind. Solche Aussagen geben die Abwesenheit von Angst an und werden von solchen Personen mit 3 oder 4 angekreuzt, die bei den Angstitems 1 oder 2 ankreuzen. Die Summen der jeweils 10 Items (unter Berücksichtigung der Umpolung) ergeben einen Wert für den Angstzustand und einen anderen Wert für die Ängstlichkeit. Die bisherigen Erfahrungen mit den Gütekennwerten sind positiv.

4.1.2 Besorgtheit und Aufgeregtheit

Das subjektive Erleben von Angst läßt sich nach zwei Aspekten differenzieren: »worry« (Besorgtheit) und »emotionality« (Aufgeregtheit). Beide Aspekte werden von ängstlichen Personen berichtet, und beide sind in vielen Fragebogen enthalten, ohne daß deren Konstrukteure solche Formulierungen in theoretischer Absicht vorgenommen hätten. So heißt zum Beispiel im Angstfragebogen für Schüler (AFS) von Wieczerkowski u. a. (1974) ein Item »Ich mache mir oft Sorgen, ob ich auch versetzt werde« und ein anderes »Wenn geprüft wird, bekomme ich jedesmal ein komisches Gefühl im Magen«. Das erste Item repräsentiert die kognitive Komponente, die als Besorgtheit oder Selbstzweifel bezeichnet wird, und das zweite Item die Wahrnehmung der emotionalen Erregung, was als Aufgeregtheit bezeichnet wird. Die Diskussion um die zwei Aspekte wird in der Fachliteratur vor allem im Zusammenhang mit der Prüfungsangst diskutiert, jedoch scheint es sich hier um ein allgemeines Phänomen zu handeln, das aus theoretischer Sicht bei anderen Arten der Angst in gleicher Weise vorhanden sein müßte.

Es ist allgemein bekannt, daß Hochängstliche weniger leisten als Niedrigängstliche, sofern es sich um komplexe Aufgaben handelt (Mandler/Sarason 1952), und daß Schulleistungen – gemessen in Testwerten oder Zensuren – durch ein hohes Angstniveau beeinträchtigt werden (Schwarzer 1975, 1977). Was aber die Ursache für diese Beeinträchtigung ist, war lange Zeit umstritten. Die ängstliche Erregung, die den Körper durchflutet, wurde verantwortlich gemacht, die Tendenz, die Situation zu meiden, ebenso wie die Angstabwehraktivität, die anstelle adaptiver Verhaltensweisen ausgeübt wurde. Wine (1971) greift einen Gedanken von Sarason (1960) wieder auf und postuliert die interferierende Wirkung der Aufmerksamkeit. Die ängstliche Person richtet die Aufmerksamkeit auch auf sich selbst statt nur auf die Aufgabe. Diese Teilung der kognitiven Aktivität soll zur Minderleistung führen. Die Voreingenommenheit mit sich selbst ist thematisch auf die Möglichkeit des Mißerfolgs, auf das Selbstbild im Vergleich zu anderen und auf die Konsequenzen des Versagens fixiert. Dadurch wird der Aufgabe weniger Zuwendung zuteil. Diese Besorgtheit ist der eine Aspekt, hinzu tritt die übertriebene Wahrnehmung eigener Körperempfindungen, also die Aufgeregtheit, die als Bestätigung von Besorgtheit angesehen werden kann: sensorische Information wird interpretiert als Zustand der Überwältigung durch Umweltanforderungen, denen man nicht genug entgegenzusetzen hat. Diese kognitive Sichtweise der Leistungsbeeinträchtigung durch Angst ist heute allgemein gültig, insbesondere im Bereich der Prüfungsangst (Krohne 1980, Sarason 1980). Für die soziale Angst hat Buss (1980) gerade auf diesen Punkt hingewiesen.

Aufgrund der theoretischen Annahmen erschien es konsequent, beide Komponenten der Angst getrennt diagnostisch zu erfassen. Liebert und Morris (1967) entwickelten für diesen Zweck eine Zustandsangstskala, die aus 5 Items über Besorgtheit und 5 Items über Aufgeregtheit besteht. Die Skalen gelten als hinreichend konsistent. Die Korrelationen zwischen den beiden Skalen liegen ungefähr zwischen $r = .55$ und $r = .76$ (Deffenbacher 1980, 114). Ein anderes Verfahren, das eine Trennung von Besorgtheit und Aufgeregtheit erlaubt, ist das Test Anxiety Inventory (TAI) von Spielberger u. a. (1980). Es besteht aus 20 Items, von denen je 8 den beiden Aspekten zugeordnet werden können. Die beiden Unterskalen korrelieren hier miteinander zu r = .71 bei Männern und r = .64 bei Frauen (Spielberger u. a. 1978, 188). Hodapp (1980) hat eine deutsche Übersetzung dieses Verfahrens bei 67 Mädchen und 67 Jungen in 7. Klassen eingesetzt und Interkorrelationen von r = .46 beziehungsweise r = .42 erhalten. Er referiert außerdem Daten von Spielberger, nach denen die Skalen zu r = .56 bei Frauen und r = .65 bei Männern korrelieren.

Erwartungsgemäß steht die Besorgtheit stärker mit Leistungsergebnissen in Beziehung als die Aufgeregtheit. Dies zeigt sich nicht nur bei Morris und Liebert (1970), sondern auch bei Deffenbacher (1980, 116). Er hat in 5 Studentenstichproben Angstskalen und Leistungstests eingesetzt und die Werte miteinander korreliert. Leistung und Besorgtheit korrelierten zwischen r = -.26 und r = -.36.

Je mehr die Studenten also die Aufmerksamkeit auf sich selbst gerichtet hatten und über Mißerfolg und Selbstwert grübelten, desto schlechter wurde ihr Ergebnis. Leistung und Aufgeregtheit korrelierten nur zwischen r = -.07 und r = -.26. Der Autor ist diesen Beziehungen weiter nachgegangen und hat die Varianz der jeweils anderen Angstkomponenten konstant gehalten. Wenn der Effekt der Aufgeregtheit herauspartialisiert wurde, blieben die Zusammenhänge zwischen Leistung und Besorgtheit erhalten. Wenn jedoch der Effekt der Besorgtheit herauspartialisiert wurde, verschwanden die Zusammenhänge zwischen Leistung und Aufgeregtheit. Damit konnte der Autor zeigen, daß die kognitive Komponente primär verantwortlich war für die Leistungsbeeinträchtigung. In einer weiterführenden Studie (Deffenbacher 1980, 117) konnte er zeigen, daß die Wirkung der Aufgeregtheit vom Grad der Besorgtheit abhing. Auf einer niedrigen Stufe von Besorgtheit war Aufgeregtheit ohne Wirkung auf die Leistung, auf einer hohen Stufe von Besorgtheit dagegen hatte sie einen leistungsmindernden Effekt. Nach Durchsicht einer Reihe von Arbeiten liefert er folgendes Befundmuster: (1) Besorgtheit und Aufgeregtheit stehen in deutlicher Beziehung zueinander, (2) Besorgtheit steht in negativer Beziehung zu Leistungen und Leistungserwartungen, (3) die Ergebnisse für Aufgeregtheit sind viel weniger eindeutig, und sie sind inkonsistent. Die Ergebnismehrdeutigkeit erklärt er mit Merkmalen der Anforderungssituation. Verschiedene Aufgaben erzeugen unterschiedlich starke Affekte. Aufgeregtheit scheint vor allem dann vorzuliegen, wenn eine Bewertungssituation gerade beginnt, während Besorgtheit solange thematisch bleibt, wie Hinweise auf ein mögliches Versagen im Vordergrund stehen.

Hodapp (1980) ist dieser Frage mit Hilfe von Kausalmodellen nachgegangen. Bei einer Reanalyse von Spielberger's Daten ermittelte er eine deutlich leistungsmindernde Wirkung der Besorgtheit und sogar eine leistungsfördernde Wirkung der Aufgeregtheit. Dies galt besonders bei Männern. Bei 134 deutschen Schülern in der 7. Klasse fand er eine leistungsmindernde Wirkung der Besorgtheit und keine Wirkung der Aufgeregtheit. Aus den Befunden insgesamt ist der Schluß zu ziehen, daß das Verhältnis von Angst und Leistung vor allem von den kognitiven Prozessen bestimmt wird, die mehr oder weniger stark von der Aufgabenbearbeitung ablenken. Besorgtheit hat sich in konsistenter Weise als leistungsmindernd erwiesen, während für Aufgeregtheit keine so eindeutigen Befunde vorliegen. Für die vielen Angstfragebogen, in denen beide Aspekte auf unsystematische Weise enthalten sind, empfiehlt sich deswegen eine Revision. Nur die Items, welche der Dimension Besorgtheit angehören, sind für die Korrelation zwischen Angst und Leistung in den meisten Fällen verantwortlich. Auf die anderen kann man wahrscheinlich für diese Fragestellung verzichten. Zumindest erscheint eine systematische Trennung der Komponenten hilfreich.

Die Bedingungen, unter denen Besorgtheit oder Aufgeregtheit auftreten, sind verschieden. Aufgeregtheit ist direkt an die Gefahr gekoppelt, indem sie zu Beginn einer als krisenhaft erlebten Situation auf dem Höhepunkt liegt und danach allmählich abflacht, je mehr eine Gewöhnung an die Reizkonstellation erfolgt. Deffenbacher (1980, 119) referiert Untersuchungen, nach denen während 5 Tagen vor einer Prüfung die Aufgeregtheit langsam anstieg, zu Beginn der Prüfung den Höhepunkt erreichte und sich dann noch während der Prüfung verringerte. Eine derart direkte Beziehung zum Verstreichen der Zeit ließ sich für die Besorgtheit nicht finden. Vielmehr variierte dieses Merkmal in Abhängigkeit von der subjektiven Situationseinschätzung des Individuums. Besorgtheit entsteht, wenn jemand sein Selbst bedroht fühlt, also im Bewertungsstreß steht, unabhängig davon, ob die Prüfung bevorsteht, stattfindet oder vorbei ist.

Die meisten der angeführten Arbeiten sind im Zusammenhang mit der Erfassung von Zustandsangst entstanden, während eine Trennung von Besorgtheit und Aufgeregtheit im Rahmen der Diagnose von Ängstlichkeit seltener gelungen ist. Deffenbacher (1980, 124) weist darauf hin, es sei durchaus möglich, daß die Trennung nur für Angst als Zustand gültig sei. Dagegen zeigt sich bei Hodapp (1980) und in unseren eigenen Arbeiten, daß auch auf der Eigenschaftsebene die Trennung möglich ist. Da beide Ebenen ineinander übergehen, je nachdem wie man die Testinstruktion wählt, ist auch eine Parallelität des Konzepts zu erwarten. Manche Autoren haben Schwierigkeiten bei der Trennung, weil sie die Methode der orthogonalen Faktorenanalyse wählen, bei der Besorgtheit und Aufgeregtheit im rechten Winkel zueinander stehen sollen. Dieses Vorgehen ist trotz der positiven Erfahrungen von Spielberger u. a. (1978, 1980) mit dem TAI nicht empfehlenswert, da die Skalen miteinander korreliert sind und auch sein sollen.

Es ist auch zu überlegen, ob man die Vorhersage von Leistungen beziehungsweise Verhaltensbeeinträchtigungen nicht um zusätzliche Dimensionen erweitern soll. So wäre es zum Beispiel denkbar, die Besorgtheit weiter auszudifferenzieren und Merkmale wie Furcht vor Mißerfolg, Erleben von Kontrollverlust (Hilflosigkeit) usw. als separate Einflußgrößen zu betrachten. Dadurch würde übrigens die Verbindung zwischen Angstforschung und Motivations-, Hilflosigkeits- und Selbstkonzeptforschung deutlicher werden. Weiterhin wäre es erwägenswert, die tatsächliche physiologische Erregung zu Kontrollzwecken ebenfalls zu berücksichtigen. Aufgeregtheit ist ja nur die subjektive Wahrnehmung von Erregung. Nach Morris und Liebert (1970) korrelieren Aufgeregtheit und physiologische Erregung nur mit $r = .34$ zueinander.

Die therapeutische Beeinflussung der Angst kann sich auf die eine oder andere Komponente konzentrieren. Theoretisch ist zu erwarten, daß Aufgeregtheit durch ein Entspannungstraining und Besorgtheit durch kognitive Umstrukturierung günstig beeinflußbar sind. Doch sind nach Deffenbacher (1980, 126) alle Versuche einer in diesem Sinne differentiellen Therapie erfolglos geblieben. Die Klienten haben in allen Fällen von jeder Behandlung profitiert. Die Besorgten fühlten sich nach einem Entspannungstraining besser und die Aufgeregten nach kognitiver Therapie. Es ist also möglich, daß die Behandlungen überkreuz wirken, zum Beispiel indem Entspannung die Besorgnis und selbstregulierende Kognitionen die Aufregung reduzieren und daß allgemeine Interventionsinhalte einen Generaleffekt ausüben.

4.1.3 Arten der Angst

Angst besteht formal gesehen aus Besorgtheit und Aufgeregtheit, also aus bestimmten Kognitionsinhalten und aus der subjektiven Wahrnehmung von körperlicher Erregung, wobei letzteres ebenfalls eine Kognition darstellt. Aufgeregtheit ist nämlich die Empfindung autonomer Prozesse im Zustand privater Selbstaufmerksamkeit. Entscheidend für unsere weitere Diskussion ist die inhaltliche Bestimmung von Besorgtheit. Man kann über alles ängstlich besorgt sein, was einen Person-Umwelt-Bezug ausmacht. Wenn das Selbst sich mit einem Aspekt der Umwelt konfrontiert sieht, werden Einschätzungsprozesse vorgenommen, die emotionale Konsequenzen nach sich ziehen. Hat jemand Angst vor Spinnen, vor dem Lehrer, vor dem Krieg, vor dem Fliegen, vor dem Zahnarzt oder vor dem anderen Geschlecht, so liegen hier Person-Umwelt-Bezüge vor, die als bedrohlich eingeschätzt werden können. Spinnen und Zahnärzte sind als Teile der Umwelt erst dann individuell relevant, wenn sie auf die eigene Person bezogen werden, das heißt, wenn das Tier sich einem nähert oder wenn die ärztliche Behandlung vorgenommen wird. Es genügt, wenn diese Person-Umwelt-Bezüge in der Vorstellung auftreten. Es kommt also weniger auf die beobachtbare Realsituation als vielmehr auf den Kognitionsinhalt an. Die Zahl der möglichen Ängste läßt sich daher nicht bestimmen, genauso wenig wie man die Zahl der Kognitionsinhalte bestimmen kann. Es gibt allerdings in jeder Kultur eine Reihe von für sie spezifischen Person-Umwelt-Bezügen. Dort, wo es keine Schulen und Flugzeuge gibt, kann es auch keine Schulangst und keine Angst vor dem Fliegen geben. Die Menschen fühlen sich dort durch andere Situationen bedroht. Die Annahme, es gäbe Kulturen oder Subkulturen, in denen die Menschen angstfrei und daher glücklich leben, erscheint fragwürdig.

Aufgeregtheit und Besorgtheit sind Antworten auf erlebte Herausforderungen und Bedrohungen durch Anforderungssituationen. Ist jemand wachsam, sensitiv oder »intelligent« genug, um Aspekte seiner Umwelt als herausfordernd und bedrohlich beurteilen zu können, so trägt dies zur Entwicklung seiner Persönlichkeit bei. Erlebte Belastungen und das Erfahren von Bewältigungsversuchen mit unterschiedlicher Wirksamkeit ermöglichen den Erwerb von Regulationskompetenz. Der Grad der Fähigkeit, sich selbst und seine Umwelt auf adaptive Weise regulieren zu können, entspricht der Höhe des seelischen Wachstums. Eine mäßige Dosierung von Angst im Sinne von Besorgtheit und Aufgeregtheit kann durchaus funktional für die Lebensbewährung sein. Damit dies nicht mißverstanden wird, soll es an dem besonders schwierigen Beispiel der Schulangst verdeutlicht werden. Daß man vor einem wilden Tier aus Angst davonläuft, ist unmittelbar verständlich und akzeptierbar, weil es schon immer der Erhaltung der Art gedient hat. Daß man im Auto aus Unfall- oder Verletzungsangst den Sicherheitsgurt anlegt, läßt sich ebenfalls als funktional beurteilen. Aber welchen adaptiven Wert die Besorgtheit und Aufgeregtheit in der Schule haben kann, ist eine schwierige Frage. Angst führt vor allem zu einer Beeinträchtigung des individuellen Wohlbefindens, des Zusammenlebens mit anderen und des Lernverhaltens. Angst wird daher zu Recht als grundsätzlich unvereinbar mit einer pädagogisch wünschenswerten Atmosphäre beim Erwerb von Kompetenzen gesehen. Ohne die Erfahrung von Erregung scheint jedoch die Entstehung von Regulationskompetenz nicht möglich zu sein. Wir müssen auf differenziertere Weise als bisher den Prozeß der schulischen Sozialisation analysieren.

Die Schulangst, so wie sie in der Pädagogik uns Sorgen bereitet, ist nicht nur eine Leistungsangst sondern zugleich eine soziale Angst. Schule stellt einen sozialen Kontext dar, in dem sich die Schüler ständig miteinander im Hinblick auf ihre Leistungsergebnisse vergleichen. Der Person-Umwelt-Bezug ist daher nicht allein auf die Überwindung eines sachlichen Hindernisses ausgerichtet wie zum Beispiel die Lösung von Mathematikaufgaben, sondern auf die Anerkennung der eigenen Person durch andere in leistungsthematischer Hinsicht. Der Kognitionsinhalt, der die Besorgtheit ausmacht, liegt im sozialen Vergleich. Die erlebte Bedrohung ist eine Selbstwertbedrohung. Das pädagogische Dilemma liegt in der erkannten Notwendigkeit, nicht-soziale Anforde-

rungssituationen innerhalb eines sozialen Kontextes zu schaffen. Ein Versuch, dieses Dilemma zu entschärfen, liegt übrigens in dem Verzicht auf soziale Leistungsvergleiche in den ersten beiden Grundschuljahren. Anforderungssituationen sind jedoch pädagogisch erforderlich, weil Schüler lernen sollen, sich mit Problemen ihrer Umwelt adaptiv auseinandersetzen zu können. Dazu gehört auch, daß sie sich herausgefordert oder auch etwas bedroht fühlen und darauf mit Besorgtheit und Aufgeregtheit reagieren, um die Grenzen ihrer augenblicklichen Regulationskompetenz zu erfahren. Der Maßstab der Auseinandersetzung liegt dabei in der Sache selbst oder in früheren Bewältigungsergebnissen derselben Person. Lernanforderungen gerecht zu werden, ist zugleich ein Problem der Umweltregulation und der Selbstregulation. Man löst schwierige Aufgaben, indem man alle Ressourcen mobilisiert, was normalerweise mit erhöhter Erregung verbunden ist. Während der adaptiven Auseinandersetzung ist Angst dysfunktional. Die Erregung wird vielmehr als produktive Erregung interpretiert, sofern sie überhaupt wahrgenommen wird. Selbstaufmerksamkeit lenkt ab. Vor der Mobilisierung jedoch übernehmen Besorgtheit und Aufgeregtheit eine Signalfunktion, indem sie zum Beispiel mitteilen, daß bestimmte Anforderungen an der Grenze der subjektiven Belastbarkeit liegen oder zur Zeit nicht bewältigbar sind. Dadurch erfährt das Individuum, ob und wann der Einsatz aller Kräfte funktional ist. Im Prinzip finden wir solche Informations- und Steuerungsprozesse bei allen Ängsten. Die Angst vor dem Herzinfarkt zum Beispiel läßt uns adaptive Handlungen auswählen, die dem Geschehen vorbeugen. Die Nahrungsaufnahme wird dabei reguliert, das Rauchen wird eingestellt und die Körperertüchtigung wird gesteigert. Das sind an die eigene Person gestellte Anforderungen mit einem hohen Schwierigkeitsgrad. Die Erwartung von Erfolg und die Angst vor dem Versagen bei diesen Regulationsvorgängen sind gleichermaßen Informationsquellen zur weiteren Einschätzung und Entwicklung der eigenen Persönlichkeit.
Alle identifizierbaren Person-Umwelt-Bezüge können für sich genommen Quellen von Besorgtheit und Aufgeregtheit darstellen. Es kann aber auch der Fall eintreten, daß die Summe einer Vielzahl von Kognitionsinhalten, die im einzelnen nicht mehr identifizierbar sind, die Quelle von Angst darstellt. Diesem Gesichtspunkt kann man dadurch Rechnung tragen, daß man zwischen Angst und Furcht unterscheidet, was wir aber nicht tun wollen. »Freiflottierende« Angst ist nicht auf eine sichtbare Ursache zurückzuführen, Furcht dagegen läßt sich immer auf ein konkretes Objekt beziehen. Es erscheint uns sinnvoller, Angst als ein situationsspezifisches Phänomen zu untersuchen, nicht zuletzt deswegen, weil sich daraus eher Interventionsmöglichkeiten ableiten lassen. Der an die Situation gebundene Kognitionsinhalt ist demnach wichtig. Diffuse, polythematische Ängste sind möglicherweise weniger durch Besorgtheit als vielmehr durch Aufgeregtheit und depressive Verstimmtheit charakterisiert.
Den Schwerpunkt der Betrachtung auf situationsspezifische Angst zu legen, ist auch deswegen sinnvoll, weil die meisten Menschen erfahrungsgemäß nur in bestimmten Situationen ängstlich reagieren. Dabei spielt allerdings der Grad der Situationsspezifität beziehungsweise -generalität eine Rolle. Es gibt Menschen, die Angst vor dem Fliegen, nicht aber Angst vor Unfällen beim Autofahren, Reiten, Skilaufen und Fahrstuhlfahren haben. Der Flugängstliche und der Unfallängstliche unterscheiden sich im Grad der Situationsspezifität. Es ist möglich, daß sich eine sehr spezifische Angst im Laufe der Lebensgeschichte auf eine mehr generelle, also situationsübergreifende Angst verallgemeinert. Mit Angst ist hier übrigens sowohl die Zustandsangst als auch die Ängstlichkeit gemeint. Die Dispositionsstärke kann sich ebenfalls im Verlauf der Lebensgeschichte verändern, das heißt über die Zeit stabiler oder labiler werden. So läßt sich zum Beispiel beobachten, daß soziale Ängste im mittleren Lebensalter abnehmen.
Eine Einteilung von Ängsten nach ihrem Allgemeinheitsgrad und ihrer Thematik kann

als nützlicher Ordnungsversuch verstanden werden und soll daher auch hier vorgenommen werden. Das ist nicht als allgemeingültige Taxonomie anzusehen, da die Auffassungen in diesem Punkt sehr unterschiedlich sind und jede Einteilung nichts anderes als die derzeitige persönliche Meinung eines Autors wiedergibt. In Abb. 6 werden drei relativ allgemeine Ängste dargestellt, nämlich Existenzangst, soziale Angst und Leistungsangst.

Existenzangst entsteht aufgrund der erlebten Bedrohung der körperlichen Unversehrtheit. Sie umfaßt die Todesangst, Angst vor Verletzungen und Angst vor dem Unheimlichen. Innerhalb dieser Kategorien lassen sich Person-Umwelt-Bezüge identifizieren, die zum Beispiel zu Angst vor Unfällen, Krankheiten, dem Alter, Tieren, Krieg usw. führen. Innerhalb dieser Gruppen sind situationsspezifische Ängste anzusiedeln wie zum Beispiel die vor Schlangen oder die vor dem Herzinfarkt.

Soziale Angst enthält eine Selbstwertbedrohung. Sie umfaßt Scham, Verlegenheit, Schüchternheit und Publikumsangst. Innerhalb dieser Kategorien sind wieder spezifische Qualitäten möglich wie zum Beispiel Schüchternheit gegenüber dem anderen Geschlecht oder Publikumsangst nur angesichts von Personen, die sozial höher gestellt sind, usw.

Leistungsangst ist davon abgrenzbar. Allerdings fließen diese beiden Arten von Angst auf der Ebene konkreter Situationen ineinander über, wenn Leistung in einem sozialen Kontext erbracht wird, wie es meistens der Fall ist. Auch hier steht die Selbstwertbedrohung im Mittelpunkt des Erlebens. Leistungsangst läßt sich mit Furcht vor Mißerfolg angesichts von Leistungsanforderungen gleichsetzen. Sie ist unterteilbar in allgemeine Bewertungsangst und Prüfungsangst. Prüfungsangst enthält immer soziale Anteile, während Bewertungsangst auch angesichts nichtsozialer Vergleichsmaßstäbe auftreten kann, zum Beispiel wenn man fürchtet, den Anforderungen am Arbeitsplatz nicht mehr länger gerecht zu werden, weil man mit den Händen zu ungeschickt ist oder über nicht mehr genügend intellektuelle Bewältigungskapazität verfügt. Eine spezifische Qualität ist zum Beispiel Mathematikangst, bei der man den Symbolen und Formeln hilflos gegenübersteht und in dieser Situation auch noch von anderen Menschen beurteilt werden kann. Schulangst bedeutet Furcht vor Mißerfolg gegenüber Leistungsanforderungen in der schulischen Umwelt. Sexualangst enthält Versagenskognitionen angesichts einer Bewährungssituation in einer komplexen Zweierbeziehung. Tritt gleichzeitig eine Besorgtheit wegen einer Infektionsgefahr auf, so fließen zwei heterogene Angstthemen ineinander über.

Die beiden nächsten Kapitel befassen sich näher mit Fragestellungen hinsichtlich der Leistungsangst und der sozialen Angst, weil beide aus der Selbstwertbedrohung hervorgehen und deswegen für das vorliegende Thema von besonderem Interesse sind.

4.2 Leistungsangst

4.2.1 Stand der Theoriebildung

Mit Rückblick auf die sechziger Jahre mußte dokumentiert werden, daß die meisten Forscher Leistungsangst als emotionale Reaktivität interpretierten und daß die größere Zahl empirischer Arbeiten darauf gerichtet war, die beeinträchtigende Wirkung von Angst auf Leistung festzustellen (Wine 1971, 1980). Es wurde häufig angenommen, emotionale Erregung, ausgelöst durch hohe Leistungsanforderungen, würde das Individuum überfluten und dabei aufgabenirrelevante Reaktionen hervorrufen. Dies sollte vor allem für Hochängstliche gelten. Danach leiden diese am meisten in Bewertungssi-

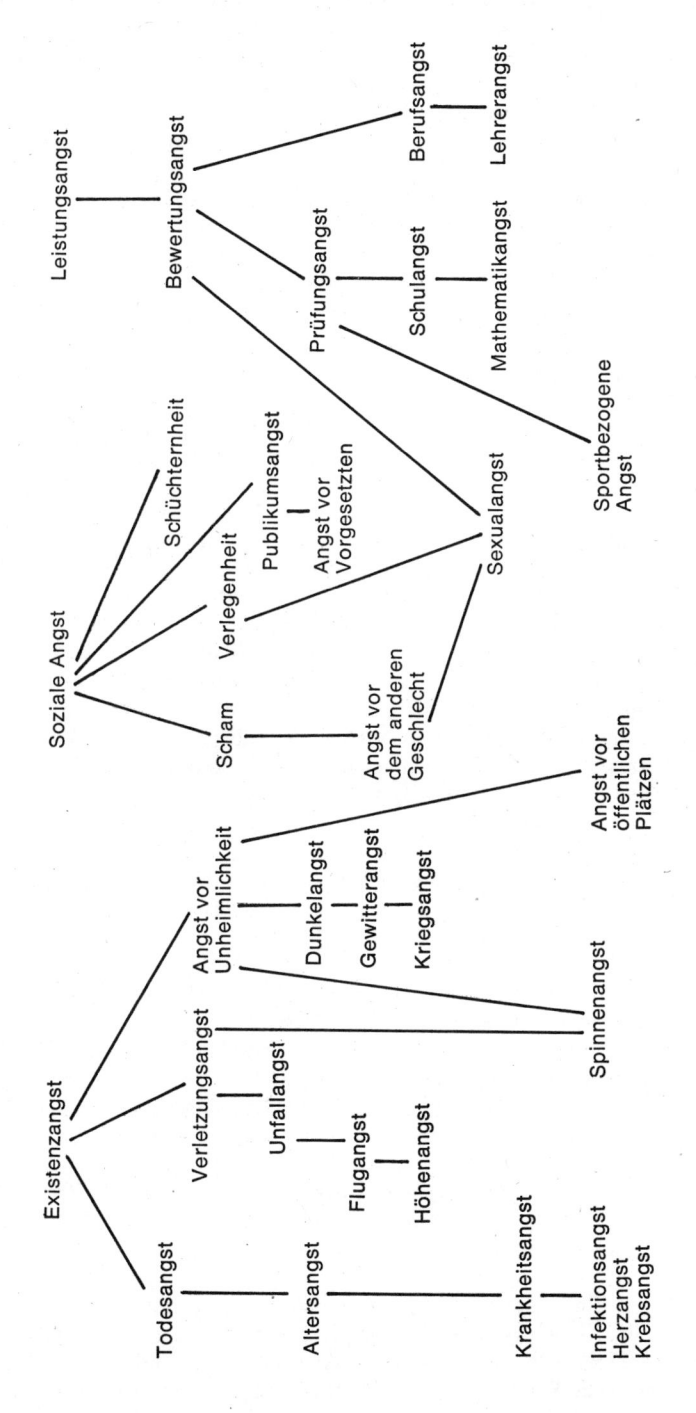

Abb. 6: Ordnung von Ängsten nach ihrem Allgemeinheitsgrad und ihrer Thematik

tuationen und schneiden bei komplexen Aufgaben am schlechtesten ab, während Niedrigängstliche sich gerade unter solchen Bedingungen relativ gut bewähren sollten. Inzwischen hat sich eine kognitive Interpretation der Angst durchgesetzt. Holroyd und Appel (1980) zeigen, daß die physiologische Erregung bei Hoch- und Niedrigängstlichen dieselbe ist. Der Unterschied liegt in der subjektiven Wahrnehmung ihrer Erregung: es gibt Differenzen in der Aufgeregtheit, die nur geringfügig auf Differenzen in der Erregung zurückzuführen sind. Was das Erleben der Angst ausmacht, sind die Kognitionen, also die Bewußtseinsinhalte. Aus diesem Grunde schlägt Wine (1980, 351) vor, auf den Begriff Angst in Zukunft ganz zu verzichten. Er sei ein Allerweltsbegriff mit zuviel Überschußbedeutung und stünde zu sehr in der Tradition des Erregungsansatzes. Es sei sinnvoller, ihn gegen den Begriff Besorgtheit (worry) auszutauschen.

In der Tat stellt uns die Entwicklung der Angstforschung vor schwierige Probleme der Definition und Diagnose. *Leistungsangst ist die Besorgtheit und Aufgeregtheit angesichts von Leistungsanforderungen, die als selbstwertbedrohlich eingeschätzt werden.* Dieser Definitionsversuch enthält Merkmale der Auslösesituation (»Leistungsanforderungen«), der subjektiven Einschätzungsprozesse (»Selbstwertbedrohung«) und der sich daran anschließenden Kognitionsinhalte (»Besorgtheit und Aufgeregtheit«). Man braucht nur die Auslösesituation durch »soziale Anforderungen« auszutauschen, dann handelt es sich um soziale Angst. Setzt man »schulische Anforderungen« ein, so erhält man Schulangst als eine spezifische Variante, die über einen Leistungsaspekt und über einen Sozialaspekt verfügt. Die Definition kann daher nur als eine vorläufige Arbeitsdefinition verstanden werden. Sie ist nicht genügend trennscharf, denn das, was das unterschiedliche Angsterleben ausmacht, liegt in der Art und Weise, wie die Besorgtheit erfahren wird. Die kognitiven Prozesse des besorgten Individuums, die während der Leistungsangst ablaufen, müssen anders sein als die kognitiven Prozesse des ebenfalls besorgten Individuums, die während der sozialen Angst ablaufen. Eine zukünftige Definition muß an dieser Stelle die eine Angst von der anderen trennen. Gelingt dies nicht, so können wir tatsächlich den Begriff der allgemeinen Besorgtheit (in Verbindung mit Aufgeregtheit) an die Stelle von Angst setzen.

Diagnostisch ist noch nicht hinreichend geklärt, wie eine gezielte Erfassung solcher kognitiven Prozesse aussehen soll. Dies ist aber nicht nur bei der methodischen Analyse des Gefühlserlebens der Fall, sondern allgemein in der neueren Psychologie, wo es um die Diagnose kognitiver Prozesse geht. Das Problem besteht zum Beispiel auch bei der Erfassung handlungsleitender Kognitionen von Lehrern im Unterricht. Es gibt Ansätze, die Bewußtseinsinhalte während oder nach dem Geschehen aufzudecken und durch gezielte Maßnahmen die Introspektion zu beeinflussen (Nisbett/Wilson 1977, Wahl 1979). Dabei darf man nicht in den Fehler verfallen, Kognitionen mit Sprache gleichzusetzen. Es ist anzunehmen, daß viele für das Erleben und Handeln wichtige Bewußtseinsinhalte auf andere Weise – zum Beispiel in bewegten Bildern – ablaufen.

Wir wissen vom Hochängstlichen eigentlich nur, *daß* er hochängstlich ist und in seiner Leistung beeinträchtigt ist. Die genauen Bestandteile seiner Besorgtheit kennen wir nicht. Vom Niedrigängstlichen wissen wir noch weniger. Er ist nicht besorgt und nicht leistungsbeeinträchtigt. Daher ist zu fragen, was statt dessen in ihm vorgeht. Die Abwesenheit von Angst ist kein leerer Zustand. Es ist zu bestimmen, welche Kognitionen vorherrschen und in welcher Weise sie das Verhalten stabilisieren und die Person weniger verwundbar gegenüber Umweltanforderungen machen. Da die bei der Angst entscheidende subjektive Einschätzung die Selbstwertbedrohung darstellt, müssen wir annehmen, daß bei den Nichtängstlichen ein positiver Selbstwert im Mittelpunkt steht (Schwarzer 1979 b). Hohe Selbstwerteinschätzung erzeugt Widerstand gegenüber situativen Anforderungen. Die Erwartung von Selbstwirksamkeit macht den Gegenpol zur

ängstlichen Besorgtheit aus (Bandura 1977, 1980). Die zukünftige Diagnostik der Leistungsangst muß also gleichermaßen auf die Beschaffenheit der An- und Abwesenheit von Angst gerichtet sein, also auf dem Wege über multiple Messungen eine ganze Reihe von teils miteinander unvereinbaren Variablen erheben. Diese diagnostische Forderung ergibt sich unmittelbar aus der Mehrdimensionalität des Konstrukts, die heute im Rahmen der überwiegend kognitiven Interpretation von Angst diskutiert wird. Im Zentrum dieses Ansatzes steht die *Aufmerksamkeitshypothese*. Der Ängstliche wendet seine Aufmerksamkeit von den anstehenden Problemen teilweise ab und ist zu sehr mit sich selbst befaßt. Die Teilung der Aufmerksamkeit in aufgabenrelevante und selbstrelevante Richtungen ist der erste Unterschied zur nichtängstlichen Person. In der inhaltlichen Bestimmung der Selbstvoreingenommenheit liegt der zweite Unterschied. Der Ängstliche bezieht soziale Bewertungsmöglichkeiten auf die eigene Person, denkt an öffentlichen Mißerfolg und antizipiert eine Selbstabwertung aufgrund des möglichen Versagens, für das er sich selbst verantwortlich macht. Mißerfolg in Verbindung mit Fremd- und Selbstbewertung sowie ungünstige Attribution des erwarteten Leistungsergebnisses stellen vermutlich die zentralen Kognitionsinhalte der leistungsängstlichen Person dar. Wir fassen diese Inhalte unter »Besorgtheit« zusammen. Nichtängstliche dagegen richten ihre Aufmerksamkeit stärker auf problembezogene Reize, die mit der Beschaffenheit der zu bewältigenden Aufgabe zu tun haben. Für diese theoretischen Annahmen gibt es inzwischen eine Reihe von empirischen Hinweisen.
Die kognitive Interpretation der Leistungsangst ist vor allem durch Untersuchungen von I. G. Sarason (1960, 1975 a, b) nahegelegt worden. Er hat zum Beispiel ein Experiment durchgeführt, in dem er Prinzipien des sozialen Lernens mit dem Aspekt der Leistungsbeeinträchtigung durch Angst verknüpft hat (1975 a). Ein Verhaltensmodell gab sich gegenüber den Versuchspersonen als ängstlich zu erkennen, ohne irgendwelche Bewältigungskognitionen mitzuteilen. Unter einer anderen Bedingung gab sich das Verhaltensmodell ebenfalls als ängstlich zu erkennen und enthüllte darüber hinaus sich selbst als Coping-Modell, das heißt, es teilte mit, wie es mit seiner Angst auf instrumentelle Weise fertig wird, um die Aufgaben zu lösen. Hochängstliche Versuchspersonen waren unter der ersten experimentellen Bedingung den Niedrigängstlichen in der Leistung unterlegen. In der zweiten Bedingung waren die Hochängstlichen überlegen. In beiden Fällen hatte das Modell gewirkt. Die Hochängstlichen übernahmen entweder die einen oder die anderen angebotenen Kognitionsinhalte, das heißt, sie waren entweder ängstlich besorgt oder sie verfügten trotz ihrer ängstlichen Disposition über wirksame Handlungsalternativen. Hochängstliche sind offenbar sehr empfindlich gegenüber Informationen, die sie selbst betreffen. Für die Therapie bedeutet dies, daß man Hochängstliche mit günstigen Handlungskognitionen ausstatten muß, damit sie sich gar nicht erst mit sich selbst beschäftigen. Die subjektive Verfügbarkeit von wirksamen Bewältigungsmustern muß ihnen nahegelegt werden. Dann werden sie daran gehindert, ihre Aufmerksamkeit von den anstehenden Problemen abzuwenden.
Weitere empirische Befunde werden von Wine (1980, 356) referiert. Danach wurden bei Hochängstlichen mehr aufgabenirrelevante Gedanken gefunden, mehr Selbstbeschuldigungen bei Mißerfolg und mehr selbstbezogene und selbstabwertende Kommentare während des Leistungsvollzuges. Es gibt Hypothesen und Untersuchungen darüber, inwieweit Hinweisreize aus der Umwelt von Personen mit unterschiedlichem Ängstlichkeitsgrad verwertet werden. Bei einem Anstieg der Erregung verringert sich die Spannweite der Aufmerksamkeit. Gleichzeitig wächst die Zahl der wahrgenommenen Hinweisreize. Der ängstlich Erregte nimmt also nur einen schmalen Aspekt von sehr vielen Reizen wahr, wendet sich nur mit reduzierter Aufmerksamkeit den eigentlichen Problemen zu und hat zugleich noch sehr viele andere Teilprobleme im Blickfeld. Das

kann man sich vorstellen wie den stark gebündelten Lichtstrahl einer Taschenlampe, der schnell über ein großes Feld von Gegenständen bewegt wird (Geen 1980, 48). Impulsivität als kognitiver Stil dürfte mit dieser Hypothese von Aufmerksamkeitsselektion verwandt sein.

Die Ergebnisse der Untersuchungen von Dusek (1980, 99) lassen sich mit diesem Ansatz erklären. Der Autor verwendete Aufgaben, wie sie in Lernexperimenten üblich sind. Er gab den Kindern, die sich im Grundschulalter befanden, Kärtchen vor, die im oberen Drittel die Zeichnung eines Tieres enthielten und im unteren Drittel die Zeichnung eines Haushaltsgerätes. Die Aufgabe lag darin, sich auf die Tiere zu konzentrieren (zentrale Lernaufgabe). Geprüft wurde aber nicht nur die Erinnerungsleistung, sondern auch die Anzahl der erinnerten Haushaltsgegenstände (inzidentelle Lernaufgabe). Die Leistungen wurden für Hoch- und Niedrigängstliche getrennt ermittelt. Hochängstliche hatten im Durchschnitt weniger zentrale und mehr inzidentelle Reize gelernt, das heißt, in dem, was gelernt werden sollte, hatten sie schlechter abgeschnitten. Dieser Befund wird damit erklärt, daß sie ihre Aufmerksamkeit auf alles Mögliche richten, aber zu wenig auf den eigentlichen Lerngegenstand. In den Experimenten wurde eine weitere Unterscheidung getroffen: der einen Hälfte der Kinder war gesagt worden, es handele sich um ein Spiel, und der anderen, es handele sich um eine Leistungsprüfung. Unter der Spielbedingung gab es keine nennenswerten Unterschiede zwischen Hoch- und Niedrigängstlichen, wohl aber unter der Prüfungsbedingung. Nur in evaluativen Situationen ist die Aufmerksamkeit der Ängstlichen mehr global orientiert. Sie nehmen dann andere und vielfältigere Reize auf als die Niedrigängstlichen. Elemente der Bewertungssituation wirken aufmerksamkeitsanziehend auf Niedrigängstliche und aufmerksamkeitsstreuend auf Hochängstliche. Der Autor hat noch eine weitere experimentelle Bedingung eingeführt, um die Aufmerksamkeitshypothese zu testen. Die Hälfte der Kinder sollte den zu lernenden Gegenstand benennen, die andere Hälfte nicht. Dadurch wurden die Kinder gezwungen, den Reiz zu beachten, sprachlich zu etikettieren und ihn dadurch informationshaltiger abzuspeichern. Hochängstliche konnten sich unter dieser Bedingung ebensogut an die Reize erinnern wie Niedrigängstliche. Für diese wiederum machte es keinen Unterschied, ob sie die Gegenstände sprachlich benennen sollten oder nicht. Sie nahmen in jedem Fall die geforderte Abspeicherung vor. Nur bei Hochängstlichen war es demnach bedeutsam, ob sie die Reize benannten oder nicht. In einem Wiederholungsexperiment (Dusek 1980, 102) ergaben sich folgende Mittelwerte:

Ängstlichkeit	Reizbenennung	
	ja	nein
niedrig	6.36	6.36
hoch	6.31	4.44

Die Hochängstlichen in der experimentellen Bedingung ohne Reizbenennung fallen in der Lernleistung, die das Erinnern der zentralen Reize fordert, aus dem Rahmen. Sie schneiden am schlechtesten ab, weil sie nicht gezwungen sind, ihre Aufmerksamkeit auf den Lerngegenstand zu richten. Das Mitsprechen kann demnach für ängstliche Personen eine aufgabenrelevante Strategie darstellen, die die Aufmerksamkeit in gewünschter Weise steuern hilft und daran hindert, Gedanken der Besorgtheit aufkommen zu lassen. Die Leistungsbeeinträchtigung, die der Angst normalerweise zugeschrieben wird, ist demnach sicher nicht auf Erregung, sondern vielmehr auf Aufmerksamkeitsprozesse zurückzuführen. Unter Bewertungsdruck – also Streß – vergrößert sich die Streuung der Bewußtseinsinhalte bei solchen Menschen, die über eine hohe Disposition verfügen, Umwelten als bedrohlich einzustufen und darauf ängstlich zu reagieren. Die von der

zentralen Aufgabe ablenkenden Kognitionen sind nicht nur auf anderes Reizmaterial gerichtet, was zu inzidentellen Lernergebnissen führt, sondern auch auf völlig andere Aspekte, wie Dusek (1980, 104) mit Verweis auf empirische Arbeiten betont. Dazu gehören Reize aus der weiteren Umwelt und interne Ereignisse, die die Aufmerksamkeit des Ängstlichen auf sich ziehen. Die Wahrnehmung körperlicher Erregung (Aufgeregtheit) und die Zweifel an der eigenen Kompetenz (Besorgtheit) stellen typische aufgabenirrelevante Kognitionen dar.
Hochängstliche sind besonders empfänglich für sozial bewertende Reize in ihrer Umwelt (Wine 1980, 358). Sie achten in Leistungssituationen darauf, ob andere anwesend sind, und fühlen sich dann beeinträchtigt. Leistungsangst und soziale Angst sind bei den meisten Menschen beziehungsweise den meisten Situationen miteinander verknüpft, eben weil Leistung normalerweise in sozialen Situationen erbracht wird und Gegenstand einer öffentlichen Bewertung ist. Dies ist besonders bei der Schulangst der Fall. In Experimenten zeigte es sich, daß gerade die Hochängstlichen davon beeinflußt werden, wenn sie Erfolg oder Mißerfolg haben oder wenn sie ein Verhaltensmodell beobachten, das ihnen Strategien zur Nachahmung anbietet. Hochängstliche Kinder wenden öfter ihre Augen von der Aufgabe ab und richten sie auf den Lehrer, den Versuchsleiter oder eine andere bewertende Person. Sozial-evaluative Reize fordern ihre Aufmerksamkeit stärker heraus. Ihre diesbezügliche Empfindlichkeit resultiert zugleich aus einer Tendenz zur öffentlichen Selbstaufmerksamkeit.
Weiterhin ist auffällig, daß Hochängstliche bei Erfolg und Mißerfolg andere Ursachenzuschreibungen vornehmen als Niedrigängstliche. Bei Erfolg machen sie sich nicht selbst genügend verantwortlich dafür, und bei Mißerfolg fühlen sie sich gerade zu sehr verantwortlich. Es gibt allerdings in der Attributionsforschung keine einhellige und endgültige Auffassung über die Beschaffenheit überdauernder *Attributionsmuster* bei verschieden ängstlichen Personen, sowie über das Bedingungsgefüge, in dem solche kognitiven Voreingenommenheiten entstehen. Wine (1980, 360) vertritt im Anschluß an einige andere Autoren die folgende Auffassung.
Für *Niedrigängstliche* stellen Leistungsrückmeldungen aufgabenrelevante Informationen dar. Mißerfolg informiert sie darüber, daß sie nicht genügend Anstrengung investiert haben. Sie sagen sich dann, es müsse noch etwas mehr getan werden, um das anstehende Problem zu lösen. Hier wird also eine internal-variable Attribution vorgenommen, die unmittelbare Konsequenzen für die Anstrengungskalkulation und die Bearbeitung der nachfolgenden Aufgabe hat. Weiner (1980 a) würde übrigens den damit verbundenen Schuldgefühlen den motivationalen Impuls zuschreiben. Erfolg enthält die Information, daß die Person in der Lage ist, die anstehenden Probleme wirksam zu beeinflussen. Das Selbstkonzept wird damit bestätigt. Die Person macht ihre eigenen Fähigkeiten für das Handlungsergebnis verantwortlich, was eine internal-stabile Attribution darstellt. Sofern Niedrigängstliche sich überhaupt beim Problemlösen mit Attributionen aufhalten, dann erfolgt dies in einer selbstwerterhaltenden Weise.
Für *Hochängstliche* stellen die Leistungsrückmeldungen sozial bewertende Reize dar, die sich auf die Einschätzung der eigenen Person richten. Sie beziehen die Information mehr auf sich selbst statt auf das von ihrer Person losgelöste Handlungsergebnis. Bei Mißerfolg glauben sie, jemand anders würde sie für unfähig halten, was eine internal-stabile Attribution darstellt, die im Zustand öffentlicher Selbstaufmerksamkeit vorgenommen wird. Bei Erfolg glauben sie (noch), nicht von anderen als unfähig eingeschätzt zu werden, sind aber besorgt, dies könnte einmal geschehen, und wollen daher mehr arbeiten, um dieser Gefahr aus dem Wege zu gehen. Ängstliche sind demnach in Bewertungssituationen immer besorgt, egal ob sie Mißerfolg oder Erfolg haben. Im ersten Fall sind sie besorgt über die negative Fremdeinschätzung, die ihrer Ansicht nach bereits

eingetreten ist, im zweiten Fall sind sie besorgt über die Möglichkeit, nicht immer so erfolgreich zu sein, also über die zukünftige Fremdeinschätzung ihrer Person. Entsprechend sehen die Handlungskonsequenzen aus. Nach Mißerfolg leisten Hochängstliche weniger als Niedrigängstliche, nach Erfolg leisten Hochängstliche mehr als Niedrigängstliche (Wine 1980, 359). Ein Versagen ist für den Hochängstlichen ein niederschmetterndes Ereignis, weil es als öffentliche Abwertung des Selbst aufgefaßt wird, worauf die Person dazu tendiert, aufzugeben und bei wiederholten Ereignissen dieser Art hilflos und hoffnungslos zu werden. Erfolg dagegen wirkt motivierend, weil die mögliche soziale Abwertung dadurch hinausgeschoben wird und die Person durch mehr Anstrengungsaufwand zukünftige Negativeinschätzungen verhindern kann. Die Besorgtheit gegenüber in der Zukunft liegenden öffentlichen Versagenssituationen stellt auch ein wesentliches Merkmal der Schulangst dar. Der ängstliche Schüler leistet insgesamt weniger, aber wenn er im richtigen Augenblick Erfolg hat, wird er dadurch gut motiviert. Die Furcht, später aufgrund eines Mißerfolgs die soziale Akzeptanz wieder zu verlieren, läßt ihn mehr Anstrengung zum Einsatz bringen. »Furcht vor Mißerfolg« ist übrigens der in der Motivationspsychologie übliche Begriff von Leistungsängstlichkeit.

Die Unterschiede in der Attributionsvoreingenommenheit verschieden ängstlicher Personen waren auch Gegenstand einer eigenen empirischen Untersuchung.[1] In unserem Experiment ging es um die Frage, welche Kognitionen Schüler vornehmen, nachdem sie Leistungsrückmeldungen über ihre Intelligenz erfahren haben. Insbesondere interessierten die Attributionen bei Erfolg und Mißerfolg sowie die Tendenz zu sozialen oder temporalen Leistungsvergleichen. Es sollte geprüft werden, in welcher Weise in dieser Situation Schüler mit unterschiedlicher Ängstlichkeit kognitive Prozesse vornehmen. Das Experiment wurde in einer Hauptschule durchgeführt.

Im Rahmen eines anderen Projektes hatten wir zuvor in dieser Schule eine Fragebogenbatterie eingesetzt, in der Skalen zur Erfassung von Hilflosigkeit und Ängstlichkeit enthalten waren. Diese Skalen waren von 14 Jungen und 14 Mädchen einer 5. Klasse sowie von 12 Jungen und 8 Mädchen einer 8. Klasse bearbeitet worden. Die Schüler wurden nach dem Grad ihrer Selbstaufmerksamkeit und Hilflosigkeit klassifiziert, so daß vier Blöcke entstanden. Innerhalb jedes Blocks wurden die Schüler nach Zufall einer positiven und einer negativen Leistungsrückmeldung zugeordnet. Dies geschah deswegen, damit unter jeder Bedingung wirklich merkmalsverschiedene Schüler enthalten waren. Das Experiment wurde in Einzelsitzungen während der Schulstunden durchgeführt. In der Schule stand ein Raum zur Verfügung, in dem die Schüler an neun Vormittagen von demselben Versuchsleiter untersucht wurden. Jede Einzelsitzung dauerte 15 bis 20 Minuten. Die Interviews wurden auf Tonband aufgezeichnet. Die Schüler hatten die Aufgabe, drei Tests zu bearbeiten, die als Intelligenztests ausgegeben wurden. Es handelte sich tatsächlich um Aufgaben aus handelsüblichen Intelligenzmeßverfahren. Nach Bearbeitung jedes Untertests tat der Versuchsleiter so, als ob er eine Auszählung der Werte vornahm. Die Versuchspersonen wurden unterdessen aufgefordert, den nächsten Test in Angriff zu nehmen. Nach Bearbeitung aller drei Tests erklärte der Versuchsleiter, die Versuchssituation sei nun zu Ende und es dürften Fragen gestellt oder Kommentare abgegeben werden. Die Informationswünsche der Schüler bezogen sich erwartungsgemäß auf die Punktzahl und die Vergleichsperspektive. Unter der Erfolgsbedingung wurden hohe, unter der Mißerfolgsbedingung niedrige Punktwerte für den dritten Test zurückgemeldet. Fragte der Schüler, um diesen Wert sinnvoll zu verankern, nach seiner eigenen Leistungsentwicklung, erhielt er unter der Erfolgsbedin-

---

[1] Die Durchführung und Auswertung lag in den Händen von Helmut Rüttgers.

gung eine aufsteigende und unter der Mißerfolgsbedingung eine absteigende Rangreihe von drei Punktwerten (temporaler Vergleich). Fragte der Schüler jedoch nach den Ergebnissen seiner Mitschüler, erhielt er unter der Erfolgsbedingung den Hinweis, er liege über dem Durchschnitt, und unter der Mißerfolgsbedingung, er liege unter dem Durchschnitt (sozialer Vergleich).

Die experimentelle Variable ist also die Leistungsrückmeldung, während die Bezugsnorm (sozialer oder temporaler Vergleich) eine der abhängigen Variablen darstellt. Skalen mit Attributionsangeboten auf Fähigkeit, Anstrengung, Aufgabenschwierigkeit und Zufall dienten als weitere abhängige Variablen.

Die Auswertung der Daten erfolgte mit Hilfe von Varianzanalysen, wo dies angesichts der statistisch geforderten Annahmen möglich war. Bei der ersten Durchsicht der Daten stellten wir fest, daß sich in der 5. und 8. Klasse sehr unterschiedliche Korrelationsmatrizen ergaben. Daher wurde die Analyse für beide Klassen getrennt vorgenommen. In der 8. Klasse gab es eine Reihe interessanter Zusammenhänge zwischen einigen Variablen, die die Validität der eingesetzten Verfahren unterstrichen, jedoch zeigte die experimentelle Variable keine signifikante Wirkung oder Wechselwirkung. Deswegen beruht die weitere Ergebnisdarstellung nur auf den Schülern der 5. Klasse.

Für die mehrdimensionale Auswertung haben wir die Leistungsrückmeldung und die Ängstlichkeit als Faktoren aufgenommen und zweifaktorielle Varianzanalysen auf alle abhängigen Variablen gerechnet. Bei dem Instrument zur Erfassung von Ängstlichkeit handelte es sich um die PA-Skala aus dem Angstfragebogen für Schüler (Wieczerkowski u. a., 1974).

Die Skalen wurden dichotomisiert, so daß jeweils 14 Schüler eine hohe oder niedrige Ausprägung übernehmen. Für die abhängigen Variablen Fähigkeitsattribution und Bezugsnorm gab es Wechselwirkungen, die im folgenden mitgeteilt werden.

In der Varianzanalyse zeigt die Prüfungsangst einen Haupteffekt auf Fähigkeitsattribution, entscheidend ist jedoch die Wechselwirkung zwischen Leistungsrückmeldung und Prüfungsängstlichkeit, die 18,3 % der Kriteriumsvarianz in dieser Stichprobe erklärt. Die Interpretation läßt sich anhand der Abbildung 7 vornehmen.

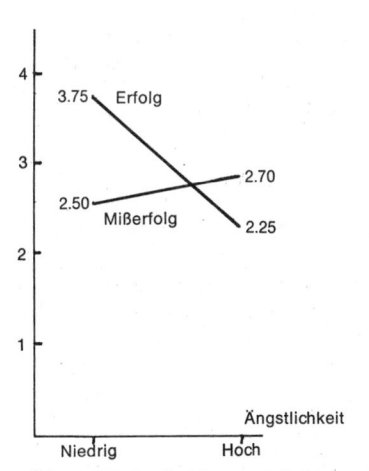

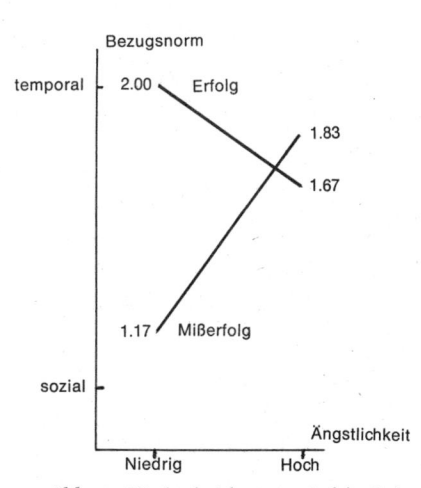

Abb. 7: Wechselwirkung zwischen Leistungsrückmeldung und Prüfungsängstlichkeit auf die Fähigkeitsattribution

Abb. 8: Wechselwirkung zwischen Leistungsrückmeldung und Prüfungsängstlichkeit auf die Bezugsnorm

Hochängstliche Schüler führen die Ursachen ihrer Ergebnisse nicht auf ihre Fähigkeit zurück, unabhängig davon, ob sie erfolgreich waren oder nicht. Die Mittelwertdifferenzen zwischen erfolglosen und erfolgreichen Schülern innerhalb der Gruppe der Nichtängstlichen ist signifikant. Bei niedrigängstlichen Schülern teilt sich also das Bild. Haben sie Mißerfolg, so führen sie ihn nicht auf mangelnde Fähigkeit zurück, haben sie aber Erfolg, so führen sie diesen auf ihre vorhandenen Fähigkeiten zurück. Angstfreie Schüler lassen sich demnach hier charakterisieren als Personen, die für positive Ergebnisse ihre eigene Kompetenz verantwortlich machen, nicht jedoch für negative Ergebnisse. Dies kann als eine selbstwerterhaltende Strategie angesehen werden.

Die Auswertung der Bevorzugung von sozialen oder temporalen Leistungsvergleichen (Bezugsnorm) stieß auf Schwierigkeiten. Bei 7 der 28 Schüler konnte aufgrund der Angaben im Interview keine Entscheidung für die eine oder andere Richtung getroffen werden, so daß sich die Berechnung auf 21 Personen reduzierte, von denen 12 zu den niedrigängstlichen und 9 zu den ängstlichen gehörten. Die Darstellung der Ergebnisse wird in Analogie zur Varianzanalyse vorgenommen, deren Anwendung hier aber nicht zulässig ist – vor allem wegen Nullvarianz in einer Zelle (Abbildung 8).

Bei der Betrachtung der Abbildung wird eine Wechselwirkung erkennbar. Während auch hier wieder bei den ängstlichen keine Differenzen auftreten, liegen die Unterschiede in der Bezugsnorm bei den nichtängstlichen Schülern. Haben sie Erfolg, so möchten sie etwas über ihre Leistungsentwicklung erfahren. Haben sie Mißerfolg, so stellen sie Vergleiche mit ihren Klassenkameraden an.

Wenn ein angstfreier Schüler Erfolg hat, so ist das für ihn wahrscheinlich ein erwartungsgemäßes Ergebnis, und er interessiert sich dafür, ob es zeitstabil ist. Hat ein angstfreier Schüler jedoch Mißerfolg, so ist dies eher erwartungswidrig und fordert den sozialen Vergleich heraus, mit dem geprüft werden kann, ob das Ergebnis nicht vielleicht doch positiv ist, nur unter einer anderen Urteilsperspektive.

Die idealtypischen Unterschiede zwischen Hoch- und Niedrigängstlichen lassen sich in folgender Weise gegenüberstellen (nach Wine 1980, 377):

Niedrigängstliche	Hochängstliche
Selbstwerterhaltende Attribution	Selbstzweifelverstärkende Attribution
Beschäftigung mit relevanten Reizen der Situation und mit adaptiven Handlungen	Beschäftigung mit negativen Handlungsergebnissen und Bewertung durch andere
Aufgabengerichtet	Selbstgerichtet
Handelnd	Beobachtend
Problemlösungskognition	Statische Kognitionen
Aktiv	Passiv
Überzeugung von Selbstwirksamkeit	Mangelnde Selbstwirksamkeitserwartung
Gegenwartsorientiert	Abschweifen von der Situation
Situationsspezifische Kognitionen	Globale und stereotype Kognitionen
Erregung interpretiert als produktive Energie	Erregung interpretiert als ängstliche Aufgeregtheit und körperliche Beeinträchtigung
Sachaufmerksamkeit	Öffentliche Selbstaufmerksamkeit

4.2.2 Ängstlichkeit und Leistung in der Schule

Schulangst ist die Besorgtheit und Aufgeregtheit angesichts schulischer Anforderungen, die als selbstwertbedrohlich eingeschätzt werden. Schulische Anforderungen sind Leistungen, die in einem bestimmten sozialen Kontext zu erbringen sind. Es gibt eine Fülle von empirischen Forschungsbefunden über den Zusammenhang von Ängstlichkeit und

Leistung in der Schule (Jacobs/Strittmatter 1979, Lißmann 1976, Schwarzer 1975). Das Material ist zuletzt von Krohne (1980 b) unter drei Aspekten gesichtet worden, nämlich der Korrelation von Angst mit a) Schulleistungstests, b) Prüfungsleistungen und c) Zeugniszensuren. In Schulleistungstests, die sich auf allgemeine und spezifische Kenntnisse aus den einzelnen Unterrichtsfächern beziehen, schneiden Hochängstliche schlechter ab als Niedrigängstliche. Die mittlere Korrelation liegt ungefähr bei $r = .30$. Etwa ebensohoch liegt der Zusammenhang zwischen Angst und Prüfungsleistungen. Für Zeugniszensuren werden ähnliche Koeffizienten angegeben, doch ist das Bild hier sehr uneinheitlich. Gelegentlich besteht überhaupt kein Zusammenhang, und ein anderes Mal ergeben sich krasse Angstunterschiede zwischen Schülern mit guten und solchen mit schlechten Zensuren. Das hängt offenbar auch davon ab, wie groß der Zeitabstand zwischen der Zensurenvergabe und der Angstdiagnose ist. Die vielen Befunde wären nur dann miteinander vergleichbar, wenn zum Beispiel alle Angstmessungen einen Tag vor der Zeugnisausgabe zum Schuljahresende stattgefunden hätten. Die Uneinheitlichkeit der Befunde darf aber nicht zu der Auffassung verleiten, Zeugnisnoten wären für die Erforschung des Zusammenhangs von Ängstlichkeit und Leistung ungeeignet. Im Gegenteil, sie eignen sich sogar sehr gut, weil sie öffentliche Dokumente der Leistungseinschätzung darstellen, die viele Schüler zu Besorgnis und Aufregung veranlassen. Die Subjektivität des Lehrerurteils (vgl. C. Schwarzer 1976) und die Unvergleichbarkeit von Noten aus verschiedenen Schulen und Klassen stellen typische Elemente dieser selbstwertrelevanten Situation dar. Für den Schüler kommt es darauf an, in seiner Klasse von seinem Lehrer gut beurteilt zu werden. Er fürchtet sich vor einer negativen Fremdbewertung vor allem dort, wo er alltäglich sozialen Umgang pflegt. Ein besserer Prozentrang auf Bundesebene wäre da kein Trost. Nicht der anonyme Vergleich mit Normtabellen sondern der soziale Vergleich mit Kameraden, deren Namen man kennt und die ebenfalls aktiv Bewertungsprozesse durchführen, ist selbstwertrelevant. Die Beurteilung der Schülerleistung impliziert eine Beurteilung des Jugendlichen in seiner Rolle als Schüler, das heißt, der Grad seiner spezifischen Umweltbewältigung wird aus der Perspektive derer erfaßt, die den Anforderungsgrad dieser Umwelt wesentlich mitbestimmen. Insofern stellen die erteilten und die erwarteten Zeugnisnoten Ankerreize für die Selbstbewertung dar und geben Anlaß für die Wahrnehmung von Bedrohungen, auf die ängstlich reagiert wird.

In einer neuen Untersuchung (Schwarzer 1981 c) haben wir einen Leistungsangstfragebogen mit Hilfe der konfirmatorischen Faktorenanalyse erfolgreich in eine Besorgtheits-Skala und eine Aufgeregtheits-Skala trennen können. Anschließend haben wir beide Skalen zu den Deutschnoten in Beziehung gesetzt. Dafür standen die Daten von 1671 Schülern aller Schularten zur Verfügung. Es handelt sich um eine Untersuchung, die 1980 in 6. und 9. Klassen durchgeführt wurde. Wir haben drei ungefähr gleich große Leistungsgruppen gebildet. Schüler mit den Noten 1 und 2 wurden als gut, diejenigen mit der Note 3 als mittelmäßig und diejenigen mit den Noten 4, 5 und 6 als schwach bezeichnet. Es stellte sich heraus, daß erwartungsgemäß die schwachen Schüler die höchsten Durchschnittswerte sowohl in der Besorgtheit als auch in der Aufgeregtheit erzielten, während die guten Schüler die geringsten Werte aufwiesen. Zusätzlich haben wir die Schüler nach ihrer Klassenstufe getrennt, um zu sehen, ob – wie üblich – ein abwärtsverlaufender Alterstrend erkennbar ist (vgl. Abb. 9 und 10).

Abb. 9 *Abb. 10*

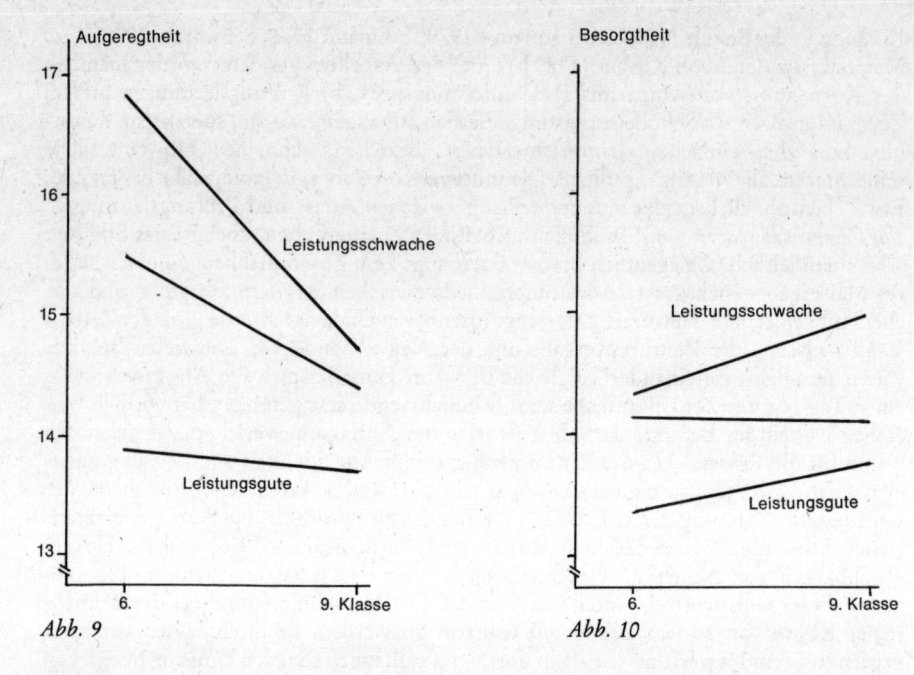

Wie man anhand der beiden Graphiken sieht, ist dies in der Tat bei der Aufgeregtheit der Fall. Schüler der 9. Klassen geben im Durchschnitt weniger Aufgeregtheit an als Schüler der 6. Klassen. Dies gilt jedoch nicht für die Besorgtheit. Hier gibt es keine Unterschiede zwischen den Altersstufen. Im Gegenteil, trennt man die Daten nach Geschlechtern, so zeigt sich für die Mädchen sogar ein Anstieg der Besorgtheit mit zunehmendem Alter. Daraus läßt sich eine weiterführende Hypothese ableiten. Das bisher häufig beobachtete Absinken der Ängstlichkeitsmittelwerte im Verlauf der Sekundarstufe I, also etwa im Alter von 11–16 Jahren, ist nicht gleichzusetzen mit einem tatsächlichen Absinken der Ängstlichkeit. Vielmehr geben die Schüler lediglich an, weniger oft ängstliche Erregung wahrzunehmen. Die Angst ändert sich strukturell, das heißt sie verschiebt sich von der emotionalen zur kognitiven Komponente mit zunehmendem Alter. Wenn sich diese Hypothese als zutreffend herausstellt, wäre zu fragen, woran das liegen könnte. Vermutlich spielt die wachsende kognitive Komplexität hier eine Rolle, die zur differenzierten Wahrnehmung einer Vielfalt von bedrohlichen Elementen führt.

Die Beziehung zwischen Ängstlichkeit und Leistung in der Schule läßt sich unter der Perspektive einer Wechselwirkung zwischen Situationsmerkmalen und Ängstlichkeit als Persönlichkeitsmerkmal diskutieren (Krohne 1980 b). Ängstlichkeit als Disposition und bestimmte Situationscharakteristika stellen Determinanten des Leistungsergebnisses dar, wobei das Interesse auf die Interaktion beider Aspekte gerichtet ist. Der *Streßcharakter* der Situation könnte zum Beispiel dafür sorgen, daß Besorgtheit und Aufgeregtheit bei den Hochängstlichen aktiviert werden, während dies bei den Niedrigängstlichen nicht der Fall sein muß. Der *Strukturiertheitsgrad* der Leistungssituation könnte in Wechselwirkung zur Ängstlichkeit treten, indem unstrukturierte Anforderungen von den Ängstlichen als besonders bedrohlich und ungewiß wahrgenommen werden beziehungsweise hochstrukturierte Anforderungen als durchschaubar und bewältigbar angesehen werden, was zur Angleichung der Leistungsergebnisse bei Hoch- und Niedrigängstlichen führen könnte. Bisher vorliegende Befunde sprechen dafür, die Anforderungen für die Hochängstlichen besonders klar zu strukturieren, womit eine Lernerleichterung geschaffen würde. Die *Vorbereitbarkeit* von Aufgaben ist damit im Zusammenhang zu sehen. Ist die Anforderung eindeutig strukturiert und liegt der Termin weit genug entfernt, so ist die Aufgabe vorbereitbar. Eine angstauslösende Situation läßt sich unterteilen in die eigentliche Konfrontationsphase und die Antizipationsphase. Oft haben Schüler Angst *vor* einer Klassenarbeit, nicht aber *während* der Klassenarbeit. Die Wahrnehmung von Bedrohung entspricht der Erwartung eines schädigenden Ereignisses. Angst ist daher auf Zukünftiges gerichtet. Die während einer Handlungsausführung bestehende Besorgnis und Aufregung ist normalerweise nicht auf den Vorgang selbst, sondern auf das erwartete Handlungsergebnis und die Handlungsbewertung bezogen, also auf Ereignisse gerichtet, die noch bevorstehen. Man kann definitionsgemäß nicht Angst vor einem Ereignis haben, das bereits eingetreten ist. Wird eine Schädigung oder ein Verlust erlebt, dann mag der Betroffene zum Beispiel mit Trauer reagieren, nicht aber mit Angst. Angesichts von Prüfungen stellt sich vielmehr die Frage, ob entweder die subjektive Wahrnehmung von Bedrohung oder die Wahrnehmung einer Herausforderung beim Individuum überwiegt, sofern das Ergebnis überhaupt als selbstwertrelevant eingeschätzt wird. Entsprechend fallen die emotionalen Konsequenzen aus. Autonome Erregung ist in jedem Fall vorhanden, nur wird sie entweder als beeinträchtigend oder als fördernd interpretiert. Nach Krohne (1980 b) nutzen die Hochängstlichen die zur Verfügung stehende Vorbereitungszeit besser aus. Erklärt wird dieser Sachverhalt durch Befürchtungen vor Mißerfolgen und vor Selbstwertverlust, denen kompensatorisch entgegengearbeitet wird. Ängstliche bereiten sich besser vor, wenn sie dazu Gelegenheit haben, und erzielen dann ähnliche Leistungen wie Nichtängstliche, die sich weniger vorbereiten. Werden dagegen Aufgaben gestellt oder angekündigt, die nicht vorbereitbar sind, dann führen die Ängstlichkeitsunterschiede zu Leistungsunterschieden. Sensitives Verhalten in der Vorbereitungsphase begünstigt die Bewältigung von Anforderungen. Nach Krohne (1980 b) ist die Disposition »Repression-Sensitization« eine wesentliche Determinante dieses Vorgangs. Aufgrund eigener Befunde kommt er zu der Schlußfolgerung, daß dieses Persönlichkeitsmerkmal, welches hoch mit Prüfungsangst korreliert ist, bei gut vorbereitbaren Englischarbeiten im Gymnasium zu einer Leistungsverbesserung der Sensitizer führte, während dies bei schlecht vorbereitbaren Arbeiten nicht der Fall war. Ergänzend dazu soll hier eine weitere Erklärung angeboten werden.

Schlecht vorbereitbare Arbeiten werden von Hochängstlichen als ungewiß und kaum bewältigbar angesehen. Situations-Handlungs-Erwartungen und Handlungs-Ergebnis-Erwartungen sind nicht ausgeprägt. Sie erleben Bedrohung angesichts eines Ereignisses, dem sie weitgehend hilflos gegenüberstehen. Gut vorbereitbare Arbeiten dagegen enthalten prinzipiell mehr Kontingenzen, das heißt der Schüler weiß, welche Handlungen zu positiven Ergebnissen führen, und er weiß, daß die Handlungen grundsätzlich auch von ihm ausführbar sein müßten. Der Begriff »Vorbereitbarkeit« impliziert das Vorhandensein von solchen Kontingenzen. Der Schüler wird also Anstrengungskalkulation betreiben und kann das Leistungsergebnis beeinflussen, indem er hinreichend viel Anstrengung investiert. Der ängstliche Schüler, der internal-variabel attribuiert (das heißt Leistungen auf Anstrengung zurückführt), nimmt eine Handlungsmöglichkeit wahr, die ihm die Bewältigung der Anforderungen in Aussicht stellt. Er kann die Bedrohung in eine Herausforderung uminterpretieren und seine Erregung produktiv nutzen. Tendiert er jedoch zu internal-stabilen Attributionen (das heißt, er führt Leistung auf Fähigkeit zurück), dann schreibt er den erwarteten Mißerfolg seiner überdauernden Handlungsunfähigkeit zu und erstarrt in Hilflosigkeit. Solche kognitiven Zwischenpro-

zesse dürften für die Leistungsstreuung bei gut vorbereitbaren Arbeiten mitverantwortlich sein. Nach Ankündigung einer Arbeit, die sich gut vorbereiten läßt, ergeben sich demnach idealtypisch vier Personengruppen:
1. Ängstliche Schüler, die sich bedroht fühlen, aufgrund mangelnder Selbstwirksamkeitserwartung keine eigenen Handlungsmöglichkeiten sehen und hilflos und passiv auf das Ereignis zutreiben.
2. Ängstliche Schüler, die ihre subjektive Bedrohung in eine Herausforderung umwandeln, weil sie über die Erwartung von Selbstwirksamkeit verfügen, daher Anstrengung investieren und die Anforderungen somit bewältigen können.
3. Angstfreie Schüler, die sich nicht bedroht fühlen, über keine hinreichende Selbstwirksamkeit verfügen und passiv und gleichgültig der Konfrontation entgegensehen, so daß nur geringe Leistungen erbracht werden.
4. Angstfreie Schüler, die sich nicht bedroht, sondern herausgefordert fühlen, weil sie um ihre persönliche Verantwortung für Leistungsergebnisse wissen und von deren Beeinflußbarkeit überzeugt sind, so daß sie erfolgszuversichtlich Anstrengung investieren, um auf diese Weise ihren Selbstwert zu erhalten oder zu erhöhen.

Arbeiten, die sich nicht gezielt vorbereiten lassen, haben eher den Charakter von »Schicksalsschlägen« und verhindern die Entstehung der hier beschriebenen kognitiven Zwischenprozesse. Aus diesen theoretischen Annahmen läßt sich die pädagogische Schlußfolgerung ableiten, daß a) Anforderungen vorbereitbar sein sollten und b) handlungsfördernde Kognitionen offeriert werden sollten, damit die Vorbereitungsphase im erwünschten Sinne genutzt wird.

Zwar ist allgemein bekannt, daß hochängstliche Schüler im Durchschnitt etwas weniger leisten als niedrigängstliche, doch gibt es auch theoretische Annahmen und empirische Befunde, die diesen Sachverhalt relativieren. Die in den fünfziger Jahren von Spence und Taylor postulierte Regel, daß Hochängstliche bei einfachen Routinearbeiten besser und bei komplexem Aufgabenmaterial schlechter abschneiden, ist weitgehend auf realitätsferne Laborexperimente beschränkt geblieben (Spence/Spence 1966). Nicht die Schwierigkeitsdimension (leicht vs. komplex) steht bei schulischen Leistungsanforderungen in Wechselwirkung mit der Ängstlichkeit, sondern andere Elemente des Unterrichtsgeschehens. Welche dies sind, ist noch nicht hinreichend klar, da die bisher vorliegenden Befunde widersprüchlich sind. Zugrunde liegt dabei die Überlegung, daß Leistungsängstlichkeit und Unterrichtsmethoden im Hinblick auf leistungsbezogene abhängige Merkmale in Wechselwirkung treten können. Dies ist ein Spezialfall der sogenannten »aptitude-treatment interactions« (ATI), zu denen inzwischen eine Fülle von Literatur vorliegt (Flammer 1975, Schwarzer/Steinhagen 1975, Cronbach/Snow 1977, Kleber u. a. 1977, Treiber 1981). Dabei geht es darum, den Unterricht an merkmalsverschiedene Schüler derart anzupassen, daß alle Lernenden davon optimal profitieren. Adaptiver Unterricht soll ängstlichen Schülern dieselben Lernerfolge ermöglichen wie den nichtängstlichen. Das Modell einer Wechselwirkung zwischen Unterrichtsmethoden und Schülermerkmalen läßt sich schematisch durch zwei sich kreuzende Geraden darstellen, die zwei alternative Lehrmethoden repräsentieren (Abb. 11). Beide Vorgehensweisen sind in diesem Schema im Durchschnitt gleichermaßen erfolgreich, doch profitieren von der Methode B vor allem die Ängstlichen und von der Methode A die Nichtängstlichen. Es gilt daher, Unterrichtsmethoden oder Curricula zu finden, die auf solche Weise mit der Leistungsängstlichkeit in Wechselwirkung treten. Gelingt dies, dann sind die hochängstlichen Schüler nicht länger in ihrem Lernprozeß benachteiligt. Tobias (1975, 1980) referiert eine Reihe von Studien zu diesem Thema und zeigt Befunde auf, die für bestimmte Unterrichtssituationen eine Wechselwirkung im erwünschten Sinne andeuten, muß jedoch eingestehen, daß bis heute keine wirklich durchschlagen-

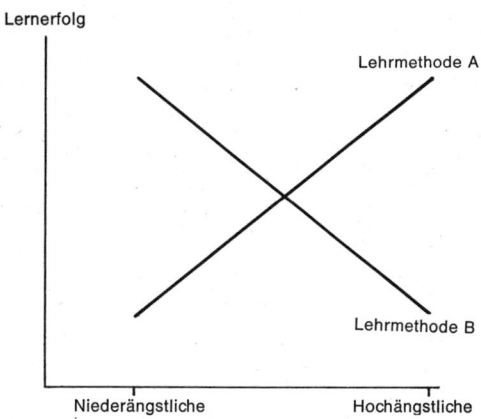

Abb. 11: Wechselwirkung zwischen Ängstlichkeit und Lehrmethode auf das abhängige Merkmal Lernerfolg

den Erfolge bei der Erforschung dauerhafter Person-Umwelt-Interaktionen erreicht worden sind. Die Ergebnisse sind widersprüchlich, hängen von der Stichprobe und den Curriculumalternativen ab und lassen sich selten replizieren. In einem eigenen Modell betont Tobias die Auffassung, man müsse in jedem Fall unterscheiden, ob die Leistungsbeeinträchtigung durch Angst zurückzuführen ist auf emotionale Wirkungen vor, während oder nach dem Unterricht. Erst wenn diese Frage theoretisch geklärt sei, lohne sich die empirische Erforschung von Wechselwirkungen zwischen Schülermerkmalen und Unterrichtsmethoden.

In einer vielzitierten Untersuchung haben Dowaliby und Schumer (1973, deutsch 1975) eine Wechselwirkung zwischen der Ängstlichkeit und der Lehrmethode gefunden. Zugrunde lagen die Daten der allgemeinen Ängstlichkeit von 69 Psychologiestudenten. Während eines Semesterkurses wurden die Studenten in zwei Gruppen inhaltsgleich unterrichtet. Die Kurse enthielten 36 bzw. 33 Studenten, die willkürlich unter Stundenplangesichtspunkten in diese beiden Gruppen eingeteilt worden waren. Die Studenten wußten gar nicht, daß sie an einem Experiment teilnahmen, und der Dozent wußte auch nicht, welche Studenten als hochängstlich und welche als niedrigängstlich einzustufen waren. In der einen Gruppe wurde eine *lehrer*bezogene Methode angewendet. Der Lehrinhalt wurde in Form einer Vorlesung dargeboten. Am Schluß jeder Sitzung hatten die Studenten 5 Minuten Gelegenheit, Fragen zu stellen, die dann kurz und jede weiterführende Diskussion vermeidend, beantwortet wurden. In der anderen Gruppe wurde eine *lerner*bezogene Methode angewandt. Die Veranstaltung verlief im Diskussionsstil, die Teilnehmer wurden zu Fragen ermuntert, zu Zusammenfassungen aufgefordert und für ihre Diskussionsbeiträge bekräftigt. Zum Ende des Semesters ließ der Dozent in jeder Gruppe zwei Klausuren schreiben, eine über Lerntheorie (Konditionierung) und eine über Psychodiagnostik. Für diese beiden abhängigen Variablen zeigte sich die erhoffte Wechselwirkung zwischen der Ängstlichkeit und der Lehrmethode. Die niedrigängstlichen Studenten zeigten die besten Leistungen, wenn sie der lernerbezogenen Gruppe zugeteilt gewesen waren, während die hochängstlichen Studenten eher dann profitierten, wenn sie zu der lehrerbezogenen Gruppe gehörten. Ergebnisse wie diese sind allerdings sehr spezifisch an die Situation gebunden und lassen sich nur schwer verallgemeinern. In der vorliegenden Untersuchung war es wohl so, daß sich die Ängstlichen in der Vorlesung nicht bedroht fühlten, weil sie nicht individuell gefordert wurden und sich – wenn sie wollten – auf das Zuhören beschränken konnten. In der

Diskussionsgruppe dagegen konnte man sich nicht »verstecken«. Hier mußte man mitmachen, sich unter Umständen bloßstellen und auch Mißerfolge riskieren. Für die Ängstlichen war also die Diskussionsgruppe bedrohlicher und daher leistungsmindernder. Für die Nichtängstlichen dagegen war diese Situation anregender, aktivierend und intellektuell stimulierend. Sie konnten hier mehr lernen als in der Vorlesung, wo ihnen offenbar die persönliche Ansprache und Herausforderung fehlte.

Die Erforschung derartiger Wechselwirkungen erweitert unser Wissen über kognitive und emotionale Prozesse in pädagogisch relevanten Lebenszusammenhängen. Allerdings erscheint es fragwürdig zu erwarten, daß sich daraus unmittelbare Handlungsanweisungen ergeben. Wir können z. B. nicht aus dem obigen Befund, sofern er anderswo erfolgreich wiederholt wäre, die Empfehlung ableiten, so und nicht anders zu gruppieren. Die Zusammenstellung von Lerngruppen nach dem Grad der Ängstlichkeit wäre vielleicht dann nützlich, wenn man bestimmte Lehrinhalte mit genau diesen beiden erprobten Methoden vermitteln möchte. Aber es gibt viele Inhalte und viele Methoden, und wir wissen nicht, welche anderen Persönlichkeitsmerkmale damit wiederum in Wechselwirkung stehen. Hinzu kommt, daß solche Interaktionen auch von der Zeitstabilität des zugrunde gelegten Persönlichkeitsmerkmals abhängen. Verringert sich z. B. die Ängstlichkeit eines Studenten, dann profitiert er nicht mehr erwartungsgemäß von der Lehrmethode, der er zugewiesen worden ist. Angstabbau ist aber gerade eine pädagogische Intention, so daß wir hier in einen Zielkonflikt geraten. Weiterhin muß man bedenken, daß die Wechselwirkung nur für Extremgruppen bedeutsam ist. Personen, deren Ängstlichkeitsausprägung in der Nähe des Schnittpunkts der beiden Geraden, die die Lehrmethoden repräsentieren, liegen, profitieren von beiden Methoden gleichermaßen. Signifikante Unterschiede gibt es nur an den Endpunkten der Meßwertverteilung. Aus diesem Grunde gibt es eine Reihe von Vorschlägen, wie man alternative pädagogische Strategien aufgrund von Wechselwirkungen zwischen Unterrichtsmethoden und Schülermerkmalen (ATI) entwerfen kann (Salomon 1975, Treiber/Petermann 1976). So wäre es z. B. denkbar, das Wissen um die Existenz einer ATI in die Gestaltung einer unterrichtlichen Vorbereitungsphase umzusetzen. Man könnte z. B. erst einmal allen Lernenden die Angst nehmen vor unterrichtsspezifischen Elementen, die sonst bedrohlich wirken, und anschließend erst mit dem eigentlichen Unterricht für alle gemeinsam nach derselben Lehrmethode beginnen. Man könnte auch für die Extremgruppe der Ängstlichen parallel zum Unterricht therapiewirksame Veranstaltungen durchführen. Es kommt darauf an, pädagogisch flexibel und adaptiv auf alle möglichen individuellen Unterschiede zu reagieren. Angstverminderung einerseits und Anpassung von Lehrmethoden an verschieden ängstliche Schüler andererseits sollten nicht als sich gegenseitig ausschließende Vorgehensweisen angesehen werden. Vielmehr sollte man in Abhängigkeit von dem situativen Kontext beide Vorgehensweisen auf ihre Angemessenheit und Realisierungschance überprüfen. Das Erforschen von Wechselwirkungen zwischen Ängstlichkeit und Lehrmethoden ist als ein dafür grundsätzlich bedeutsamer Beitrag anzusehen.

4.2.3 Mathematik-Angst

Schulische Leistungsangst läßt sich noch stärker situationsspezifisch definieren, indem sie auf die Besorgtheit und Aufgeregtheit gegenüber bestimmten Unterrichtsfächern eingegrenzt wird. Insbesondere die Mathematik-Angst ist während des letzten Jahrzehnts Gegenstand vieler Untersuchungen gewesen. Darunter versteht man die Angst vor solchen Anforderungen, die in diesem Fach typischerweise gestellt werden und die darüber hinaus in der alltäglichen Lebenswelt auftauchen. Der Umgang mit Zahlen und die Bewertung der dabei erbrachten Leistung können als bedrohlich eingeschätzt werden und Unbehagen hervorrufen. Mathematische Aktivitäten lassen sich leichter als viele andere intellektuelle Aktivitäten beurteilen. Sie führen zu Lösungen, die eindeutig als richtig oder falsch klassifiziert werden können. Es gibt hier keinen Spielraum, der durch persönliche Meinungen und durch defensives Argumentieren gefüllt werden kann. Mathematische Probleme sind abstrakter und »intelligenter« als Alltagsprobleme. Sie erfordern geistige Gewandtheit und schlußfolgerndes sowie räumliches Denken, während viele Alltagsprobleme durch Ausdauer, Durchsetzungsvermögen, Erfahrung, Anstrengung und »Schlitzohrigkeit« gelöst werden können. Die Vorstellungen von der Mathematik als einer Disziplin des »reinen Geistes« und als Mittel der »kalkülhaften Weltbeherrschung« begünstigen den evaluativen Charakter von individuellen Problemlösungsversuchen. Wer in Mathematik versagt, wird allzuleicht als intellektuell unfähig abgestempelt. Daher sind solche Anforderungssituationen besonders selbstwertrelevant, und es ist verständlich, warum die Selbstkonzeptforschung gerade an subjektiven Vorstellungen eigener mathematischer Begabung interessiert ist (Jopt 1978). In den letzten Jahren ist die Mathematik-Angst zu einem vieldiskutierten Thema in wissenschaftlichen und auch in populären Zeitschriften geworden (Richardson/Woolfolk 1980). Ein häufig zitiertes Gutachten von Fox, Fennema & Sherman (1977) hat weiterführende Forschungsaktivitäten in diesem Bereich angeregt.

Die *diagnostische Erfassung* von Mathematik-Angst erfolgt mit Hilfe von Fragebogenverfahren. Eine oft benutzte Skala ist die Mathematics Anxiety Rating Scale (MARS) von Richardson & Suinn (1972). Sie besteht aus 98 Items, die eine Kurzbeschreibung einer mathematischen Anforderungssituation enthalten, die der Schüler oder Student entsprechend seinem Angstgrad ankreuzt (fünfstufige Ausprägung). Beispiele:

Ein neues Kapitel im Mathebuch beginnen
An eine Mathematikarbeit denken
Eine Quadratwurzel ziehen
Nach dem Einkaufen den Kassenbon überprüfen
Jemandem zuhören, der ausrechnet, welchen Anteil man ihm noch schuldig ist für Essen, Reisekosten usw.

Für die MARS werden von den Autoren günstige Werte der Zuverlässigkeit und Gültigkeit gegeben. Sie referieren eine Arbeit, in der eine Korrelation von $r = .65$ mit der allgemeinen Leistungsängstlichkeit festgestellt wurde, und schließen daraus und aus weiteren Arbeiten, daß die Mathematik-Ängstlichkeit zwar eng mit der Leistungsängstlichkeit verwandt ist, aber trotzdem noch deutlich genug über eine eigene situationsspezifische Bedeutung verfügt.

Die MARS wurde von Rounds & Hendel (1979) kritisch untersucht und erheblich verändert. Im Gegensatz zu den Testautoren fanden sie bei der Dimensionalitätsprüfung des Instruments keine einfaktorielle, sondern eine zweifaktorielle Lösung, die sich inhaltlich gut interpretieren ließ. Demnach mißt das Instrument ein Konstrukt mit dem Namen »Mathematik-Leistungsängstlichkeit« und ein anderes mit dem Namen »Zahlenbezogene Ängstlichkeit«. Sie sind nur zu $r = .34$ miteinander korreliert. Anstelle der 98 Items verwenden die Autoren jetzt nur noch je 15 Items für die neuen Konstrukte. Mathematik-Leistungsängstlichkeit korreliert zu $r = .75$ mit der allgemeinen Leistungsängstlichkeit und wird daher als nur wenig spezifisch angesehen. In dieser Skala sind diejenigen Items enthalten, die sich auf schulische Anforderungs- und Bewertungssituationen beziehen. Dagegen enthält die andere Skala solche Items, die sich auf den Umgang mit Zahlen bei der alltäglichen Lebensbewältigung beziehen, etwa im Sinne der letzten beiden Beispielitems.

In Deutschland gibt es offenbar noch keine Untersuchungsverfahren zur Mathematik-

Angst. Daher wird an dieser Stelle der Entwurf eines Instruments eingefügt, das bei uns erprobt wird. Die Items sind in Anlehnung an die MARS entwickelt worden.

Das Verhältnis von *Frauen zur Mathematik* gewinnt vor dem Hintergrund dieser Forschungsrichtung an Bedeutung (Richardson/Woolfolk 1980). Gelegentlich wird behauptet, Frauen seien weniger fähig als Männer, mathematische Probleme zu lösen. Daher sei ihr Interesse an diesem Fach geringer und ihre Ängstlichkeit höher. Biolo-

Tab. 13: Erprobungsfassung einer Mathematikangst-Skala

Das macht mir Angst!

	überhaupt nicht	nur ein bißchen	ziemlich	sehr	ganz besonders
1. Wenn ich an die nächste Klassenarbeit in Mathe denke	1	2	3	4	5
2. Wenn ich das Mathebuch herauslege und mit den Hausaufgaben beginne	1	2	3	4	5
3. Wenn ich das Mathebuch aufschlage und eine Seite voller Aufgaben und Formeln vor mir sehe	1	2	3	4	5
4. Wenn ich für eine Klassenarbeit in Mathe übe	1	2	3	4	5
5. Wenn ich in Mathe aufgerufen werde	1	2	3	4	5
6. Wenn ich an der Tafel eine Aufgabe vorrechnen soll	1	2	3	4	5
7. Wenn wir ein neues Thema in Mathe anfangen	1	2	3	4	5
8. Wenn ich merke, daß ich die Aufgaben nicht kann	1	2	3	4	5
9. Wenn ich nicht verstehe, was der Mathelehrer erklärt	1	2	3	4	5
10. Wenn wir im Unterricht um die Wette rechnen	1	2	3	4	5
11. Wenn ich den Lösungsweg vergessen habe	1	2	3	4	5
12. Wenn ich sehe, daß ein Mitschüler besser rechnet als ich	1	2	3	4	5
13. Wenn ich über den Schulhof gehe und immer nur an Mathe denken muß	1	2	3	4	5
14. Wenn der Lehrer etwas an der Tafel vormacht	1	2	3	4	5
15. Wenn ich erklären soll, wie ich das Ergebnis ausgerechnet habe	1	2	3	4	5
16. Wenn der Mathelehrer die Zensuren mitteilt	1	2	3	4	5
17. Wenn ich eine Textaufgabe lösen soll	1	2	3	4	5
18. Wenn ich vor Stundenbeginn in der Klasse sitze und darauf warte, daß der Mathelehrer im nächsten Augenblick hereinkommt	1	2	3	4	5
19. Wenn ich jemanden bitten muß, mir bei den Aufgaben zu helfen	1	2	3	4	5
20. Wenn ich beim Austeilen der Klassenarbeitshefte warten muß, bis ich an der Reihe bin	1	2	3	4	5

gisch bedingte Ursachen lassen sich jedoch kaum anführen. Es ist angenommen worden, intellektuelle Prozesse bei Frauen beruhen mehr auf der linken Hirnhemisphäre, die stärker mit verbalen Denkvorgängen verknüpft sind, während die intellektuellen Prozesse der Männer mehr auf der rechten Hirnhemisphäre beruhen, die stärker mit räumlichen Denkvorgängen verknüpft ist. Die Auffassungen sind widersprüchlich. Dagegen gilt als sicher, daß im Laufe der schulischen Sozialisation eine Geschlechtsrollen-Stereotypisierung stattfindet, die das Männlichkeitsideal mit mathematischen, naturwissenschaftlichen und technischen Aktivitäten und das Weiblichkeitsideal mit sprachlichen, musischen und pflegerischen Aktivitäten verbindet. Daraus folgt wohl auch die unterschiedliche Bereitschaft von Mädchen und Jungen, sich mit der Lösung mathematischer Probleme zu befassen und sich auf das Studium dieses Faches in der gymnasialen Oberstufe oder in der Hochschule einzulassen. Dies ist in den USA noch gravierender, weil das dortige High-School-System stärker an Wahlpflichtkursen orientiert ist und den Schülern schon im frühen Jugendalter die Entscheidung über den Besuch von Mathematikkursen überläßt. Das führt dazu, daß nicht genügend Schüler die für den College-Besuch erforderlichen vier Jahre High School-Mathematik nachweisen können. Richardson & Woolfolk (1980, 278) referieren eine Arbeit von Lucy Sells, nach der beim Eintritt ins College nur 8% der jungen Frauen über diese fachlichen Voraussetzungen verfügten, während 57% der Männer die Kurse schon absolviert hatten. In einer solchen Situation müßten die Anforderungen von den Frauen als bedrohlicher wahrgenommen werden, was zur stärkeren Ausprägung von Mathematik-Angst führen müßte. Unterschiede in den vorausgesetzten Lernerfahrungen sind demnach verantwortlich für die subjektive Bedrohlichkeit des Umgangs mit Zahlen. Die Autoren referieren eine Untersuchung von John Ernest, der in der Grundschule bei Mädchen und Jungen keine Einstellungsunterschiede zur Mathematik gefunden hat. Mädchen und Jungen glaubten gleichermaßen, daß gerade ihr Geschlecht in allen Fächern dem anderen Geschlecht überlegen sei. In der High School jedoch waren sich beide darin einig, daß Mathematik die Domäne der Jungen darstellt. Auch die Lehrerinnen und Lehrer waren dieser Auffassung, was noch zur Verstärkung einer derartigen Einstellung führen dürfte. Auf die Frage, worin die Ursache für ihre mangelnde Leistung in Mathematik liegen könnte, machten die Mädchen überwiegend ihre mangelnde Fähigkeit verantwortlich, die Jungen dagegen ihre mangelnde Anstrengung.
Die schulische Sozialisation erfolgt offenbar geschlechtsspezifisch im Hinblick auf bestimmte Unterrichtsfächer. Mädchen werden bei mathematischen Aktivitäten weniger bekräftigt, und sie erfahren, daß man von ihnen weniger erwartet. Während der Pubertät beginnen die Schüler damit, öfter ihren Vater als ihre Mutter bei den Hausaufgaben um Rat zu fragen. Die Übernahme des Geschlechtsrollen-Stereotyps veranlaßt sie dazu, alternative Vorstellungen von ihrer Karriere zu entwickeln und andere Kurse zu wählen. So wird auch verständlich, warum Frauen oft damit kokettieren, von Mathematik, Technik und Naturwissenschaft nichts zu verstehen. Sie können sich dieses Verhalten leisten, indem sie auf ihre Geschlechtsrolle verweisen.
Wenn die Lösungen von mathematischen Problemen aufgrund gesellschaftlicher Stereotype überwiegend den Männern vorbehalten wäre, brauchten die Frauen keine Mathematik-Angst zu haben, denn niemand könnte von ihnen derartige Fähigkeiten erwarten. So extrem liegt der Sachverhalt natürlich nicht. In der Schule und Hochschule, aber auch in der alltäglichen Lebensbewältigung, spielt der Umgang mit Zahlen eine große Rolle. Die Anforderungen sind für beide Geschlechter gleichermaßen wichtig und inhaltlich begründet. Angesichts dieser objektiven Anforderungen und angesichts der Sozialisationsnachteile für Mädchen müßten diese in stärkerem Maße Bedrohung erleben und mit Angst reagieren. Die Stereotypisierung kann demnach zwei Wirkungen

haben. Sie mag die Mädchen dazu veranlassen, einerseits mathematischen Aktivitäten aus dem Wege zu gehen und andererseits die Bedeutung der Mathematik für die eigene Person abzuwerten. Das daraus resultierende kumulative Erfahrungsdefizit führt zu Minderleistungen, die unter Umständen gerade mit der Geschlechtsrolle entschuldigt werden können, die ursächlich mit dieser Entwicklung zusammenhängt. Wenn also keine Mathematik-Angstunterschiede zwischen Jungen und Mädchen gefunden werden, so mag das daran liegen, daß die Population der Mädchen heterogen ist: eine Untergruppe ist sehr ängstlich, weil sie sich von den zu hohen Anforderungen bedroht fühlt, und eine andere Untergruppe ist nicht ängstlich, weil ihr die Mathematik als Bestandteil der männlichen Welt gleichgültig ist. Die Kernfrage liegt darin, ob der Umgang mit Zahlen als eine selbstwertrelevante Situation eingeschätzt wird. Wenn ja, dann müßten die Mädchen besorgt und aufgeregt sein. Wenn nein, dann herrscht ein Mangel an Streß – also an subjektiver Herausforderung oder Bedrohung. Bezieht man soziale Vergleichsprozesse in diese Überlegungen mit ein, wird die Sache noch komplizierter. Wenn nämlich die Mädchen ihre Leistungen nur geschlechtsintern vergleichen – also eine eingeschränkte Bezugsgruppe bilden –, dann können sie den Grad an Bedrohung reduzieren. Es gibt hier eine Reihe von situativen und personalen Merkmalen, die noch nicht hinreichend erforscht sind. Tatsache ist, daß Mädchen und Jungen sich im Grad ihrer Mathematikangst nicht unterscheiden (Richardson/Woolfolk 1980, 280). Nicht die Geschlechtszugehörigkeit selbst, sondern das Ausmaß der Beschäftigung mit Mathematik scheint für die Ängstlichkeit unmittelbar verantwortlich zu sein.

Rounds & Hendel (1979) fassen ihre und andere Befunde wie folgt zusammen:
a) Mathematik-Angst ist nicht auf Frauen beschränkt, sondern stellt ein Phänomen dar, das bei solchen Schülern und Studenten verbreitet ist, die im Fach Mathematik ungenügend bewandert sind.
b) Die unterschiedliche Anzahl der Mädchen und Jungen, die Mathematik-Kurse besuchen, läßt sich nicht auf Unterschiede in der Mathematik-Angst zurückführen.
c) Diagnostische Verfahren zur Erfassung von Mathematikängstlichkeit haben hinsichtlich ihrer Beziehung zur mathematischen Fähigkeit und Leistung noch nicht den Grad an zusätzlicher Gültigkeit erlangt, den man ursprünglich erwartet hatte. Sie übertreffen nicht die Gültigkeit anderer Maße, wie zum Beispiel Fragebogen zur Angst, Einstellung und Selbsteinschätzung.
d) Mathematik-Angst trägt kaum zur Vorhersage von Mathematiknoten bei. Die Verringerung von Mathematik-Angst führt nicht zur Verbesserung der Zensuren.
e) Maße zur Erfassung der Mathematik-Ängstlichkeit korrelieren untereinander nicht viel höher als mit anderen Maßen der Leistungsängstlichkeit.

In einer eigenen Untersuchung sind wir dem Zusammenhang von Mathematikleistung, Geschlechtszugehörigkeit und Angst nachgegangen. Jedoch stand kein Fragebogen zur Mathematik-Angst zur Verfügung. Die Leistungsängstlichkeit wurde mit dem TAI von Spielberger (1980) erfaßt, der in seiner deutschen 30-Item-Version Aspekte der Besorgtheit, der Aufgeregtheit und des mangelnden Selbstvertrauens enthält (Hodapp, Schaffner & Laux 1980). Wir haben die Mathematikleistung dreistufig definiert: Schüler mit den Noten 1 und 2 waren die leistungsguten, diejenigen mit der Note 3 die mittleren und diejenigen mit den Noten 4, 5 und 6 die leistungsschwachen Schüler. Abbildung 12 zeigt die durchschnittlichen Ängstlichkeitswerte für 383 Hauptschüler.

Statistisch liegen hier zwei Hauptwirkungen und eine Wechselwirkung vor. Die Geschlechtszugehörigkeit wirkt sich aus: Mädchen sind im Durchschnitt etwas ängstlicher. Die Leistung wirkt sich auch aus: Die Leistungsschwachen sind im Durchschnitt etwas ängstlicher. Interessant ist aber die Wechselwirkung: vor allem bei den Mädchen gibt es Angstunterschiede in Abhängigkeit von der Mathematikleistung, weniger bei

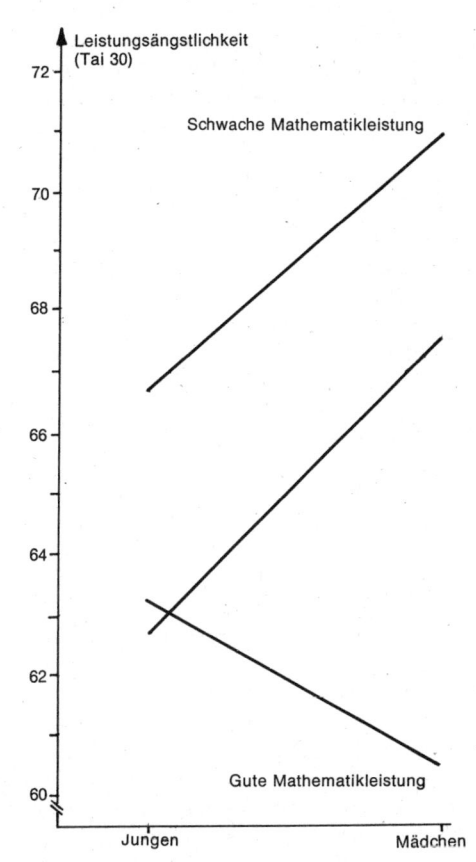

Abb. 12: Durchschnittliche Ängstlichkeitswerte für 383 Hauptschüler

den Jungen. Die Unterschiedlichkeit in der Leistungsängstlichkeit ist also bei Mädchen zu einem großen Teil auf Leistungsunterschiede im Fach Mathematik zurückzuführen. Trennt man die Skalen nach Besorgtheit und Aufgeregtheit, so zeigen sich für beide abhängige Variablen in der Tendenz dieselben Ergebnisse. In den anderen Schularten ist diese Wechselwirkung allerdings nicht aufgetreten. Der Sachverhalt bedarf daher weiterer Erforschung.

4.2.4 Ängstlichkeit und Lernumwelt

Leistungsangst ist eine der möglichen Reaktionen auf selbstwertrelevante Situationen. Die Schule ist aufgrund einer Vielzahl von Merkmalen in globaler Hinsicht eine solche selbstwertrelevante Situation. Das Kind wird dort Leistungsansprüchen gegenübergestellt, vom Lehrer und den Mitschülern bewertet und dadurch in eine bestimmte soziale Position gerückt. Das Rollenhandeln ist in einer Lernumwelt auf die Rolle des Schülers bezogen, von dem erwartet wird, daß er Lernergebnisse hervorbringt. Die Beurteilung, ob und wie dies geschieht, ist ihrerseits von der sozialen Zusammensetzung der Lernumwelt abhängig.

»Unter Blinden ist der Einäugige König«: Wer überdurchschnittliche Lernergebnisse hervorbringt, wird günstig bewertet, auch wenn er in einer anderen Lernumwelt unterdurchschnittlich abschneiden würde. Soziale Vergleiche zwischen den Lernenden liefern eine wichtige Informationsgrundlage für Bewertungsprozesse. Dies geschieht in der Vorstellung des Lehrers ebenso wie in der Vorstellung der Schüler und ihrer Eltern. Die Art und Weise der Ergebnisrückmeldung kann Einfluß auf die Bedeutung der Leistungseinschätzung für das Selbstkonzept haben. Leistungsergebnisse lassen sich mehr oder weniger öffentlich kommunizieren. Oft nehmen mehrere Personen an der expliziten Bewertung als Zuhörer und Zuschauer teil und versetzen dadurch den Beurteilten in den Zustand öffentlicher Selbstaufmerksamkeit. Unterschiedliche Grade von Privatheit werden realisiert, wenn in der Schule Leistungen festgestellt und bewertet werden. Ein Schüler, der beim Durcharbeiten eines Lehrprogramms Fehler macht, erlebt diese Mißerfolge privat, ohne daß Lehrer und Mitschüler daran teilhaben. Läßt er sich von einem Mitschüler bei den Hausaufgaben helfen, so entsteht eine geringfügig öffentliche Kommunikation von Erfolg und Versagen. Löst er eine Aufgabe vor der Klasse an der Wandtafel, so erbringt er eine öffentliche Leistung, die zumindest für alle Anwesenden transparent wird. Eine Vergrößerung des Publikums reduziert den Grad an Privatheit. Ob die Lernumwelt nur aus dem häuslichen Schreibtisch oder aus einer großen Zuhörerschaft besteht, macht einen erheblichen Unterschied für die subjektive Verarbeitung der Leistungsrückmeldung. Furcht vor Mißerfolg kann in allen Fällen auftreten, jedoch variiert der Inhalt der Besorgnis von mehr privater Zielverfehlung zu mehr öffentlicher Selbstabwertung. Die soziale Zusammensetzung der Lernumwelt und die darin subjektiv wahrgenommene eigene Position bilden den Hintergrund, vor dem sich Selbstzweifel und Selbstbewertungen abspielen, welche einen Teil der Angst ausmachen.

Philipps u. a. (1980) referieren eine Reihe von Studien über die Bedeutung der Lehrerpersönlichkeit und des Lehrerverhaltens für die Leistungsangst ihrer Schüler. Dabei wird angenommen, daß der Lehrer als Sozialisationsinstanz den Grad der schulbezogenen Leistungsängstlichkeit mitbeeinflußt, auch wenn ein Teil der Ängstlichkeit als frühkindlich bedingt angesehen wird. Das vom Lehrer ausgehende psychosoziale Klima wurde mehrfach als mögliche Determinante des Wohlbefindens der Schüler untersucht. Die Atmosphäre im Klassenzimmer wird danach weitgehend vom Leistungsrückmeldeverhalten des Lehrers bestimmt und wirkt sich auf das Leistungsangstniveau der Lernenden aus. In relativ angstfreien Klassen fand man Lehrer, die die Gefühle der Schüler akzeptieren, sie loben und ermutigen und die Ideen der Schüler gerne aufgreifen. Die Frage, ob zwischen dem Angstniveau der Schüler und dem des Lehrers selbst ein Zusammenhang besteht, erhielt widersprüchliche Antworten. Einerseits wurde genau dieser Zusammenhang gefunden, das heißt bei hochängstlichen Lehrern waren die Schüler im Durchschnitt ängstlicher als bei niedrigängstlichen Lehrern. In einer anderen Studie wurde genau das Gegenteil gefunden: je ängstlicher die Lehrerin war, desto weniger ängstlich waren ihre Schülerinnen. Auch bei männlichen Lehrern und ihren Schülern ließ sich diese Beziehung nachweisen. Offenbar sind die Lehrer aus der Perspektive ihrer Schüler Gegenstände für soziale Vergleiche. Sie können als Verhaltensmodell dienen und unter einer solchen Bedingung ihre eigene Angst an die Schüler übertragen. Es sind aber auch andere Vergleichsprozesse denkbar. Sind die Lehrer selbst ängstlich, dann sind sie weniger dominant und stellen kaum eine Bedrohung dar. Gegenüber einem unsicheren und an sich selbst zweifelnden Lehrer können sich seine Schüler besser behaupten, ihre persönlichen Interessen durchsetzen und bestimmte Bedingungen in der sozialen Interaktion aushandeln. Dies gilt insbesondere in einer »geschlossenen Lernumwelt«, das heißt dort, wo ziemlich strukturiert vorgegangen wird. In »offenen« Umwelten dagegen waren die Schüler am wenigsten ängstlich, wenn auch ihre Lehrer wenig ängstlich waren. Ob also die Lehrer überwiegend als Modell auch in emotionaler Hinsicht angesehen werden oder ob sie als Vergleichsperson auf der Dimension Dominanz-Submission angesehen werden, kann von anderen Situationsaspekten abhängen.

Der Lehrer ist nur ein Element der Lernumwelt. Normalerweise haben Schüler mehrere Fachlehrer, und sie haben in den vergangenen Jahren Erfahrungen mit einer Reihe von Lehrern und Klassen gemacht, so daß die Wirkungen sich aufaddieren und verallgemeinern können. Das »Schulklima« stellt die emotional getönte Wahrnehmung der globalen und komplexen schulischen Umwelt dar. Die Lernenden können sich mehr oder weniger belastet fühlen durch die Art und Weise, wie sie die Lernumwelt erleben. Das Schulklima kann für sie eine ständige Quelle von Bedrohungen sein, auf die sie schulängstlich reagieren. Wir haben diese Frage untersucht, indem wir vier Aspekte der Lernumwelt ausgewählt haben: Leistungsdruck, Konkurrenzdruck, Anonymität und Unterrichtsverlauf (Schwarzer/Lange 1980). Es sollte ermittelt werden, wie die Schüler diese Umweltaspekte subjektiv wahrnehmen. Zur Erfassung dieser Variablen dienten folgende vier Skalen, die von Fend (1977) übernommen und leicht verändert worden sind.

a) *Perzipierter Leistungsdruck*
   Diese Skala besteht aus 11 Items. Beispiel:
   »Wir schaffen es kaum noch, die Hausaufgaben zu machen.«
b) *Perzipierte Konkurrenz*
   Diese Skala besteht aus 5 Items. Beispiel:
   »Bei uns hat man manchmal das Gefühl, daß sich Schüler untereinander keine guten Noten gönnen.«
c) *Perzipierte Anonymität*
   Diese Skala umfaßt 10 Items. Beispiel:
   »Wenn man hier Probleme hat, findet man niemanden, der sich um einen kümmert.«
d) *Perzipierter Unterrichtsverlauf*
   Diese Skala umfaßt 11 Items. Beispiel:
   »In den meisten Schulstunden schleppt sich der Unterricht langsam und mühsam dahin.«

Die Fragebogenbatterie, zu der diese Skalen gehören, wurde im November 1977 in 35 Klassen der Stufen 5 – 9 der drei Schularten Hauptschule, Realschule und Gymnasium im Raum Köln und Aachen durchgeführt. Die Datenanalyse stützt sich auf 1040 Schüler. Die Verteilungen der Variablen wurden halbiert, so daß jeder Schüler eine Positiv- oder Negativausprägung für jedes Merkmal erhielt. Auf dieser Grundlage wurden »Umwelttypen« gebildet: das Vorhandensein eines Typs des »lernumweltbelasteten Schülers« und eines Typs des »lernumweltunbelasteten Schülers« ließ sich statistisch nachweisen. Die Extremgruppen der 159 belasteten und 152 unbelasteten wurden anschließend bezüglich anderer Merkmale miteinander verglichen: Leistungsängstlichkeit, Selbstwertgefühl, Hoffnungslosigkeit, Erfolgszuversicht und Einstellung zu Schule und Lernen. Die Leistungsängstlichkeit wurde mit Hilfe der PA-Skala aus dem AFS (Wieczerkowski u. a., 1974) erfaßt. Darin sind Items enthalten wie: »Wenn eine Klassenarbeit geschrieben wird, mache ich oft Fehler, weil ich zuviel Angst habe.« Die belasteten Schüler erreichen im Durchschnitt 10.83 Punkte, die unbelasteten 5.76 Punkte. Der Typ des lernumweltbelasteten Schülers war nicht nur ängstlicher, sondern auch hoffnungsloser, unzufriedener mit der Schule, weniger erfolgszuversichtlich und weniger selbstbewußt.

Die Annahme, daß Schüler mit Umweltbelastung schlechtere Zensuren erhalten haben, konnte nicht bestätigt werden. Die Analyse der Zensuren in Deutsch, Mathematik und

Englisch nach Schularten getrennt ergab keine signifikanten Zusammenhänge zwischen den Lernumwelttypen und dem Leistungsniveau. Man kann das damit erklären, daß vielleicht gerade manche gute Schüler Leistungs- und Konkurrenzdruck empfinden oder daß auf allen Ebenen der Schulleistung gleichermaßen eine Umweltwahrnehmung erfolgt, die von anderen Faktoren abhängig ist.

In einer weiteren Untersuchung haben wir getrennte Berechnungen für Schularten und Klassenstufen durchgeführt (Schwarzer 1981 a, Schwarzer/Lange 1980).

Der Übergang von der Grundschule auf eine der weiterführenden Schulen bedeutet einen Wechsel der objektiven Lernumwelt, mit der die subjektiv erlebte Lernumwelt korrespondieren müßte. Daher ist es grundsätzlich erforderlich, Schulartunterschiede klassenstufenspezifisch zu untersuchen. Der schulische Sozialisationsprozeß während der Sekundarstufe I kann erst nach einer gewissen Zeit Wirkungen zeigen, nachdem hinreichende Umwelterfahrungen gesammelt und kognitiv verarbeitet worden sind. Wir haben daher die Klassenstufen 5 und 8 überprüft und eine Wechselwirkung zwischen der Schulartzugehörigkeit und der Klassenstufe erwartet.

Wir haben die Untersuchung im September 1979 in 5. und 8. Klassen der drei Schularten Hauptschule, Realschule und Gymnasium durchgeführt. Die vier Umweltskalen sind von 1359 Schülern bearbeitet worden.

In drei von vier Fällen ist unsere Erwartung eingetroffen. Bezüglich Leistungsdruck, Anonymität und Unterrichtsverlauf liegen Wechselwirkungen vor, während für Konkurrenzorientierung gleichsinnige Schulartunterschiede auf beiden Klassenstufen gefunden wurden. Die Lernumweltwahrnehmungen, die in den drei Schularten zunächst

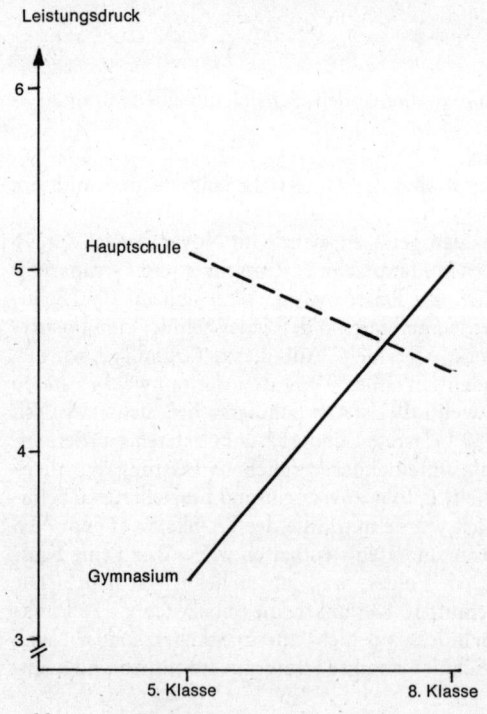

Abb. 13: Wechselwirkung zwischen Schulart und Klassenstufe auf das abhängige Merkmal Leistungsdruck

sehr verschieden ausfallen, haben sich auf einer höheren Klassenstufe zumindest aneinander angeglichen oder sogar ins Gegenteil verkehrt. Alle vier Variablen liegen beim Schulübertritt zuungunsten der Hauptschüler und zugunsten der Gymnasiasten. Bei den drei genannten Variablen ist dies in der 8. Klasse nicht mehr der Fall. Vielmehr besteht bei Hauptschülern die Tendenz, ihre Umwelt positiver wahrzunehmen als es die Gymnasiasten tun.

Die Abbildung 13 zeigt die Ergebnisse im Merkmal Leistungsdruck für die Hauptschüler und Gymnasiasten. Beim Übergang in die 5. Klasse gibt es einen signifikanten Unterschied zwischen beiden Schülergruppen. Diejenigen, die gerade in die Hauptschule übergewechselt sind – also die leistungsschwachen Grundschüler –, sind durch einen hohen Grad an erlebtem Leistungsdruck belastet. Diejenigen, die gerade in das Gymnasium übergewechselt sind – also die leistungsstarken Grundschüler –, fühlen sich in dieser Hinsicht unbelastet. Auf der 8. Klassenstufe gibt es ebenfalls einen signifikanten Unterschied, aber dieses Mal in umgekehrter Richtung. Schüler, die seit drei Jahren die Hauptschule besuchen, empfinden weniger Leistungsdruck als Schüler, die seit drei Jahren das Gymnasium besuchen. Die Realschüler, die aus Gründen der Übersichtlichkeit in der Abbildung nicht vorkommen, liegen übrigens dazwischen. Offenbar hat die Sozialisation innerhalb bestimmter Schularten eine Wirkung auf das subjektive Erleben von Leistungsdruck.

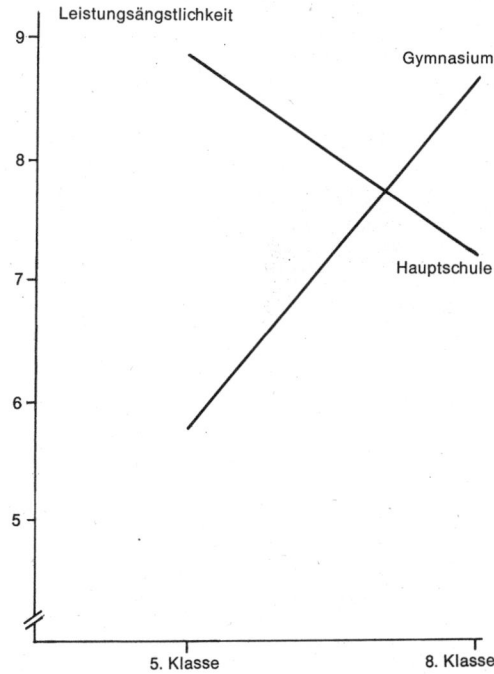

Abb. 14: Wechselwirkung zwischen Schulart und Klassenstufe auf das abhängige Merkmal Leistungsängstlichkeit

Betrachten wir nun die Abbildung 14, so fällt auf, daß für das Merkmal Leistungsängstlichkeit eine sehr ähnliche Mittelwertverteilung vorliegt. In der 8. Klasse finden wir ebenfalls einen bedeutsamen Unterschied zwischen Hauptschülern und Gymnasiasten, der eine Umkehrung des Verhältnisses in der 5. Klasse darstellt. Offenbar unterliegt die

Ängstlichkeit derselben schulischen Sozialisationswirkung, von der auch das Erleben von Leistungsdruck betroffen ist. Leistungsängstlichkeit und Leistungsdruck korrelieren zu r = .37, messen also nicht dasselbe Konstrukt. Da auch für das Merkmal Hoffnungslosigkeit und in der Tendenz auch für die Merkmale Anonymität und Konkurrenzdruck ähnliche Befunde vorliegen, können wir schließen, daß es einen differentiellen Entwicklungsverlauf von Umweltwahrnehmungen und emotionaler Befindlichkeit innerhalb schulischer Sozialisationskontexte gibt.

Diese Annahme wird unterstützt durch Längsschnittdaten, die wir in Schleswig-Holstein erhoben haben (Schwarzer/Royl 1979, Schwarzer, Royl & Lange 1981). Hier standen uns Meßwerte für Leistungsängstlichkeit (PA-Skala) aus den drei Regelschulen und aus Gesamtschulen zur Verfügung. 1974, als die Schüler in die Sekundarstufe I überwechselten, wurde die erste Messung vorgenommen. 1977, als sie die 8. Klasse besuchten, wurde der Vorgang wiederholt. Von 1666 Schülern lagen beide Werte vor. Abbildung 15 zeigt die Mittelwertveränderung vom 1. zum 2. Meßzeitpunkt. Bei Hauptschulen und Gesamtschulen gab es signifikante Angstverringerungen, während

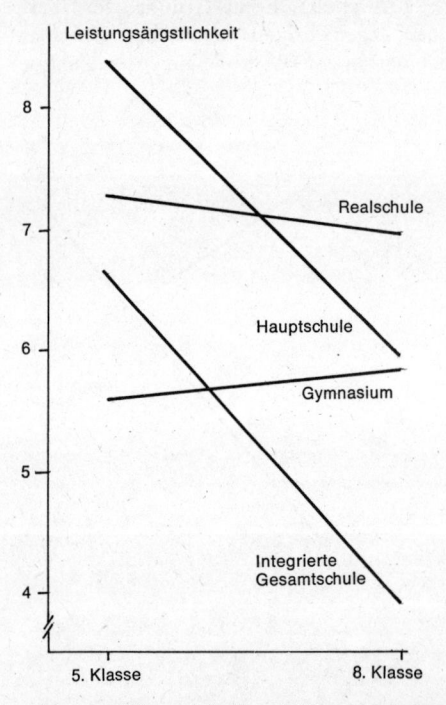

Abb. 15: Differentielle Entwicklung der Leistungsängstlichkeit in verschiedenen Lernumwelten

bei Gymnasien und Realschulen sich die Durchschnittswerte nicht bedeutsam veränderten. Die Wechselwirkung zwischen Schulart und Klassenstufe läßt sich so interpretieren wie bei unseren Querschnittbefunden. Das Sozialisationsgeschehen der Schulen ist mitverantwortlich für die subjektive Befindlichkeit.

Lernumweltveränderungen sind hier aufgrund der Struktur unseres Schulwesens als Veränderung der Bezugsgruppen zu interpretieren (Schwarzer 1979 a). Die Wahrnehmung der gegenständlichen und sozialen Umwelt ist ein kognitiver Vorgang, der in Abhängigkeit von situativen und personalen Merkmalen steht und emotionale Konsequenzen haben kann (Moos 1979). In der Grundschule ist der soziale Kontext weit gespannt. Die Einschätzung der eigenen Rangposition erfolgt anhand einer breiten Leistungsverteilung. Wie positiv oder negativ die Umwelt erlebt wird, dürfte von dieser Rangposition abhängen. Dies ist eine grundlegende Annahme der Bezugsgruppentheorie (Pettigrew 1967, Hyman/Singer 1968). Bei Schülern, die gerade auf die Hauptschule übergewechselt sind, dominiert noch die bisher negative Lernumweltwahrnehmung, während bei Schülern, die gerade auf das Gymnasium übergegangen sind, die bisher positive Umweltwahrnehmung im Vordergrund steht. Daher finden wir in der 5. Klasse fast immer entsprechende Schulartunterschiede. Im Laufe der nachfolgenden schulartspezifischen Sozialisationsphase mag es eine Reihe von tatsächlichen Umweltveränderungen geben, die mit der Schulgröße, dem Fachlehrersystem, den stofflichen Anforderungen usw. zusammenhängen. Entscheidend jedoch dürfte die durch Auslese bedingte Leistungshomogenität sein. Die Schüler reduzieren in leistungsthematischen Situationen ihre soziale Vergleichsprozesse auf den unmittelbaren sozialen Kontext und verzichten auf schulartübergreifende Leistungsinformation zur Bestimmung ihres eigenen Rangplatzes. Dabei entstehen Widersprüche zwischen der objektiven Vorteilhaftigkeit einer Situation und dem Grad der Umweltbelastung. In der 8. Klasse schätzen Hauptschüler relativ zu Gymnasiasten ihre Situation zu positiv ein. Das Wohlbefinden der Gymnasiasten wird von ihnen selbst in unrealistischer Weise zu niedrig eingeschätzt. Auf diesen etwas komplizierten Sachverhalt wollen wir in einem weiteren Kapitel noch einmal genauer eingehen.

4.2.5 Entwicklung der Leistungsängstlichkeit

Gelegentlich taucht in der öffentlichen Auseinandersetzung die Frage auf, ob die Lehrer oder ob die Eltern schuld sind am Ausmaß von Angst und Streß in der Schule. Diese Frage ist nicht beantwortbar, weil sie verkürzt und ohne empirischen Gehalt ist. Sie läßt sich nicht direkt untersuchen. Wir wollen vielmehr einen Teilaspekt davon näher betrachten, und zwar die Entwicklung der kindlichen Leistungsängstlichkeit (nicht der akuten Angst). Es geht also darum, die bei Schülern als Persönlichkeitsmerkmal diagnostizierbare Leistungsängstlichkeit als Produkt von früheren Erfahrungen darzustellen. Diese Erfahrungen können in der häuslichen Umwelt vor und während der Schulzeit und/oder in der schulischen Umwelt gemacht worden sein.
Nach der ursprünglich 1960 vorgelegten Studie von S. B. Sarason u. a. (1971) sind Erfahrungen des Kindes im Elternhaus von entscheidender Bedeutung. Ängstlichkeit entwickelt sich demnach aufgrund der Interaktion des Kindes mit den Eltern in der Vorschulzeit und stabilisiert sich während der Grundschulzeit. Wenn die Erwartungen der Eltern an die Leistungen des Kindes (zum Beispiel bei der alltäglichen Lebensbewältigung) unrealistisch hoch sind, kann dies den Auslöser für eine Belastung der Eltern-Kind-Beziehung darstellen. Die Eltern beurteilen die unter der erwarteten Norm liegenden Leistungen – oder allgemeiner: Handlungsergebnisse – des Kindes als minderwertig und kommunizieren diese Einschätzung direkt oder indirekt. Das Kind empfindet solche Einschätzung als soziale Zurückweisung und entwickelt im Gegenzug Feindseligkeit gegenüber den Eltern. Die Wahrnehmung eigener Feindseligkeit läßt jedoch Schuldgefühle aufkommen, die zu einer Verdrängung der feindseligen Tendenzen und zu einer Selbstabwertung führen. Gleichzeitig antizipiert das Kind Vergeltungshandlungen der Eltern, empfindet das als bedrohlich und bemüht sich in submissiver Weise, dieser Bedrohung durch Wohlverhalten aus dem Wege zu gehen. Das ängstlich gewordene Kind ist auf besondere Untertützung in allen Bewertungssituationen angewiesen und tendiert dazu, solche Situationen lieber von vornherein zu meiden.

Diese »Theorie« der Ängstlichkeitsentstehung ist spekulativ, denn sie läßt sich durch die eigenen Untersuchungen der Autoren nicht hinreichend stützen. Sie haben die Eltern von 32 hochängstlichen und 32 niedrigängstlichen Grundschulkindern untersucht und dabei unter anderem herausgefunden, daß die Mütter selbst nicht beurteilen konnten, ob ihr Kind zur Gruppe der Ängstlichen oder zur Gruppe der Niedrigängstlichen gehört. Die Väter – von denen jedoch nur 21 statt 64 zur Verfügung standen –, konnten diese Unterscheidung aber durchaus treffen. Die ansonsten umfangreichen und wissenschaftshistorisch bedeutsamen Arbeiten der Autoren liefern eine Fülle interessanter Daten zum Beispiel zur Veränderung der Ängstlichkeitsmittelwerte im Verlaufe der Schulzeit, nicht aber einen empirischen Nachweis für die behauptete frühkindlich und elterlich bedingte Entstehung von schulbezogener Leistungsängstlichkeit. Nach Dusek (1980) sind bis heute offenbar keine alternativen Theorien dazu ausführlich formuliert und empirisch untersucht worden.
Weiterführende Ansätze zu dieser Thematik finden wir in der Motivations-, Erziehungsstil- und Bezugsgruppenforschung. Meyer (1973, 181) referiert Untersuchungen, nach denen der Zeitpunkt der Selbständigkeitserziehung in der frühen Kindheit eine Auswirkung unter anderem auf die Furcht vor Mißerfolg haben soll. Schüler der 4. Klasse, deren Mütter etwas zu früh oder etwas zu spät mit der Selbständigkeitserziehung begonnen haben, verfügten über ungünstigere Meßwerte in einer Reihe von motivationalen Merkmalen. Trudewind (1975, 122) berichtet über entsprechende Befunde. Schmalt (1975, 31) hat diesen Ansatz weiter differenziert und zwei Arten des Mißerfolgsmotivs untersucht, einen Aspekt, der das Konzept eigener Fähigkeit (FM 1), und einen, der die Furcht vor den sozialen Konsequenzen von Mißerfolg (FM 2) in den Mittelpunkt stellt. Dabei ergab sich, daß die Frühzeitigkeit der Selbständigkeitserziehung vor allem mit hohen FM-2-Werten in Verbindung stand, die später (in der 3. Klasse) bei den Schülern gemessen worden sind. Demnach wäre die zu frühe – nicht aber die zu späte – Selbständigkeitserziehung eine Entwicklungsdeterminante für Leistungsängstlichkeit, wobei diese als »Furcht vor den sozialen Konsequenzen von Mißerfolg« einzugrenzen wäre. Für FM 1 ergab sich nämlich nicht eine derartige Beziehung. In Übereinstimmung mit der »Theorie« von S. B. Sarason u. a. (1971) haben wir es hier mit einer Überforderung des Kindes durch die Eltern zu tun, also mit entwicklungsunangemessenen Leistungsansprüchen in der häuslichen Umgebung vor Beginn der Schulzeit. Weitergehend hat Trudewind (1975, 146) eine ökologische Perspektive eingebracht, indem er neben dem elterlichen Leistungsdruck noch den Anregungsgehalt der häuslichen Umwelt erfaßte und damit in Beziehung setzte. Es ergab sich eine Wechselwirkung in der Weise, daß das Mißerfolgsmotiv bei Jungen der 4. Klasse dann am höchsten ausgeprägt war, wenn der hohe elterliche Leistungsdruck mit einem hohen Anregungsgehalt der Umwelt kombiniert war, und am niedrigsten, wenn der hohe Anregungsgehalt mit niedrigem Leistungsdruck kombiniert war. Verallgemeinernd könnte man spekulieren: Wer das Kinderzimmer reichlich mit Lernspielzeug ausstattet und dem Kind alle möglichen Explorationsgelegenheiten bietet, sollte möglichst keine Leistungen fordern, sonst entwickelt sich das Mißerfolgsmotiv und wahrscheinlich damit auch die Leistungsängstlichkeit.
Ein Problem all dieser Untersuchungen liegt darin, daß es sich nicht um Längsschnittstudien handelt, in denen sowohl Beobachtungen als auch Befragungen durchgeführt werden, sondern normalerweise um retrospektive Querschnitterhebungen. Man mißt die Leistungsängstlichkeit und andere Variablen zum Beispiel in der 4. Klasse und fragt die Schüler oder deren Eltern nach der heutigen oder früheren Beschaffenheit der häuslichen Umgebung und der elterlichen Erziehungspraktiken. Die Gültigkeit der Befunde ist daher von vornherein begrenzt.

Zusammenhänge zwischen Leistungsängstlichkeit und dem elterlichen Erziehungsstil sind mehrfach aufgedeckt worden. Die vielbenutzten Marburger Skalen (Stapf u. a. 1972) sollen »Strenge« und »Unterstützung« von Mutter und Vater aus der Sicht des Kindes erfassen. Es handelt sich also nicht um die tatsächlichen Erziehungsstile, Erziehungspraktiken oder Erziehungseinstellungen der Eltern, sondern um subjektive Wahrnehmungen der Kinder, die erheblich von der Realität abweichen können. Andererseits ist gerade diese subjektive Perspektive entscheidend, denn nicht irgendeine intersubjektiv zu klassifizierende Umwelt ist primär verhaltenswirksam, sondern das, was unter Berücksichtigung individueller Kodierungs- und Wahrnehmungsvoreingenommenheiten subjektiv aufgenommen und verarbeitet wird. Gärtner-Harnach (1973, 14) hat diese Skalen mit ihrem »Fragebogen für Schüler« (FS 5–10), der die Leistungsängstlichkeit erfassen soll, bei 924 Schülern im Alter von 10 bis 16 Jahren in Beziehung gesetzt. Dabei korrelierte die Strenge des Vaters zu $r = .28$ und die der Mutter zu $r = .26$ mit der Leistungsängstlichkeit, während mit der Unterstützung keine signifikanten Zusammenhänge nachweisbar waren. In einer eigenen Untersuchung bei 950 Schülern der 4. Klasse haben wir ebenfalls keine Zusammenhänge zwischen elterlicher Unterstützung und der Leistungsängstlichkeit gefunden (Schwarzer 1975, 80). In einer neuen Untersuchung, die 1979 in der 5. Klasse vorgenommen wurde, fanden wir bei Realschülern und Gymnasiasten eine Korrelation zwischen Leistungsängstlichkeit und mütterlicher Strenge von $r = .20$, dagegen nur $r = .05$ bei Hauptschülern. Die Beziehungen sind offenbar schwach, so daß man überlegen müßte, inwieweit das methodische Vorgehen dem Gegenstand gerecht wird oder inwieweit die theoretischen Vorgaben hinreichend differenziert sind. Es lohnt sich aber wohl auch, bei dieser Thematik gezielt nach Untergruppen zu suchen, bei denen stärkere Zusammenhänge als anderswo deutlich werden.
Anders fallen die neuen Ergebnisse von Krohne, Rogner & Schaffner (1980) aus. Sie haben 181 Jungen und 177 Mädchen im Alter von 9–13 Jahren mit dem »Osnabrücker Erziehungsstil-Inventar« untersucht. Hohe erlebte elterliche Unterstützung war mit geringerer Leistungsängstlichkeit verbunden ($r = -.26$ bis $r = -.32$), allerdings gab es bei einer Teilstichprobe (Mütter aus der Sicht von Mädchen) auch eine entgegengesetzte Beziehung ($r = .23$). Die höchsten Korrelationen gab es zwischen der Inkonsistenz und der Leistungsängstlichkeit ($r = .27$ bis $r = .69$). Eltern, die – aus der Sicht ihrer Kinder – sich mal so und mal so verhalten und keine in sich konsistente Erziehungskonzeption erkennen lassen, stellen offenbar eine Bedrohung dar, die zur verstärkten Ausprägung von Leistungsängstlichkeit führt. Aussagen, die die Inkonsistenz-Skala charakterisieren, sind zum Beispiel: ». . . schimpft mit mir, wenn ich es gar nicht erwarte« oder ». . . läßt bei mir Dinge durchgehen, die sie sonst bestraft«. Eine Einschränkungs-Skala erwies sich ebenfalls als tauglich, die Leistungsängstlichkeit vorherzusagen ($r = .29$ bis $r = .44$). Darin waren Items enthalten wie ». . . sagt mir, daß ich zu nichts zu gebrauchen bin« oder ». . . sagt mir, daß ich für bestimmte Dinge, die ich gern tun möchte, noch zu jung bin«. Von den fünf Erziehungsstil-Merkmalen waren Inkonsistenz, Einschränkung und Tadel eindeutig mit Leistungsängstlichkeit korreliert, während für Unterstützung und Lob die Beziehungen widersprüchlich waren.
Die bisher umfangreichsten Längsschnittuntersuchungen zur Erfassung von Entwicklungstrends der Leistungsängstlichkeit sind in den sechziger Jahren von der Gruppe um S. B. Sarason vorgenommen worden (nach Dusek 1980, 97). Über einen Zeitraum von 5 Jahren wurden bei 670 Kindern, die sich in den ersten beiden Klassen befanden, wiederholt Erhebungen durchgeführt. Die Korrelationen zwischen den einzelnen Meßzeitpunkten lagen nur bei $r = .30$ bis $r = .40$. Daraus ist ersichtlich, daß sich die Ausprägungsgrade von Jahr zu Jahr verändern. Wer z. B. in der 2. Klasse zu den Ängstlichen

gehört, kann in der 3. Klasse durchaus unter dem Durchschnitt liegen. Mangelnde Zeitstabilität bei gleichzeitig hoher innerer Zuverlässigkeit der Instrumente kann als Zeichen dafür gewertet werden, daß sich die bedrohlichen Elemente in der Umwelt der Schüler verändern, z. B. durch Klassenwechsel oder Lehrerwechsel oder Leistungsveränderungen usw. Dagegen erscheint unplausibel, daß sich der elterliche Erziehungsstil in so kurzer Zeit verändert. Erst während des Endes der Grundschulphase stabilisieren sich langsam die Ausprägungsgrade in der Leistungsängstlichkeit.

Das stimmt mit unseren Beobachtungen überein, allerdings muß man die Veränderung von Lernumwelten ausdrücklich in solche Überlegungen mit einbeziehen. Es soll hier nicht ausgeschlossen werden, daß vielleicht bis fast zum Ende der Grundschulzeit die elterlichen Reaktionen auf schulische Leistungsergebnisse eine bedeutsame Rolle für die Entwicklung der Leistungsängstlichkeit spielen. Jedoch scheinen die schulischen Lernumweltgegebenheiten allmählich das Übergewicht zu erhalten. Damit sind kritische Schulereignisse – wie z. B. der Übergang von einer Schulart in die andere – gemeint oder allein schon die Zusammensetzung einer Klasse mit mehr oder weniger leistungsstarken Schülern. Das Unterrichts- und Erziehungsverhalten des Lehrers dürfte ebenfalls von zentraler Bedeutung sein. Wir sehen die schulbezogene Leistungsängstlichkeit in erster Linie als Ergebnis von schulischen, nicht von familiären Sozialisationswirkungen an. Besorgtheit und Aufgeregtheit entwickeln sich als überdauernde Reaktionsmuster auf bedrohliche Elemente in einer selbstwertrelevanten Situation. Die Schule kann grundsätzlich als eine solche selbstwertrelevante Situation angesehen werden, denn hier muß der Schüler ständig unter Beweis stellen, daß er zu irgendetwas fähig ist. Bedrohlichkeit ist dann gegeben, wenn andere besser sind oder wenn der eigene hohe Leistungsstatus durch das Besserwerden anderer gefährdet erscheint. Der Leistungsvergleich zwischen Schülern liefert die Informationsgrundlage für weiterführende Bewertungsprozesse über die eigene Person einschließlich der Zuschreibung von Ursachen für Leistungsergebnisse und Erwartungen von zukünftigen Erfolgen und Mißerfolgen relativ zu anderen Schülern. Diese Bewertungsvorgänge finden in einem eingeschränkten sozialen Kontext statt, der »Bezugsgruppe« genannt wird, weil sich die Schüler gedanklich auf die darin vorfindbaren Mitschüler beziehen und nicht auf solche, die z. B. zu einer anderen Schule oder Klasse gehören. Subjektive Bewertungsvorgänge unter der sozialen Vergleichsperspektive sind bezugsgruppenspezifisch. Leistungsängstlichkeit wird erworben oder verstärkt, wenn jemand sich relativ zu den anderen Mitgliedern der Bezugsgruppe in einem selbstwertrelevanten Bereich verschlechtert oder eine Verschlechterung erwartet. Er macht sich dann Sorgen, hegt Selbstzweifel und ist aufgeregt, wenn eine Bewertung vorgenommen wird. Wechselt der Schüler die Bezugsgruppe, z. B. weil er umgeschult wird, so verändert sich seine Befindlichkeit. Er fühlt sich durch seine Lernumwelt weniger belastet, ist weniger ängstlich und gewinnt an Selbstvertrauen, wenn er in der neuen Bezugsgruppe, deren Mitglieder im Durchschnitt leistungsschwächer sind, eine höhere Position einnimmt. Entsprechende Befunde haben wir mehrfach vorgelegt (Schwarzer 1979, 1981, Schwarzer/Royl 1979, Schwarzer/Lange 1980, Schwarzer/Jerusalem 1981, Schwarzer/Kommescher 1981). Nach dem Übergang der lernschwachen Schüler auf die Hauptschule wird die Lernumwelt für sie weniger bedrohlich, während für die anderen Schüler eine solche Entlastung nicht gegeben ist. Schüler, die auf eine Gesamtschule überwechseln, profitieren davon in psychosozialer Hinsicht. Auch wenn es in diesem Zusammenhang noch viele ungeklärte Fragen gibt, ist doch festzustellen, daß schulbezogene Leistungsängstlichkeit u. a. auch ein Ergebnis der Sozialisation innerhalb von Lernumwelten darstellt. Schulische Bezugsgruppeneffekte sind schulische Sozialisationseffekte.

4.2.6 Verminderung von Leistungsängstlichkeit

Für die Pädagogik stellt das Auftreten von Angst in der Schule eine Herausforderung dar. Wenn Angst das Zusammenleben von Menschen und die Erfüllung von Leistungsanforderungen beeinträchtigt, ist ihre Beseitigung oder Verminderung pädagogisch angezeigt. Wie aber soll man das erreichen? Es gibt kein Rezept zur Angstreduktion. Wer Angst in erster Linie als ein Problem des Systems Schule sieht, kommt zu anderen Lösungsvorschlägen als jemand, der Angst vor allem als ein Problem des einzelnen Kindes sieht. Im ersten Fall würde man lieber das System verändern und im zweiten Fall das Kind. Dies muß allerdings nicht zwangsläufig so sein. Man kann auch die Ansicht vertreten, Leistungsängstlichkeit sei überwiegend systembedingt, man müsse aber die Schüler trotzdem individuell therapieren, weil grundlegende Veränderungen der Institution Schule ohnehin aussichtslos seien.

Wir unterscheiden zwischen drei Ebenen der Prävention. Primärprävention richtet sich auf die Verhinderung des Auftretens eines Problems. Sekundärprävention greift ein, sobald das Problem aufgetreten ist. Tertiärprävention findet statt, wenn das Problem schon verfestigt ist. Leistungsängstlichkeit als Problem läßt sich auf allen drei Ebenen gleichzeitig bekämpfen. Es gibt Schüler, deren extreme Leistungsängstlichkeit seit vielen Jahren verfestigt ist und nur durch gezielte therapeutische Maßnahmen verringert werden kann (Tertiärprävention). Die normale mittlere Ausprägung der Leistungsängstlichkeit bei der Mehrzahl der Schüler läßt sich durch eine Vielzahl von pädagogischen und psychologischen Modifikationselementen reduzieren (Sekundärprävention). Die zukünftige Entwicklung von Leistungsängstlichkeit bei bestimmten Schülern (Risikopopulation) ist durch Veränderung von Lernumwelten rechtzeitig beeinflußbar (Primärprävention).

Fend & Knörzer (1977, 82) haben einen Katalog von 8 primärpräventiven Vorschlägen aufgestellt.

»1. Erhöhung der Bewältigbarkeit schulischer Anforderungen durch Änderung von Prüfungsbedingungen
2. Vergrößerung der Zahl von Erfolgsfeldern
3. Ausweitung der Möglichkeit zu aktiver Unterrichtsgestaltung des Schülers und Individualisierung des Curriculums
4. Reduktion des Zusammenhangs von schulischen Einzelleistungen und generalisiertem Selbstwertgefühl durch Entdramatisierung einzelner Schulleistungen und Evaluation von Lernergebnissen im Dienste von Lernhilfen
5. Revision der Beurteilungskriterien durch Forcierung eines personenbezogenen Gütemaßstabes
6. Reduzierung von Unsicherheit durch Veränderung des Lehrerverhaltens
7. Entkoppelung des Zusammenhangs zwischen Schulerfolg und sozialer Anerkennung
8. Aufbau eines flexiblen, nicht ausschließlich auf Leistung fixierten Ich-Ideals«

Tiedemann (1980, 184) macht einige Aussagen zur Modifikation von Leistungsängstlichkeit, die sich auf verschiedene Präventionsebenen gleichzeitig beziehen:

»1. ›Perspektivenwechsel‹ ist geeignet, den Lehrer für Angstauslöser im Rahmen des Unterrichts zu sensibilisieren, und damit Ansätze zu schaffen, den Bedrohungscharakter von Schule und Unterricht zu reduzieren.
2. Ein Lehrerverhalten, das den gezielten Aufbau des Selbstwertgefühls des Schülers, die verbesserte Integration von Schülern in den Klassenverband und eine offene Kommunikation auch über ängstigende Probleme anvisiert, ist geeignet, Angst im schulischen Bereich nicht zu verstärken.
3. Die Vermeidung negativer Verstärkung von Rückzugsverhalten, die gezielte Modifi-

kation ungünstiger Kausalattributierungsstrategien und die Förderung des Aufbaus sozialer Kompetenzen sind ausgewählte Interventionsstrategien im Kontext von Schulangst.
4. Die Modellierung selbstbewußten, wenig ängstlichen Verhaltens durch systematische stellvertretende Bekräftigung verweist auf die Wirksamkeit des Modell-Lernens auch im Bereich des Abbaus emotionaler Schulschwierigkeiten.
5. Die gezielte Gegenkonditionierung ängstlichen Verhaltens besteht in der systematischen Anwendung von Gesetzmäßigkeiten der klassischen Konditionierung. Im klinischen Bereich ist hier die sogenannte systematische Desensibilisierung einschlägig. In der Schulklasse erfüllt die positive Bekräftigung weitgehend vergleichbare Funktionen«.

Die bisher vorliegenden empirischen Untersuchungen zu dieser Thematik sind einseitig auf individuelle therapiewirksame Maßnahmen bezogen. Systematische Umweltveränderungen mit dem Ziel der Angstmodifikation sind praktisch nicht empirisch überprüft worden, vermutlich weil der experimentelle Aufwand dafür zu groß ist. Daher muß man sich bei der Beurteilung der Wirkungen von Umweltveränderungen auf »natürliche Quasi-Experimente« verlassen. Dazu gehören z. B. Vergleiche von verschiedenen Schulformen miteinander (Regelschulen, Waldorfschulen, Sonderschulen, Gesamtschulen usw.). Die dabei erzielten grobmaschigen Ergebnisse lassen erkennen, daß Gesamtschüler etwas günstigere psychosoziale Meßwerte aufweisen (Fend u. a. 1976, Schwarzer/Royl 1976, 1979, Schwarzer/Royl/Lange 1981). Welche spezifischen Lernumweltbedingungen jedoch tatsächlich für solche Mittelwertunterschiede verantwortlich sind, läßt sich nicht direkt feststellen und beweiskräftig dokumentieren. Vermutlich spielen Bezugsgruppeneffekte eine wichtige Rolle (Rheinberg/Enstrup 1977, Schwarzer 1979, Schwarzer/Kommescher 1982).

Eine Übersicht über die Ergebnisse bei der individuellen Modifikation von Leistungsängstlichkeit liefern die Sammelreferate von Allen, Elias & Zlotlow (1980) und Tryon (1980). Allen u. a. haben 49 veröffentlichte Untersuchungen zur Behebung von Angst bei College-Studenten durchgesehen und dabei herausgefunden, daß alle Erwartungsstrategien gegenüber der Nichtbehandlung irgendwie erfolgreich waren. Allerdings waren viele Studien mit methodischen Mängeln behaftet. Tryon ist ähnlich vorgegangen und hat dabei 5 Gruppen von Modifikationsstrategien getrennt überprüft:

1. Systematische Desensitivierung und Implosion: 41 Studien
2. Selbstkontrollierte Entspannung und Desensitivierung: 18 Studien
3. Kognitive Verfahren: 10 Studien
4. Modellernen: 10 Studien
5. Einübung von Studiertechniken: 12 Studien

Systematische Desensitivierung wird am häufigsten verwendet. Bei dieser Methode geht es zunächst darum, für jeden Klienten eine Angsthierarchie aufzustellen. Eine Rangreihe von Situationen wird gebildet, aus der hervorgeht, welche Reize am wenigsten und welche am stärksten angstauslösend sind. Der Klient wird dann veranlaßt, sich die am wenigsten bedrohlichen Ereignisse auszudenken und ihre Bewältigung zu trainieren, bis er die Situation ohne Erregung durchstehen kann. Dann folgt das nächsthöhere Ereignis in der Angsthierarchie. Bei der Implosionstherapie dagegen werden die Spitzen in der Hierarchie sofort, massiert und andauernd angeboten, bis die Erregung nachläßt und der Klient »abstumpft«. Er hat dann die Erfahrung gemacht, daß er selbst die bedrohlichsten Ereignisse ohne Schaden überstehen kann. Dieses Vorgehen läßt sich auch in Gruppen praktizieren.

Tryon (1980, 59) fand in fast allen der 41 Untersuchungen eine Überlegenheit der Behandlung gegenüber einer nicht behandelten Kontrollgruppe oder gegenüber dem

Angstniveau vor Behandlungsbeginn. Bei 7 von 17 Kontrollgruppenstudien war außerdem ein Zuwachs in der schulischen Leistung zu verzeichnen. Systematische Desensitivierung und Implosion führen vor allem zu einem Absinken der mit Fragebogen erfaßten Leistungsängstlichkeit. Damit ist aber besonders die Aufgeregtheit gemeint, während die Besorgtheitskomponente vermutlich unverändert bleibt. Es fehlen noch gründliche und methodisch einwandfreie Untersuchungen, in denen zwischen diesen beiden Komponenten differenziert wird (vgl. Finger/Galassi 1977).

Die *selbstkontrollierte Entspannung und Desensitivierung* ist in 18 Experimenten auf ihre angstreduzierende Wirkung untersucht worden (Tryon 1980, 355). Hier lernt der Klient zuerst, sich auf ein Kommando hin zu entspannen. Wie beim autogenen Training lernt er, sich willentlich in möglichst jeder Situation entspannen zu können und Körpersignale bewußt erleben zu können. Mit Hilfe vorgestellter Reizsituationen, die als Angsthierarchie aufgebaut sein können, wird er dann dazu angeleitet, die Kopplung von Entspannung und bildhafter Vorstellung des bedrohlichen Ereignisses vorzunehmen. Angsterregende Situationen werden mit einem antagonistischen Zustand verknüpft, so daß sie in der Vorstellung bewältigt werden. Wie oft welche Reize kognitiv repräsentiert werden, soll der Klient selbst im Rahmen seiner eigengesteuerten Verhaltensmodifikation bestimmen. Er lernt dabei, diese Technik über den gerade aktuellen Zusammenhang hinaus auch auf andere Probleme anzuwenden. Ein Schüler übt z. B. zuerst die Vorstellung »Ich betrete den Klassenraum«, dann die Vorstellung »Der Deutschlehrer kündigt eine Klassenarbeit an« und schließlich »Der Deutschlehrer teilt die Hefte aus«. Diese Vorstellungen, die als Items einer bestimmten Angsthierarchie dienen, lösen normalerweise bei einem deutschängstlichen Schüler einen Erregungszustand aus, werden aber bei erfolgreicher Gegenkonditionierung sofort »umgeschaltet«. Sie erhalten somit den Status von diskriminativen Reizen, die einen Signalwert für eine erwünschte Reaktion enthalten. Die 18 überprüften Studien zur Selbstkontrolle haben sich als wirksam erwiesen, die Leistungsängstlichkeit zu verringern. In vier der fünf Studien, in denen auch die schulische Leistung gemessen worden ist, waren positive Veränderungen im Leistungsniveau zu verzeichnen. Jedoch ist anzunehmen, daß auch bei dieser insgesamt durchaus erfolgreichen Technik die Aufgeregtheitskomponente im Mittelpunkt steht, während die Besorgniskomponente von der Behandlung weitgehend unbeeinflußt bleibt.

Kognitive Modifikation soll genau das Gegenteil bewirken. Der Klient wird veranlaßt, auf angstauslösende Ereignisse in nichtängstlicher Weise zu reagieren und dafür eine Bekräftigung zu erhalten bzw. zu erwarten. Die nichtängstliche Reaktion wäre z. B. eine bewußte Hinwendung auf eine Handlung, die zur Überwindung der Bedrohung führt. Dies kann z. B. von einem internen Dialog begleitet sein, also von einer bewältigungserleichternden Selbstkommunikation. Kognitive Modifikation kann über hilfreiche Selbstgespräche hinausgehen, indem z. B. eine völlige kognitive Umstrukturierung erfolgt, bei der man seine Überzeugungen verändert und dadurch auch zu anderen Situationseinschätzungen kommt, die weniger bedrohlich sind (Denney 1980, 212). Die 10 von Tryon (1980, 357) überprüften Studien zur kognitiven Modifikation haben eine erfolgreiche Angstreduktion nachgewiesen. In zwei der vier Studien, in denen auch die schulische Leistung gemessen worden ist, waren positive Leistungsveränderungen zu verzeichnen. Es wird erwartet, daß solche Arbeiten in Zukunft überwiegen werden. Allerdings gilt es, die spezifische Wirkung auf die Besorgtheit im Unterschied zur Aufgeregtheit gezielt zu überprüfen, wie es z. B. bei Finger & Galassi (1977) geschehen ist.

Modell-Lernen soll gerade bei ängstlichen Personen angezeigt sein, weil sie als besonders empfindsam für soziale Reize gelten. Bei dieser Methode werden Verhaltensmodelle dafür verstärkt, daß sie allmählich ihre Angst abbauen, wobei überwiegend kognitive Hilfsmittel eingesetzt werden. Der Klient beobachtet z. B. ein Modell, das sich selbst systematisch desensitiviert. Er übernimmt dann die sichtbaren oder mitgeteilten Bewältigungsformen dieses Modells. So ist es z. B. denkbar, daß das Modell vor sich selbst hinspricht, wie es gerade das ängstigende Problem für sich selbst umstrukturiert und eine optimistische Haltung ihm gegenüber einnimmt. Es wird erwartet, daß dieses Überwindungsverhalten, sofern es erfolgreich ist, vom Klienten imitiert wird. Alle 10 Studien, die von Tryon (1980, 359) durchgesehen wurden, erwiesen sich als geeignet, die angstvermindernde Wirkung des Modell-Lernens zu demonstrieren. In drei von vier Studien ergab sich auch eine Verbesserung der Zensuren. Sieben der zehn Studien waren mehr auf die Aufgeregtheitskomponente gerichtet, drei mehr auf die Besorgtheitskomponente. Von diesen drei zeigte sich nur in einem Fall eine Leistungsverbesserung. Es gibt offenbar noch keine endgültige Klarheit darüber, wie effektiv die Methode des Modell-Lernens für die Angstreduktion und Leistungsverbesserung bei Schülern und Studenten ist. Eine Variante dieses Vorgehens liegt in der Modellierung selbstbewußten Schülerverhaltens durch den Lehrer während des Unterrichts. Wenn das nichtängstliche Schülerverhalten von Lehrern systematisch verstärkt wird und dieser Vorgang von ängstlichen Schülern beobachtet wird, dann neigen diese zur Imitation des verstärkten Verhaltens (Borchert u. a. 1979). Daran wird die Schwierigkeit für den Lehrer ablesbar, wen er wann bekräftigen soll. Er wird sich normalerweise auf den ängstlichen Schüler konzentrieren, darf ihn aber nicht gerade dann bekräftigen, wenn er ängstliches Verhalten zeigt, sondern dann, wenn er im Ansatz ein Bewältigungsverhalten zeigt. Andererseits erscheint es ebenso sinnvoll, andere Schüler zu bekräftigen, die für diesen einen Schüler als Modelle für selbstbewußtes, situationsangemessenes und aufgabenorientiertes Verhalten dienen können. Davon sind wiederum jene Schüler zu unterscheiden, die als »coping-models«, nämlich als Modellpersonen dienen können, die selbst ängstlich sind, aber allmählich ihre Probleme demonstrativ überwinden. Wegen dieser unterschiedlichen Aspekte der Modifikation ist es für den Lehrer vor allem wichtig, daran zu denken, daß nicht Personen, sondern Verhaltensweisen verstärkt werden sollen.

Die *Einübung von Studiertechniken* und aufgabenorientierten Handlungsweisen kann ebenfalls als geeignetes Mittel zur Angstreduktion angesehen werden. Wer über solche Techniken verfügt, erlebt sich selbst als kompetenter und steht den Anforderungen der Umwelt besser ausgestattet gegenüber. Bei der Situations- und Selbsteinschätzung wird demnach die Umweltanforderung als weniger bedrohlich wahrgenommen, so daß auch die Angst geringer wird. Die 12 Untersuchungen dazu, die Tryon (1980, 361) durchgesehen hat, unterstützen diese Annahme. Am besten ist es aber, wenn die Einübung solcher Techniken mit einer anderen Methode kombiniert wird, z. B. mit der systematischen Desensitivierung bzw. Selbstkontrolle. In nur drei Arbeiten führten die Studientechniken allein zu einer Leistungsverbesserung. »Therapiepakete« stellen offenbar den besten Weg zu einer Angstverminderung und Leistungsverbesserung dar. Zugleich ist diese Aussage ein Zeichen dafür, daß die Forschung bisher nicht das Indikationsproblem gelöst hat. Insgesamt führt also die Reanalyse zu unbefriedigenden Ergebnissen, da sich nicht zeigen ließ, daß ganz spezifische Modifikationsweisen ebenso spezifische Reaktionen hervorrufen. Alles, was mit den Schülern oder Studenten in hilfreicher Absicht getan wird, wirkt sich irgendwie positiv aus – sogar ein Placebo (Scheinbehandlung). Der Zusammenhang zwischen Therapie und Theorie ist nicht eindeutig hergestellt – eine Aussage, die übrigens für die Psychotherapie insgesamt weitgehend gültig ist. Eine umfassende Übersicht und Bewertung der heute üblichen Therapieverfahren gegenüber Angst findet man bei Groffmann u. a. (1980). Die Autoren stellen zusammenfassend fest, daß beim Vergleich der verschiedenen Angstreduktionsverfahren keine eindeutige Überlegenheit einer Methode gegenüber anderen auszumachen ist.«Nur die Abklärung von Indikationsbereichen könnte zu einer differenzierteren Bewertung führen; so scheint Prüfungsangst ein Bereich zu sein, in dem kognitive Verfahren der systematischen Desensibilisierung überlegen sind« (1980, 268).

Ein damit zusammenhängendes Problem liegt in der Frage, welche Kriterien für einen Therapieerfolg als gültig angesehen werden. In den referierten Studien ist als erstes und wichtigstes Kriterium immer wieder die Veränderung der selbstberichteten Angst angesehen worden. Dies ist aber nur eine von mehreren möglichen Meßebenen. Nimmt man stattdessen das beobachtbare Bewältigungsverhalten, also angstfreie Konfrontation mit dem ursprünglich bedrohlichen Reiz, so läßt sich etwa nur in der Hälfte aller Untersuchungen zur Angsttherapie ein Erfolg nachweisen (Denney 1980). Die Verwendung multipler Kriterien (Fragebogen, Beobachtungen, physiologische Maße) erscheint daher als vordringlich bei der Bewertung von Modifikationsexperimenten mit dem Ziel der Reduktion von Leistungsängstlichkeit.

Im Zuge der »kognitiven Wende« in der Erforschung von Angst nehmen die kognitiven Therapien an Bedeutung zu. Ein Vorschlag liegt darin, mit den Klienten ein »Selbstinstruktionstraining« durchzuführen, bei dem sie sich Anweisungen vorsprechen, die den Regulationsvorgang steuern und unterstützen (Meichenbaum/Butler 1980). Der »innere Dialog« wird als Handlungsdeterminante angesehen, so daß der Beeinflussung von Kognitionsinhalten primäre Aufmerksamkeit zukommt, während die körperliche Entspannung als sekundär angesehen wird. Die Autoren referieren eine Arbeit von Hollandsworth u. a., in der die hochängstlichen Versuchspersonen während der Bearbeitung von Prüfungsaufgaben gefilmt wurden. Anschließend wurde ihnen der Film auf dem Videomonitor gezeigt, und die Versuchspersonen sollten nun ihre Gedanken während der Testbearbeitung sprachlich rekonstruieren. Diese Methode wird als nachträgliches lautes Denken bezeichnet. Außerdem waren physiologische Meßwerte erhoben worden. Die niedrigängstlichen Personen zeigten in dieser Untersuchung die höhere meßbare Erregung, aber sie beschrieben diese Erregung als lernförderlich. Entscheidend war hier, was die Versuchspersonen zu sich selbst in der Streßsituation sagten. Man kann die Erregung, die man angesichts einer Herausforderung spürt, auch als produktiv ansehen und als leistungsfördernd interpretieren. Ungünstig sind Selbstgespräche, die soziale Vergleiche enthalten, oder in denen Gedanken der eigenen Unzulänglichkeit auftauchen, oder die sich auf mögliche negative Konsequenzen der Handlung richten. Statt selbstbezogen und negativ sollten die Kognitionen lieber aufgabenbezogen und positiv sein. Das kann man lernen. Der innere Dialog ist eine Art »Drehbuch« des Verhaltens. Welches Drehbuch dem Verhalten zugrundeliegt, hängt nach Meichenbaum und Butler (1980) vom individuellen Bedeutungssystem einer Person ab. Hochängstliche und Niedrigängstliche lassen sich hinsichtlich ihres Bedeutungssystems unterscheiden. Sie schreiben sich und bestimmten Situationen unterschiedliche Bedeutungen zu, woraus dann innere Dialoge resultieren, die formal und inhaltlich zu mehr oder weniger adaptiven oder stereotypen Reaktionen führen. Ängstliche Personen können aufgrund ihres individuellen Bedeutungssystems aus völlig verschiedenen Gründen ängstlich sein. Für die Therapie bedeutet dies, daß eine sorgfältige Analyse der subjektiven Bedeutung aller Elemente der Prüfungssituation erfolgen muß, bevor die eigentliche Modifikation einsetzt. Kognitive Umstrukturierung wäre ein Ansatz, um zunächst das Bedeutungssystem zu beeinflussen. Gleichzeitig können selbstbezogene Bewältigungsaussagen zum Einsatz gebracht werden. Dazu gehört unter anderem auch die »Gedankenstop-Methode«: immer, wenn der Klient beginnt, negative Gedanken oder Bilder über sich selbst hervorzubringen, erscheint ihm ein Stopzeichen vor Augen, das ihn zum Umschalten seiner Kognitionen in eine positive Richtung veranlaßt. Am be-

sten ist es, wenn man sich seinen eigenen internen Dialog vorweg programmiert, damit immer an kritischen Stellen in der Lebensbewältigung eine positive Sequenz von Bewältigungshandlungen eingeleitet wird und sich gar nicht erst ein Teufelskreis bilden kann. Viele Menschen tun dies intuitiv, indem sie sich ein Arsenal von Sprichwörtern zur Verfügung halten, mit denen sie jede Situation meistern können, z. B.: »Was mich nicht umbringt, macht mich stark«. Solche selbstbezogenen Aussagen sind konstruktiv, weil sie das Auftreten von unmäßiger ängstlicher Besorgnis und exzessivem Grübeln verhindern. Reflektierte Erfahrungen mit einer Vielzahl von Stressoren, denen das Individuum erfolgreich entgegengearbeitet hat, können zu einer »Streßimpfung« führen. Wenn das Individuum allmählich lernt, eigene Bewältigungsressourcen gezielt und wohldosiert einzusetzen und durch häufige Anwendung dieses kognitive Programm auf alle möglichen Situationen zu verallgemeinern, ist es gegenüber bedrohlichen Ereignissen gut gewappnet. Die erworbene Fähigkeit, sich auch in schwierigen Situationen auf ein Kommando hin entspannen zu können, stellt einen Teil dieser Strategie dar. Der innere Dialog kann ein gutes Drehbuch zur Streßbekämpfung sein, wenn er richtig geführt wird. Er stellt somit eine kognitive Komponente von Angst und Angstabwehr dar. Er kann als Oberbegriff für »Besorgtheit und Vermeidung unnötiger Besorgtheit« gelten. Angst wird von den Autoren als ein Konstrukt angesehen, das aus einer Kette von Ereignissen besteht, zu denen das individuelle Bedeutungssystem, der innere Dialog, Bewältigungshandlungen und Ergebnisinterpretationen gehören. Die einzelnen Elemente können sich zu einem Teufelskreis aufschaukeln, der sich durch gelernte Regulationstechniken unterbrechen läßt (Meichenbaum & Butler 1980, 204).
Zusammengefaßt kann man sagen, daß alle heute üblicherweise praktizierten Methoden zur Verringerung von Leistungsängstlichkeit wirksam sind. Die nachgewiesene Wirksamkeit bezieht sich in erster Linie auf das subjektive Empfinden von Ängstlichkeit, soweit dies mit Hilfe eines entsprechenden Fragebogens erfaßbar ist. Je stärker die kognitive Komponente in der Therapie realisiert ist, desto größer ist die Wahrscheinlichkeit eines anhaltenden Therapieerfolges (Denney 1980). Der empirische Nachweis zur Aufdeckung sehr differenzierter Wirkungen, aus denen sich Indikationen ableiten lassen, ist jedoch dürftig. Lediglich die Arbeit von Finger & Galassi (1977) liefert einen Hinweis darauf, daß eine kognitive Therapie die Besorgtheit verringert, während eine Entspannungstherapie die Aufgeregtheit vermindert. Zukünftige Untersuchungen sollten einerseits darauf gerichtet sein, die einzelnen Therapiekomponenten experimentell unter Kontrolle zu bringen und multiple Kriterien zur Verfügung zu stellen, an denen der Therapieerfolg gemessen werden kann. Dazu gehört auf der verbalen Meßebene die Unterscheidung von Besorgtheit und Aufgeregtheit (Schwarzer 1981 c). Dazu gehören aber auch andere Meßebenen, wie z. B. Verhaltensbeobachtung und die Erfassung von körperlichen Erregungszuständen in aktuellen Konfrontationen mit der bedrohlichen Situation.

4.3 Soziale Angst

4.3.1 Verlegenheit

Soziale Angst ist eine Gefühlsreaktion, die angesichts einer bestehenden oder bevorstehenden interpersonellen Beziehung auftritt. Eine Person sieht sich einer sozialen Situation ausgesetzt und empfindet eine unangenehme und beeinträchtigende Erregung. Die soziale Situation stellt für das Individuum eine Umweltanforderung dar, die als bedrohlich eingeschätzt wird. Dabei geht es nicht um die Gefahr, körperlich angegriffen und verletzt zu werden, als vielmehr um eine Bedrohung des Selbst. Dies ist hier kein privates, sondern ein öffentliches Selbst. Die Grundlage für soziale Angst stellt daher die öffentliche Selbstaufmerksamkeit dar. Um eine soziale Umweltanforderung als bedrohlich bewerten zu können, muß die Aufmerksamkeit auf öffentliche Aspekte des Selbst gerichtet sein. Wenn wir mit fremden Personen sprechen, von ihnen forschend angeblickt werden oder wir uns gegenüber einer Autoritätsperson bewähren müssen, tendieren wir dazu, uns selbst als ein soziales Objekt zu sehen. Die während des sozialen Handelns ablaufende Selbstbeobachtung kann zu unangenehmer Erregung, Erröten, Stottern und unkontrollierten Bewegungen führen.

Die Auslösung der sozialen Angst erfolgt durch die Art der sozialen Umgebung und durch das Verhalten der Mitmenschen. Es spielt eine Rolle, wieviele andere Personen anwesend sind. Wenn man in einer größeren Gruppe hervorgehoben ist, fühlt man sich stärker der Beobachtung und Prüfung durch andere ausgesetzt, als wenn man sich nur ein oder zwei anderen Personen gegenüber sieht. Muß man das Wort ergreifen, so fühlt man alle Blicke auf sich gerichtet. Sind die anwesenden Personen jedoch einem sehr vertraut und ist man gewohnt, mit ihnen auf informelle Weise umzugehen, so entsteht normalerweise keine Selbstwertbedrohung. Hat die soziale Situation jedoch ausdrücklich Bewertungscharakter, zum Beispiel weil man etwas vorführen oder reden soll, so verstärkt dieses die öffentliche Selbstaufmerksamkeit und erhöht die Wahrscheinlichkeit des Auftretens von sozialer Angst. Pflegt man zum Beispiel als Hochschullehrer gute Beziehungen zu seinen Doktoranden und begegnet sich informell bis freundschaftlich, so mag das in vielen Fällen kaum Einfluß auf die soziale Angst in der Prüfung haben. Auch wenn der Kandidat weiß, daß er das Doktorexamen auf jeden Fall besteht und er die Prüfer noch wenige Tage vorher auf einer Party getroffen hat, kann trotzdem aufgrund der in der Prüfungssituation liegenden Bewertungsaspekte eine öffentliche Selbstaufmerksamkeit entstehen, die zu einer erheblich beeinträchtigenden sozialen Angst führt. Nicht die geforderte Leistung ruft Angst hervor, sondern die Erwartung, in einer leistungsthematischen Situation beobachtet zu werden. Begleitende Kommentare, die negativ bewertend ausfallen, verstärken diese Tendenz. Aber auch wenn jemand zu wenig im Mittelpunkt steht, also auf erwartungswidrige Weise nicht zur Kenntnis genommen wird, entsteht eine Selbstwertbedrohung. Die Person fühlt sich sozial zurückgewiesen und stellt sich in ihrer Eigenschaft als soziales Objekt in Frage. Natürlich gibt es individuelle Unterschiede. Die situative Auslösung von sozialer Angst hängt davon ab, welcher Grad an dispositionaler öffentlicher Selbstaufmerksamkeit bereits vorliegt. Personen, die mit einer hohen Tendenz, auf sich selbst zu achten, in soziale Umgebungen eintreten, laufen Gefahr, verstärkt sozial ängstlich zu reagieren. Wenn jemand sehr häufig auf diese Weise reagiert, so ist dies ein Zeichen dafür, daß er bereits einen hohen Grad an sozialer Ängstlichkeit erworben hat. Diese Disposition ist an hohe öffentliche Selbstaufmerksamkeit gekoppelt, während der umgekehrte Fall nicht zwangsläufig bestehen muß. Nach Buss (1980) läßt sich soziale Ängstlichkeit in vier Arten unterteilen, nämlich Verlegenheit, Scham, Publikumsangst und Schüchternheit. Diese Emotionen lassen sich nicht mit absoluter Sicherheit diagnostizieren, aber es gibt eine Reihe von Hinweisen, die eine Schlußfolgerung auf die jeweilige Art des Gefühlszustands erlauben. Man kann zum Beispiel die Person direkt danach fragen, wie sie sich fühlt. Man kann auch die unmittelbar vorhergegangenen Ursachen der Erregung analysieren sowie einige direkte Beobachtungen von körperlichen Reaktionen vornehmen, die sich nicht oder kaum unterdrücken lassen (zum Beispiel Erröten).

Erröten ist das Hauptmerkmal der *Verlegenheit*. Daneben findet man ein albernes Grinsen oder »verlegenes Lächeln«, wobei man sich linkisch, befangen, tolpatschig oder lächerlich vorkommt. Andere Kennzeichen, wie zum Beispiel der Abbruch des

Blickkontakts oder das Bedecken des Gesichts sind nicht allein typisch für Verlegenheit, sondern treten auch bei anderen sozialen Ängsten auf. Das Erröten ist eine dem Menschen eigentümliche Reaktionsweise, die offenbar über keine adaptive Funktion verfügt. Kinder beginnen normalerweise erst in ihrem dritten Lebensjahr zu erröten (Buss 1980, 132), obwohl die biologischen Voraussetzungen dafür von Anfang an gegeben sind. Wahrscheinlich muß erst ein Entwicklungsstand erreicht sein, indem die Fähigkeit zur öffentlichen Selbstaufmerksamkeit vorhanden ist. Sie läßt sich als die wichtigste kognitive Voraussetzung von Verlegenheit ansehen. Physiologisch gesehen soll Verlegenheit mit nur geringer Erregung und mit reduzierter Herzfrequenz verbunden sein, also mehr auf parasympathischer Aktivität beruhen. Dazu gibt es aber nur wenige Erkenntnisse.

Die unmittelbaren Ursachen von Verlegenheit sind in ungeschicktem oder fehlerhaftem Verhalten, sozialer Hervorgehobenheit und Verletzungen von Privatheit zu suchen. Kommt man falsch gekleidet zu einer Veranstaltung, rutscht einem beim Reden eine Vertraulichkeit oder ein Geheimnis heraus, vergißt man den Namen seines Gesprächspartners usw., dann sind dies Anlässe für Verlegenheit. Ist man in einem sozialen Kontext hervorgehoben, so wird einem mehr Interesse und Beachtung entgegengebracht als normalerweise. Betritt man zum Beispiel einen Fahrstuhl, indem sich sonst nur Angehörige des anderen Geschlechts befinden, so ist man sozial hervorgehoben und kann schon dadurch in den Zustand der Verlegenheit geraten. Auch wenn man gehänselt oder ausgelacht wird, ist eine solche Hervorhebung deutlich gegeben. Die Verletzung von Privatheit wird von Buss (1980, 138) differenziert dargestellt. Zeigen, Berühren und Mitteilen von Elementen aus der Privatsphäre kann auslösend wirken. Bestimmte Körperteile sollen in unserer Kultur für fremde Personen unsichtbar und unberührbar sein. Verdauungsgeräusche zum Beispiel sollen ungehört bleiben. Persönliche Gefühle teilt man nicht mit anderen. Passiert es einem aber trotzdem, daß man unbekleidet dasteht, daß in einer Konferenz der Magen laut knurrt oder daß man bei einer privaten Gefühlsregung ertappt wird, dann wird man verlegen. Besonders in der Pubertät stellt sich Verlegenheit dann ein, wenn man ungewollt öffentlich zu erkennen gibt, daß man einen Angehörigen des anderen Geschlechts gerne mag oder sogar heimlich verliebt ist. Die »errötende Jungfrau« ist ein Prototyp des verlegenen Menschen. Neben der offensichtlichen Verletzung von Privatheit, Hervorgehobenheit, ungeschicktem oder fehlerhaftem Verhalten stellt auch übertriebenes Lob eine weitere Quelle von Verlegenheit dar. Muß man eine Lobrede über seine eigene Fähigkeit oder Anständigkeit über sich ergehen lassen, kann eine unangenehme Situation entstehen, weil es gerade zum Charakter solcher Reden gehört, die positiven Seiten der Persönlichkeit hervorzukehren und lieber etwas mehr als zu wenig Lob zu verteilen. Der davon Betroffene erlebt eine Diskrepanz zwischen dem Lob und seinem Selbstbild, was ihn verlegen macht. Es ist nicht eine soziale Hervorgehobenheit allein, sondern gerade diese positive Diskrepanz, die hier auslösend wirkt. Die Erklärung dafür könnte in der öffentlichen Preisgabe von geheimen Wünschen liegen, so zu sein, wie der Redner es übertrieben darstellt (Buss 1980, 140). Das übertriebene Lob führt uns in Versuchung, daran zu glauben, daß wir es wirklich verdient hätten. Dabei handelt es sich um einen privaten Gedanken, der gegen das Gebot der Bescheidenheit in unserer Kultur verstößt. Fühlt man sich bei einer Unbescheidenheit ertappt, wird man verlegen. Nur auf diesem Wege scheint erklärbar zu sein, daß man sich bei positiver Diskrepanz paradoxerweise gleichzeitig unwohl fühlt und eine Aufwertung der Selbstakzeptierung findet.

Die unmittelbaren Ursachen von Verlegenheit sind also situationsgebunden, jedoch dürften auch personale Faktoren eine Rolle spielen. Allerdings ist eine Disposition der Verlegenheit bisher nicht bekannt beziehungsweise nicht erforscht. Statt dessen wäre es eher möglich, daß eine dispositionale Schüchternheit die Wahrscheinlichkeit des Auftretens von Verlegenheit mitbeeinflußt, da die verschiedenen sozialen Ängste miteinander korreliert sind. Buss (1980, 141) wirft daher die Frage auf, welche Menschen mit größter Wahrscheinlichkeit in den Zustand der Verlegenheit geraten und nennt in diesem Zusammenhang vier Klassen von Personen. Zunächst sind alle Menschen mit hoher öffentlicher Selbstaufmerksamkeit dafür anfällig. Sie fühlen sich ständig beobachtet und hervorgehoben und agieren im Bewußtsein, ein soziales Objekt darzustellen. Das mag schon ausreichen, um in relativ harmlosen Situationen verlegen zu werden. Menschen, denen soziale Kompetenzen fehlen, sind ebenfalls gefährdet. Wer tatsächlich ungeschickt ist, hat oft eine Veranlassung, in den Zustand der Verlegenheit zu geraten. In unserer Kultur ist die Bedeckung des Körpers ein Gebot, das von verschiedenen Menschen unterschiedlich intensiv und eindringlich erworben worden ist. Vor allem für manche Frauen ist der Körper mit einem hohen Maß an Privatheit verbunden, und wenn jemand Gelegenheit erhält, diesen zu sehen oder sogar zu berühren, wird das als sehr unangenehm empfunden. Solche Menschen werden am Strand, im Duschraum, beim Arzt oder bei der Aufnahme sexueller Beziehungen verlegen. Schließlich lassen sich Menschen danach unterscheiden, inwieweit sie dazu bereit sind, über ihre Wünsche, Gefühle, Motive, Einstellungen und persönlichen Daten Auskunft zu geben. Für manche Leute ist es ein Problem, anderen mitzuteilen, wie alt sie sind, welchen Beruf sie ausüben, welche Partei sie wählen und zu wem sie sich leidenschaftlich hingezogen fühlen. Wer über eine nur sehr geringe Bereitschaft zur Selbstenthüllung verfügt, ist besonders anfällig gegenüber versehentlichen Verletzungen seiner Privatheit und reagiert darauf mit Verlegenheit.

Die Konsequenzen von Verlegenheit können vielfältig sein. Bei den Mitmenschen kann Gelächter ausgelöst werden, das noch zu einer Verstärkung des Zustands führt. Höfliches Ignorieren dagegen hilft, diesen Zustand leichter zu überwinden. Bei sich selbst liegt eine unmittelbare Konsequenz in der Wahrnehmung von körperlichen Ereignissen. Man fühlt, daß das Gesicht errötet ist, und bewertet mit Hilfe dieser Information seinen derzeitigen Zustand, was gerade zu einem Aufschaukelungsprozeß der psychischen Beeinträchtigung führen kann. Neben diesem Informationswert des Errötens liegt eine weitere Konsequenz in einem vorübergehenden Verlust der Selbstakzeptierung. Im Verhaltensbereich besteht die Tendenz, die unangenehme soziale Situation zu verlassen. Außerdem ist beobachtet worden, daß verlegene Menschen sehr bereitwillig Hilfe anbieten und sich freiwillig zu etwas verpflichten, offenbar um das Gesicht zu wahren und ihren unangenehmen Zustand zu kompensieren. Verlegenheit ist also mit emotionalen, kognitiven und handlungsbezogenen Konsequenzen verbunden. Diese treten normalerweise direkt in der kritischen Situation auf, aber es gibt auch Erwartungsaspekte der sozialen Ängstlichkeit. Jemand kann aufgrund einer Reihe von Verlegenheitserlebnissen so sehr sensibilisiert sein, daß er schon bei einer herannahenden sozialen Situation mögliche Verlegenheitsereignisse gedanklich vorweg nimmt und darauf mit großem Unbehagen reagiert. Dies kann sich auch als ganz spezifische Furcht vor dem Erröten (Erythrophobie) manifestieren und ist dann keine echte Verlegenheit mehr, sondern eine krankhafte Ängstlichkeit gegenüber der eigenen Reaktion in sozialen Situationen.

Verlegenheit wird im Laufe der Lebensgeschichte gelernt und beruht nach Buss (1980, 231) auf bestimmten Sozialisationspraktiken. Auslachen und Hänseln sind verbale Bestrafungen von Verhaltensweisen, die mit den herrschenden Normen nicht im Einklang stehen. Kinder, denen ein kleines Mißgeschick oder eine Tabuverletzung unterlaufen ist, werden oft als tolpatschig, linkisch oder unbeholfen hingestellt und ausgelacht oder gehänselt. Auf diese Weise lernt das Kind zu unterscheiden, welche Dinge in der

Öffentlichkeit und welche im privaten Bereich getan und geäußert werden dürfen. Es behält dann viele Dinge für sich und bemüht sich, damit nicht an die Öffentlichkeit zu geraten, zum Beispiel beim Äußern eines sehr persönlichen Gedankens oder Gefühls ertappt zu werden. Mißlingt die Einhaltung der Privatheit, so tritt dieselbe psychische Reaktion auf, die aufgrund von verbalen Bestrafungen gelernt worden ist. Man errötet und fühlt sich verlegen. Im Laufe der Zeit erfolgt eine Koppelung von Verlegenheit und sozialer Hervorgehobenheit. Im Augenblick der sozialen Hervorgehobenheit wird man auf sich selbst als ein soziales Objekt aufmerksam. Dies ist die kognitive Voraussetzung von sozialer Ängstlichkeit.
Diese Sozialisationshypothese läßt sich dadurch untermauern, daß kulturelle Differenzen im Grad der Verlegenheit nachgewiesen werden. Angeblich gibt es in China, wo andere Sozialisationspraktiken als im Westen üblich sind, kaum Verlegenheit in der Bevölkerung. Zumindest wird berichtet, daß die Menschen dort so gut wie gar nicht erröten.

4.3.2 Scham

Eine andere Reaktionsweise, die sich als Spezialfall von sozialer Angst auffassen läßt, ist Scham. Dieses Gefühl ist eng mit Verlegenheit verbunden und läßt sich nicht immer eindeutig davon abgrenzen. Während Verlegenheit kurzfristig, relativ unbedeutend und frei von moralischen Implikationen erscheint, ist Scham längerdauernd, gravierender und moralbezogen. Das Gegenteil von Verlegenheit ist Gelassenheit, das Gegenteil von Scham ist Stolz. Schon bei amerikanischen Autoren gibt es da terminologische Verschiedenheiten, erst recht aber zwischen dem amerikanischen und dem deutschen Sprachgebrauch. Das Wort Scham liegt in einem sexuellen Bedeutungshof, während das Wort »shame« davon wenig berührt ist und statt dessen im Leistungsbereich am häufigsten angewandt wird. Mangels besserer Alternativen soll hier jedoch die Terminologie von Buss (1980) übernommen werden.
Die Reaktionsweise ist genauso wie bei der Verlegenheit, jedoch errötet man nicht, wenn man sich schämt. Geschieht dies trotzdem, dann liegen beide Emotionen gleichzeitig vor. Wer sich schämt, ist sich eines Fehlverhaltens bewußt und empfindet Selbstverachtung und Selbstenttäuschung. Er macht sich Vorwürfe, bereut das Geschehene, kommt sich wertlos und unwürdig vor und möchte am liebsten in die Erde versinken. Die unmittelbaren Ursachen von Scham liegen bei den meisten Menschen in offenkundigen Minderleistungen, in Nichterfüllung sozialer Erwartungen und in unmoralischem Verhalten. Hat man sich vorgenommen, in einer Wettbewerbssituation, wie sie in der Schule oder beim Sport gegeben ist, eine bestimmte Leistung zu erbringen, und mißlingt dieser Versuch, dann kann ein Schamgefühl eintreten. Meistens erfolgt dies in einem sozialen Kontext. Schämt man sich auch dann, wenn man allein ist, so läßt sich dies mit besonders hoher öffentlicher Selbstaufmerksamkeit erklären, die auch in Verbindung mit einem imaginären Publikum vorhanden sein kann. Scham ist noch stärker oder noch häufiger, wenn man aufgrund seiner Minderleistung andere enttäuscht, zum Beispiel wenn der Sportverein eine bessere Einzelleistung erwartet hatte und nun aufgrund individuellen Versagens ein negatives kollektives Ergebnis erzielt hat. Das Problem der Nichterfüllung sozialer Erwartungen spielt in viele Lebensbereiche hinein. Sexuelles Versagen ist ein bedeutsamer Anlaß für Scham. Feigheit zum Beispiel im Kampf ist unvereinbar mit der Norm der Männlichkeit, Egoismus ist unvereinbar mit prosozialen Normen. Ein den Normen zuwiderlaufendes Handeln ruft im allgemeinen Scham hervor. Alle möglichen Verletzungen der gültigen Moral sind grundsätzlich schamauslösend. Dazu gehören sozial geächtete sexuelle Handlungen oder Präferenzen,

wie zum Beispiel Masturbation oder Homosexualität, vorehelicher Geschlechtsverkehr beziehungsweise Schwangerschaft und Geschlechtskrankheiten. Lügen, Betrügen und Stehlen sind weitere unmoralische Handlungen, deren Entdeckung meistens zu Schamgefühlen führt. Dabei macht es einen Unterschied, ob man zum Beispiel das Finanzamt oder seinen besten Freund betrügt. Die Affektstärke hängt mit der Verwerflichkeit der Tat und der Art und Weise von Zuschreibung individueller Schuld zusammen.

Die überdauernden Ursachen der Scham können vielfältig sein. Eine Disposition zur Scham ist nicht bekannt, aber trotzdem sind manche Menschen anfälliger gegenüber dieser Reaktionsweise als andere. Zunächst kann öffentliche Selbstaufmerksamkeit ein Faktor sein, der die Auslösung von Schamgefühlen begünstigt. Wer sich selbst als soziales Objekt wahrnimmt und ständig überlegt, welchen Eindruck er wohl auf andere macht, wird sich eher schämen als jemand, der nicht so denkt. Eine andere Begünstigung für die Reaktion liegt im Vorhandensein eines Stigmas. Damit kann ein Körpermerkmal gemeint sein, wie zum Beispiel zu große Ohren, Übergewicht oder zu kleine Brüste.

Ein Stigma kann aber auch in der Familie liegen, wie zum Beispiel wenn der Vater ein bekannter Krimineller ist oder die Mutter eine Alkoholikerin. Auch in der eigenen Vergangenheit kann ein Stigma liegen, dessen man sich schämt, zum Beispiel, wenn man in der Zeit des Nationalsozialismus an Greueltaten beteiligt war und diese eines Tages entdeckt werden.

Scham ist verknüpft mit einer internalen Attribution des Ereignisses. Nur wenn man sich selbst für den Fehler verantwortlich fühlt oder glaubt, daß andere von der eigenen Verantwortlichkeit überzeugt sind, tritt die Reaktion auf. Die wesentliche Konsequenz ist ein Verlust an Selbstwertschätzung. Die Person verachtet sich selbst, wird schüchtern, meidet die Zeugen des Vorfalls und bemüht sich, jede weitere Enthüllung zu verhindern, die den Zustand verschlimmern würde. Andererseits kann das Schamgefühl auch positive motivationale Folgen haben. Nach Weiner (1980 b) tritt Schuld- oder Schamgefühl dann auf, wenn jemand seinen Mißerfolg mangelhafter eigener Anstrengung zuschreibt. Dies ist zugleich die beste Voraussetzung für eine Änderung des Verhaltens, also zum Beispiel für mehr Anstrengungsinvestition, um ein gestelltes Problem zu bewältigen. Weiner ist übrigens der Auffassung, daß ein auf mangelnde Fähigkeit zurückgeführter Mißerfolg keine Scham- oder Schuldgefühle erzeugt, sondern eher ein Gefühl der Inkompetenz. *Schuld* und *Scham* werden bei Weiner (1979, 1980 a, b) nicht getrennt, jedoch wird diese Differenzierung von vielen Autoren für wichtig gehalten. Izard und Buechler (1980, 168) sprechen von Schuldgefühl, wenn jemand sich selbst verantwortlich für die Verletzung innerer Maßstäbe macht. Sie sprechen von Scham und Schüchternheit (welche sie nicht trennen), wenn man glaubt, daß ein verwundbarer Aspekt des Selbst bloßgestellt wird. Auch Buss (1980, 160) nimmt eine ähnliche Unterscheidung vor. Beide Emotionen haben mit Moral zu tun, aber Schuld ist mehr an inneren und Scham ist mehr an äußeren Normen orientiert. Schuldig fühlt sich jemand, der einen anderen irgendwie verletzt oder beeinträchtigt hat, verschämt ist dagegen jemand, der andere enttäuscht hat, indem er zum Beispiel feige war oder verbotene sexuelle Handlungen ausgeführt hat. Der wichtigste Unterschied liegt in der Richtung selbstbezogener kognitiver Prozesse. *Um sich schuldig zu fühlen, bedarf es der privaten, um sich zu schämen, bedarf es der öffentlichen Selbstaufmerksamkeit.* Wenn niemand das Fehlverhalten beobachtet hat, liegt keine Veranlassung für Scham vor. Unentdeckte Taten können Schuldgefühle, nicht aber Schamgefühle hervorrufen. Das nachfolgende Handeln der betreffenden Person ist in beiden Fällen verschieden. Schuld kann man vor sich selbst abbauen, indem man sich zum Beispiel bestraft, sich besser verhält und alles tut, um das Selbstkonzept zu korrigieren. Scham erfordert

dagegen öffentliches Handeln, indem man sich vor anderen als kompetent oder moralisch beweist. Das regulative Verhalten ist im ersten Fall einer Autorität – zum Beispiel dem eigenen Gewissen – unterworfen, im zweiten Fall aber einer sozialen Bezugsgruppe, der gegenüber man Konformität oder Überanpassung beweisen muß.
Auch auf die Unterscheidung von Scham und Verlegenheit wird von manchen Autoren verzichtet. Dagegen führt Buss (1980, 163) Abgrenzungsmerkmale ins Feld. Bezüglich des Verlusts an Selbstwertschätzung und Abwendung des Blickkontakts gibt es unterschiedliche Ausprägungen in Abhängigkeit von den beiden hier zu vergleichenden Emotionen. Bei Scham haben wir es mit der intensiveren und länger dauernden Beeinträchtigung zu tun. Scham ist mit moralischen Maßstäben verbunden, Verlegenheit jedoch nicht. Die Reaktionsweise, die unmittelbaren Ursachen und die Konsequenzen sind recht verschieden. Bei Verlegenheit errötet man, bei Scham nicht. Es gibt niemals ein verlegenes Kichern oder Lächeln bei einem Menschen, der sich schämt. Vielmehr ist er deprimiert, hält sich persönlich für verantwortlich und kann sein Verhalten nicht mit Linkischkeit oder Tölpelhaftigkeit entschuldigen. Dem Verlegenen dagegen ist nur ein harmloser Fehler unterlaufen, er hat die Regeln der Anständigkeit verletzt, ist gehänselt oder zu hoch gelobt worden oder hat eine Vertraulichkeit entschlüpfen lassen. Der sich Schämende aber muß sein Tun als verwerflich erleben und wird daher sozial zurückgewiesen.
Die Entwicklung des Schamgefühls im Verlauf der Lebensgeschichte beruht nach Buss (1980, 228) auf der Sozialisation vor allem im Elternhaus. Zu Beginn ihres Lebens erfahren Kinder unbedingte Zuneigung. Sie werden nicht, weil sie richtig handeln, geliebt, sondern einfach weil sie da sind. Später wird der Grad der elterlichen Zuneigung mehr vom Handeln des Kindes abhängig gemacht. Wenn dies zu früh oder übertrieben geschieht, wird die Voraussetzung für eine unmäßige Entwicklung von Schuld- und Schamreaktionen geschaffen. Die Selbstwertschätzung wird zunehmend als abhängig vom Leistungshandeln und vom moralischen Handeln begriffen. Die Eltern setzen Ziele und Regeln, an denen sich das Kind orientiert. Beim Nicht-Erreichen oder Nicht-Einhalten solcher Standards wird dem Kind die Liebe vorübergehend entzogen, oder es wird ausgelacht. Dadurch erfährt es Verachtung und lernt, in derartigen Situationen die Selbstachtung gering zu halten. Der Erwerb eines übertriebenen Schamgefühls als spezielle Form sozialer Ängstlichkeit beruht auf einer zu intensiven Konfrontation mit diesen sonst durchaus normalen Sozialisationspraktiken. Außerdem muß das Kind, um sich richtig schämen zu können, eine kognitive Entwicklungsstufe erreicht haben, die öffentliche Selbstaufmerksamkeit ermöglicht, was wahrscheinlich im fünften Lebensjahr gegeben ist. Die Angaben dazu schwanken, weil dieser Sachverhalt noch nicht erforscht ist. Zeitlich früher auftretende Verhaltensweisen, die den Anschein erwecken, als schäme sich das Kind, sind lediglich Furchtreaktionen vor Bestrafung und Demutsgebärden zur Beschwichtigung der sanktionierenden Person. Auch der Hund, der den Schwanz einzieht, nachdem er ein Gebot verletzt hat, schämt sich nicht, sondern fürchtet Strafe.

4.3.3 Publikumsangst

Die typische Auslöseform für soziale Angst ist die Hervorhebung einer Person in einem sozialen Kontext, in dem das Augenmerk auf das Handeln dieser Person gerichtet ist. Die Aufteilung einer Gruppe in aktiv Handelnde und passiv Beobachtende rückt eine oder wenige Personen ins Rampenlicht und unterzieht sie einer impliziten oder expliziten Bewertungsprozedur. Die Angst vor einem Publikum ist daher weit verbreitet und wird von den meisten Menschen hin und wieder erfahren und als sehr unangenehm

erlebt. Die Ansprache vor Gästen, das Referat im Seminar, das Aufsagen eines Gedichts oder Vorrechnen einer Aufgabe in der Klasse, aber auch musische und sportliche Vorführungen sowie Arbeitsproben vor den Augen von Mitarbeitern und Vorgesetzten stellen Gelegenheiten dar, die normalerweise mit Publikumsangst verbunden sind. Die Reaktionsweise spielt sich auf vier Ebenen ab. Auf der Ausdrucksebene zeigt sich ein blasses Gesicht, eine unsichere Stimme und eine verkrampfte Körperhaltung. Physiologisch zeigt sich wie beim Streß eine Aktivierung des Sympathikus, die zu erhöhtem Blutdruck, erhöhter Herzfrequenz, Atembeschleunigung und Schweißausbruch führt. Im Verhalten tritt eine Desorganisation zutage. Der Sprecher stottert, fummelt in seinen Unterlagen oder an seinem Körper herum, vergißt, was er sagen wollte, und lacht nervös. Auf der Ebene des persönlichen Erlebens finden wir nach Angabe der Betroffenen zwei Faktoren: Emotionalität und Besorgtheit (worry). Die Person berichtet über einen nervösen Spannungszustand, einen zugeschnürten Hals und ähnliche Erregungssymptome. Sie ist in doppelter Hinsicht besorgt, denn sie erwartet eine Bewertung ihrer Handlungsqualität und eine mögliche soziale Zurückweisung. Leistungsangst und soziale Angst wirken hier gemeinsam. Ein Mißerfolg ist vor allem deswegen bedrohlich, weil er öffentlich geschieht. Dies ist prinzipiell nicht anders als in Prüfungen, Interviews, Klassenarbeiten und anderen Bewertungssituationen, in denen üblicherweise Leistungsangst auftritt. Hinzu kommt bei der Publikumsangst noch die mögliche Bewertung der eigenen Person schlechthin, unabhängig von der Handlungsqualität beziehungsweise dem Leistungsergebnis. Die äußere Erscheinung, der Redestil, die Gestik und auch die nebenbei zum Ausdruck kommende Einstellung oder auch politische Meinung sind Gegenstände der Bewertung durch das Publikum. Dabei werden manchmal die Handlungsqualität und die Selbstdarstellungsweise getrennt beurteilt, zum Beispiel indem man sagt, jemand sei zwar qualifiziert, aber als Redner sei er eine Zumutung für das Publikum, oder im anderen Falle, es sei ein Genuß, jemandem zuzuhören, auch wenn er nichts wesentliches mitzuteilen habe. Diese doppelte Besorgtheit ergibt sich besonders aufgrund der öffentlichen Selbstaufmerksamkeit, welche die kognitive Voraussetzung von Publikumsangst darstellt.
Die unmittelbaren Ursachen von Publikumsangst liegen in der sozialen Hervorgehobenheit der eigenen Person, der Neuartigkeit der Perspektive oder Rolle des Handelnden und der Struktur des Publikums einschließlich seiner Verhaltensweisen (Buss 1980, 170). Allein die Tatsache, daß man alle Blicke auf sich gerichtet fühlt, versetzt einen in den Zustand der öffentlichen Selbstaufmerksamkeit. Die gedankliche Vorwegnahme dieser Situation führt schon vor dem Auftritt zur sozialen Angst, die in diesem Falle auch als Lampenfieber bekannt ist. Dabei spielt es manchmal eine Rolle, ob man es gewohnt ist, einem Publikum ausgesetzt zu sein, oder ob man derartige soziale Situationen bisher nur aus der Perspektive des Zuschauers kennengelernt hat. Die Struktur des Publikums mag dabei ausschlaggebend sein. Ein Lehrer zum Beispiel fühlt sich vor seiner Klasse vielleicht ganz sicher und gelassen, aber wenn er vor den Kollegen oder den Eltern einen Bericht geben soll, zeigt er alle Symptome von Publikumsangst. Bei Studenten erleben wir es häufig, daß sie ohne Zögern bereit sind, vor einem kleinen Seminar ein Referat zu halten, jedoch nicht in einem prall gefüllten Hörsaal. Die Größe des Publikums und ein mittlerer Grad an Vertrautheit wirken ängstigend. Vor einem Kreis guter Freunde zu sprechen, ist normalerweise kein Problem. Eine große anonyme Menge von Personen, die man nicht kennt und auch niemals wieder treffen wird, ist zwar auch etwas belastend, doch weniger ängstigend als ein Publikum, dem man öfter oder verbindlicher ausgesetzt ist. Befindet sich jemand auf einer Vortragsreise und spricht vor vielen Menschen, die für ihn keine unmittelbare Bedeutung haben, so ist dies psychisch leichter zu verkraften. Das hängt speziell mit der Bewertungsangst zu-

sammen. Bewertung erscheint nämlich dann als bedrohlich, wenn es sich um signifikante Personen handelt, die das Publikum darstellen und denen man öfter unter die Augen treten muß. Weiterhin ist es nicht belanglos, wie sich das Publikum während der Handlungsausführung verhält. Wenn keiner die Miene verzieht, wenn eisiges Schweigen herrscht oder die Zuhörer teilnahmslos in der Gegend herumblicken, empfindet der Handelnde soziale Nichtbeachtung oder Desinteresse, was für ihn im Widerspruch zu seinem persönlichen Anstrengungsaufwand steht. Ist das Publikum jedoch positiv reaktiv, hält Blickkontakt, nickt zustimmend, lächelt wohlwollend oder zeigt sich von den Worten sichtbar beeindruckt, so verfliegt die Publikumsangst und macht einer freudigen oder produktiven Erregung Platz.

Eine überdauernde Ursache der Publikumsangst kann in der Disposition »Publikumsängstlichkeit« gesehen werden. Menschen lassen sich danach unterscheiden, inwieweit sie vor einem Publikum Gelassenheit und Ruhe bewahren oder Angstsymptome erkennen lassen, sofern es ihnen nicht gelingt, dieser sozialen Situation überhaupt aus dem Wege zu gehen. Offenbar gibt es hier eine Dimension, die vom Exhibitionismus auf der einen Seite bis zur totalen Unfähigkeit, öffentlich zu sprechen, auf der anderen Seite reicht. Die Art und Weise, wie jemand eine derartige Anforderungssituation bewältigt, hängt also nicht nur von situativen sondern auch von personalen Bestimmungsgrößen ab. Es gibt bisher wohl kein geeignetes Instrument, welches Publikumsängstlichkeit getrennt von anderen Aspekten sozialer Ängstlichkeit erfaßt, und es ist auch zu überlegen, ob damit sehr viel gewonnen wäre, denn Publikumsangst, Verlegenheit und Schüchternheit hängen sehr eng miteinander zusammen, so daß sie sich auf einer gemeinsamen Dimension abbilden lassen. Auch der Zusammenhang von sozialer Ängstlichkeit mit einer anderen Ängstlichkeit kann so hoch sein, daß wir es nicht mit getrennten Dimensionen zu tun haben. Schulangst zum Beispiel ist eine Mischung aus Angst vor Leistungsbewertung beziehungsweise Furcht vor Mißerfolg und Angst vor der sozialen Situation, in der dies geschieht. Es ist daher nicht verwunderlich, daß bei Schulkindern eine Korrelation von $r = .74$ zwischen Prüfungsängstlichkeit und Publikumsängstlichkeit gefunden wurde (nach Buss 1980, 180). Die von Buss selbst vorgelegte Skala der sozialen Ängstlichkeit (vgl. Tab. 7) enthält 6 Items mit verschiedenen Aspekten der sozialen Ängstlichkeit, die in seiner Analyse auf einer einzigen Dimension liegen. Drei davon beziehen sich auf Schüchternheit, eine auf Verlegenheit und zwei auf Publikumsängstlichkeit. Aufgrund von Unzufriedenheit mit dieser Vermischung hat der Autor eine weitere Skala entwickelt und erprobt, die aus 5 Items besteht, welche spezifische Publikumsängstlichkeit bei Studenten erfassen soll (1980, 178):

1. Ich bin ganz gelassen, bevor ich vor einer Gruppe reden soll.
2. Ich bin ängstlich, wenn ich vor einer Gruppe spreche.
3. Ich bin sehr nervös, während ich etwas vor anderen Leuten tue.
4. Meine Stimme bebt niemals, wenn ich im Seminar etwas vortrage.
5. Manchmal zittert mein Körper, wenn ich im Seminar zu sprechen anfange.

Diese Skala korreliert $r = -.34$ mit der Selbstwertschätzung, $r = .48$ mit Schüchernheit und $r = .21$ mit öffentlicher Selbstaufmerksamkeit. Private Selbstaufmerksamkeit stand dagegen in keinem Zusammenhang mit Publikumsängstlichkeit. Allgemeine Furchtsamkeit (ängstliche Erregbarkeit) korrelierte $r = .42$. Diese Befunde verwendet Buss zur Stützung seiner Theorie, wonach es mehrere dispositionale Ursachen der Publikumsängstlichkeit geben soll. Geringe Selbstachtung, Schüchternheit und öffentliche Selbstaufmerksamkeit gelten darin als Persönlichkeitsmerkmale, die sich auf die Besorgtheit mit der eigenen Person als soziales Objekt richten. Geringe Selbstachtung, Bewertungsangst und Furchtsamkeit tragen dazu bei, daß eine Besorgtheit mit der Handlungsausführung beziehungsweise Handlungsqualität entsteht. Die beiden Gruppen von Kognitionen stellen die Ursachen für die jeweilige Ausprägung der Publikumsängstlichkeit dar.

Auf der Prozeßebene unterscheidet der Verfasser drei Zeitintervalle, die für die Entstehung von Publikumsangst bedeutsam sind: vor dem Auftritt, die ersten beiden Minuten während des Auftritts und die restliche Zeit bis zum Ende der Ausführung. Vor dem Auftritt herrscht vor allem Besorgtheit über das Gelingen der geplanten Handlung, die Konsequenzen eines möglichen Mißerfolgs und die Akzeptierung durch das Publikum. Diese Phase ist oft von Selbstzweifeln begleitet. Die ersten ein bis zwei Minuten stellen den Gipfel der Publikumsangst dar, weil alle Augen auf den Handelnden gerichtet sind und eine gespannte und erwartungsvolle Atmosphäre, wenn nicht sogar eine knisternde Spannung, herrscht. In diesem Augenblick fühlt sich der Redner sehr exponiert und sehr verwundbar. Während des weiteren Verlaufs richtet er seine Aufmerksamkeit weg von der eigenen Person und hin zur Sache, über die er redet, so daß der Grad der Erregung absinkt. Buss (1980, 174) berichtet von Untersuchungen, nach denen die Herzfrequenz vor dem Auftritt auf 114 Schläge pro Minute ansteigt, während der ersten Redeminute auf 124, während der restlichen Vortragszeit auf 114 und nach dem Vortrag auf 98 zurückgeht.

Die allmähliche Behebung von Publikumsangst folgt dieser Phaseneinteilung rückwärts. Bei wiederholten Auftritten gewöhnt man sich zuerst an die allgemeine Situation und stabilisiert seine Handlungsausführung, indem man sich während des Hauptteils gelassener verhält. Später gelingt es auch, schon während der ersten beiden Minuten die Konzentration ganz und gar auf die zu behandelnde Sache zu richten und nicht in den Zustand der öffentlichen Selbstaufmerksamkeit zu geraten. Als am schwierigsten erweist sich der Abbau der Bewertungsangst, die in der Vorphase des Auftritts dominiert. Die meisten Menschen werden besorgt darüber bleiben, wie gut sie in der Öffentlichkeit agieren, und werden bei der gedanklichen Vorwegnahme von Mißerfolgen ängstlich erregt sein. Nur wenigen ist es vergönnt, mit Zuversicht und Gelassenheit allen sozialen Sprechsituationen entgegenzutreten.

4.3.4 Schüchternheit

Eine andere Sonderform der sozialen Ängstlichkeit ist Schüchternheit, die man an einer Beeinträchtigung des Sozialverhaltens erkennt (Zimbardo 1977, 22):
- Schüchternheit macht es schwierig, neue Kontakte zu knüpfen und soziale Erfahrungen zu genießen.
- Sie hindert daran, eine Überzeugung auszusprechen und die eigenen Interessen durchzusetzen.
- Sie macht uns nur begrenzt aufnahmefähig gegenüber dem Lob von anderen.
- Sie begünstigt Selbstaufmerksamkeit und eine ständige Voreingenommenheit mit der eigenen Person.
- Sie beeinträchtigt die Kommunikation und führt zur Desorganisation des Verhaltens.
- Sie wird begleitet von Angst, Depression und Einsamkeit.

Die schüchterne Reaktionsweise läßt sich auf der Gefühlsebene und auf der Verhaltensebene ablesen. Sie ist durch die relative Abwesenheit eines erwarteten Sozialverhaltens charakterisiert (Buss 1980, 184). Der Schüchterne meidet Blickkontakt, hält Abstand und setzt sich in eine Ecke, um außerhalb der »Schußlinie« zu sein und schnell entweichen zu können. Er spricht wenig und leise und macht lange Pausen. Dabei bleibt er ernst, zurückhaltend, und reduziert seine Körperbewegungen. All dies sind zugleich die Merkmale des höflichen Menschen, der die Belange seiner Mitmenschen respektiert, feinfühlig auf soziale Hinweise achtet und bemüht ist, sich in die Rolle des Gesprächspartners zu versetzen. Das Gegenteil ist der extravertierte, laute, ordinäre, dummdreiste und impulsive Mensch. Die positiven Elemente der Schüchternheit sind es wohl auch, die etwa 10–20% der Schüchternen dazu veranlassen, sich genau so zu mögen, wie sie sind (Zimbardo, 1977, 34). Was unterscheidet also Schüchternheit von Höflichkeit? Auf die Absicht kommt es dabei vor allem an. Der Höfliche setzt seine sozialen Verhaltensweisen gezielt und bewußt ein, der Schüchterne dagegen kann nicht anders, als er ist. Die nicht schüchterne, aber höfliche Person setzt ihre Interessen durch, findet einen sozial-akzeptablen Weg der Selbstbehauptung. Außerdem unterscheiden sich beide durch ihre Emotionen. Der Höfliche bleibt ruhig und gelassen. Der Schüchterne wird von sozialer Angst überflutet und befindet sich im Zustand öffentlicher Selbstaufmerksamkeit. Er ist angespannt, fühlt sich aufgrund der sozialen Anforderungssituation belastet und kommt sich linkisch und befangen vor. Damit geht eine Aktivierung des Sympathikus einher. Ängstliche Erregung ist die eine Komponente der Emotion, während zusätzlich kognitive Aspekte eine Rolle spielen. Die Person ist besorgt über ihre soziale Kompetenz und hegt Selbstzweifel. Sie nimmt die soziale Situation und die damit verbundene Gefährdung der eigenen Person gedanklich vorweg und fürchtet eine Bedrohung ihres Selbstwertes. Die unmittelbaren Ursachen schüchternen Verhaltens liegen in der Fremdartigkeit der sozialen Situation und der eigenen Hervorgehobenheit begründet. Wenn man die Schule oder den Arbeitsplatz wechselt, Fremden begegnet oder als Lehrer zum ersten Mal vor einer Schulklasse steht, tendiert man zu Schüchternheit, auch wenn man sich selbst vielleicht einredet, es handele sich um »vornehme Zurückhaltung«. Ist die Umgebung sehr formell oder hat man mit sehr angesehenen Leuten oder nur mit Angehörigen des anderen Geschlechts zu tun, so führt dies noch zu einer Verstärkung. Auch die Art und Weise, wie andere sich verhalten, spielt eine Rolle. Erhält man zu wenig oder zuviel soziale Zuwendung, oder dringen die Interaktionspartner zu weit in die Privatsphäre ein, entsteht Schüchternheit, und das Individuum versucht, die Situation zu verlassen oder sie mit möglichst geringer Unbeholfenheit zu durchstehen. Zimbardo (1977, 55) hat Studenten gefragt, was sie dazu veranlaßt, schüchtern zu sein, und konnte auf diesem Wege eine Rangordnung von bedrohlichen Sozialumwelten ermitteln (Tab. 14).

Tab. 14: Rangordnung von Auslösesituationen der Schüchternheit bei Studenten (nach Zimbardo, 1977, 55)

Andere Menschen	*Anteil schüchterner Studenten*
Fremde	70%
Angehörige des anderen Geschlechts	64%
Autoritätspersonen (aufgrund ihrer Sachkenntnis)	55%
Autoritätspersonen (aufgrund ihrer Rolle)	40%
Verwandte	21%
Alte Leute	12%
Freunde	11%
Kinder	10%
Eltern	8%
Situationen	
Wenn ich vor einer Gruppe im Mittelpunkt stehe	73%
Große Gruppen	68%
Wenn ich einen niedrigen Status einnehme	56%
Soziale Situationen im allgemeinen	55%
Neue Situationen im allgemeinen	55%
Wenn ich mich selbst behaupten muß	54%
Wenn ich bewertet werde	53%

Wenn ich in kleinen Gruppen im Mittelpunkt stehe	52 %
Kleingruppen	48 %
Interaktionen mit einem Angehörigen des anderen Geschlechts	48 %
Wenn ich Hilfe benötige und verwundbar bin	48 %
Aufgabenorientierte Kleingruppen	28 %
Interaktionen mit einem Partner desselben Geschlechts	14 %

Es handelt sich hier um zwei Items aus dem »Stanford Shyness Survey«, einem 42-Item-Fragebogen, der bei über 5000 Personen weltweit eingesetzt worden ist. Dies scheint nicht eine Skala im psychometrischen Sinne zu sein, mit der man eine Disposition erfaßt, als vielmehr ein Befragungsinstrument, mit dem die Verbreitung von Schüchternheit in der Bevölkerung sowie einige damit zusammenhängende Variablen erhoben werden sollen (zur Methode der Befragung vgl. Schwarzer 1982). Die Autoren haben eine Reihe wertvoller Befunde damit gesammelt, so auch die Feststellung, daß sich jeder zweite Amerikaner als schüchtern bezeichne. Die Schüchternen und die Nichtschüchternen kreuzen fast alle der Items an, allerdings mit unterschiedlicher Intensität. Es gibt daher keinen qualitativen Unterschied zwischen den beiden Personengruppen, sondern einen quantitativen. Die Schüchternen berichten, daß sie von allen unangenehmen Situationen ein höheres Ausmaß erfahren, nicht aber, daß sie andere Situationen erleben. Zweifellos ist dispositionale Schüchternheit ein wesentlicher Faktor, der zur Auslösung akuten schüchternen Verhaltens beiträgt. Es gibt einige Versuche, dieses Persönlichkeitsmerkmal diagnostisch zu erfassen, doch spielt fast immer irgendein anderes Merkmal mit hinein, wie zum Beispiel Verlegenheit oder allgemeine soziale Ängstlichkeit. Schüchterne bezeichnen sich selbst normalerweise als introvertiert und zurückhaltend. Daher ist zu fragen, wie sich solche Aspekte von der eigentlichen Schüchternheit im engeren Sinne trennen lassen. Vielleicht ist sie nichts anderes als eine geringe Neigung zur Geselligkeit? Um dieser Frage genauer nachzugehen, hat Buss (1980, 193) beide Merkmale mit Hilfe von kurzen Skalen operationalisiert. Die Schüchternheitsskala sollte Beeinträchtigungen, Spannungsgefühle und Befangenheit in sozialen Situationen messen. Zu diesem Zweck wurden neun Items entwickelt:
  1. Ich bin angespannt, wenn ich mit Leuten zusammen bin, die ich nicht gut kenne.
  2. Ich fühle mich in sozialen Situationen beeinträchtigt.
  3. Im Beisein anderer bin ich etwas unbeholfen.
  4. Bei Parties und anderen geselligen Anlässen fühle ich mich oft unbehaglich.
  5. Bei der Unterhaltung bin ich besorgt, daß ich etwas Dummes sagen könnte.
  6. Wenn ich mit einer Autoritätsperson spreche, bin ich ganz nervös.
  7. Ich bin schüchterner gegenüber Angehörigen des anderen Geschlechts.
  8. Es bereitet mir Schwierigkeiten, jemandem direkt in die Augen zu blicken.
(–) 9. Es macht mir nichts aus, mit Fremden zu sprechen.
Die Geselligkeitsskala ist noch kürzer. Sie soll das Bedürfnis nach Kontakt mit anderen Menschen erfassen:
  1. Ich bin gern mit Menschen zusammen.
  2. Ich begrüße die Gelegenheit, mit anderen Leuten zusammenzutreffen.
(–) 3. Ich arbeite lieber allein als mit anderen.
  4. Ich finde Menschen angenehmer als alles andere.
  5. Ich wäre unglücklich, wenn ich daran gehindert würde, viele soziale Kontakte zu knüpfen.

Die Geselligkeitsitems beziehen sich auf das *Bedürfnis* oder den Wunsch, mit anderen Leuten zusammenzusein. Die Schüchternheitsitems dagegen beziehen sich auf Gefühle und Verhaltensweisen *während* einer sozialen Interaktion. Dadurch ist eine Vermi-

schung beider Merkmale verhindert. Beide Skalen sind an fast 1500 Studenten eingesetzt worden und erbrachten eine Korrelation von r = -.33. Damit ist ausgesagt, daß Personen mit geringer Geselligkeitstendenz wahrscheinlich auch schüchterner sind. Andererseits ist der Zusammenhang so schwach, daß man beide Merkmale nicht inhaltlich gleichsetzen kann. Vielmehr beruhen sie auf getrennten Dimensionen. Jemand, der schüchtern ist, kann durchaus über ein Geselligkeitsbedürfnis verfügen, und jemand, dem ein Geselligkeitsbedürfnis fernliegt, braucht deswegen noch nicht schüchtern zu sein. Was Personen in sozialen Situationen wirklich tun, wird kaum von ihrem Geselligkeitsbedürfnis, aber mehr von ihrer Schüchternheit bestimmt. Das Geselligkeitsbedürfnis mag höchstens eine Rolle spielen, wenn jemand sich entscheiden will, ob er eine soziale Situation aufsucht oder lieber nicht.
Schüchternheit ist ebenfalls verknüpft mit Selbstaufmerksamkeit. Zimbardo (1977, 44) berichtet, daß 85% aller Schüchternen intensiv mit sich selbst gedanklich beschäftigt sind. Jemand, der den Blick auf sich als ein soziales Objekt lenkt, wird sich leicht hervorgehoben und beobachtet fühlen und entwickelt eine zu strenge Selbstkritik hinsichtlich des eigenen Sozialverhaltens. Private Selbstaufmerksamkeit dürfte aufgrund der Theorie nichts mit Schüchternheit zu tun haben, denn es geht bei dem Problemverhalten um eine relative Abwesenheit sozialen Verhaltens und nicht etwa um ganz persönliche Aspekte des Individuums. Buss (1980, 196) hat auch dafür Korrelationsbefunde vorgelegt. Mit privater Selbstaufmerksamkeit korreliert die Schüchternheitsskala bei 1500 Studenten nicht signifikant, mit öffentlicher Selbstaufmerksamkeit dagegen zu r = .26. Schüchterne Personen tendieren also dazu, über eine Disposition zur öffentlichen Selbstaufmerksamkeit zu verfügen. Auch die Selbstwertschätzung hängt damit zusammen. Wer mit einem stabilen Selbstkonzept in soziale Situationen hineingeht, wird sich nicht so schnell vom Verhalten seiner Mitmenschen beeinträchtigen lassen. Wird zum Beispiel die zur Begrüßung ausgestreckte Hand ignoriert oder ein Lächeln mit einem »steinernen Gesicht« beantwortet, so macht es einem vor allem dann etwas aus, wenn man über eine nur geringe Selbstachtung verfügt, die dadurch noch stärker beeinträchtigt wird. In derselben Untersuchung korreliert die Schüchternheitsskala mit einer Selbstwertskala zu r = -.51, was ein deutlicher Hinweis darauf ist, daß schüchterne Personen im Durchschnitt über ein geringes Selbstwertgefühl verfügen. Dies ist auch eine immer wiederkehrende Aussage bei Zimbardo (1977), der deswegen im zweiten Teil seines Buches Übungsmethoden empfiehlt, mit denen man sein Selbstkonzept verbessern kann. Schüchterne müssen lernen, auf dosierte Weise mehr soziale Risiken einzugehen und ihre Umwelt systematischer und mutiger zu explorieren. Der Aufbau einer Erwartung von Selbstwirksamkeit und der Abbau von Schüchternheit gehen dabei Hand in Hand. Da der Mangel an effektiven sozialen Kompetenzen ein grundlegendes Problem in der sozialen Ängstlichkeit ist, müssen solche Fertigkeiten erworben werden. Das geht nur über zusätzliche soziale Erfahrungen.
Schüchternheit führt unter anderem auch zu einer Reduzierung von Sexualerfahrungen. Bei einer Befragung von 260 Psychologiestudenten ermittelte Zimbardo (1977, 128), daß dreiviertel der schüchternen Frauen sich als unberührt ausgaben gegenüber nur 38% der Nichtschüchternen. Bei Männern lag das Verhältnis bei 59% zu 38%. Außerdem waren die Häufigkeiten verschiedener sexueller Aktivitäten bei Schüchternen erheblich geringer. Auch soll der Spaß an der Sache weniger ausgeprägt sein. Die Ausführung der sexuellen Akte verläuft wenig einfallsreich, dauert nicht lange und findet meistens im Dunkeln statt. Dies wird damit begründet, daß Sexualität in der heutigen Gesellschaft als eine leistungsthematische Angelegenheit verstanden wird und der Schüchterne sich auch hier vor Unbeholfenheit und möglichem Versagen fürchtet. Eine Prostituierte berichtet, daß es Kunden gibt, die 60$ für die Stunde bezahlen und dann

zu schüchtern sind, um zur Sache zu kommen. Daraufhin ließ Zimbardo 20 aktive Prostituierte in ihrer Freizeit von ehemaligen Prostituierten befragen. Diese Frauen schätzten im Durchschnitt, daß 60% ihrer Kunden schüchtern sind. Diese Männer sind daran erkennbar, daß sie sich erst einmal eine Weile umsehen, mehrmals um den Häuserblock gehen, einsam aussehen und Ermutigung benötigen. Im Sexualverhalten sind sie submissiv, höflich, linkisch, und sie lassen sich sehr leicht zufriedenstellen. Dabei sind sie nervös und besorgt über ihre Handlungsausführung. Sie sind gedanklich vor allem mit sich selbst beschäftigt.

Die Entstehung von Schüchternheit beruht nach Zimbardo vor allem auf Attributionsvoreingenommenheiten und den kulturellen Werten der heutigen Zeit. Schüchterne sehen die Ursache für ihr Verhalten bei sich selbst, während andere sie eher in der Situation sehen. Es gibt genügend Gelegenheiten, in denen die soziale Interaktion nicht so verläuft, wie man es sich wünscht. Da macht es dann einen Unterschied, worauf man dieses unbefriedigende Ereignis zurückführt. Ist jemand oft auf sich selbst aufmerksam, so wird er auch dazu neigen, sich für alle möglichen Ereignisse verantwortlich zu machen. Verfügt er über ein schwaches Selbstkonzept, dann wird er sich vor allem die Schuld für die negativen Ereignisse zuschreiben. So entsteht ein festgefügtes Bild von der eigenen Person, die sozial beeinträchtigt ist. Ausgelöst oder verstärkt wird dieser Prozeß dadurch, daß eine andere Person das Individuum als schüchtern abstempelt. Die dominierenden kulturellen Werte, die durch individuelles Erfolgsstreben, ehrgeizige Anspruchsniveausetzung und bedingte Zuneigung charakterisiert sind, begünstigen die Entstehung von Schüchternheit. Die Entwicklungstheorie von Buss (1980, 224), betont dagegen andere Aspekte. Er unterscheidet zwischen einer sich in den ersten Lebensjahren entwickelnden Schüchternheit und einer zweiten Phase, die ungefähr nach 5 Lebensjahren beginnt. Das kleine Kind zeigt Unbehagen in fremdartigen Situationen, zum Beispiel wenn sich ein Fremder nähert und die Mutter nicht dabei ist. Die Neuartigkeit einer sozialen Situation ist auslösend. Aber es gibt auch individuelle Unterschiede in der Emotionalität und in dem Geselligkeitsbedürfnis, zwei Merkmale, welche über genetische Komponenten verfügen sollen. Ein schüchternes Kleinkind ist leicht emotional erregbar und verfügt nur über ein geringes Geselligkeitsbedürfnis, so daß es in allen neuartigen sozialen Situationen unruhig, gespannt und unbehaglich, also schüchtern, reagiert. Die sich spät entwickelnde Schüchternheit dagegen beruht vor allem auf der Wahrnehmung der eigenen Person als soziales Objekt. Diese Entwicklungsstufe ist nach ungefähr fünf Jahren erreicht. Zur Emotionalität und Soziabilität kommt nun die öffentliche Selbstaufmerksamkeit hinzu. Das Kind lernt, sich selbst bei seinem Sozialverhalten zu beobachten und seine Handlungsausführungen zu interpretieren. Wenn es oft unter Gleichaltrigen ist und dort soziale Verhaltensmuster einübt, braucht es ein Vertrauen dafür, welches zu früherer Zeit die Mutter geliefert hatte. Daraus wird jetzt Selbstvertrauen, weil das Kind in den meisten sozialen Situationen auf sich selbst angewiesen ist und nicht länger bei der Mutter Schutz suchen kann. Ist die Entwicklung des Selbstkonzepts weniger positiv verlaufen, so fehlt nun ein wichtiges Element in der Realisierung sozialer Kompetenzen. Hohe Emotionalität und geringe Soziabilität steuern die Entwicklung der Schüchternheit also in den ersten Lebensjahren, bis später eine hohe öffentliche Selbstaufmerksamkeit und ein geringes Selbstwertgefühl erschwerend für die weitere Entwicklung hinzukommen.

4.3.5 Gemeinsamkeit und Verschiedenheit sozialer Ängste

Verlegenheit, Scham, Publikumsangst und Schüchternheit stellen vier Ausdrucksformen von sozialer Angst dar. Sie haben gemeinsam, daß in Anwesenheit anderer Perso-

nen ein Gefühl des Unbehagens und der Selbstwertbeeinträchtigung vorherrscht. Gleichzeitig tritt ein Zustand öffentlicher Selbstaufmerksamkeit ein. Dieser kann Voraussetzung oder Folge von sozialer Ängstlichkeit sein oder beides. Darüber hinaus spielen weitere Persönlichkeitsmerkmale eine fördernde oder hemmende Rolle, wie zum Beispiel das Selbstkonzept und die Erregbarkeit. Grundsätzlich geht es um die Frage, wie man sein Denken, Fühlen und Handeln in sozialen Situationen reguliert. Sozialbeziehungen können eine Anforderung an das Individuum darstellen. Das ist besonders dann der Fall, wenn die soziale Umwelt fremdartig und ungewohnt ist. Ein gefüllter Raum, in dem man Mittelpunkt des Interesses ist, ein Annäherungsversuch gegenüber dem anderen Geschlecht, ein Versuch eines anderen Menschen, die eigene Freiheit einzuschränken, stellen Anforderungen der Umwelt dar, denen das Individuum mit irgendwelchen Handlungen begegnen muß. Es geht hier also um sozialen Streß. Ist jemand oft verlegen, schüchtern und ängstlich, so bringt er zu wenig Kompetenzerwartungen in die Situation ein, das heißt die dispositional geringe subjektive Kompetenz beeinflußt die Art und Weise seiner Situationseinschätzung schon auf der ersten Bewertungsstufe. Die soziale Situation kann als herausfordernd, schädigend oder bedrohlich eingestuft werden, sofern sie überhaupt als relevant wahrgenommen wird. Wir gehen durch viele Situationen, ohne überhaupt zu bemerken, daß es sich um soziale Situationen handelt. Will jemand zum Beispiel mit dem Lift von einem Stockwerk zum anderen fahren, können seine kognitiven Prozesse auf das Ziel der Fahrt, nämlich auf das Aussteigen im zehnten Stock, gerichtet sein, oder auf die Probleme, die er dort zu lösen hat, beziehungsweise die er gerade in der ersten Etage gelöst hat. Die Tatsache, daß außer ihm im Fahrstuhl noch fünf Angehörige des anderen Geschlechts stehen, wird von ihm erst dann als soziale Anforderungssituation erkannt, wenn er nicht mit anderen Kognitionen voreingenommen ist. Richten sich die kognitiven Prozesse aber auf diese soziale Situation, so erlebt das Individuum eine Hervorgehobenheit gegenüber den anderen Personen, die ihn stärker auf sich selbst aufmerksam und vielleicht befangen macht. Dies um so mehr, wenn die Damen ihn durchdringend anblicken oder ihn ansprechen oder wenn er bemerkt, daß ihm ein paar Knöpfe offenstehen, er nach Zwiebelsuppe riecht oder ihm der Magen knurrt. In dieser Streßsituation muß er zu Bewältigungsstrategien schreiten, indem er an sich herumfummelt, die Bedienungsanleitung des Fahrstuhls mit gefalteter Stirn anblickt, sich mühsam einen Satz über das Wetter abringt, sich eine Zigarette anzündet oder innerlich das Ende der Fahrt herbeisehnt. Bemerkt er, daß er errötet, so erhält er dadurch die Information, daß er dieser sozialen Situation nicht gewachsen ist. Die Selbstwahrnehmung verstärkt die unangenehmen Begleitemotionen und erschwert die Suche nach zusätzlichen Bewältigungsstrategien, mit denen man auf instrumentelle Weise die Situation unter Kontrolle bringt. Soziale Angst in ihren verschiedenen Varianten kann in derartigen Situationen aber auch ausbleiben. Beobachtet man verschiedene Personen in sozial relevanten Fahrstuhlsituationen, so findet man dort solche vor, die ruhig und gelassen diese Minuten verbringen, und solche, die gut gelaunt und freudig erregt dabei sind und die Anwesenden sofort ins Gespräch ziehen oder zumindest eine lustige Bemerkung machen. Warum also sind die einen sozial ängstlich und die anderen nicht?
Ein wesentlicher Faktor ist die öffentliche Selbstaufmerksamkeit. Sofern man sich selbst nicht als soziales Objekt wahrnimmt, kommt es gar nicht zu der Streßphase. Ist jemand aber sensibel für eigene Person-Umwelt-Bezüge, dann bewertet er die Situation vielleicht als herausfordernd und agiert bewußt mit der Tendenz, auf die anderen einen guten Eindruck machen zu wollen oder Kontakte zu knüpfen. Bewertet er dagegen die Situation als schädigend oder verletzend, zum Beispiel weil der Fahrstuhl voller Handwerker ist, die den dunklen Anzug beschmutzen könnten, so reagiert er vielleicht

ärgerlich. Bewertet er die Umwelt aber als bedrohlich, so entsteht soziale Angst, und zwar nicht, weil er einen Angriff seitens der mitreisenden Damen fürchtet, sondern weil es sich hier um eine Selbstwertbedrohung handelt. Dies charakterisiert sein Verhalten: er meidet Blickkontakt, versucht, das Gesicht zu bedecken, initiiert irgendwelche überflüssigen Handlungen, errötet oder verkriecht sich hinter einer aufgeschlagenen Zeitung, das heißt, er ist verlegen oder schüchtern oder beides. Dies ist er nicht wegen der spezifischen Personen, mit denen er zufällig aneinandergeraten ist, sondern wegen seines Selbst. Die subjektive Überzeugung, in sozialer Hinsicht nicht kompetent genug zu sein, ist die entscheidende Ursache für das Auftreten sozialer Angst. Die öffentliche Selbstaufmerksamkeit leistet hier sozusagen die Zubringerfunktion. Erst wenn die kognitiven Prozesse auf das Selbst in seiner scheinbaren oder tatsächlichen Inkompetenz gerichtet sind, werden die sozialen Umweltanforderungen als kaum überwindbar angesehen. Wir haben es hier mit den Kognitionen zu tun, die typischerweise in Streßsituationen auftreten. Die Person entwickelt blitzartig ein Situationsmodell und stellt diesem ein Selbstmodell entgegen. Das Situationsmodell stellt die Bewertung der augenblicklichen sozialen Umwelt im Hinblick auf deren Struktur sowie deren Herausforderung, Schädigung oder Bedrohung dar. Das Selbstmodell stellt die Bewertung der eigenen Person als ein sozial mehr oder weniger kompetentes Wesen dar. Aufgrund dieser beiden Modellbildungen wird der Prozeß der Bewältigung der sozialen Umweltanforderungen in Gang gesetzt. Eine Sonderform davon wäre das Verlassen der Situation, sofern dies möglich ist. Das Beispiel mit dem Fahrstuhl voller Frauen war gewählt worden, weil dort gerade nicht die Möglichkeit zur Vermeidung gegeben ist. Hier laufen minutenlang zwangsläufig Bewältigungsprozesse ab.

Die Tatsache, daß das Selbst in der Auslösung von sozialer Angst von zentraler Bedeutung ist, ließe sich leicht experimentell zeigen, aber schon die Alltagserfahrung lehrt uns, daß schüchterne, verlegene, schamhafte und ängstliche Menschen schlagartig andere Wesen sind, wenn sie sich eine Maske aufsetzen. Wer in ein anderes Selbst schlüpfen darf, erhält die willkommene Gelegenheit, seine persönliche Besorgnis abzustreifen und mit sozialen Kompetenzen, die er bei anderen beobachtet hat, relativ schwierige Situationen zu meistern. Der schüchterne alte Beamte wird plötzlich zum temperamentvollen Playboy, wenn er sein Karnevalskostüm trägt. Für manche Menschen genügt schon die Sonnenbrille oder der Schianzug, um sich selbst als ein anderer wahrzunehmen. Ein Gegenpol zur sozialen Angst liegt in der sozialen Exploration. Jemand, der über eine hohe subjektive Kompetenzerwartung für soziale Situationen verfügt (also über ein vorteilhaftes Selbstmodell), wird eher bereit sein, das Risiko sozialer Zurückweisung einzugehen und neugierig Kontakte knüpfen, um seine soziale Umwelt näher kennenzulernen.

Trotz aller Gemeinsamkeit gibt es auch Verschiedenheiten von sozialen Ängsten, weswegen es sinnvoll gewesen ist, dafür besondere Abschnitte in diesem Kapitel zu reservieren. Zusammengefaßt sollen die vier sozialen Ängste in Anlehnung an Buss (1980, 94) gegenübergestellt werden (Tab. 15). Verlegenheit und Scham hängen relativ eng miteinander zusammen, während Publikumsangst und Schüchternheit ebenfalls ein Paar für sich bilden. Bei Verlegenheit und Scham finden wir die Tendenz, das Gesicht zu bedecken und sich selbst für ein kritisches Ereignis oder eine Ungeschicklichkeit verantwortlich zu machen, während diese beiden Reaktionsweisen bei Publikumsangst und Schüchternheit nicht vorkommen. Dafür werden bei ihnen entsprechende Dispositionen angenommen. Sie werden sowohl aufgrund von Persönlichkeitsmerkmalen als auch aufgrund von sozialer Hervorgehobenheit, Neuartigkeit der Situation und Bewertungsangst ausgelöst. Dagegen spielt bei Verlegenheit und Scham die Enthüllung von Privatheit eine Rolle. Dies kann die peinlich berührende Mitteilung aus dem Privatleben des Gesprächspartners sein oder das Entschlüpfen eines sehr persönlichen Gedankens oder Gefühls in der falschen Situation. Die Aktivität des autonomen Nervensystems soll bei zwei Emotionen auf dem Sympathikus und bei den anderen beiden auf dem Parasympathikus beruhen. Die weitere Erforschung dieser physiologischen Reaktionen ist wichtig, da man früher geglaubt hatte, alle Emotionen hätten das gleiche Erregungsmuster und unterschieden sich nur durch ihre kognitiven Komponenten (zum Beispiel Schachter/Singer 1962), während heute angenommen wird, jede Emotion beruhe sowohl auf einer spezifischen Kognition als auch auf einer spezifischen Erregung (zum Beispiel Birbaumer 1977, Lazarus u. a. 1980).

Tab. 15: Erscheinungsformen und Ursachen von vier sozialen Ängsten (Buss 1980, 211)

	Verlegenheit	Scham	Publikums-angst	Schüchternheit
Erscheinungsformen				
Bedecken des Gesichts	Ja	Ja	Nein	Nein
Vorherrschen des Parasympathikus	Ja	Ja	Nein	Nein
Vorherrschen des Sympathikus	Nein	Nein	Ja	Ja
Selbstanschuldigung	Ja	Ja	Nein	Manchmal
Persönlichkeitsmerkmal	Nein	Nein	Ja	Ja
Ursachen				
Hervorgehobenheit	Manchmal	Nein	Ja	Ja
Neuartigkeit	Nein	Nein	Ja	Ja
Enthüllung von Privatheit	Ja	Ja	Nein	Nein
Bewertungsangst	Nein	Nein	Ja	Manchmal

Im Mittelpunkt der vier sozialen Ängste steht die akute öffentliche Selbstaufmerksamkeit. Sie ist auf folgende Weisen mit ihnen verknüpft. Agiert die Person vor einer Zuhörermenge und wird furchtsam erregt, dann leidet sie unter Publikumsangst. Wenn sich die soziale Interaktion mit anderen Personen abspielt und das Sozialverhalten beeinträchtigt wird, leidet das Individuum unter Schüchternheit. In beiden Fällen findet eine Aktivierung des Sympathikus statt, besteht soziale Hervorgehobenheit, Bewertungsangst und eine Desorganisation des Handelns. Publikumsangst enthält dabei einen stärkeren Affekt als Schüchternheit. Kommt sich die Person albern und unbeholfen vor, erlebt sie Verlegenheit; empfindet sie Selbstverachtung, erlebt sie Scham. Bei Scham und Verlegenheit dominiert die parasympathische Aktivität. Scham ist intensiver und länger anhaltend und mit größerer Selbstanschuldigung verbunden.
Zusammengefaßt läßt sich sagen, daß soziale Angst eine komplexe Begleitemotion in sozialen Streßsituationen darstellt. Die vier Aspekte lassen sich diesem Oberbegriff sinnvoll zuordnen, doch gibt es durchaus nennenswerte Unterschiede, deren Berücksichtigung in der Grundlagenforschung, in der Psychotherapie und in der Pädagogik hilfreich ist, um die adaptiven Bewältigungsversuche von Menschen gegenüber spezifischen sozialen Umweltanforderungen besser verstehen und verändern zu können. Soziale Angst betrifft die Streßforschung und die Selbstkonzeptforschung gleichermaßen und muß daher auch unter dieser Perspektive näher untersucht werden.
Wir haben eine kleine Korrelationsstudie durchgeführt, um für den deutschen Sprachraum Instrumente zu entwickeln, die sich für eine diagnostische Erfassung der Schüchternheit und Publikumsangst eignen. Die beiden Skalen wurden der Arbeit von Buss

(1980) entnommen, ebenso wie eine Selbstwertskala und das Instrument zur Erfassung der Selbstaufmerksamkeit (in der deutschen Übersetzung von Heinemann [1979]). Außerdem wurde eine Skala übersetzt, die ermitteln soll, inwieweit sich jemand in seinem Handeln an anderen Personen orientiert (other-directedness). Wir haben diese Variable »Gruppennorm« genannt, und einige Items von Briggs, Cheek & Buss (1980) dafür verwendet. Zusätzlich stand uns die Variable »Allgemeine Ängstlichkeit« zur Verfügung (Trait-Anxiety Scale aus dem STPI von Spielberger 1979).
Diese diagnostischen Verfahren wurden in ihrer deutschen Erprobungsfassung neben anderen Instrumenten, die hier nicht von Interesse sind, bei 94 Studenten zum Einsatz gebracht. Die folgenden Interkorrelationen ließen sich berechnen (Tab. 16).

Tab. 16: Korrelationsmatrix für 94 Studenten

	Selbst-aufmerk-samkeit	Schüchtern-heit	Publikums-angst	Allgemeine Ängstlich-keit	Gruppen-norm
Selbst-aufmerksamkeit	–	.39	.29	.50	.32
Schüchternheit	.39	–	.39	.36	.36
Publikumsangst	.29	.39	–	.44	.14
Allgemeine Ängstlichkeit	.50	.36	.44	–	.34
Gruppennorm	.32	.36	.14	.34	–
Selbstwertgefühl	–.37	–.62	–.36	–.63	–.43

In der ersten Spalte werden alle Merkmale mit der Selbstaufmerksamkeit in Beziehung gesetzt. Ängstlichkeit (.50), Schüchternheit (.39) und Publikumsangst (.29) sind erwartungsgemäß damit korreliert. Aber auch die Orientierung an Gruppennormen (.32) und das Selbstwertgefühl (–.37) stehen in eindeutigem Zusammenhang damit. Je selbstaufmerksamer jemand ist, desto ängstlicher und selbstunsicherer ist er und um so mehr richtet er sein Verhalten an den Maßstäben anderer Menschen aus. Schüchternheit hängt hier vor allem mit mangelndem Selbstwert zusammen (–.62), aber auch mit allen anderen Merkmalen. Publikumsangst ist ebenfalls mit mangelndem Selbstwert (–.36), allgemeiner Ängstlichkeit (.44), Schüchternheit (.39) und Selbstaufmerksamkeit (.29) verbunden. Erwartungsgemäß ist also bei schüchternen und publikumsängstlichen Personen die Selbstaufmerksamkeit höher und der Selbstwert geringer ausgeprägt. Die beiden letzten Variablen in der Matrix unterstützen ebenfalls unsere theoretischen Annahmen.
Darüber hinaus haben wir die Selbstaufmerksamkeit nach ihren privaten und öffentlichen Aspekten getrennt. Beide sind zu r = .51 miteinander korreliert, messen also nicht dasselbe. Es zeigte sich erwartungsgemäß, daß alle Merkmale höher mit der öffentlichen als mit der privaten Selbstaufmerksamkeit korrelierten. Sozial relevante Variablen sollen hier in entsprechender Weise miteinander in Beziehung stehen. Wir hatten allerdings höhere Koeffizienten erwartet. Am deutlichsten ist der Unterschied bei der Gruppennorm. Die Orientierung an Gruppennormen korreliert nur r = .08 mit der privaten, aber r = .49 mit der öffentlichen Selbstaufmerksamkeit.
Zusammengefaßt läßt sich hier von einem Syndrom sprechen. Es gibt Personen, die allgemein ängstlich, schüchtern und publikumsängstlich sind. Diese Personen zeichnen sich durch eine erhöhte Selbstaufmerksamkeit aus. Sie schätzen sich selbst nur sehr niedrig ein und richten sich in ihren Handlungen nach den Normen, die ihnen von anderen Menschen mehr oder weniger ausdrücklich vorgeschrieben werden.

4.3.6 Adaptive Handlungen zur Überwindung sozialer Ängstlichkeit

Soziale Ängstlichkeit ist ein erworbenes Persönlichkeitsmerkmal, das aus einer Vielzahl von Verhaltenstendenzen gebildet ist. Verhaltensweisen, die wir gelernt haben, lassen sich grundsätzlich mit Hilfe von Lernprozessen verändern. Hält man sich die Modellvorstellungen von Belastung und Regulation vor Augen, so kann man an verschiedenen Stellen modifizierend ansetzen. Ein Weg wäre, die Wahrnehmung von Belastung zu beeinflussen. Eine Person, die keinen sozialen Streß empfindet, erfährt auch keine unangenehmen Begleitemotionen. Es hat aber wenig Sinn, Menschen einzureden, soziale Interaktion sei nicht für das Selbst relevant oder hätte keine bedrohlichen Elemente. Vielmehr muß allmählich die erste Bewertungsstufe im Streßverlauf derart beeinflußt werden, daß sich viele Situationen, die bisher als bedrohlich wahrgenommen wurden, als herausfordernd einschätzen lassen, damit adaptive Regulationsprozesse in Gang gesetzt werden können. Diese Beeinflussung geschieht durch einen Lernprozeß, der sowohl bei der Kognition als auch bei dem konkreten Verhalten ansetzen muß. Der wirksamste therapeutische oder pädagogische Weg zur Überwindung sozialer Ängstlichkeit führt über die kognitive Verhaltensmodifikation. Der sozial Ängstliche muß lernen, wie er seine soziale Umwelt regulieren kann. Umweltregulation erfordert die Wahrnehmung eines handlungswirksamen Selbst. Das heißt subjektive Kompetenzwahrnehmung und erfolgreiche Regulationsprozesse gehen im Lernprozeß Hand in Hand. Adaptives Handeln gegenüber der sozialen Umwelt führt nur dann überdauernd zu einer Veränderung der Persönlichkeit, wenn die Erfolge der eigenen Person zugeschrieben werden und allmählich ein günstiges situationsspezifisches Selbstkonzept aufgebaut wird. Daher wird an den Ängstlichen appelliert, er möge an sich glauben und nur solche Gedanken akzeptieren, die ihm für den Aufbau von mehr Selbstvertrauen nützlich sind (Zimbardo 1977, 209).

Das adaptive Handeln, welches den Bewältigungsprozeß in sozialen Streßsituationen ausmacht, muß den Anforderungen der sozialen Umwelt effektiv entgegentreten. Es muß mit sozialer Ängstlichkeit unvereinbar sein. Richtlinien dafür lassen sich an dem Verhalten solcher Personen ablesen, die überhaupt nicht sozial ängstlich sind, die nämlich einerseits ruhig und gelassen interagieren und andererseits Erfolg haben. Entspannungstraining ist daher eine Komponente bei der systematischen Überwindung der Ängstlichkeit. Wer entspannt ist, kann nicht erregt sein. Dieses Training wäre aber unrealistisch und nicht adaptiv genug. Die Person muß vielmehr soziale Kompetenz aufbauen (Wrubel u. a., 1980), indem sie vorgefertigte Bewältigungsmuster erlernt und diese später auf neue Situationen anwendet. In sozialen Situationen, die subjektiv als bedrohlich eingeschätzt werden, kommt es darauf an, selbstbehauptend zu handeln (assertives Verhalten). Es sind also drei Elemente, die gemeinsam eine wirksame pädagogische Maßnahme zur Überwindung von sozialer Ängstlichkeit darstellen: Stärkung des Selbstvertrauens, Entspannung und selbstbehauptendes Handeln. Man muß zunächst wissen, welche Handlungsweisen dafür in Frage kommen, und danach muß man sie üben, wobei der ansteigende Schwierigkeitsgrad der sozialen Umweltanforderungen zu beachten ist. Eine kurze Darstellung der Fertigkeiten erscheint in diesem Zusammenhang als nützlich, weil dadurch die situative Vielfalt sozialer Angst sowie die möglichen Regulationsprozesse etwas anschaulicher werden (Zimbardo 1977, 230 ff.).

Der Erwerb von adaptiven Handlungselementen erfolgt am besten über den systematischen Aufbau von grundlegenden sozialen Fertigkeiten. Diese betreffen vor allem das Sprechen in verschiedenen Interaktionszusammenhängen. Der Ängstliche muß lernen, eine Unterhaltung zu führen, seinen Gedanken und Gefühlen Ausdruck zu verleihen, auf die Äußerungen der anderen angemessen zu reagieren und später komplexere Sozialverhaltensweisen gedanklich vorzubereiten und dann in realen Situationen zu erproben. Die erste Schwierigkeit des sozial Ängstlichen liegt schon beim Begrüßen von Bekannten oder Nachbarn. Oft weiß er nicht, was er sagen soll oder wie er grüßen soll, und gibt sich daher den Anschein, als hätte er den anderen gar nicht gesehen. Daher sollte er sich bewußt vornehmen, alle Leute, die er kennt, betont freundlich zu grüßen und sich ein paar belanglose Worte, zum Beispiel über das Wetter, abzuringen. Wenn dieser Schwierigkeitsgrad schon zu hoch ist, empfiehlt es sich, erst einmal mit anonymen Telefonaten zu beginnen. Wer sich am Telefon mit einem anderen Namen meldet, erzielt einen ähnlichen Effekt, wie wenn er sich für den Maskenball verkleidet. Er schlüpft in ein anderes Selbst, das sozial kompetenter ist als sein eigenes. Man kann zum Beispiel ein Kino beziehungsweise ein Geschäft anrufen und nach dem Programm beziehungsweise dem Preis für einen Artikel fragen und dies solange üben, bis man beim Telefonieren völlig entspannt ist. Ein Gespräch zu beginnen, kann relativ leicht sein, wenn ein gewisser Grad an Anonymität da ist und das Thema schon von der Situation nahegelegt wird, wie zum Beispiel im Wartezimmer eines Arztes, wo jeder über Krankheiten spricht, oder beim Sport, wo genügend Ereignisse für Gesprächsinhalte sorgen. Die normale Konversation im Alltag dient nicht dem Austausch von verwertbaren Informationen oder der Beeinflussung von Meinungen und Einstellungen, sondern der Aufrechterhaltung einer Sozialbeziehung. Der Inhalt ist beliebig austauschbar. Spricht jemand mit dem Friseur, dem man nur dreimal im Jahr begegnet, über Politik, Urlaub und Autos, so tut er das, weil er sich in erster Linie als ein soziales Wesen versteht. Tut er es nicht, hat er dafür entweder gute Gründe oder er ist sozial ängstlich oder beides. Die Aufrechterhaltung der Sozialbeziehung erfordert soziale Fertigkeiten, wie zum Beispiel aktives Zuhören und Liefern von Gesprächsbeiträgen, indem man zum Beispiel den Interaktionspartner nach Erläuterungen oder Meinungen fragt. Auch die Beendigung eines Gesprächs erfordert Techniken, die manchmal geübt werden müssen. Dazu gehören wertschätzende und abschließende Äußerungen wie »Es war interessant, mit Ihnen gesprochen zu haben« oder »Das hat mir sehr geholfen; wir sehen uns ja bald wieder« usw. Eine wesentliche Sozialkompetenz liegt darin, den Belangen und Bedürfnissen der eigenen Person auf angemessene Weise Ausdruck zu verleihen. Der sozial Ängstliche sollte üben, ein Kompliment auszusprechen, andere zu ermutigen, um Hilfe zu bitten, Anleitungen zu geben, Gefühle mitzuteilen, Beschwerden vorzutragen, andere von etwas zu überzeugen und seinem Ärger auf kontrollierte Weise Luft zu machen. Der Aufbau von Sozialbeziehungen erfordert einen gewissen Grad von Selbstenthüllung. Das beginnt schon damit, daß man sich namentlich vorstellt und dem Interaktionspartner Rückmeldung darüber gibt, wie dessen Verhalten auf einen selbst gewirkt hat (zum Beispiel »Ich fühle mich jetzt von dieser Anschuldigung getroffen«). Wer auf wohldosierte Selbstenthüllung verzichtet, kann auch vom Gesprächspartner nur wenig Selbstenthüllung erwarten, was dazu führt, daß sich Menschen als Fassaden begegnen. Dies ist mit größerer Distanz und Formalität im sozialen Umgang verbunden, die ihrerseits Quellen für soziale Angst darstellen können. Durch die Expression der eigenen Person kann man selbst aktiv Schritte einleiten, die den Interaktionsverlauf bestimmen. Die Reaktionen der Gesprächspartner stellen für das Individuum Umweltanforderungen dar, auf die regulativ eingegangen werden muß. Zu den sozialen Fertigkeiten gehört es auch, ein Kompliment oder Lob freundlich zu akzeptieren, sich zu entschuldigen, Überredungsversuchen entgegenzuwirken, Hilfe zu leisten, eine Beschwerde abwägend und wohlwollend zu behandeln und Ärger zu neutralisieren. Eine Hauptschwierigkeit bei der Selbstbehauptung liegt jedoch in der Grenzziehung zwischen assertivem und aggressivem Verhalten. Sich zu behaupten, heißt nicht, andere zu verletzen oder zornig zu agieren. Für den Schüchternen liegt die

Aufgabe gerade darin, die ihm eigene Höflichkeit weiterhin zu bewahren und trotzdem seine Interessen durchzusetzen. Dabei ist es hilfreich, die Begleitemotionen zu identifizieren, um festzustellen, ob ängstliche Erregung oder Wut vorherrscht. Durch inneres Sprechen kann er seinem Körper ein Entspannungskommando geben, das den Weg freigibt für erneute Versuche der Selbst- und Umweltregulation. Selbstkommunikation ist die steuernde kognitive Komponente beim Aufbau von Sicherheit im Sozialverhalten (vgl. Belschner 1980). Alltagssituationen, in denen die erworbenen Einzelfertigkeiten integrativ erprobt und verbessert werden können, sind zum Beispiel Besuch einer Bücherei, eines Kaufhauses oder eines Restaurants, Annahme von Telefonaten, Stellensuche, Freizeitgestaltung mit anderen, Beginn einer Liebesbeziehung, Teilnahme an geselligen Veranstaltungen und schließlich das Durcharbeiten von sozialen Konflikten im Privat- und Berufsleben.

Da soziale Ängstlichkeit ein Persönlichkeitsmerkmal darstellt, welches im ersten Drittel des Lebens erworben wird, ist es von Bedeutung, Schulkindern, die davon besonders betroffen sind, soziale Lerngelegenheiten einzuräumen und ihre Selbstbehauptung zu fördern. Schule ist immer eine soziale Situation, und sie enthält daher viele Gefahren und Möglichkeiten für eine Beeinflussung sozialer Angst und sozialer Kompetenz. Die verbreitete schulische Leistungsangst beruht teilweise auf sozialer Ängstlichkeit. Um diese zu überwinden, müssen das Selbstvertrauen der Schüler gestärkt und ihre sozialen Fertigkeiten unterstützt werden. Es ist zum Beispiel möglich, in allen Schularten einen Typ des Schülers ohne Selbstvertrauen zu identifizieren, der durch Angst, Hoffnungslosigkeit, geringe Selbstachtung und geringe Erfolgszuversicht charakterisiert ist (Schwarzer 1979 b). Die Elemente eines Selbstbehauptungstrainings im Rahmen der kognitiven Verhaltensmodifikation können hier modellhaft als Mittel zur pädagogischen Beeinflussung solcher Schüler verstanden werden. Dies muß mit der Reduktion von öffentlicher Selbstaufmerksamkeit einhergehen, indem die sozialvergleichenden Bewertungen verdrängt und der Unterricht für die Kinder so interessant gemacht werden, daß ihre Aufmerksamkeit auf der Sache liegt und nicht bei ihnen selbst.

5. Hilflosigkeit

5.1 Angst und Vorhersagbarkeit

Die Dinge des Lebens, die uns täglich begegnen, treten oft unerwartet auf. Wir sind überrascht, enttäuscht, erschrocken oder verletzt. Eine freudige oder traurige Nachricht, die uns der Briefträger oder das Telefon übermitteln, oder eine plötzliche Änderung des Gesundheitszustands oder des Wetters laufen dem zuwider, was man sich eigentlich vorgenommen hatte. Ein eigener Unfall oder der einer nahestehenden Person versetzen uns in Aufregung. Gefährliche Ereignisse solcher Art können mehr oder weniger erwartungswidrig sein. Wenn man ständig daran denkt, was wohl alles im nächsten Augenblick passieren könnte (Raubüberfall, Infektion, Lebensmittelvergiftung, Herzinfarkt, Hundebiß, Beleidigung, Erdbeben, Krieg usw.), dann müßte man andauernd ängstlich sein. Die Umwelt steckt voller Gefahren, die uns ständig bedrohen. Wäre man sich dessen immer bewußt, müßte man im chronischen Zustand der Angst leben.
Der normale Mensch empfindet jedoch erst dann Bedrohung, wenn sich eine konkrete Gefahr ankündigt. Entdeckt er an seinem Körper eine Hautverbildung, die ein Vorbote von Krebs sein könnte, oder warnt der Nachrichtensprecher vor einem Schneesturm, der die Versorgung des eigenen Wohnortes unterbinden könnte, so sind dies Warnsignale für ganz bestimmte gefährliche Ereignisse, vor denen man sich fürchtet. Die Abwesenheit von Warnsignalen gestattet es uns, die Aufmerksamkeit auf andere Dinge zu lenken. Man kann sich entweder entspannen, gelassen einer Tätigkeit nachgehen oder auch sich mit irgendwelchen streßrelevanten Ereignissen befassen, wie z. B. einen Verlust beklagen oder eine Herausforderung annehmen. Solange wir über die subjektive Gewißheit verfügen, daß bedrohliche Ereignisse vorher angekündigt werden, können wir einigermaßen angstfrei leben.
Theoretisch geht es hier um die *Sicherheitssignal-Hypothese* (Seligman 1979, 107). Weiß das Individuum, daß potentiell schwerwiegende Ereignisse durch ein Signal vorhersagbar gemacht werden, so tritt Furcht immer erst dann auf, nachdem das Signal wahrgenommen wurde. Das Ausbleiben des Warnsignals bedeutet subjektiv das Vorhandensein eines ungefährlichen Zustands. Gäbe es kein Signal, dann wäre die Sicherheit permanent gefährdet. Im Zustand der Ungewißheit über das mögliche Eintreten irgendwelcher Ereignisse ist Bedrohung in Verbindung mit einem chronischen Angstzustand gegeben.
Hier wird also zwischen Furcht und Angst unterschieden. Furcht ist demnach eine emotionale Reaktion in Erwartung eines ganz bestimmten schädigenden Reizes. Angst dagegen wird als ein emotionaler Dauerzustand angesehen, der durch Ungewißheit über das Eintreten solcher Reize charakterisiert ist. Der Mensch verfügt über ein primäres Bedürfnis nach Sicherheit. Er braucht eine Vielzahl von Sicherheitssignalen, deren Ausbleiben ihm ein Leben mit einem Minimum an Angst ermöglichen könnte. Lediglich Furcht, die häufig auch konstruktiv und instrumentell zur Lösung des Problems beitragen kann, tritt immer dann auf, wenn ein Signal ein bedrohliches Ereignis ankündigt. Der normale Mensch wird z. B. nicht von einer Angst vor chirurgischen Eingriffen befallen sein. Er fühlt sich solange sicher, bis ein Arzt ihm die Notwendigkeit einer Operation mitteilt. Von diesem Augenblick an bis zum Termin der Operation lebt der Patient nach der oben genannten Definition im Zustand der Furcht. Der Grad an Gewißheit über das Eintreten eines schädigenden Ereignisses wird damit zum Unter-

scheidungskriterium zwischen Angst und Furcht. Dieser begrifflichen Differenzierung, die in dem vorliegenden Zusammenhang sicher sehr nützlich ist, ist ansonsten aber nicht allzu viel Bedeutung beizumessen. In beiden Fällen handelt es sich um gleichartige Zustände, die vom Subjekt als Besorgnis und Aufregung erlebt werden. Die damit verknüpften Kognitionsinhalte sind bei der Angst mehr allgemein und diffus, bei der Furcht dagegen eher situationsspezifisch und konkret.

Das Konzept der Vorhersagbarkeit von subjektiv bedeutsamen Ereignissen ist besonders deutlich von Seligman (1979, 103) ausgearbeitet worden. Er diskutiert dies unter dem Gesichtspunkt der klassischen Konditionierung, indem er das Verhältnis eines bedingten Reizes (Signal) zu einem unbedingten Reiz (Ereignis) bestimmt. Angewandt auf eine pädagogische Situation läßt sich die Beziehung folgendermaßen erläutern. Nehmen wir an, ein Schüler tritt in eine neue Lernumwelt ein (z. B. Übergang auf das Gymnasium) und macht dort neue Erfahrungen. Im ersten Monat kündigt der Lehrer eine Klassenarbeit an, die auch tatsächlich am nächsten Tag geschrieben wird. Das macht der Lehrer im zweiten und im dritten Monat genauso. Für den Schüler ist diese Ankündigung der bedingte Reiz (Signal) für einen unbedingten Reiz (streßrelevantes Ereignis). Die subjektive Wahrscheinlichkeit für das Eintreten der Anforderungssituation nach deren Ankündigung beträgt 100 %. Im vierten Monat kündigt der Lehrer eine Klassenarbeit an, ohne daß diese tatsächlich geschrieben wird. (Manche Lehrer tun dies gelegentlich, damit die Schüler sich mehr anstrengen). Die Gültigkeit des Eintretens des streßrelevanten Ereignisses ist damit geringer geworden. In drei von vier Fällen folgte auf den bedingten Reiz der unbedingte. Im fünften Monat macht der Lehrer wieder nicht wahr, was er den Schülern als Absicht hingestellt hatte. Jetzt beträgt die subjektive Wahrscheinlichkeit nur noch 60 %. Der Schüler kann durchaus weiterhin die Absicht des Lehrers als Signal interpretieren, doch ist die Gültigkeit der Vorhersage erheblich eingeschränkt. Im 6. bis 10. Monat kündigt der Lehrer überhaupt keine Klassenarbeiten an. Er läßt im 6., im 9. und im 10. Monat die Arbeiten unangekündigt schreiben. Für diesen Zeitraum ist die subjektive Wahrscheinlichkeit, daß pro Monat eine Arbeit ohne Ankündigung geschrieben wird, 60 %. Für den gesamten Zeitraum der 10 Monate haben wir also eine subjektive Wahrscheinlichkeit von 60 % dafür, daß eine unangekündigte Arbeit geschrieben wird, und 60 % dafür, daß eine angekündigte Arbeit geschrieben wird. Seligman (1979, 104) stellt dies graphisch dar, indem er die eine Wahrscheinlichkeit auf der X-Achse und die andere auf der Y-Achse abträgt und den Schnittpunkt im Koordinatensystem bestimmt. Ist die Wahrscheinlichkeit des Ereignisses ohne Signal ebenso groß wie die Wahrscheinlichkeit des Ereignisses mit Signal, dann liegen die Schnittpunkte auf der Winkelhalbierenden (45 Grad). Diese Gerade repräsentiert die völlige Unvorhersagbarkeit von Ereignissen. *Unvorhersagbarkeit* ist also dadurch definiert, daß die Eintretenswahrscheinlichkeit des unbedingten Reizes in Anwesenheit des bedingten Reizes genauso hoch ist wie die Eintretenswahrscheinlichkeit des unbedingten Reizes in Abwesenheit des bedingten Reizes.

Für die Schüler bedeutet dies ein Leben in Angst. Sie befinden sich im Dauerzustand der Ungewißheit, denn sie haben keinerlei Signale zur Verfügung, die mit hinreichender Gültigkeit die Anforderungssituationen vorhersagbar machen. Mal werden sie geprüft, nachdem der Lehrer sie zuvor gewarnt hatte, dann wieder werden sie ohne jede Ankündigung geprüft. Würde der Lehrer dagegen grundsätzlich jede Arbeit ankündigen, dann wäre dadurch ein Sicherheitssignal vereinbart, was eine Vorhersagegültigkeit von 100 % zur Folge hätte. Die Schüler wüßten genau, wann sie unbeschwert und sorgenfrei und wann sie besorgt und aufgeregt zu sein haben. Das Auftreten unangenehmer Emotionen würde also durch Schaffung eines Signals reguliert, aber nicht beseitigt werden. Der Grad der Vorhersagbarkeit entscheidet darüber, inwieweit die Schüler ängstlich und inwieweit sie furchtsam sind. Der Lehrer, der grundsätzlich nie eine Arbeit ankündigt, erreicht damit, daß die Schüler am Tag und in der Nacht davor nicht besorgt und aufgeregt sind. Er erkauft diesen Vorteil aber mit einer andauernden Ungewißheit, die möglicherweise zu einer ungünstigeren Affektbilanz führt. Außerdem besteht das Risiko, daß einige Schüler der Anforderungssituation hilflos ausgeliefert sind, weil sie sich nicht vorbereiten konnten. Der ungünstigste Fall ist jedoch gegeben, wenn völlige Unvorhersagbarkeit vorliegt, der Lehrer also einmal ankündigt und einmal nicht. Inkonsistenz im Verhalten macht die Interaktionspartner unberechenbar und kann daher zu psychosozialen Beeinträchtigungen führen. Das kennt man z. B. bei Kindern, die von ihren Eltern für dieselbe Handlungsweise einmal belohnt und einmal bestraft werden.

Es gibt eine Reihe von Untersuchungen zur Wirkung der Vorhersagbarkeit auf das emotionale Erleben. Seligman (1979, 11) referiert eine Studie, in der zwei Gruppen von Studenten unterschiedlichen Streßbedingungen ausgesetzt waren. Sie mußten Bilder mit blutüberströmten Leichen ansehen, und als Indikator für ihre emotionale Reaktion diente die Hautleitfähigkeit, also das Ausmaß, zu dem ihre Hände feucht waren. Die eine Gruppe erhielt vor jeder Präsentation ein acht Sekunden dauerndes akustisches Warnsignal, die andere Gruppe verfügte über kein Signal, welches eine Vorhersage des Darbietungszeitpunktes erlaubte. In der Sicherheitssignal-Gruppe stieg die Schweißsekretion immer dann an, wenn das Signal ertönte. In Abwesenheit des Signals verschwand die Erregung. In der anderen Gruppe war während der ganzen Zeit eine höhere Hautleitfähigkeit registriert worden, also ständige überdurchschnittliche Schweißsekretion. Daraus läßt sich schließen, daß hier chronische Angst erlebt wird, während in der anderen Gruppe Phasen der Sicherheit und Phasen der Furcht aufeinander folgen.

5.2 Kontrollierbarkeit und Kontingenz

Offenbar lassen sich die Zeiträume, in denen Besorgtheit und Aufgeregtheit erlebt werden, dann besser regulieren, wenn für eine Reihe von streßrelevanten Ereignissen die Vorhersagbarkeit gegeben ist. Die Tatsache der emotionalen Beeinträchtigung überhaupt sowie ihr Ausprägungsgrad dürften jedoch nur teilweise mit diesen subjektiven Wahrscheinlichkeiten zusammenhängen. Es genügt nicht zu wissen, daß ein Ereignis und wann ein Ereignis eintritt. Man muß auch glauben, es beeinflussen zu können. Unsere emotionalen Reaktionen in der Phase zwischen dem Warnsignal und dem kritischen Ereignis sind weitgehend bestimmt durch kognitive Prozesse, mit denen wir die Anforderungssituation und die uns zur Verfügung stehenden Gegenkräfte einschätzen. In dieser Phase findet eine erste streßrelevante Auseinandersetzung statt – eine gedanklich vorweggenommene Person-Umwelt-Transaktion (vgl. Kap. 1). Die Bedrohlichkeit einzelner situativer Elemente wird eingeschätzt im Hinblick darauf, inwieweit sie bewältigbar sind. Das Selbstmodell wird daraufhin überprüft, ob Kompetenzen vorhanden sind, mit denen die Situation kontrolliert werden kann. Ist die Suche nach angemessenen Handlungsalternativen nicht erfolgreich, so steigert sich die Angstemotion und das Gefühl subjektiver Ohnmacht. Entscheidend für emotionale Reaktionen ist also die Frage, ob das Individuum an eine Streßsituation die Überzeugung heranträgt, daß das kritische Ereignis grundsätzlich beeinflußbar ist und daß das Subjekt persönlich über die nötigen Kompetenzen verfügt, um diese Beeinflussung vornehmen zu können.

Der Schüler, der die Erfahrung gemacht hat, daß eine Klassenarbeit wirklich immer dann geschrieben wird, wenn sie angekündigt worden ist, und sonst nicht, verfügt zwar

über ein Sicherheitssignal. Dieses nützt ihm aber wenig, wenn die Arbeit nicht vorbereitbar ist. Kann er nichts tun, um den drohenden Anforderungen zu begegnen, so fühlt er sich hilflos ausgeliefert. Das kann mit Merkmalen der Aufgabe zusammenhängen. Z. B. läßt sich eine Vokabelarbeit im allgemeinen besser vorbereiten als ein freier Aufsatz. Die subjektive Ohnmacht kann aber auch mit falschen Überzeugungen zusammenhängen, mit mangelnder Selbstkenntnis und Unterschätzung eigener Fähigkeiten, was wiederum mit mangelnden Erfolgserfahrungen im Laufe der Lerngeschichte zu tun haben kann. Das Wissen oder die Auffassung, eine bestimmte Situation nicht beeinflussen zu können, führt dann zu erheblichen emotionalen Beeinträchtigungen. Es geht hier also um subjektive Kontrollierbarkeit als einer Determinante des Erlebens und Verhaltens. Während das lerntheoretische Prinzip, welches der Vorhersagbarkeit zugrunde liegt, als klassische Konditionierung bezeichnet wird (Signallernen), handelt es sich bei der Kontrollierbarkeit um instrumentelle Konditionierung (Bekräftigungslernen). Folgt auf die Handlung einer Person ein bekräftigendes Ereignis, so wird die Handlung durch dieses Ereignis kontrolliert. Verhalten wird belohnt oder bestraft, und der Organismus tendiert zu einer wiederholten Ausführung solcher Verhaltensweisen, die belohnt werden. Seligman (1979) hat das Konzept der Unkontrollierbarkeit auf klinische Fälle angewendet und damit die Entstehung von Hilflosigkeit und Depression zu erklären versucht. Hilflosigkeit gilt danach als ein durch Lernprozesse erworbener überdauernder Zustand. Sie entsteht, wenn das Individuum keinen Zusammenhang zwischen eigenem Handeln und den Konsequenzen der Umwelt wahrnimmt. *Unkontrollierbarkeit* ist danach die entscheidende Bestimmungsgröße für motivationale, kognitive und emotionale Beeinträchtigungen. Objektive Unkontrollierbarkeit liegt vor, wenn die Wahrscheinlichkeit für das Auftreten eines Ereignisses unabhängig vom Verhalten der Person ist (response-outcome independence). Subjektive Unkontrollierbarkeit liegt vor, wenn die Person glaubt, daß dies so ist.
Seligman (1979, 13) verdeutlicht den Sachverhalt mit Hilfe eines Beispiels. Nehmen wir an, wir müßten täglich im Dienstgebäude einen Fahrstuhl benutzen, der etwas defekt ist und daher nicht mehr zuverlässig funktioniert, d. h. er kommt nicht immer, wenn wir auf den Knopf drücken. Der Knopfdruck ist die willentliche Reaktion (Handlung), und das Erscheinen des Fahrstuhls ist die Konsequenz (Handlungsergebnis). Kommt der Fahrstuhl unregelmäßig, vielleicht im Durchschnitt nur bei jedem zweiten Knopfdrücken, so ist die Wahrscheinlichkeit des positiven Ereignisses nur 50 %. Sofern das Treppensteigen sehr mühsam ist, wird man also den Knopf immer wieder drücken, bis die erwünschte Konsequenz eintritt. Das Individuum erlebt dann das Handlungsergebnis als teilweise abhängig von der eigenen Handlung. Nun ist es aber auch denkbar, daß der Fahrstuhl manchmal ankommt, ohne daß jemand gedrückt hat. Nehmen wir an, daß durchschnittlich an jedem zweiten Tag der Fahrstuhl auch dann erscheint, wenn wir noch gar nicht willentlich reagiert, sondern nur gehustet oder uns am Kopf gekratzt haben. Dann ist die Wahrscheinlichkeit der Konsequenz ohne Reaktion genauso hoch wie mit Reaktion. Die Konsequenz ist also reaktionsunabhängig. Die tägliche Situation vor dem Fahrstuhl ist dann mit einem Glücksspiel vergleichbar. Man kann tun, was man will, aber der Fahrstuhl gehorcht irgendwelchen anderen Gesetzen.
Verfügt das Individuum über keinerlei willentliche Reaktionen, um die erwünschte Konsequenz herbeizuführen, so ist die Konsequenz unkontrollierbar. Die objektiven Bedingungen, unter denen Hilflosigkeit auftritt, definiert Seligman (1979, 15) daher wie folgt: »Ein Individuum oder ein Tier sind hilflos gegenüber einer Konsequenz, wenn diese unabhängig von allen ihren willentlichen Reaktionen eintrifft.« Gelernte Hilflosigkeit ist ein motivationaler, kognitiver und emotionaler Zustand, der auf der wiederholten Erfahrung von Unkontrollierbarkeit beruht. Unkontrollierbarkeit ist der weite-

re, Reaktionsunabhängigkeit der engere Begriff: besteht keine Kontingenz zwischen einer willentlichen Reaktion und den Konsequenzen der Umwelt, so braucht daraus noch nicht Hilflosigkeit zu entstehen; erst wenn alle dem Individuum verfügbaren Reaktionen erfolglos erprobt sind, ist Unkontrollierbarkeit endgültig gegeben. In der Regel ist die Wahrnehmung einer Mehrzahl von Nichtkontingenzen erforderlich, um das Erleben von Unkontrollierbarkeit auftreten zu lassen. Weiterhin ist zu beachten, daß nicht allein die objektiven Bedingungen ausschlaggebend sind. Die Information über eine fehlende Kontingenz muß in entsprechender Weise kognitiv repräsentiert sein. Wer nicht merkt, daß er nichts ausrichtet, wird sich nicht ohnmächtig fühlen. Die kognitive Repräsentation von Nichtkontingenz erscheint daher als eine wesentliche Voraussetzung der Entstehung von Hilflosigkeit. Die Grundannahme der Theorie der gelernten Hilflosigkeit läßt sich schematisch in folgender Weise darstellen.

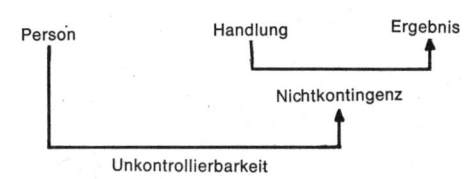

Abb. 16: Schematisierung des Verhältnisses von Unkontrollierbarkeit zu Nichtkontingenz.

Die Person macht die Erfahrung, daß bestimmte Ergebnisse nicht mit bestimmten Handlungen kontingent sind. Diese Erfahrung kann übrigens auch auf der Beobachtung von anderen Personen beruhen, die vergeblich eine willentliche Reaktion ausführen, um damit eine Konsequenz zu erzielen. Nachdem die Person für eine ganze Klasse von Handlungen keine Kontingenz wahrgenommen hat, die Ergebnisse also reaktionsunabhängig aufgetreten sind, erlebt sie Unkontrollierbarkeit. Es handelt sich dabei um eine subjektive Schlußfolgerung auf höherer Ebene. Dies hat Seligman erst später erkannt und dahingehend seine Theorie revidiert. Ursprünglich kreisten seine Argumente und Untersuchungen nur um die Nichtkontingenz, die allzu häufig mit Unkontrollierbarkeit gleichgesetzt wurde. Das mag damit zusammenhängen, daß anfangs vor allem Tierexperimente durchgeführt wurden, was die Aufmerksamkeit von den notwendigen kognitiven Prozessen zu sehr abgelenkt hat.

Die Experimente waren nach folgendem Muster aufgebaut. Eine Gruppe von Versuchstieren erhält Konsequenzen, die mit irgendwelchen Reaktionen kontingent sind. Hunde erhalten z. B. Elektroschocks, die sie durch Drücken eines Hebels oder Überspringen einer Barriere vermeiden können. Die zweite Gruppe erhält ein gleichartiges Vortraining mit dem Unterschied, daß hier die Reaktionen nicht kontingent sind. Es handelt sich um eine »Yoked-Gruppe«, was bedeutet, daß jedes Tier mit einem anderen aus der ersten Gruppe »gekoppelt« ist, also dieselben Konsequenzen erfährt, ohne jedoch über Kontrollmöglichkeiten zu verfügen. Eine dritte Gruppe erhält kein Vortraining. Alle drei Gruppen werden in der zweiten Phase des Experiments einer neuen Situation ausgesetzt. Sie nehmen z. B. an einem Fluchtvermeidungstraining teil, bei dem sie lernen sollen, auf die Ankündigung eines Schocks hin in die andere Hälfte des Käfigs zu springen. Dabei zeigt sich, daß die Tiere der ersten und der dritten Gruppe schon nach wenigen Versuchsdurchgängen dieses Bewältigungsverhalten gelernt haben, während die Tiere der zweiten Gruppe aufgeben und widerstandslos die Schmerzreize über sich ergehen lassen. Seligman weist nach, daß nur psychologische Phänomene für diesen Verhaltensunterschied verantwortlich zu machen sind. Die Erfahrung von Nichtkontingenz im Vortraining hat die Tiere der zweiten Gruppe hilflos werden lassen. Die Hunde der ersten Gruppe dagegen hatten die Erfahrung gemacht, daß sie durch irgendeine Reaktion, z. B. indem sie ihre Schnauzen auf einen Hebel drücken, das Ereignis kontrollieren können. Diese Erfahrung haben sie auf die neue Lernsituation übertragen. Die zweite Gruppe unterschied sich von der ersten nicht durch die Anzahl, Dauer und Zeitpunkte der Schocks, sondern allein durch das Fehlen einer wirksamen Reaktionsweise. Kontingenz gegenüber Nichtkontingenz ist also die experimentelle Variable, die für den nachfolgenden Zustand der Passivität verantwortlich zu machen ist. Bei Katzen, Ratten und Fischen ließen sich ähnliche Ergebnisse ermitteln.

Weniger deutlich sind die Befunde bei Menschen. Seligmans Mitarbeiter Hiroto hat nach demselben triadischen Versuchsplan Kontrollverlust bei Studenten untersucht. Das aversive Ereignis im Vortraining war ein unangenehmes Geräusch. Die Studenten in der ersten Gruppe konnten den Ton abstellen, indem sie einen Knopf drückten. Die Studenten in der zweiten Gruppe, die hinsichtlich Anzahl, Dauer und Zeitpunkten mit der ersten Gruppe gekoppelt waren, hatten diese Möglichkeit nicht. In der zweiten Phase des Experiments, in der eine dritte Gruppe ohne Vorerfahrung hinzukam, wurde dann geprüft, wie sich die Versuchspersonen verhielten, wenn ein unangenehmes Geräusch auftrat, welches von einem Lichtsignal angekündigt wurde. Es bestand für alle Teilnehmer die Möglichkeit, durch Drehen eines Knopfes an einem anderen Gerät den aversiven Reiz abzustellen oder schon nach Eintreten des Warnreizes zu vermeiden. Hier wiederholen sich die Ergebnisse der Tierexperimente, indem sich ein Einfluß der Trainingsphase auf die Testphase zeigte. Die Studenten der ersten Gruppe, die vorher Kontrollmöglichkeiten erlebt hatten, und die Studenten der dritten Gruppe, die keinerlei Vorerfahrung hatten, lernten schnell, wie man den Lärm kontrollieren konnte. Nach sechs Durchgängen hatten sie herausgefunden, in welche Richtung man den Knopf drehen mußte (mal nach rechts und mal nach links), um von vornherein das aversive Ereignis zu vermeiden. Die zweite Gruppe jedoch, die in der Trainingsphase keine Kontrollmöglichkeiten hatte, brauchte mehr Zeit, um sich von dem Lärm zu befreien, und es gelang ihr nicht, den Reiz durch rechtzeitiges Abschalten zu vermeiden. In Analogie zur Unausweichbarkeit vor aversiven Reizen wurden auch Experimente mit der Unlösbarkeit von Aufgaben durchgeführt, wobei ähnliche Ergebnisse hervorgebracht werden konnten (Hiroto/Seligman 1975). Seligman und seine Mitarbeiter schließen daraus, daß die frühere Erfahrung von Reaktionsunabhängigkeit (Nichtkontingenz) zu einer Erwartung von zukünftiger Nichtkontingenz führt. Diese Erwartung soll dann verantwortlich sein für den motivationalen, kognitiven und emotionalen Zustand, der Hilflosigkeit genannt wird.

Der Ablauf der Hilflosigkeitsentstehung erhält also folgende Gestalt: a) objektive Nichtkontingenz, b) subjektive Wahrnehmung dieser Nichtkontingenz, c) Erwartung zukünftiger Nichtkontingenz, d) Symptome der Hilflosigkeit. Statt Nichtkontingenz läßt sich hier auch Unkontrollierbarkeit einsetzen. Es ist gerade ein besonderer Mangel der ursprünglichen Hilflosigkeitstheorie, daß zwischen diesen beiden Begriffen nicht scharf genug differenziert worden ist. Die Übertragung des Konzepts auf den Humanbereich ist ohnehin von einigen Schwächen begleitet. Die Experimente wurden nur an Studenten vorgenommen und verfügen über keine externe Gültigkeit, da sie im Labor stattfanden unter Verwendung von realitätsfernen Bedingungsvariationen. Daher blieben die Effekte gering und situationsspezifisch. Die erzeugte Hilflosigkeit wurde von den Studenten nicht auf andere Lebensbereiche verallgemeinert. Schon die nach jedem Experiment erfolgte Aufklärung und der Hinweis, sie sollten sich keine Sorgen machen, denn ihr Zustand sei künstlich hervorgerufen worden, reichte aus, um bei den Studenten ein normales Leistungsniveau und Wohlbefinden wiederherzustellen. Unklar blieb,

welche kognitiven Zwischenprozesse eine Rolle spielen. So dürfte es etwas ausmachen, ob der Lerngegenstand von subjektiver Bedeutung ist und ob die Nichtkontrolle mit eigener Unfähigkeit oder mit dem Zufall in Zusammenhang gebracht wird. Um die Entstehung von Hilflosigkeit beim Menschen nachzuweisen, braucht man andere Versuchsanordnungen wie z. B. Längsschnittstudien in natürlichen Lebenswelten.
Die Hilflosigkeitstheorie ist in dieser Hinsicht mehrfach kritisiert und daraufhin von Seligman und seinen Mitarbeitern selbst revidiert worden (Abramson, Seligman & Teasdale 1978). Sie argumentieren, daß eine Person, die sich hilflos fühlt, die Frage aufwerfen muß, warum sie sich hilflos fühlt. Darauf nimmt sie eine Ursachenzuschreibung vor, die die Allgemeinheit und zeitliche Stabilität der Hilflosigkeitsdefizite sowie das Selbstwertgefühl bestimmt (1978, 50). Die Attributionstheorie erwies sich als der richtige Lieferant für die Einführung kognitiver Größen, die zu einer erheblichen Verbesserung der Erklärungskraft der Theorie führten. Zwischen der Wahrnehmung von Nichtkontingenz und der Erwartung zukünftiger Nichtkontingenz erfolgt nun eine Ursachenzuschreibung nach drei Gesichtspunkten:
a) internal   gegenüber external
b) stabil   gegenüber variabel
c) global   gegenüber spezifisch.
Macht jemand sich selbst für die Nichtkontingenz verantwortlich, so bedeutet dies eine *internale* Attribution. Erst eine solche Zuschreibung verleiht dem Begriff der Unkontrollierbarkeit die richtige Bedeutung. Die Tatsache, daß Ereignisse unabhängig von den Handlungen des Individuums auftreten, kann auf viele Ursachen zurückgeführt werden. Sieht die Person sich selbst als Ursache, dann erlebt sie einen persönlichen Kontrollverlust. Sie hat keine Handlungen zur Verfügung, die zu einer Beeinflussung der Ereignisse führen. Es geht hier also nicht primär um den Zusammenhang zwischen einer Handlung und einem Handlungsergebnis, sondern um die subjektive Verfügbarkeit einer Handlung. Über Seligman hinausgehend wäre es vorstellbar, daß eine Person genau weiß, was man tun muß, um eine bestimmte Leistung zu erzielen (Handlungs-Ergebnis-Erwartung), aber gerade zu müde dazu ist oder sich aus anderen Gründen diese Handlung nicht zutraut (Person-Handlungs-Erwartung). Die internale Ursachenzuschreibung ist oft das Ergebnis eines sozialen Vergleichsprozesses. Die Person glaubt, daß andere Menschen mittels bestimmter Handlungen bestimmte Ergebnisse hervorrufen können, nur sie selbst sei dafür nicht kompetent genug. Die aufgrund solcher kognitiver Zwischenprozesse entstehende Hilflosigkeit wird von den Autoren als *persönliche* Hilflosigkeit bezeichnet. Im Gegensatz dazu steht die *universelle* Hilflosigkeit, welche auf der *externalen* Attribution von Nichtkontingenz beruht. Stellt das Individuum beim sozialen Vergleich fest, daß alle anderen Personen einer bestimmten Bezugsgruppe ebenfalls keine Kontrolle über das in Frage stehende Ereignis ausüben, so sind nichtpersonale Bedingungen für diesen Sachverhalt verantwortlich zu machen. So könnte man z. B. sagen, eine Aufgabe sei unlösbar oder viel zu schwierig und niemand käme damit zurecht. Dies wird innerhalb der Attributionstheorie als Konsensusinformation bezeichnet (Meyer/Schmalt 1978). Wie schwierig ein Problem ist, ergibt sich als Schlußfolgerung aufgrund eines sozialen Vergleichs: der Prozentsatz derer, die das Problem bewältigen, ist das Maß für die Leichtigkeit bzw. Schwierigkeit. Probleme, die von fast allen Personen bewältigt werden, sind leicht unter Kontrolle zu bringen. Kann niemand das Problem lösen, dann ist es unkontrollierbar. Es besteht universelle Hilflosigkeit. Internale gegenüber externaler Attribution von Nichtkontingenz führt nach der neuformulierten Theorie also zu persönlicher gegenüber universeller Hilflosigkeit. Der Zustand ist im ersten Fall durch einen erheblichen Selbstwertverlust charakterisiert, während dies beim zweiten Fall nicht gegeben ist. Das Selbstwertgefühl ist kaum ge-

troffen, wenn im sozialen Vergleich keine negative Bewertung der eigenen Person erfolgt. Die Frage nach der mehr internalen oder mehr externalen Attribution läßt sich als Frage nach der »Kompetenzerwartung« verstehen, die auftaucht, nachdem die »Kontingenzerwartung« sich gebildet hat. Dies entspricht dem Konzept der Selbstwirksamkeit bei Bandura (1977). Damit ist die subjektive Überzeugung gemeint, die Umwelt mit Hilfe von Handlungen beeinflussen zu können, die dem Subjekt zur Verfügung stehen, und dadurch Kontrollierbarkeit zu erleben.

Neben der Dimension der Internalität nennen Abramson u. a. (1978) die Stabilität als eine weitere Dimension. Wird Nichtkontingenz wahrgenommen und dafür eine Ursache gesucht, so kann diese mehr oder weniger zeitstabil sein. Sie kann relativ überdauernd sein (z. B. Mangel an Intelligenz oder Geschicklichkeit), oder sie kann variabel sein (z. B. augenblickliche Ermüdung oder Stimmungsschwankung). Internale Ursachen müssen also nicht immer gravierend sein und eine Festschreibung des Defizits beinhalten. Entsprechend stark oder schwach sind dann die nachfolgenden Hilflosigkeitsdefizite. Erlebt jemand den Kontrollverlust als *variabel*, d. h. kurzfristig, und lediglich bedingt durch ein Stimmungstief, so ist die Hilflosigkeit nur *akut* und geht schnell vorüber. Wird jedoch eine *zeitstabile* Ursache angenommen, tritt *chronische* Hilflosigkeit ein.

Die dritte attributive Dimension bezieht sich auf die Situationsbreite, für die der Kontrollverlust verallgemeinert wird. Globale Ursachen sind z. B. ein grundlegender Mangel an Intelligenz oder an sozialer Kompetenz. Spezifische Ursachen sind z. B. mangelnde Lernvoraussetzungen in der Rechtschreibung oder ein Hörfehler. Die Situationsgeneralität der Hilflosigkeit hängt davon ab, ob die subjektiv vermuteten Ursachen eher global oder eher spezifisch sind. Globale Ursachenzuschreibungen führen zu einer Verallgemeinerung des Erlebens der Unkontrollierbarkeit, so daß dieser Zustand in sehr vielen Lebenssituationen auftreten wird.

Zusammenfassend ergibt sich folgendes Ablaufschema:

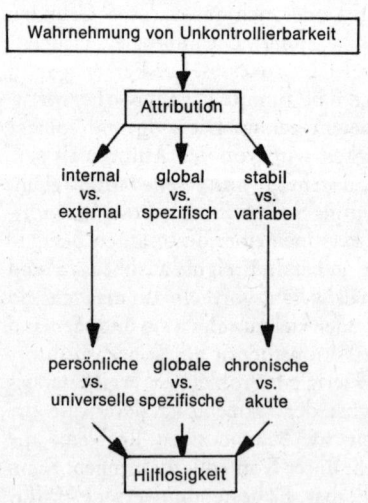

Abb. 17: Entstehung von Hilflosigkeit

Das Ausmaß und das Erlebensprofil der Hilflosigkeit hängt nun davon ab, welches Attributionsmuster zugrunde liegt. Attribuiert jemand die wahrgenommene Nichtkontingenz oder Unkontrollierbarkeit als internal, global und stabil, so wird seine Hilflosigkeit persönlich, global und chronisch ausfallen, was mit erheblichen motivationalen, kognitiven und emotionalen Defiziten – besonders aber mit Selbstwertverlust – verbunden ist. Attribuiert jemand dagegen eher external, spezifisch und variabel, so ist die Hilflosigkeit als universell, spezifisch und akut zu bezeichnen und als eine relativ geringe Beeinträchtigung einzuschätzen. Es sind bei der Attribution also $2^3 = 8$ Zellen möglich. Die Autoren (Abramson u. a. 1978, 57) verdeutlichen dies an einem Beispiel (entnommen aus dem Vorwort von Michael Frese zur deutschen Ausgabe von Seligman, 1979):

Tabelle 17: Formale Charakteristika von Attribution und einige Beispiele

Dimension	*Internal*		*External*	
	stabil	variabel	stabil	variabel
global				
durchgefallener Student	Fehlen der Intelligenz	Erschöpfung	ETS[1] gibt unfaire Tests	heute ist Freitag der 13.
zurückgewiesene Frau	ich bin für Männer unattraktiv	meine Konversation ist manchmal für Männer langweilig	Männer müssen mit intelligenten Frauen sofort konkurrieren	Männer haben manchmal zurückweisende Launen
spezifisch				
durchgefallener Student	Fehlen von mathematischer Fähigkeit	Mathematikaufgaben kotzen mich an	ETS gibt unfaire Mathematiktests	der Mathematiktest war von Nr. 13
zurückgewiesene Frau	ich bin für ihn unattraktiv	meine Konversation langweilt ihn	er muß sofort mit intelligenten Frauen konkurrieren	er war in zurückweisender Laune

1 ETS = Educational Testing Service, eine Institution in den USA, in der zukünftige Studenten vor dem Eintritt in die Universität getestet werden.

Ein Aspekt, der bis heute zu kurz gekommen ist, stellt die Wichtigkeit einer Handlungs-Ergebnis-Beziehung dar (Heckhausen 1980). Ist die Erreichung eines Zielzustands ohne jegliche *subjektive Bedeutsamkeit,* so wird eine eventuelle Unkontrollierbarkeit entweder gar nicht bemerkt, oder sie bleibt emotional konsequenzenlos. Ist dagegen eine Situation selbstwertrelevant und wird dann Kontrollverlust erlebt, ergeben sich starke subjektive Beeinträchtigungen. Dies ist im Einklang mit dem Streßkonzept von Lazarus (1980): nur solche Ereignisse, die streßrelevant sind, können als bedrohlich, schädigend oder herausfordernd eingeschätzt werden. Nichtrelevante Ereignisse dagegen ziehen an uns vorbei, ohne den kognitiven Apparat zu beschäftigen. Wenn z. B. jemand beim Essen zehnmal vergeblich versucht, eine Erbse auf die Gabel zu befördern, dann hat er offensichtlich die Situation nicht unter Kontrolle. Der Vorgang erzeugt aber im allgemeinen keine Hilflosigkeit, wenn die Person ihre Gedanken auf etwas Wichtigeres konzentriert, z. B. auf den Sinn des Lebens oder auf die Augenfarbe der Partnerin. Ist jedoch die handelnde Person in einem Zustand der öffentlichen Selbstaufmerksamkeit und fühlt sich beim Essen beobachtet und bewertet, so wird sie vielleicht die Mißerfolge auf ihre mangelnde augenblickliche Geschicklichkeit zurückführen, erröten und weitere Versuche, die Erbse unter Kontrolle zu bringen, aufgeben. Verlegenheit ist hier ein Indikator für akuten Selbstwertverlust.

Die Wichtigkeit von Handlungsergebnissen ergibt sich aus der Bedeutung, die jemand einer Handlung, ihrem Ergebnis und den Folgen beimißt. Man führt ein Ereignis herbei, um damit etwas zu erreichen, was subjektiv bedeutsam erscheint. Ein Mann spricht eine Frau an (Handlung), um sich mit ihr zu verabreden (Ergebnis), damit er Schritt für Schritt engere Sozialbeziehungen aufbauen kann (Folgen). Die Folgen, die ihrerseits in eine geordnete Menge von Elementen aufgeteilt werden könnten, haben für den einen eine größere Bedeutung als für den anderen. Der Anreizwert von Folgen liefert den motivationalen Ausgangspunkt für handlungssteuernde Kognitionen. Spricht man eine Frau nur deswegen an, um die Uhrzeit zu erfahren, so ist die Folge mit einem anderen Anreizwert besetzt. Außerdem ist die Situation dann kaum selbstwertrelevant. Ist die Frage nach der Uhrzeit jedoch nur ein Vorwand, also ein untergeordneter Schritt in einem Handlungspfad, der zu bedeutsamen Folgen führen soll, dann ist die eventuell auftretende Unkontrollierbarkeit für die eigene Person schwerwiegender und stärker emotional wirksam.

Solche Überlegungen, die beim Tierversuch keine Rolle spielen, müßten beim Humanexperiment berücksichtigt werden. Die Nichterfassung entsprechender Variablen dürfte für die noch unbefriedigenden Befunde teilweise verantwortlich zu machen sein.

5.3 Hilflosigkeit in Leistungssituationen

Während im Vermeidungsexperiment die Vorbehandlung aus unausweichbaren Reizen besteht, verwendete man bei Leistungsexperimenten vor allem unlösbare Aufgaben. Eine Versuchsgruppe erhielt in der Trainingsphase lösbare, die andere erhielt unlösbare Aufgaben. In der anschließenden Testphase wurde erwartet, daß die einen sich produktiv an die Arbeit machen, während die anderen schnell resignieren. Wer Aufgaben löst, erlebt einen Bedingungszusammenhang zwischen seiner Handlung und dem Ergebnis, während das Versagen zu einem Kontrollverlust führen soll. Dies ließ sich in einigen Experimenten bestätigen. Allerdings gibt es für die Mißerfolgssituation einige theoretische Probleme. Wer eine Aufgabe nicht lösen kann, muß deswegen noch nicht Unkontrollierbarkeit erleben. Unlösbarkeit kann nämlich verschiedenes bedeuten, z. B. mangelnde Fähigkeit der eigenen Person, die Aufgabe zu lösen, oder mangelnder Anstrengungsaufwand oder zu hoher Schwierigkeitsgrad bzw. objektive Unlösbarkeit des Problems. Darauf wird später eingegangen.

Hiroto und Seligman (1975) haben mit 96 Studenten ein umfangreiches Experiment durchgeführt, um die Verallgemeinerung der Erwartung zukünftiger Nichtkontingenz zu prüfen. Nach dem triadischen Versuchsplan gab es wie üblich zwei Versuchsgruppen und eine Kontrollgruppe. Diesen Plan haben die Autoren vervierfacht, indem sie Trainingsphase und Testphase wie folgt variierten:

	Trainingsphase	
	Unvermeidbarkeit	Unlösbarkeit
Testphase ⟨ Vermeidbarkeit		
Lösbarkeit		

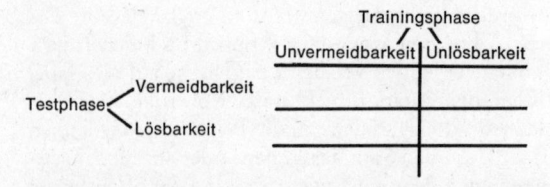

Jede Zelle enthielt einen triadischen Versuchsplan, so daß insgesamt 12 Gruppen von je 8 Studenten an der Untersuchung beteiligt waren. In der Trainingsphase war die Bedingung der Unvermeidbarkeit durch einen (nicht) abstellbaren aversiven Ton gegeben, die

Bedingung der Unlösbarkeit durch Diskriminationsaufgaben, bei denen die Versuchspersonen bestimmte Figuren unterscheiden mußten, die nach Farbe, Größe, Form usw. abgewandelt waren. In der Testphase war die Vermeidbarkeit gegeben durch das Bewegen eines Knopfes, der den Ton abstellte, und die Lösbarkeit durch Vorgabe von Anagrammaufgaben. Als Anagramme dienten hier fünf Buchstaben (z. B. TEZKA), die in eine sinnvolle Reihenfolge gebracht werden mußten (= Katze).

Die Ergebnisse unterstützen die Theorie der gelernten Hilflosigkeit. Personen, die in der Vorbehandlung Unkontrollierbarkeit erlebt hatten, erwiesen sich hinterher als kaum fähig oder motiviert, die neuen Probleme in der Testphase zu bewältigen. Interessant ist dabei der Grad an Verallgemeinerung: die Unvermeidbarkeit eines unangenehmen Reizes beeinträchtigte das Lösungsverhalten bei den Anagrammaufgaben, und die Unlösbarkeit der Diskriminationsaufgaben beeinträchtigte das Erlernen des Reizvermeidens, also das richtige Bewegen des Knopfes. Eine allgemeinere ungünstige Einschätzung der eigenen Kompetenz scheint für diesen Effekt verantwortlich zu sein. Die Autoren haben die Versuchspersonen auch danach gefragt, indem sie auf zwei siebenstufigen Skalen ankreuzen ließen, ob die Versuchspersonen selbst glaubten, das Problem nicht bewältigen zu können bzw. ob sie glaubten, das Problem sei überhaupt nicht bewältigbar. Der Unterschied zwischen der Kontingenzgruppe und der Nichtkontingenzgruppe war bezüglich beider Fragen signifikant, d. h. Personen, die keine Kontrolle hatten, führten dies sowohl auf sich als auch auf die Aufgabe zurück.

Abhängige Variablen des Experiments waren die Zahl der Bewältigungsversuche, Zahl der Mißerfolge und Zeitbedarf. Fast alle Gruppenunterschiede waren in erwartete Richtung signifikant. Allerdings ließ sich dies nicht bei der Gruppe demonstrieren, die in der Vorbedingung Diskriminationsaufgaben und in der Testphase Anagrammaufgaben zu bearbeiten hatte. Hier waren die drei Untergruppen im triadischen Versuchsplan bezüglich der drei abhängigen Variablen nur zufällig voneinander verschieden. Aber in der Tendenz zeigen die Mittelwerte auch hier in die erwünschte Richtung (Abb. 18).

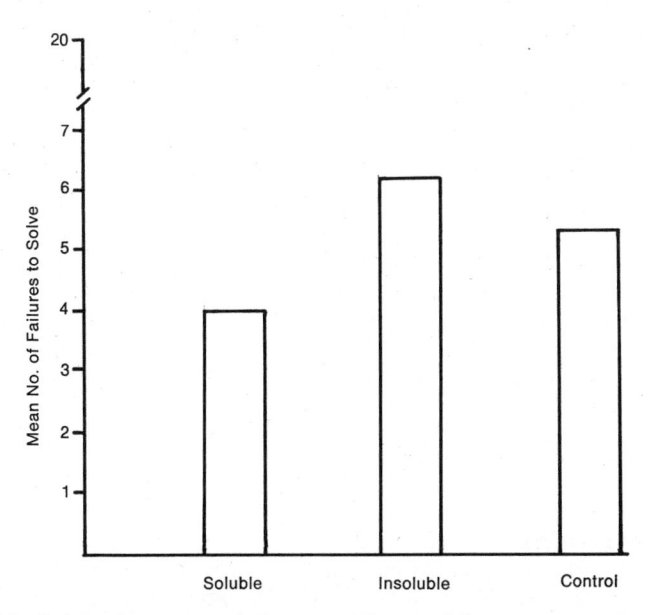

Abb. 18: Zahl der Mißerfolge bei den Anagrammaufgaben (aus: Hiroto & Seligman, 1975, 322)

Die Gruppe, die zuvor unlösbare Diskriminationsaufgaben bearbeiten mußte, hatte im Durchschnitt tendenziell die meisten Mißerfolge beim Lösen der Anagramme. Außerdem haben sie es öfter versuchen müssen und dabei mehr Zeit benötigt. Aber keiner dieser Unterschiede konnte statistisch gegen den Zufall abgesichert werden.
Insgesamt zeigt das Ergebnis eine hohe Generalität der erlernten Hilflosigkeit. Verschiedene Vorbehandlungen zur Erzeugung von subjektiver Unkontrollierbarkeit führen zu Hilflosigkeitsdefiziten bei verschiedenen Aufgaben. Die Autoren schließen daraus, es müsse bei Menschen eine Art Eigenschaft der Hilflosigkeit geben (a trait-like system of expectancies; 1975, 327), die durch wiederholte Erfahrungen von Unkontrollierbarkeit erworben wird.
In einem anderen Experiment haben Miller & Seligman (1975) einige Befunde aus dieser Studie replizieren können. Vierundzwanzig depressive und vierundzwanzig nichtdepressive Studenten lagen der Untersuchung zugrunde. Innerhalb jeder Gruppe wurde wieder der triadische Versuchsplan angewendet (3 x 8 Personen). In der Trainingsphase kam es darauf an, ein aversives Geräusch zu vermeiden, was für eine der drei Untergruppen nicht möglich war. In der Testphase sollten Anagrammaufgaben gelöst werden. Die Ergebnisse zeigten parallele Effekte der Depression und der gelernten Hilflosigkeit. Beim Vergleich der Kontrollgruppen waren die Depressiven schwächer als die Nichtdepressiven. In den Versuchsgruppen zeigte sich, daß mit Ansteigen der Depressionswerte auch das Leistungsdefizit anstieg. Nichtdepressive, die der Vorbehandlung mit unvermeidbarem Lärm ausgesetzt waren, wiesen bei den Anagrammaufgaben Lösungsdefizite auf, die mit denen der unbehandelten Depressiven vergleichbar waren. Die Autoren schließen daraus, daß man durch die Herbeiführung von Unkontrollierbarkeit einen kognitiven, motivationalen und emotionalen Zustand hervorrufen kann, der dem der Depression entspricht.
In einem weiterführenden Versuch gingen Klein, Fencil-Morse & Seligman (1976) dem Teil des Experimentes von Hiroto & Seligman (1975) nach, der nur tendenzielle, nicht aber signifikante Bestätigungen der Theorie erbracht hatte. Sie gaben ihren Versuchspersonen so wie damals wieder Diskriminationsaufgaben in der Trainingsphase und Anagrammaufgaben in der Testphase. Personen, die unlösbare Diskriminationsaufgaben erhalten hatten, brauchten signifikant mehr Zeit, um hinterher die Anagrammaufgaben zu lösen. Sie machten mehr Versuche und hatten öfter Mißerfolg als die Gruppe, die zuvor lösbare Diskriminationsaufgaben erhalten hatte. Der Versuchsplan, der aus zehn Zellen mit je acht Versuchspersonen bestand, ermöglichte zusätzlich die Auswertung von attributionsfördernden Versuchsanweisungen. Einer Untergruppe war mitgeteilt worden, die Aufgaben seien leicht lösbar, denn die meisten Studenten im vorigen Experiment hätten sie problemlos bearbeitet. Unter dieser Bedingung wurde erwartet, daß die Versuchspersonen ihre Mißerfolge bei den unlösbaren Aufgaben internal attribuierten. Einer anderen Untergruppe war das Gegenteil gesagt worden (externale Instruktion). Entgegen der Erwartung der Autoren waren diese Instruktionen jedoch ohne Wirkung bei nichtdepressiven Studenten. Es gab keine unterschiedlichen Leistungsdefizite bei Studenten, die entweder eine internale, eine externale oder gar keine attributionsrelevante Instruktion erhalten hatten, obwohl die Versuchsanweisungen glaubwürdig genug gegeben waren, wie die Autoren in einer Nachbefragung festgestellt haben (1976, 512). Universale (externale) Hilflosigkeit war mit denselben Leistungsdefiziten verbunden wie personale (internale) Hilflosigkeit. Allerdings gab es bedeutsame Effekte bei den Depressiven. Darauf wird weiter unten eingegangen.
Während die meisten Experimente von Seligman klinischen Charakter haben und auf Studenten als Versuchspersonen beschränkt sind, zeigen die Versuche von Carol Dweck eine pädagogische Orientierung. In einer Arbeit hat sie erprobt, wie man hilflose Schü-

ler derart modifizieren kann, daß neue Lernstrategien aufgebaut werden (Dweck 1975). Schulpsychologen, Schulleiter und Lehrer nahmen unabhängig voneinander auf einer Skala eine Einschätzung von Kindern vor, die ihnen als hilflos erschienen. Damit waren solche Kinder gemeint, deren Lernen stark beeinträchtigt war und die nur Mißerfolg erwarteten. Es wurde also angenommen, daß im Laufe der Schulzeit Hilflosigkeit erlernt werden kann, nachdem Schüler jahrelang keinen Bedingungszusammenhang zwischen ihren Anstrengungen und den Leistungsergebnissen erfahren haben und daher die Überzeugung erlangt haben, die schulische Lernumwelt sei unkontrollierbar. Anstelle der experimentellen Vorbehandlung tritt hier die »natürliche« Sozialisation in der Schule. Aus 750 Schülern im Alter von 8–13 Jahren wurden 12 ausgewählt (5 Mädchen und 7 Jungen), die als extrem hilflos eingestuft worden waren. Je 6 wurden nach Zufall einer von zwei experimentellen Behandlungen zugeführt. Die eine Gruppe erhielt ein »Erfolgstraining«, die andere ein »Attributionstraining«. Die Behandlung wurde an insgesamt 25 Tagen vorgenommen. In jeder Sitzung wurden 15 Lernversuche anhand mathematischer Probleme durchgeführt. Das Erfolgstraining war so eingerichtet, daß alle Schüler immer Erfolg bei jeder Aufgabe hatten, ähnlich wie beim programmierten Unterricht. Falls es der Versuchsleiterin einmal nicht gelang, den Erfolg zu sichern, wurde das Scheitern schnell überspielt. Das Attributionstraining dagegen war so eingerichtet, daß die Schüler nur 80 % der Aufgaben lösten. Bei 2–3 von 15 Aufgaben wurde gezielt ein Mißerfolg induziert, für den die Versuchsleiterin eine Attribution anbot. Sie formulierte eine internal-variable Ursachenzuschreibung wie z. B.: »Hier solltest du dich noch etwas mehr anstrengen.« Anstrengungsattribution gilt als motivationsfördernd, weil der Person unterstellt wird, sie sei zur Lösung der Probleme befähigt und die Aufgaben seien durch verfügbare Handlungen kontrollierbar. Das hervorstechende Ergebnis lag in einer Modifikation der kognitiven Zwischenprozesse beim Lernen für die Gruppe, die am Attributionstraining teilgenommen hatte. Diese Kinder hatten die Überzeugung gewonnen, daß Lernergebnisse durch Anstrengung beeinflußbar sind. Damit war eine wesentliche motivationale Voraussetzung für die Überwindung von Hilflosigkeit gegeben. Die andere Gruppe zeigte in keinem der Meßwerte irgendwelche Veränderungen.

In einem weiteren Experiment verglichen Carol Diener & Carol Dweck (1978) hilflose Schüler aus 5. Klassen mit nichthilflosen Schülern aus denselben Klassen. Diese Arbeit besteht aus zwei Teilen. Die erste Studie (N = 70) zielt darauf ab, die Attribution und den Strategiewechsel nach Mißerfolg bei beiden Gruppen zu analysieren. Die zweite Studie untersucht Verbalisierungen von Schülern während der Aufgabenbearbeitung, um leistungsbezogene Kognitionen zu ermitteln. Zuvor wurden die Schüler gemäß ihrer Punktzahl in einem Test zur Erfassung der Selbstverantwortlichkeit für Leistungsergebnisse als hilflos oder nichthilflos eingestuft. Als Material dienten Diskriminationsaufgaben mit verschiedenfarbigen Dreiecken und Quadraten, deren Lösung es erforderte, Hypothesen über den Lösungsweg aufzustellen. Es war dafür gesorgt, daß beiden Schülergruppen im gleichen Ausmaß Erfolg und Mißerfolg rückgemeldet wurde. Die Ergebnisse sind sehr eindrucksvoll. Mehr als die Hälfte der hilflosen Schüler attribuierte den Mißerfolg auf mangelnde Fähigkeit, während kein einziger der nichthilflosen Schüler dies tat. In dieser Gruppe gab es insgesamt viel weniger Attributionen, die sich dann mehr auf fehlende Anstrengung, Pech, Aufgabenschwierigkeit und Fehlverhalten des Versuchsleiters verteilten. Ein weiterer Befund betrifft die unterschiedliche Anwendung von brauchbaren Hypothesen zur Lösung der Aufgaben. Die hilflosen Kinder verwendeten mehr unbrauchbare Hypothesen. Hilflose Schüler, die ihren Mißerfolg nicht auf mangelnde Anstrengung attribuierten, benutzten unbrauchbare Hypothesen viel öfter als nichthilflose Schüler, die für ihren Mißerfolg unzureichende Anstrengung

verantwortlich machten. Im Prozeß der Aufgabenbearbeitung ist der Wechsel zu anderen Hypothesen bemerkenswert. Die hilflosen Schüler wählten nach Mißerfolg schlechtere Hypothesen, während die nichthilflosen Schüler entweder ihre bisherigen Hypothesen beibehielten oder zu besseren übergingen. Dies zeigte sich nicht nur einmal, sondern bei den vier Prüfaufgaben von Schritt zu Schritt immer mehr, so daß daran deutlich wurde, wie bei solchen Kindern ein kumulatives Defizit entstehen kann.
In der zweiten Studie wandten sich die Autorinnen der Frage zu, welche leistungsbezogenen Kognitionen während der Bearbeitung derselben Aufgaben spontan verbalisiert werden. Dazu wurde eine andere Schülergruppe untersucht (N = 60). Schon bei den ersten Mißerfolgserfahrungen tauchten Unterschiede zwischen den beiden Gruppen auf. Die hilflosen Kinder begannen, wenig nützliche Äußerungen bezüglich der Aufgabenlösung und der Ursache des Mißerfolgs zu artikulieren wie z. B. »Jetzt komme ich ganz durcheinander« oder »Ich hatte noch nie ein gutes Gedächtnis«. Dagegen verzichtete die andere Gruppe weitgehend auf Attributionen. Anstatt lange nach dem Grund für das Versagen bei einer Aufgabe zu suchen, überlegten sie sich eine Vorgehensweise zur aktiven Problembewältigung, indem sie ihr Arbeitsverhalten beobachteten und sich selbst Instruktionen gaben: »Je schwieriger es wird, desto mehr muß ich mich anstrengen« oder »Ich sollte jetzt mal langsamer vorangehen und dies hier ausgliedern«. Ein Drittel der nichthilflosen Schüler zeigte dabei positive Gefühle, während zwei Drittel der hilflosen Schüler negative Gefühle zum Ausdruck brachten, z. B. »Ich mag es, wenn man lange tüfteln muß« gegenüber »Das bringt nun aber langsam keinen Spaß mehr«. Die hilflosen Kinder brachten auch viele aufgabenirrelevante Äußerungen hervor. Hier könnte eine pädagogische Intervention ansetzen. Sie müßte anstelle solcher Aussagen eine gezielte Selbstbeobachtung und Selbstinstruktion vornehmen, wie man sie auch aus der Behandlung kognitiv impulsiver Kinder kennt (vgl. I. Wagner 1976). Das Nichtauftreten von Attributionen bei den nichthilflosen Kindern läßt sich damit erklären, daß sie die Rückmeldung »falsch« lediglich als Information betrachteten, die für die weitere Bearbeitung nützlich war, während die hilflosen Kinder sich sofort eines Versagens gewahr wurden und daraufhin lange bei der Erklärung der Ursachen verharrten. Die negativen Gefühlsäußerungen unterstützen diese Interpretation. Diese Kinder haben eine erhöhte Tendenz erworben, hoffnungslos, passiv und selbstmißachtend zu werden, wenn sie in neue Situationen geraten und dort keinen Erfolg erleben. Es dürfte sich hier um persönliche Hilflosigkeit handeln mit globaler Situationsgeneralität und der Gefahr einer Chronifizierung.

5.4 Depressive Verstimmtheit

5.4.1 Kontrollverlust und Attribution

Gelernte Hilflosigkeit wird von Seligman (1979) als Modell der Depression bezeichnet. Aus diesem Grunde und weil sich das Thema sehr eng mit Streß, Angst und Selbstkonzept berührt, soll an dieser Stelle darauf etwas näher eingegangen werden.
Unter Depression wird eine krankhafte psychische Beeinträchtigung verstanden, die durch folgende Erscheinungsbilder charakterisiert ist (nach Becker 1981):

1. *Kognitive Symptome:*   negative Einstellung zu sich selbst, zur Umwelt und zur Zukunft; Hilflosigkeit und Hoffnungslosigkeit; Pessimismus; Suizidgedanken; Wahnvorstellungen

2. *Emotionale Symptome:*	Verlust von Lebensfreude und positiven Gefühlen; Niedergeschlagenheit, Schuldgefühle; Apathie und Gefühlsleere; Angst und offene oder verdeckte Feindseligkeit
3. *Motivationale Symptome:*	Antriebsschwäche; Verlust von Zielen und Interessen; Passivität
4. *Motorische Symptome:*	Stark verringertes Aktivitätsniveau; motorische Hemmung; schlaffer Muskeltonus; depressiver Gesichtsausdruck
5. *Vegetative und physiologische Symptome:*	Appetit- und Gewichtsverlust, Schlafstörungen, Beschwerden in verschiedenen Organsystemen, Libidoverlust.

Im allgemeinen unterscheidet man zwischen endogenen und reaktiven Depressionen. Endogene Depressionen beruhen auf unbekannten Ursachen und folgen meist einem zyklischen Verlauf, bei dem Depression und Manie einander abwechseln. Reaktive Depressionen, zu denen nach Seligman (1979, 74) dreiviertel aller Depressionen zählen, entstehen aufgrund von äußeren Ereignissen, wobei es sich meist um Verlusterlebnisse handelt, wie z. B. den Tod einer nahestehenden Person. Gelernte Hilflosigkeit gilt nicht als Modell für alle Formen von Depression, sondern nur für die reaktive Depression, insbesondere für Erscheinungsbilder, bei denen die Person ihre Handlungen »nur schleppend ausführt, sich selbst für machtlos und hoffnungslos hält und ihre Zukunft öde sieht« (Seligman 1979, 77). An anderer Stelle wird gesagt: »Nach dem Modell gibt es also eine Untermenge von Depressionen – Hilflosigkeitsdepressionen – die verursacht ist durch die Erwartung von Handlungs-Ergebnis-Unabhängigkeit und die die Symptome von Passivität, negativer kognitiver Einstellung und depressivem Affekt sichtbar macht« (Abramson u. a. 1978, 64).

Seligman hält die folgende Symptomatik für den gemeinsamen Nenner von Hilflosigkeit und Depression (1979, 78):

1. Verringerte Motivation zu willentlichen Reaktionen: Tiere und Menschen, die Unkontrollierbarkeit erfahren haben, zeigen geringere Initiative zu willentlichen Reaktionen.
2. Negative kognitive Denkstruktur: hilflose Tiere und Menschen lernen nur schwer, daß Reaktionen Konsequenzen hervorrufen.
3. Der zeitliche Verlauf: Hilflosigkeit zerfällt mit der Zeit, wenn sie auf einer einzigen Sitzung mit unkontrollierbaren elektrischen Schlägen beruhte; nach mehreren Sitzungen bleibt Hilflosigkeit bestehen.
4. Verringerte Aggressivität: hilflose Tiere und Menschen zeigen weniger aggressive und konkurrierende Reaktionen, und ihr Status in der Hierarchie kann absinken.
5. Appetitverlust: hilflose Tiere fressen weniger, verlieren an Gewicht und zeigen Defizite im Sexual- und Sozialverhalten.
6. Physiologische Veränderungen: hilflose Ratten zeigen einen Mangel an Noradrenalin und hilflose Katzen cholinerge Hyperaktivität.

Die gemeinsamen Wurzeln von Hilflosigkeit und Depression liegen in der Überzeugung des Individuums, daß »relevante Konsequenzen unkontrollierbar sind« (1979, 101). Dafür gibt es eine Reihe von empirischen Hinweisen. Miller & Seligman (1975) haben 24 depressive und 24 nichtdepressive Studenten in zwei triadischen Versuchsplänen (8 Personen pro Zelle) hinsichtlich ihrer Reaktion auf die Vermeidbarkeit und Unvermeidbarkeit von aversiven Reizen untersucht. Solche Personen, die in der Vorbehandlung den Reizen nicht ausweichen konnten, waren motivational und kognitiv darin beeinträchtigt, die nachfolgenden Anagrammaufgaben zu lösen. Depressive in der Kontrollgruppe entsprachen den nichtdepressiven Versuchspersonen, bei denen experimentell Hilflosigkeit erzeugt worden war. Die Autoren schließen daraus, daß Depressive während ihrer Lebensgeschichte sehr viel Unkontrollierbarkeit erlebt haben und dadurch depressiv-hilflos geworden sind.

In dem Experiment von Klein, Fencil-Morse & Seligman (1976) waren fünf Gruppen von Depressiven und fünf Gruppen von Nichtdepressiven gebildet worden (acht Personen je Zelle). Die erste Gruppe erhielt lösbare Diskriminationsaufgaben, die zweite gar keine Vorbehandlung, die dritte unlösbare Aufgaben. Die vierte und fünfte Gruppe erhielten in der Trainingsphase ebenfalls unlösbare Aufgaben, unterschieden sich jedoch von der dritten Gruppe durch eine Zusatzinstruktion. Ihnen wurde mitgeteilt, wieviele Studenten angeblich in einem vorigen Experiment die vier Diskriminationsaufgaben gelöst hatten. Durch diese Konsensusinformation über den vermeintlichen Schwierigkeitsgrad der Aufgaben sollten die Versuchspersonen auf ihre eigene Fähigkeit rückschließen. Die vierte Gruppe (»internal«) erhielt sinngemäß folgende Instruktion: »55% haben alle vier Aufgaben, 30% drei usw. gelöst.« Dadurch, daß die meisten anderen die Probleme leicht lösen, sollten die zu vermittelnden Mißerfolge internal attribuiert werden (Mangel an Fähigkeit), so daß persönliche Hilflosigkeit wahrscheinlich wird. Die fünfte Gruppe (»external«) erhielt sinngemäß folgende Instruktion: »90% haben bei allen vier Aufgaben versagt.« Dadurch sollte ein hoher Schwierigkeitsgrad suggeriert werden, womit den Studenten keine persönliche Verantwortung für ihr Versagen zuzuschreiben war und statt dessen universelle Hilflosigkeit resultieren sollte. Bei Nichtdepressiven ergeben sich bezüglich der Gruppen 3, 4 und 5 keine Unterschiede in der Ausprägung der Hilflosigkeitsdefizite beim Lösen der Anagrammaufgaben in der anschließenden Testphase. Bei den Depressiven jedoch führten die Attributionsangebote zu beachtlichen Veränderungen. Schrieben sie ihre Mißerfolge der eigenen Unfähigkeit zu (Gruppe 4: »internal«), so brauchten sie mehr Zeit, mußten oft probieren und machten viele Fehler. Schrieben sie ihre Mißerfolge nicht sich persönlich, sondern dem Schwierigkeitsgrad zu (Gruppe 5: »external«), so verschwanden die Defizite. Die depressiven Studenten mit universeller Hilflosigkeit zeigten teilweise sogar ein besseres Lösungsverhalten bei den Anagrammaufgaben als die nichtdepressiven (Abb. 19).

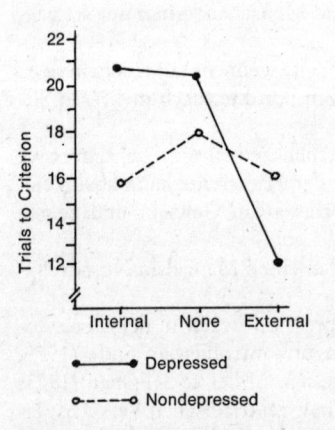

Abb. 19: Durchschnittliche Zahl der Lösungsversuche bei drei attributionsverschiedenen Gruppen von Depressiven und Nichtdepressiven (aus: Klein, Fencil-Morse & Seligman 1976, 513).

Die Autoren schließen von ihren Experimenten auf die Bedeutung kognitiver Zwischenprozesse bei der Entstehung von Depressionen. Unkontrollierbarkeit allein ist nicht hinreichend, sondern nur in Verbindung mit einer ungünstigen Attribution wirksam. Depressive lassen sich dadurch charakterisieren, daß sie ihre Mißerfolge internal attribuieren, nicht aber ihre Erfolge. Erleben sie Kontrollverlust, so machen sie sich selbst dafür verantwortlich (persönliche Hilflosigkeit), während das Auftreten von Kontingenz zwischen eigenem Handeln und Umweltereignissen von ihnen nicht weitgehend genug als selbstverursacht angesehen wird. Diese selbstwertmindernde Asymmetrie ist in Übereinstimmung mit der Theorie von Beck (vgl. Beck/Greenberg 1979), nach der der Depressive eine negative Einstellung zu sich selbst, zur Umwelt und zur Zukunft hat.

Seligman und seine Mitarbeiter waren ursprünglich der Meinung, die Entstehung von Depressionen würde hinreichend erklärt durch die Tatsache, daß kein Bedingungszusammenhang zwischen eigenem Handeln und den Handlungsergebnissen wahrgenommen und erwartet wird. Nach ihrer Revision der Theorie kommen sie zu folgenden Aussagen (Abramson u. a. 1978, 68):

»1. Depression besteht aus vier Arten von Defiziten: motivationalen, kognitiven, selbstwertrelevanten und affektiven.
2. Wenn sehr begehrte Handlungsergebnisse für unwahrscheinlich oder wenn sehr unangenehme Handlungsergebnisse für wahrscheinlich gehalten werden und das Individuum gleichzeitig erwartet, über keine Handlungsmöglichkeiten zur Beeinflussung dieser Eintretenswahrscheinlichkeiten zu verfügen, entsteht Hilflosigkeit bzw. Depression.
3. Die Generalität des depressiven Defizits hängt von der Globalität der Attribution von Hilflosigkeit, die Chronizität des depressiven Defizits von der Stabilität der Attribution von Hilflosigkeit ab. Die Selbstwertminderung hängt von der Internalität der Attribution von Hilflosigkeit ab.
4. Die Intensität der Defizite wird bedingt durch die Stärke oder Gewißheit der Erwartung von Nichtkontrolle. Die Wichtigkeit des Handlungsergebnisses beeinflußt die affektiven und selbstwertrelevanten Defizite.«

Für die Behandlung der Depression ergeben sich daraus entsprechende Konsequenzen (1978, 69). Zunächst ist es wichtig, die Wahrscheinlichkeit des Auftretens unangenehmer Ereignisse zu verringern und erwünschte Ereignisse zu vergrößern. Dazu können auch materielle Hilfen gehören.

Weiterhin sollte der Anreizwert von Handlungsergebnissen beeinflußt werden. Unangenehme Ergebnisse sollten als weniger unangenehm wahrgenommen werden, indem realistische Ziele gesetzt und zu hohe Ansprüche »abgekühlt« werden. Wenn jemand nicht der Beste in seiner Bezugsgruppe sein kann, so soll er lernen, daß es andere Dinge im Leben gibt, die wichtiger sind. Sehr erwünschte Ergebnisse sollten weniger begehrenswert gemacht werden. Wenn z. B. jemand von einer Frau abgewiesen wird, soll dies nicht als Schicksalsschlag aufgefaßt, sondern durch Werbungsversuche bei anderen Frauen kompensiert werden.

Die Erwartung von Unkontrollierbarkeit soll in Kontrollierbarkeit verwandelt werden. Dazu ist es oft erforderlich, soziale und intellektuelle Fertigkeiten erst einmal schrittweise so zu üben, daß ein Bedingungszusammenhang zwischen eigenem Handeln und Handlungsergebnissen erkennbar und schließlich grundsätzlich erwartet wird.

Unrealistische Attributionen für Mißerfolg sollten möglichst external, variabel und spezifisch sein. Unrealistische Attributionen für Erfolg sollten möglichst internal, stabil und global sein. Ist jemand z. B. arbeitslos, so soll ihm klar gemacht werden, daß dies mit den zur Zeit herrschenden Bedingungen auf dem Arbeitsmarkt zu tun hat und weniger mit seinen persönlichen Fähigkeiten.

5.4.2 Selbstwerterhaltung durch Illusion von Kontrolle

Der Depressive hat eine negative Einstellung zu sich selbst (Beck 1967, Beck/Greenberg 1979, Becker 1981). Wenn er sein Leben Revue passieren läßt, erinnert er sich vor allem an Situationen, in denen er versagt hat, an Fehlentscheidungen und an soziale Zurückweisungen. Er hält sich für nicht kompetent genug, den Anforderungen des Lebens angemessen zu begegnen, und nimmt daher mehr Verluste und Bedrohungen und weniger Herausforderungen wahr. Er ist pessimistisch und hoffnungslos hinsichtlich seiner zukünftigen Lebensbewältigung. Als ein wichtiger Spezialfall der allgemeinen negativen Selbstbewertung kann die Wahrnehmung mangelnder sozialer Fertigkeiten angesehen werden. Der Depressive hält sich für sozial inkompetent. Er traut sich nicht zu, das Verhalten anderer Menschen beeinflussen und sich selbst gegenüber anderen durchsetzen zu können.

Die Frage ist nun, inwieweit diese negative Selbstbewertung realistisch oder unrealistisch ist. Leidet der Depressive an falschen Überzeugungen, oder leidet er an der Wirklichkeit? Nach Lewinsohn (1974) sind depressive Menschen im Durchschnitt sozial weniger kompetent und schätzen dies auch dementsprechend ein. Demnach hätten wir es nicht so sehr mit einer falschen Überzeugung sondern mit einer durchaus realitätsangemessenen negativen Selbsteinschätzung zu tun. Sind Depressive also unrealistisch oder realistisch in der Wahrnehmung ihrer eigenen Person?

Zu dieser Frage gibt es neuere Untersuchungen. Alloy & Abramson (1979) konfrontierten depressive und nichtdepressive Studenten mit einer Reihe von Problemen, die in unterschiedlicher Weise durch sie beeinflußbar waren. Es ging also darum, den Grad an eigener Kontrolle einzuschätzen, die über Umweltereignisse ausgeübt werden konnte. Dabei stellte sich heraus, daß depressive Studenten die objektiven Bedingungszusammenhänge zutreffender einschätzen konnten. Die Nichtdepressiven dagegen überschätzten ihre Kontrolle über erwünschte Ereignisse und unterschätzten die Wahrscheinlichkeit ihrer persönlichen Verantwortung für unerwünschte Ergebnisse. Depressive sahen dies realistischer, indem sie ihre Nichtkontrolle über unerwünschte ebenso wie über erwünschte Ereignisse ziemlich genau einschätzten. Sie waren »trauriger, aber klüger«.

Eine weitere Studie wurde von Lewinsohn, Mischel, Chaplin & Barton (1980) durchgeführt. Die Autoren untersuchten die soziale Kompetenz von 71 depressiven, 59 nichtdepressiven, aber psychiatrisch auffälligen Personen und 73 normalen Personen. Von jeder der drei Kategorien wurden zwei Personen für eine Gruppensitzung ausgewählt. Diese sechs Personengruppen hatten den Auftrag, sich 45 Minuten lang zu unterhalten. Dabei wurden sie durch eine Einwegscheibe von insgesamt 58 trainierten Studenten beobachtet, die den Zweck der Untersuchung nicht kannten. Die Beobachter schätzten auf siebzehn siebenstufigen Skalen die sozialen Fertigkeiten jeder Versuchsperson ein (1 = völlig unzutreffend, 7 = genau zutreffend). Zwölf der siebzehn Skalen bezogen sich auf Aspekte des Sozialverhaltens: (1) freundlich, (2) beliebt, (3) selbstbehauptend, (4) attraktiv, (5) warmherzig, (6) kommuniziert unmißverständlich, (7) sozial geschickt, (8) an anderen Menschen interessiert, (9) versteht, was andere sagen, (10) humorvoll, (11) spricht flüssig, (12) offen und selbst-enthüllend. Die anderen fünf erweiterten das Spektrum um solche Merkmale, die erfahrungsgemäß bei Depressiven nicht ausgeprägt sind: (13) vernünftig, (14) zuversichtlich, (16) vertraut anderen, (16) optimistische Lebenseinstellung, (17) bemerkt positive Erfahrungen. Diese Skalen dienten nicht nur als Instrumente zur Einschätzung durch die Beobachter, sondern sie wurden auch den Versuchspersonen zur Selbsteinschätzung vorgelegt. Als Maße zum Vergleich der drei Personenkategorien dienten Mittelwerte über die siebzehn Skalen der Selbst- und Fremdeinschätzung.

Die Ergebnisse zeigen bedeutsame Unterschiede zwischen den Kategorien und zwischen den beiden Einschätzungsweisen. Depressive schätzen sich im Hinblick auf ihre soziale Kompetenz geringer ein (3.4) als nichtdepressive Patienten (4.0) und normale Personen (4.2). Die Beobachter schätzen ebenfalls die depressiven geringer ein (3.2) als die beiden anderen Personenkategorien (3.6 und 3.6). Bei Analyse jeder einzelnen Skala ergibt sich ebenfalls eine ungünstige Einschätzung der Depressiven. Die Beobachter schätzen sie im Hinblick auf jedes Merkmal nachteiliger ein. Die Depressiven selbst sahen sich auf allen Skalen mit Ausnahme der Nummern 13 und 9 ungünstiger. Vergleicht man die Selbst- und Fremdeinschätzung, so zeigt sich bei den Depressiven keine signifikante Differenz (3.3 zu 3.2), während bei den Nichtdepressiven solche Differenzen auftreten (4.0 zu 3.6 und 4.2 zu 3.6). Demnach halten sich Depressive in Übereinstimmung mit der sozialen Realität für weniger kompetent. Nichtdepressive, die von den Beobachtern etwas günstiger eingeschätzt wurden, schätzten sich selber erheblich besser ein, d. h. sie überschätzten sich und gerieten somit in Widerspruch zur sozialen Realität. Daraus wird der Schluß gezogen, daß normale Menschen vermutlich deswegen nicht depressiv sind, weil sie die Wirklichkeit zu ihren Gunsten verzerren. Realitätsverzerrung wäre nach dieser Auffassung eine gesunde Selbstwerterhaltungsstrategie.

Die Autoren haben darüber hinaus die Entwicklung der Schätzwerte im Verlauf von vier Monaten beobachtet. Während dieser Zeit erhielten die Depressiven eine von drei psychologischen Behandlungen, deren Inhalt an dieser Stelle nicht erläutert werden soll. Nach jedem Monat wurden die Selbst- und Fremdeinschätzungen auf der Basis der Gruppeninteraktionssitzungen wiederholt. Zu jedem der vier Meßzeitpunkte wurden also vier solche Sitzungen von jeweils 45 Minuten Dauer in einem Raum durchgeführt, der mit einer Einwegscheibe versehen war. Die Beobachter und anschließend die Versuchspersonen nahmen die gewohnten Einschätzungen anhand der 17 Skalen vor. Nach vier Monaten waren noch 45 depressive übrig geblieben sowie 46 nichtdepressive Patienten und 58 normale Kontrollpersonen. Die Mittelwerte des 1. und des 4. Meßzeitpunktes sind in Tabelle 18 dargestellt.

Tab. 18: Selbst- und Fremdeinschätzungen der sozialen Kompetenz im Abstand von 4 Monaten (nach: Lewinsohn u. a. 1980, 209)

	Selbsteinschätzungen		Fremdeinschätzungen	
	vorher	nachher	vorher	nachher
Depressive	3.4	3.9	3.2	3.6
Nichtdepressive Patienten	4.1	4.0	3.6	3.6
Normale	4.2	4.3	3.6	3.7

Die Depressiven werden nach der Behandlung von den Beobachtern stärker als sozialkompetent eingeschätzt als vorher (von 3.2 zu 3.6), und es besteht hier kein Unterschied mehr zwischen den drei Personenkategorien (3.6, 3.6, 3.7). Natürlich wußten die Beobachter nicht, welche Personen behandelt worden waren. Die Selbsteinschätzung folgt diesem Befund. Die Depressiven haben im Durchschnitt ihre Selbsteinschätzung verbessert (von 3.4 zu 3.9), so daß sie sich beinahe den anderen darin angleichen (3.9, 4.0, 4.3). Sie überschreiten sogar den Mittelwert der entsprechenden Fremdeinschätzung. Der Therapieerfolg spiegelt sich demnach in einer zu positiven Einschätzung der

eigenen Sozialkompetenz, sofern man die Fremdeinschätzung als gültigen Maßstab für die soziale Realität nimmt.
Die Erforschung dieses Phänomens steht erst am Anfang. Die Bedeutung einer Erhärtung der vorliegenden Befunde für die Therapie ist beachtlich. Es wäre dann nämlich nicht dienlich, den Klienten realistische Person-Umwelt-Bezüge zu vermitteln, da sie schon realistischer sind als ihnen gut tut. Vielmehr käme es darauf an, ihnen gesunde Selbstwerterhaltungsstrategien beizubringen. Dies impliziert jedoch eine Verzerrung der Realität. Die Klienten sollen nicht nur lernen, die soziale Umwelt mit Hilfe von Fertigkeiten unter Kontrolle zu bringen sondern auch die entsprechenden Kognitionen dafür zu erwerben. Kontrollerfahrungen im sozialen Umgang müßten demnach wahrscheinlich auch von Kontrollillusionen begleitet werden. Soziale Zurückweisungen, Fehlschläge und Verhaltensdefizite könnten z. B. external attribuiert oder ganz einfach ignoriert werden. Der Klient muß lernen, seine spärlich vorhandenen positiven Sozialerfahrungen kognitiv präsent zu haben und jedes Ereignis, das er kontrollieren kann, als persönlichen Erfolg zu verbuchen. Eine Überschätzung seiner Kontrolle dürfte ihm helfen, anderen sozialen Situationen mit mehr Optimismus, d. h. Kontrollerwartungen, entgegenzusehen. Ein »warmer rosiger Schimmer«, der die eigene Person umgibt, stellt einen Schutz gegenüber Depressionen dar. Andererseits steckt darin auch eine Gefahr. Wer seinen Selbstwert durch Illusionen aufbessert, begibt sich allzu leicht in Situationen, denen er objektiv nicht gewachsen ist (Schulz/Hanusa 1979, 335). Dann scheitert er und muß durch weitere Realitätsverzerrungen das illusionäre Selbstbild zu erhalten suchen.
Die Forschung wendet sich in letzter Zeit den unterschiedlichen kognitiven Prozessen von Depressiven und Nichtdepressiven zu, um die Mittel der Selbstwerterhaltung im einzelnen aufzudecken, die in Form von Schlußfolgerungen ablaufen. Unrealistische Ursachenzuschreibungen, Verallgemeinerungen und selektive Wahrnehmungen und Erinnerungen sorgen für Lebenstüchtigkeit, während beim Versagen dieses ich-schützenden Kognitionssystems den Menschen ihre Realität ins Gesicht schlägt und sie depressiv verstimmt (Abramson 1980). Dies wird durch die z. Z. anwachsende Literatur über selbstdienliche Kognitionen untermauert (Miller & Ross 1975, Ross 1977, Greene & House 1977, Ross & Sicoly 1979, Nisbett & Ross 1980, Heckhausen 1980, Schwarzer & Jerusalem 1982).

5.4.3 Entstehungsbedingungen depressiver Verstimmtheit

Die Arbeiten über Kontrollverlust und Kontrollillusion liefern wichtige Anregungen zur Klärung der Frage nach den psychosozialen Entstehungsbedingungen depressiver Verstimmtheit und klinisch relevanter Depressionen. Zugleich ist damit die Frage aufgeworfen, warum manche Menschen keine reaktive Depression entwickeln, obwohl sie verlustreichen Situationen ausgesetzt sind. In diesem Abschnitt sollen Überlegungen zusammengetragen und integriert werden, die in den letzten Jahren Gegenstand der Diskussion innerhalb der Psychologie waren.
Definitionsgemäß ist die reaktive Depression eine Antwort auf widrige Umstände, die das Individuum belasten. Dabei handelt es sich überwiegend um Verluste. Mit Verlusten kann z. B. die Trennung von einer nahestehenden Person durch Tod oder Ortswechsel gemeint sein. Verluste können sich aber auch auf Tätigkeiten und auf die gegenständliche Umwelt beziehen, z. B. indem jemand seinen Arbeitsplatz, seinen Führerschein oder seine Wohnung verliert. Sie können lebensgeschichtlich den Nährboden für eine spätere Depression bilden oder auch unmittelbar zur Auslösung einer Depression führen, wenn die Persönlichkeit bereits entsprechend sensibilisiert oder vorgeschädigt ist.

Früher sprach man in diesem Zusammenhang vor allem von der Separations-Depressions-Hypothese, heute mehr von Verstärkerverlust oder Kontrollverlust (Blöschl 1978, 1980). Separation ist ein äußerer Vorgang, der über keinen direkten psychologischen Erklärungswert verfügt. Was zwischen der Trennung oder dem Verlust und der reaktiven Depression psychologisch vermittelt, läßt sich als funktionale Beziehung von Verstärkern und Verhaltensweisen beschreiben. Eine Person, die nicht mehr zur Verfügung steht, kann nicht mehr bekräftigend auf das Verhalten einwirken. Dies wird als Gefühl der Einsamkeit erlebt. *Verstärkerverlust* meint besonders den Verlust von sozialen Verstärkern (Lewinsohn 1974) bzw. den Verlust der Wirksamkeit sozialer Verstärker. Verschwindet die gewohnte Bekräftigung von alltäglichen Verhaltensweisen, so erfolgt eine Löschung dieser Verhaltensweisen. In sozialer Hinsicht führt der Verlust einer nahestehenden Person zu einer Löschung von sozialrelevanten Handlungen, sofern keine neuen Sozialbeziehungen aufgebaut werden. Dies führt zu einer Reduktion sozialer Fertigkeiten, was den weiteren Umgang mit den Mitmenschen erschwert und eine Selbstwertbeeinträchtigung nach sich zieht. Daher richtet sich eine der möglichen Therapien auf das soziale Training. Der Klient lernt, sich offen und freundlich durchzusetzen, um damit soziale Kompetenz aufzubauen, die ihm den Zugang zu neuen Verstärkungszusammenhängen ermöglicht. Die therapeutische Antwort auf Verstärkerverlust liegt daher im Verstärkergewinn. Dabei ist zu beachten, daß nicht einfach eine Konfrontation mit positiven Verstärkern erfolgt (»pleasant events«), sondern daß die Häufigkeit reaktionskontingenter positiver Ereignisse erhöht wird. Die Person muß positive Handlungs-Ergebnis-Zusammenhänge erleben und herstellen können, also subjektiv Kontrolle ausüben. Daran wird erkennbar, daß sozialer Verstärkerverlust einen Spezialfall des Kontrollverlustes darstellt. Das Ausbleiben von Verstärkern führt nicht nur zur Löschung der willentlichen Reaktionen sondern auch zum Erleben von Nichtkontrolle. Dieser kognitive Aspekt des Verlustes steht heute im Mittelpunkt des psychologischen Interesses. Durch Verluste entstehen Defizite in der Kontrollerwartung, die auf das Selbstwertkonzept zurückschlagen. Verluste sind nur Spezialfälle einer Klasse von Ereignissen und Zuständen, die für die Bildung von Kontrolldefiziten verantwortlich sind. Daher erweitert Becker (1981) in seiner Depressionstheorie die Verluste um Mißerfolge und Mangelzustände, bzw. er spricht noch allgemeiner von Istwert-Sollwert-Diskrepanz: »*Verluste* beziehen sich auf Werte eines Menschen, auf etwas, das er besitzt, positiv bewertet und behalten möchte: z. B. Gesundheit, körperliches Wohlbefinden, materielle Güter, persönliche Freiheit, Handlungsfähigkeit, Selbstachtung oder Wertschätzung durch andere Menschen. Als Verlust wäre ein (vorübergehendes oder dauerhaftes) Abhandenkommen derartiger positiv bewerteter Zustände, Eigenschaften, Objekte oder Beziehungen zu bezeichnen. In abstrakter Sprache formuliert handelt es sich bei einem Verlust um ein Abweichen in unerwünschter Richtung eines Istwertes (z. B. augenblicklicher Schmerz) von einem verbindlichen Sollwert (z. B. Schmerzfreiheit), nachdem zuvor der Istwert mit dem Sollwert übereinstimmte. Von einem *Mißerfolg* wollen wir sprechen, wenn ein Mensch ein positiv bewertetes Ziel (z. B. ein gutes Abschneiden in einer Prüfung, das Gewinnen der Zuneigung eines Partners, einen Erfolg im sportlichen Wettkampf) anstrebt, einen Versuch der Zielerreichung unternimmt, dabei jedoch einen Fehlschlag erleidet. Auch in diesem Fall handelt es sich um eine Istwert-Sollwert-Diskrepanz. Jedoch bestand von Anfang an eine Diskrepanz, deren Überwindung mißlang. *Mangelzustand* wird als Oberbegriff von Verlust und Mißerfolg verwendet. Er umfaßt zusätzlich länger bestehende Defizite bzw. Diskrepanzen (z. B. ein andauerndes Mißverhältnis zwischen angestrebtem und vorhandenem Besitz, Ansehen, Gesundheitszustand oder Begabungsgrad)« (Becker 1981).

Während spezifische Kontrolldefizite sich relativ leicht durch spezifische Kontrollerwartungen auf anderen Gebieten kompensieren lassen, sind Kontrolldefizite, die auf den gesamten sozialen Bereich generalisiert sind, schwer zu kompensieren, weil gerade dieser Bereich im Leben der meisten Menschen von zentraler Bedeutung ist. Der Mensch lebt in irgendwelchen sozialen Kontexten und orientiert sich bei der Wahrnehmung von Verlusten, Mißerfolgen und Mangelzuständen an sozialen Maßstäben, d. h. normalerweise an Zuständen innerhalb der von ihm gewählten Bezugsgruppe. Dies läßt sich an der Depression des Aufsteigers verdeutlichen. Jemand, der berufliche Karriere macht, muß häufig den sozialen Kontext verändern. Er wechselt z. B. von der Produktion ins Management oder von einer Firma zur anderen an einem anderen Ort. Die damit eingehandelten Gewinne müssen oft durch Verluste teuer bezahlt werden. Vertikale und horizontale Mobilität führen zu wiederholtem Bezugsgruppenwechsel. Der Aufbau stabiler Sozialbeziehungen, die den Verstärkungszusammenhang herstellen helfen, wird behindert oder muß immer wieder von neuem in Gang gesetzt werden. Der Aufsteiger erlebt im Sozialbereich Verstärkerverluste, die manchmal nur partiell durch Verstärkergewinne in der nächsten Bezugsgruppe wettgemacht werden können, weil dort der Schwierigkeitsgrad der sozialen Akzeptanz und der Selbstbehauptung höher ist oder weil einfach keine Gruppe mehr alltäglich präsent ist. Die »Einsamkeit des leitenden Angestellten« ist geradezu sprichwörtlich. Wer in einer kleinen elitären Bezugsgruppe einen unterdurchschnittlichen Rangplatz einnimmt, kann unter »relativer Deprivation« leiden. Trotzdem sind Aufsteiger im allgemeinen weniger depressionsgefährdet, weil sie oft seelisch robust sind oder Kompensationsmöglichkeiten finden. Eine davon ist die akzentuierte Wahrnehmung des beruflichen Erfolgs, wodurch die Erhaltung des Selbstwertes gefördert wird. Dieser Stabilisierungsfaktor ist bei Absteigern nicht gegeben. Andererseits ist der Bezugsgruppenwechsel von Absteigern nicht unbedingt schmerzlich. Er kann nach einer Eingewöhnungsphase auch zu einem Verstärkergewinn führen, weil sich in der neuen Bezugsgruppe oft die Interessen leichter durchsetzen lassen, der Schwierigkeitsgrad der Umweltanforderungen also häufig geringer ist. Die Absteiger nehmen dann eine relativ hohe soziale Rangposition ein, deren bevorzugte Wahrnehmung ihrer Selbstwerterhaltung dienen kann. So findet man z. B. oft das Phänomen, daß ein sitzengebliebener Schüler in der nächsttieferen Klasse sozial besser akzeptiert wird als zuvor und ein entsprechend positives Wohlbefinden erlebt. Dieser Sachverhalt wird als »relative Gratifikation« bezeichnet. Es gibt also im Zusammenhang mit Verstärkerverlusten und Verstärkergewinnen kognitive Mechanismen, nämlich vor allem soziale Vergleiche, die zu einer Relativierung der Selbstwahrnehmung führen und das psychosoziale Geschehen im Hinblick auf die Entstehung oder Vermeidung einer Depression beeinflussen können.
Verluste, Mißerfolge und Mangelzustände treffen den einen weniger als den anderen. Menschen sind gegenüber kritischen Ereignissen mehr oder weniger verwundbar. Es gibt also individuelle Differenzen im Grad der Vulnerabilität (Verwundbarkeit), wobei man zwischen situativer und persönlicher Vulnerabilität unterscheiden kann. Mangelt es an externen Ressourcen wie z. B. sozialer Einbettung, Geld, Erfolgsfeldern und beruflichen Möglichkeiten, handelt es sich um eine *situative Vulnerabilität*. Jemand, der sich in einer solchen Situation befindet, kann zusätzliche Anforderungen, die durch den Verlust einer Person oder eines Arbeitsplatzes entstehen, nur schwer verkraften. Hat jemand im Laufe seines Lebens viele Verluste, Mißerfolge und Mangelzustände hinnehmen müssen, ohne daraufhin angemessene Bewältigungsweisen entwickelt zu haben, dann ist er überdauernd psychosozial belastet und vorgeschädigt, so daß ein weiteres Ereignis die Pathogenese der depressiven Verstimmtheit bis zur manifesten reaktiven Depression auslösen kann. Hier hätten wir es mit einer *persönlichen Vulnerabilität* zu

tun. Internale Faktoren wie z. B. konstitutionell bedingte Erregbarkeit, »Sensitizing«, oder durch die Lerngeschichte begründete Dispositionen wie z. B. Ängstlichkeit oder Attributionsvoreingenommenheiten machen den Menschen verwundbar. Wer seine effektiven Handlungen bevorzugt external und seine ineffektiven Handlungen bevorzugt internal attribuiert, wird unter einem Entzug seiner Verstärker (z. B. durch Wegfall wichtiger Kontaktpersonen) stärker leiden, weil dann seine ineffektiven Handlungen überwiegen und damit die Zahl der Selbstvorwürfe steigt. Wer sich für seine sozialen Defizite selbst verantwortlich macht, wird bei plötzlicher sozialer Isolation erhebliche Schuldgefühle entwickeln. Nicht jedoch allein die Zahl der lebensgeschichtlich bedeutsamen Verluste, Mißerfolge und Mangelzustände dürfte die entscheidende Determinante der persönlichen Verwundbarkeit sein, sondern mehr noch die Art und Weise ihrer Verarbeitung. Hat das Individuum durch solche Erfahrungen zugleich adaptive Bewältigungsstrategien entwickelt, dann dürfte ein gegenteiliger Effekt eintreten: die »Streßimpfung«. Adaptives Coping führt zum Erwerb von zusätzlichen Kompetenzen, die die Toleranzschwelle gegenüber kritischen Ereignissen erhöhen. Es kommt darauf an, solche Kognitionen bereitzuhalten, die mit der Selbstwerterhaltung vereinbar sind, wobei die Realitätsprüfung eine sekundäre Rolle spielt. Der interne Dialog des seelisch gesunden Individuums enthält ein großes Repertoire von Alltagserklärungen, Redensarten und Sprichwörtern, die eine adaptive Antwort auf riskante Situationen ermöglichen. Reichen die internen Ressourcen nicht aus, ist also die persönliche Verwundbarkeit zu hoch, dann wird dieser Mangel oft durch ein soziales Netzwerk behoben, also durch das Angebot von Kognitionen seitens anderer Personen, die dem Individuum nahestehen. Ratschläge, soziale Vergleiche und Attributionsofferten, die von anderen hilfreich geäußert werden, können vom Individuum übernommen werden. Dadurch werden externe Ressourcen in interne transformiert. Dies dürfte eine ganz wesentliche psychologisch relevante Funktion von sozialen Netzwerken sein, auf die die heutigen Konzepte der Gemeindepsychologie aufbauen (Mitchell & Trickett 1980; Wrubel, Benner & Lazarus 1980). Um die persönliche und die situative Verwundbarkeit gering zu halten, braucht das Individuum Lebenserfahrungen mit internen oder externen Ressourcen, die sich bei der Streßbewältigung bewährt haben.

In diesem Kontext läßt sich auch die Bedeutung der Angst bei der Entstehung von reaktiven Depressionen bzw. länger dauernder depressiver Verstimmtheit diskutieren. Angst ist die Besorgtheit und Aufgeregtheit angesichts einer als bedrohlich eingeschätzten Situation. Depressionsauslösende Situationen sind meist soziale Situationen, so daß wir es hier überwiegend mit einer Selbstwertbedrohung zu tun haben. Nach der transaktionalen Streßkonzeption von Lazarus (1966, 1980) führt die Situationseinschätzung zu einem von drei Ergebnissen: Schaden/Verlust, Herausforderung oder Bedrohung. Die subjektive Wahrnehmung von Verlusten bzw. Schädigungen zieht Gefühle der Trauer und Niedergeschlagenheit nach sich – also depressive Verstimmungen. Dagegen folgt auf die subjektive Wahrnehmung von Bedrohung eine Angstemotion. An dieser Stelle der kognitiven Person-Umwelt-Auseinandersetzung findet also die Differenzierung der Emotion statt. Worin liegt nun der psychologische Unterschied zwischen einem Verlust und einer Bedrohung? Offensichtlich handelt es sich hier um eine Abstufung in der zeitlichen Reihenfolge und im Grad der subjektiven Gewißheit. Der Verlust ist bereits eingetreten, während sich die Bedrohung auf einen zukünftigen Verlust richtet, der mit einer bestimmten Wahrscheinlichkeit eintreten wird oder nicht. Verliert jemand plötzlich seinen besten Freund durch einen Verkehrsunfall, dann wird er darauf nicht mit Angst, sondern mit Trauer und Niedergeschlagenheit reagieren. Liegt der Freund jedoch tagelang bewußtlos in der Unfallklinik, dann dominiert die Bedrohung, indem nämlich der mögliche Verlust antizipiert wird – ein kognitiver Vorgang, der von

Angst begleitet wird, solange das Ergebnis ungewiß bleibt. Ungewißheit in einer bedrohlichen Situation ist verantwortlich für die Angst. (Dagegen ist Ungewißheit in einer herausfordernden Situation eher ein Motor für »produktive Erregung«.) Nun sind die meisten depressiogenen Situationen nicht so eindeutig. Die Kumulation von Ereignissen wie Verluste, Mißerfolge und Mangelzustände führt zu sehr unterschiedlichen Situationseinschätzungen, die mehr oder weniger als schädigend, bedrohlich oder herausfordernd erlebt werden. Der allmähliche Kontrollverlust oder Verstärkerverlust führt oft nur langsam zum Zustand der Hilflosigkeit und Depression. Wenn dem Individuum noch nicht klar ist, ob sich die Umwelt kontingent auf die eigenen Reaktionen verhält, ist die Ängstlichkeit größer als die Traurigkeit. Erst wenn endgültig Gewißheit darüber besteht, daß die Kontrolle verloren ist, dominiert die depressive Verstimmung. Entsprechend sieht auch Seligman (1979) Angst als eine Vorstufe der Hilflosigkeit. Eine derartige Aufeinanderfolge läßt sich auch bei manchen leistungsschwachen Hauptschülern beobachten. Solange sie noch im Zustand der Ungewißheit darüber sind, ob ihre Anstrengungen zu Leistungsverbesserungen führen, sind sie leistungsängstlich. Haben sie jedoch Gewißheit darüber erlangt, daß ihre Bemühungen nicht zu kontingenten Ergebnissen führen, tritt an die Stelle der Angst die subjektive Ohnmacht: sie werden hoffnungslos, pessimistisch und geben alle weiteren Bemühungen auf.

Beim kumulativen Verlust von sozialen Verstärkern ist folgende Pathogenese zu erwarten. Die betreffende Person schätzt die einzelnen sozialen Situationen teilweise als schädigend (Verlust oder Trennung schon geschehen) und teilweise als bedrohlich ein (Erwartung sozialer Zurückweisung, Ungewißheit über zukünftige Trennung). Dadurch entsteht ein chronisches Verstärkerdefizit, das von sozialer Angst begleitet wird, und eine Löschung sozialer Fertigkeiten tritt ein. Die Wahrnehmung von zunehmenden sozial ineffektiven Handlungen erhöht die psychische Belastung. Findet die Person nicht genügend interne und externe Ressourcen, um der Schädigung und Bedrohung adaptiv zu begegnen, dann werden die nachfolgenden Situationen noch ungünstiger eingeschätzt. Da in der kognitiven Person-Umwelt-Auseinandersetzung ständig ein Vergleich der Situationsanforderung mit der individuellen Bewältigungskompetenz stattfindet, ist dieser doppelte Einschätzungsvorgang in hohem Maße selbstwertrelevant. Ein subjektives Kontrolldefizit bedeutet zugleich ein Selbstwertdefizit, denn der Selbstwert läßt sich als Grad der Erwartung von subjektiver Kompetenz, die Umwelt unter Kontrolle bringen zu können, definieren. Selbstwertverlust folgt dem Kontroll- oder Verstärkerverlust und ist für die emotionale Beeinträchtigung verantwortlich. Man ist nicht traurig und niedergeschlagen, weil man einen Verstärker verloren hat, sondern weil man persönlich versagt hat, einen Verstärker zu behalten oder zu gewinnen. Die internale Attribution der Nichtkontrolle, die der persönlichen Hilflosigkeit vorausgeht, stellt einen zentralen kognitiven Zwischenprozeß dar. Wird die eigene Person endgültig als sozial inkompetent eingeschätzt, verschwindet die ängstliche Begleitemotion zugunsten von Niedergeschlagenheit, Resignation, Einsamkeit, Traurigkeit und Hoffnungslosigkeit. Auf der Verhaltensebene wird das depressive Zustandsbild durch Fehlen jeglicher sozialer Initiative, also durch Passivität und Apathie vervollständigt. Somatische Indikatoren wie Müdigkeit, Appetitlosigkeit, Störungen des Schlafes und des Sexuallebens können hinzutreten.

Verbinden wir die Überlegungen zur Ätiologie der reaktiven Depression und Hilflosigkeit mit der Streßkonzeption, so steht am Anfang eine objektive Situation (z. B. Verlust), die gleichzeitig mit den möglichen Gegenkräften der Person kognitiv repräsentiert wird. Die Gegenüberstellung eines Situationsmodells und eines Selbstmodells führt zur Auslösung einer bestimmten effektiven oder ineffektiven Bewältigungshandlung und zu einer Begleitemotion. Die Verlustintensität oder der Bedrohungsgrad der Situation stehen in Beziehung zur Vulnerabilität. Wie verwundbar das Individuum gegenüber dem Ereignis ist, ergibt sich aus dem Selbstmodell, also aus der kognitiven Repräsentation aller in diesem Augenblick relevanten Aspekte der eigenen Person. Die kognitiven Prozesse, die der Selbstwerterhaltung, -erhöhung oder -verminderung dienen, stellen den Schlüssel zum Verständnis der Entstehung von Depressionen dar. So ist z. B. zu fragen, welche früheren Ereignisse die Person während der Anforderungssituation erinnert. Hat sie selektiv ihre Versagenserlebnisse gespeichert, dann besteht die Gefahr, daß eine entsprechende Verknüpfung stattfindet und die Nichtwahrnehmung adaptiver Handlungen vorprogrammiert ist. Verdreht dagegen jemand die Wirklichkeit, indem er positive Ereignisse selektiv erinnert, selbstdienliche Ursachenzuschreibungen verwendet und die Situation günstiger kodiert als sie ist, damit die positiven Aspekte dominieren, dann stabilisiert dies das subjektive Befinden und erlaubt die Ausführung von Bewältigungshandlungen. Diese können pragmatisch und effektiv sein, sie können aber auch gerade deswegen ineffektiv am Ziel vorbeischießen, weil die Person sich selber unrealistisch positiv eingeschätzt hat.

Wie weit normale Menschen solche Selbstwerterhaltungsstrategien auf Kosten der Realität anwenden und ursächlich deswegen normal statt depressiv sind, ist noch nicht hinreichend erforscht. Möglicherweise hängt dies mit dem Grad und der Dauer der depressiven Verstimmtheit zusammen. Vergleicht man die große Population der verstimmten mit der der nicht verstimmten Personen, so ist etwa ein solcher Unterschied zu erwarten, wie ihn Lewinsohn u. a. (1980) gefunden haben. Die Depressiven schätzen sich dann negativ und realistisch ein, die Normalen positiv und unrealistisch. Vergleicht man dagegen die kleine Zahl der ernsthaft Depressiven mit ausgeprägtem Krankheitsbild, dann dürfte dort der Prozeß der Selbstabwertung ein Maß erreicht haben, das im Widerspruch zur Wirklichkeit steht. Diese Menschen haben nach Beck (1967) eine krankhafte und unrealistische negative Einstellung zu sich selbst, zur Umwelt und zur Zukunft. Ihre Hoffnungslosigkeit übersteigt den objektiven Tatbestand der Nichtkontrolle. Sie nehmen ihren Restbestand an potentiell effektiven Handlungsmöglichkeiten nicht mehr wirklichkeitsgetreu wahr. Hoffnungslosigkeit ist hier der treffendere Begriff gegenüber Hilflosigkeit. Hilflosigkeit meint den passiven Zustand des Nichtverhaltens, während Hoffnungslosigkeit das kognitive Defizit an subjektiven Kompetenzerwartungen besser charakterisiert.

5.5 Reaktanz und Hilflosigkeit

Die Theorie der gelernten Hilflosigkeit von Seligman (1979) sagt vorher, daß Personen, die der Erfahrung von Unkontrollierbarkeit ausgesetzt sind, zunehmend leistungsbeeinträchtigt, passiv, resignativ und hoffnungslos werden. Die meisten Experimente bestätigen in der Tendenz diese Vorhersage, auch wenn immer wieder einige Fragen offen bleiben. So ist es z. B. gelegentlich vorgekommen, daß anstelle einer Leistungsverminderung eine Leistungsverbesserung eintrat. Entsprechende Untersuchungen werden von Miller & Norman (1979, 101) und Heckhausen (1980, 504) referiert. Seligman (1979) erklärt dies damit, daß das Individuum zunächst furchtsam, aktiv und überaktiv ist, bis die Nachhaltigkeit des Hilflosigkeitstrainings überhand nimmt und die Person zum Aufgeben veranlaßt. Man kann demnach mindestens zwei Stufen im Verlauf der Entstehung von Hilflosigkeit unterscheiden, die durch ein geringes und durch ein hohes Ausmaß an Erfahrung von Unkontrollierbarkeit charakterisiert sind. Die erste

Phase veranlaßt die Versuchsperson zu erhöhter und die zweite zu verminderter Aktivität. Unterschiedliche zugrundeliegende Prozesse können dafür verantwortlich sein.

Die nur manchmal beobachtete Anfangsphase der verstärkten Aktivität und Leistungssteigerung kann als ein Aufbäumen gegenüber eingeschränkten Kontrollmöglichkeiten aufgefaßt werden. Dies wäre die Erklärung seitens der Reaktanztheorie (Brehm 1972, Gniech & Grabitz 1978). Diese Theorie geht von folgenden Annahmen aus. Menschen sind es gewohnt, ihre Umwelt mehr oder weniger effektiv beeinflussen zu können und über einen gewissen Freiheitsspielraum zu verfügen. Werden sie daran gehindert, in gewohnter Weise Kontrolle auszuüben, dann erleben sie dies als eine Einengung oder Verletzung ihrer Freiheit. Daraus entsteht die Motivation, die bedrohte oder verlorene Freiheit zu sichern oder zurückzugewinnen. Dieser motivationale Zustand heißt Reaktanz. Die Wirkungen der Reaktanz können verschieden sein. Eine Möglichkeit liegt in der direkten Wiederherstellung von Freiheit, indem die Person einem von außen gesetzten Zwang zuwiderhandelt. Sie kann die Freiheit auch indirekt wiederherstellen, indem sie dies erst beim nächsten Mal tut oder sich in einer Situation, die der ursprünglichen ähnlich ist, durchsetzt. Aggression wäre eine andere mögliche Wirkung. Die Instanz, welche für den Entzug der Kontrolle oder die Einengung des Freiheitsspielraumes verantwortlich erscheint, wird angegriffen. Schließlich läßt sich als eine weitere Wirkung der Reaktanz die Attraktivitätsveränderung anführen, die dann auftritt, wenn keine unmittelbaren Handlungsmöglichkeiten gegeben sind. In diesem Fall bewerten die Personen eine verlorengegangene Alternative als wertvoller und attraktiver im Vergleich zu der Alternative, die ihnen geblieben ist. Die Stärke der Reaktanz ist abhängig von der Wichtigkeit der eingeengten Freiheit, vom Umfang des Freiheitsverlustes und von der Stärke der Bedrohung. Geprüft wurde die Theorie z. B. beim Kaufverhalten im Supermarkt. Wurde den Kunden eine Ware geradezu aufgedrängt, empfanden sie dies als Einengung ihrer Entscheidungsfreiheit und wählten daraufhin ein anderes Produkt, für welches in milderer Form geworben wurde.

Um das widersprüchliche Leistungsverhalten von Versuchspersonen im Hilflosigkeitsexperiment zu erklären, wurde die Reaktanztheorie von Wortman & Brehm (1975) mit der Hilflosigkeitstheorie verknüpft. Die Autoren suchten nach einer integrativen Sichtweise zur Vorhersage der unterschiedlichen Wirkungen bei Personen, die einer unkontrollierbaren Situation ausgesetzt sind. Dazu führten sie zwei Konstrukte ein: die Kontrollerwartung und die Wichtigkeit. Wenn eine Person mit einer hohen Kontrollerwartung in eine für sie wichtige Situation hineingeht, dann wird sie sich gegen die ersten Erfahrungen mit der Nichtkontrolle auflehnen. Der Grad der subjektiven Bedeutsamkeit der Situation bestimmt weitgehend die Stärke der Auflehnung. Sagt man den Versuchspersonen, die ihnen vorgelegten Diskriminationsaufgaben seien zur Vorhersage des Studienerfolgs oder der Intelligenz geeignet, so steigt die Wichtigkeit der Auseinandersetzung mit diesem Material. Die Versuchspersonen sind dann motiviert, die Probleme zu lösen, und werden mit verstärkten Bemühungen auf die ersten Mißerfolge reagieren. Diese Reaktanz setzt voraus, daß grundsätzlich Kontrollerwartungen vorhanden sind. Die Personen müssen davon überzeugt sein, die Fähigkeit zur Lösung der Aufgabe zu besitzen. Mit zunehmender Zahl der Inkontingenzen oder Mißerfolge tritt ein Verlust an Kontrolle ein. Die Reaktanz wird allmählich als ungeeignete Handlungsstrategie verstanden. Die Personen, die anfangs aufgrund höherer Anstrengung mehr Lösungsversuche unternommen haben, reduzieren ihre Anstrengung und stellen die Versuche ein. Die Passivität in der Phase der Hilflosigkeit beruht nicht einfach auf Löschung des Verhaltens durch Entzug von Kontingenzen, sondern auf der Einsicht in die Vergeblichkeit der Bemühungen. »Wenn eine Person davon überzeugt wird, daß sie ihre Handlungsergebnisse nicht kontrollieren kann, wird sie aufhören, es zu versuchen« (Wortman & Brehm 1975, 308).

Reaktanz ist also ein Vorläufer der Hilflosigkeit für diejenigen Personen, die angesichts der Situation über eine subjektive Kompetenzerwartung verfügen. Eine solche Erwartung, die Situation kontrollieren zu können, kann z. B. aufgrund früherer Lernerfahrungen erworben sein oder durch soziale Vergleiche entstehen, indem die Personen andere beobachten, die die Anforderungen bewältigen. Personen, die über diese Erwartung nicht verfügen, werden die Reaktanzphase vermutlich überspringen und vorzeitig in den Zustand der Hilflosigkeit geraten.

Sowohl die Stärke der Reaktanz als auch die Stärke der Hilflosigkeit wächst mit der subjektiven Bedeutsamkeit der Situation. Dies wird in der graphischen Darstellung dieser integrativen Theorie deutlich (Abb. 20).

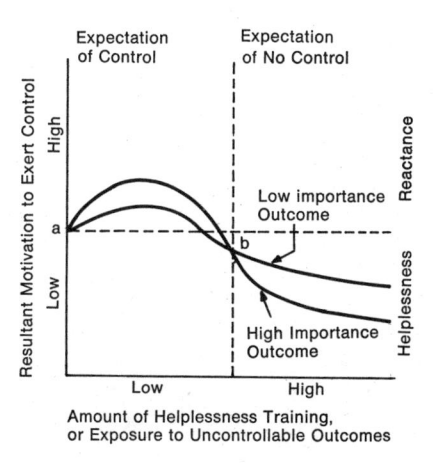

Abb. 20: Reaktanz und Hilflosigkeit als zeitlich geordnetes Motivationsgeschehen (aus: Wortman & Brehm 1975, 309).

Beim Punkt a wird angenommen, die Person verfüge über eine hinreichende Kontrollerwartung. Auf die Erfahrung von Unkontrollierbarkeit hin verhält sie sich zunächst reaktant, und zwar um so mehr, je wichtiger die Angelegenheit erscheint. Wird das Ausmaß der Mißerfolge oder Inkontingenzen auf Dauer zu hoch, dann wird Unkontrollierbarkeit erlebt (Punkt b). Von da ab sinkt die Motivation, sich mit der Situation konstruktiv auseinander zu setzen. Die Hilflosigkeitssymptome sind um so stärker, je subjektiv bedeutsamer das Handlungsergebnis wahrgenommen wird.

Heckhausen (1980, 506) stimmt grundsätzlich dieser Auffassung von Wortman & Brehm zu, kritisiert jedoch die Undifferenziertheit des Ansatzes, weil weder der Unterschied von als kontingent und als nicht-kontingent erlebten Mißerfolgen noch die Attributionen berücksichtigt werden. Er selbst stellt dem ein eigenes Stadienschema entgegen (1980, 499), das diesen Gesichtspunkten Rechnung trägt (vgl. Tab. 19).

Tabelle 19: Stadien der erlebten Verfügbarkeit über die Aufgabenlösung bei objektiv nicht-kontingenten Aufgaben und die Auswirkungen auf Ergebniswahrnehmung, Ursachenattribution, Kontingenz-Erleben, erlebte Kontrollierbarkeit, Selbstbewertung und das resultierende Lernen von Hilflosigkeit. (E = Ergebnis; H = Handlung)

Stadien Aufgabenlösung erscheint:	Wahrgenommenes Ergebnis (E)	Ursachenattribution	Erlebte Kontingenz zwischen H und E	Erlebte Kontrollierbarkeit von E	Selbstbewertung	Lernen von Hilflosigkeit
1. wahrscheinlich verfügbar	a) Erfolg b) Mißerfolg	internal internal	vorhanden vorhanden	ja ja	pos. neg.	nein
2. noch nicht verfügbar, Aufgabe erscheint schwieriger als gedacht	a) Erfolg b) Mißerfolg	Zufall Schwierigkeit	vorhanden vorhanden	wird fraglich wird fraglich	neutral neg.	nein, eher Leistungsverbesserung
3. unverfügbar Aufgabe erscheint zu schwierig	a) »Erfolg« b) »Mißerfolg«	unklar stabil	vorhanden vorhanden	nein nein	neutr. neg. neg.	ja
4. Aufgabe erscheint prinzipiell unlösbar	»richtig«, »falsch«	Willkür des V 1	nicht vorhanden[a]	nein[a]	neutral	Vermeidungslernen: ja Leistungshandeln: nein

a) Ist das Ergebnis (E) einer Handlung (H) instrumentell für eine Folge (F) des Handlungsergebnisses, so kann hier auch der folgende analoge Fall eintreten: Zwar besteht Gewißheit über die Kontingenz zwischen H und E, aber die Kontingenz zwischen E und F wird als nicht (mehr) vorhanden wahrgenommen; z. B. wenn auf dasselbe Handlungsergebnis nicht mehr wie früher eine Bekräftigung erfolgt (Löschung). In diesen Fällen wird zwar E, aber nicht F, als kontrollierbar erlebt, es gibt keine Kontingenz mehr zwischen H (E) und F.

Hier wird zwischen erlebter Kontingenz und erlebter Kontrollierbarkeit unterschieden. Die Kontingenz bezieht sich auf die Wahrnehmung einer Verknüpfung zwischen der eigenen Handlung und dem Handlungsergebnis. Die Kontrollierbarkeit dagegen impliziert eine entsprechende Attribution, indem nämlich die Person sich als Verursacher des Handlungsergebnisses wahrnimmt. Zu Beginn einer relevanten Situation kann die Person kontingente Mißerfolge haben, diese auf Anstrengungsmangel zurückführen und weiterhin Kontrollierbarkeit erleben. Die Selbstbewertung ist dann zwar negativ, aber es tritt keine Hilflosigkeit auf (Stadium 1). Kommt es zu weiteren Mißerfolgen, dann erscheint die Aufgabe schwieriger als ursprünglich erwartet, und die Kontrollierbarkeit wird fraglich, so daß die Person mehr Anstrengung investieren muß, um weitere negative Selbstbewertungen zu vermeiden (Stadium 2).

Hier kann es daher zu Leistungsverbesserungen kommen, wie sie von der Reaktanztheorie vorhergesagt werden. Erscheint die Aufgabenlösung als unverfügbar, dann wird der kontingente Mißerfolg als unkontrollierbar angesehen, und Hilflosigkeit entsteht. Die Ursache der Unkontrollierbarkeit wird als stabil angenommen, d. h. entweder auf Fähigkeitsmangel oder Aufgabenschwierigkeit zurückgeführt (Stadium 3). Erscheint dagegen die Aufgabe bei weiterer Fortsetzung des Experiments als prinzipiell unlösbar, dann wird weder Kontingenz noch Kontrollierbarkeit erlebt und die Ursache auf die

Willkür des Versuchsleiters zurückgeführt (Stadium 4). In diesem Fall ist die Situation ohne Belang für die Selbstbewertung und führt nicht zu Hilflosigkeit sondern eher zur Vermeidung der Situation.

Der Interpretationsvorschlag von Heckhausen ist bisher noch nicht empirisch geprüft und erlaubt daher andere Vorschläge neben sich. Ein weiterer Kritikpunkt an dem Modell von Wortman & Brehm (1975) ist die unsystematische und gleichbedeutende Verwendung der Begriffe Verlust und Bedrohung. Verlust von Freiheit und Bedrohung von Freiheit führen zu denselben Wirkungen. Man könnte ohne substantielle Veränderung des Modells die Herausforderung der Freiheit ebenfalls an diese Stelle setzen. Es liegt daher nahe, hier zu differenzieren, und unsere Streßkonzeption mit Reaktanz und Hilflosigkeit in Verbindung zu bringen, damit eine interpretative Alternative entsteht. Das Hilflosigkeitstraining ist normalerweise eine Streßsituation, sofern die Versuchsperson die Bearbeitung der Aufgabe für wichtig hält. Andernfalls empfindet die Person je nach Dauer des Experiments Interesselosigkeit, Langeweile oder Überdruß und bemüht sich, »aus dem Feld zu gehen« (wie Stadium 4 bei Heckhausen). Zu Beginn jeder Situation wie z. B. eines Experiments oder einer entsprechenden natürlichen Alltagssituation steht daher die Frage, ob sie subjektiv als relevant oder als irrelevant einzuschätzen ist (Lazarus 1980). Ist sie relevant, dann heißt dies soviel wie »wichtig« oder »subjektiv bedeutsam«. Eine Situation, die für bedeutsam gehalten wird, dürfte normalerweise selbstwertrelevant sein. Glaubt jemand, er müsse seine Intelligenz unter Beweis stellen, so ist dies eine selbstwertrelevante Situation. Daraufhin erfolgt die Einschätzung der Umweltanforderungen als herausfordernd, bedrohlich oder schädigend. Diese drei Einschätzungen können mit zunehmender Dauer eines kritischen Ereignisses nacheinander vorgenommen werden. Wird eine Freiheitseinengung oder ein Mißerfolg als Herausforderung bewertet, dann antwortet das Individuum mit Reaktanz. Es ist motiviert, den alten Zustand wiederherzustellen und seine Kompetenz unter Beweis zu stellen. Das kontingente negative Handlungsergebnis wird internal-variabel attribuiert, also mangelnde Anstrengung wird dafür verantwortlich gemacht. Folgen weitere Fehlschläge, dann sinkt die Gewißheit bezüglich der subjektiven Kompetenz, d. h. das Individuum interpretiert die Ereignisse nicht mehr eindeutig als anstrengungsbedingt sondern zieht auch eventuelle Fähigkeitsmängel in Erwägung. Damit wird die Situation bedrohlich. Die Ungewißheit verschiebt die Bewertung allmählich von der Herausforderung zur Bedrohung, was ein Ansteigen der Angst zur Folge hat. Dies ist während der Reaktanzphase nicht unbedingt nachteilig für das Resultat, da es zu mehr Anstrengungsinvestition kommt und deswegen Leistungsverbesserungen möglich sind – zumindest sind mehr Bemühungen zu verzeichnen, die Aufgaben einer Lösung näher zu bringen. Wenn jedoch immer wieder Mißerfolge auftreten, muß die Person an sich zweifeln und ihre mangelnden Fähigkeiten verantwortlich machen. Heckhausen (1980, 499) stellt hier ebenfalls die Attribution auf Aufgabenschwierigkeit in Aussicht. Dabei handelt es sich natürlich um zwei Seiten derselben Medaille. Wenn eine Aufgabe zu schwer ist, dann reichen die eigenen Fähigkeiten nicht aus. Verfügt man über keine effektiven Handlungsalternativen, dann ist umgekehrt die Aufgabe zu schwer. In einer selbstwertrelevanten Situation – und davon gehen wir hier aus – wird die Person andauernde Mißerfolge mehr oder weniger auf Fähigkeitsmängel zurückführen. Käme statt dessen nur der Schwierigkeitsgrad in Betracht, dann wäre die Situation ohnehin nicht relevant, also auch nicht selbstwertrelevant. Solange noch Ungewißheit über die persönliche Verantwortlichkeit für die Mißerfolge herrscht, wird Bedrohung wahrgenommen und ängstliche Erregung aktualisiert. Die Mißerfolge sind nicht mehr herausfordernd, sondern selbstwertschädigend. Sie werden als Verlust von Kontrolle erlebt. Verluste sind mit Emotionen wie Niedergeschlagenheit, Traurigkeit und Resignation verknüpft. Die Situation wird als hoffnungslos erlebt. In dieser letzten Phase erfolgt also eine zunehmende depressive Verstimmung, nachdem die Angst gewichen ist. Die ängstliche Erregung wird umso geringer, je mehr Gewißheit über den Kontrollverlust besteht (Abb. 21).

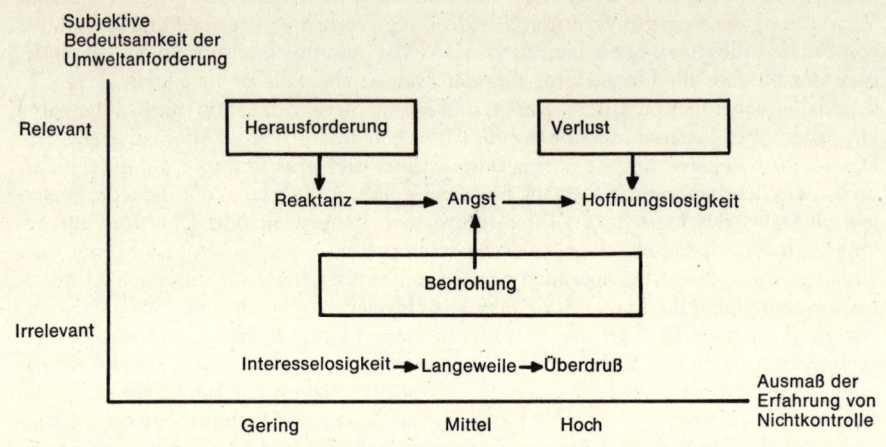

Abb. 21: Entwicklungsmodell der Hoffnungslosigkeit

In Übereinstimmung mit Heckhausen (1980, 499) und Wortman & Brehm (1975, 309) wird die Hilflosigkeitsentstehung also als ein mehrphasiger Prozeß angenommen. Notwendig ist nur die letzte Phase. Ein Individuum, das bereits mit einer Attributionsvoreingenommenheit für Fähigkeitsmängel und mit der Gewißheit des Scheiterns in eine solche Anforderungssituation kommt, benötigt nur eine kurze Erfahrung der Unkontrollierbarkeit, um seine Vorannahme zu bestätigen und hilflos zu werden. Jemand, der sich seiner subjektiven Kompetenz für das spezifische Problem noch ungewiß ist, wird dagegen in dem Ablaufschema etwas früher einsetzen und zunächst noch für eine Weile besorgt und aufgeregt sein, bevor sich Resignation und Hoffnungslosigkeit breitmachen. Jemand, der mit einer hohen subjektiven Kompetenz, also mit einer Kontrollerwartung, in die Situation kommt, wird sich zunächst herausgefordert fühlen und Reaktanz aufbringen, bis dann die Gewißheit ins Wanken gerät und eine Selbstwertbedrohung eintritt. Dieses Ablaufschema in Abhängigkeit von der Dauer und Intensität der Mißerfolgserfahrung soll nur dann gelten, wenn die Situation überhaupt als persönlich relevant eingeschätzt wird. Andernfalls dominieren Interesselosigkeit, Langeweile und Überdruß.

Ein Vorteil dieses Modells liegt darin, daß es mit der herrschenden Streßkonzeption vereinbar ist. Außerdem liefert es eine Erklärung für das Auftreten von Angst, die nach Seligman (1979) der Hilflosigkeit vorausgeht. Gleichzeitig lassen sich hier die oft in der Literatur vermerkten widersprüchlichen Wirkungen von Angst erklären. Solange die Angst auf Grund von Bedrohung parallel zur Herausforderung besteht, ist sie leistungsfördernd (facilitating anxiety). Verläuft die Bedrohung parallel zur Wahrnehmung von Verlusten und Schädigungen, dann wirkt Angst leistungsbeeinträchtigend (debilitating anxiety). Natürlich spielen weitere Dimensionen wie z. B. die Intensität des Erregungszustandes und die Desorganisation der kognitiven Prozesse dabei eine erhebliche Rolle. Die Attribution wird hier absichtlich weniger differenziert dargestellt als bei Heckhausen. Die Personen springen nicht von einem Attributionsfeld ins andere, sondern verfügen permanent über eine Position auf der bipolaren kontinuierlichen Fähigkeitsdimension, solange wie die Situation selbstwertrelevant ist. Diese Fähigkeitsattribution ist mitverantwortlich für die Anstrengungskalkulation. In der Reaktanzphase, die durch Herausforderung und Kompetenzerwartung (Fähigkeit) charakterisiert ist, wird Anstrengung investiert, um die Kontrollücke zu schließen und den ehemaligen Zustand des Selbstwertes wiederherzustellen. Mit zunehmender Ungewißheit wird das Individuum ängstlich besorgt sein, den Selbstwert zu erhalten und nicht noch mehr Verluste hinzunehmen. In der Phase der Hilflosigkeit (oder besser: Hoffnungslosigkeit) ist keine Kompetenzerwartung mehr vorhanden (also Attribution auf Fähigkeitsmangel), so daß Anstrengung zwecklos erscheint. Die Einsicht in die Unerreichbarkeit von selbstwertrelevanten Zielen führt zum schmerzlichen Verzicht auf weitere Bemühungen und leitet über zur depressiven Verstimmung.

Das Modell ist zwar nicht empirisch geprüft, aber durchaus mit den Befunden zur Streß- und Hilflosigkeitsforschung vereinbar. Tennen & Eller (1977) haben bei ihrem Hilflosigkeitstraining der einen Versuchsgruppe gesagt, die Aufgaben würden immer schwieriger werden, und der anderen Versuchsgruppe, die Aufgaben würden immer leichter werden. Die erste Gruppe zeigte eine Leistungsverbesserung, die zweite eine Leistungsverminderung. Hat jemand Mißerfolge in einer Aufgabenserie mit vermeintlich ansteigendem Schwierigkeitsgrad, dann bleibt er in der Phase der Reaktanz. Er muß trotz erhöhter Anstrengung nicht den Glauben an seine Fähigkeit verlieren, da Fähigkeit und Schwierigkeit zueinander relativ sind. Die Herausforderung wächst mit. Das Scheitern an einer sehr schwierigen Aufgabe fordert zu noch mehr Anstrengung heraus, so daß die Person bemüht bleibt, Kontrolle herzustellen. Versagen erscheint nicht als selbstwertbeeinträchtigend. Hat dagegen jemand Mißerfolge in einer Aufgabenserie mit vermeintlich sinkendem Schwierigkeitsgrad, dann befindet er sich sofort in der Phase der Ungewißheit und gelangt sehr schnell in die Phase der Hoffnungslosigkeit. Er kann sich sein Scheitern nicht anders erklären als mit einem für diese Aufgaben spezifischen Fähigkeitsmangel, denn er versagt weiterhin, obwohl er eigentlich immer weniger versagen dürfte.

5.6 Kontrollverlust durch stellvertretende Erfahrung

Hilflosigkeit gegenüber Anforderungen der Umwelt kann erworben werden, wenn man wiederholt einer Situation ausgesetzt ist, die man offensichtlich nicht kontrollieren kann. Bei Lernexperimenten kann dies durch kontingente Mißerfolge veranlaßt werden, also durch negative Handlungsergebnisse trotz Anstrengung. Zugleich müssen die positiven Ergebnisse bzw. deren Folgen sehr erwünscht sein. Mit dieser Befundlage hat sich die ursprünglich spektakuläre Hilflosigkeitsforschung auf einen alltäglichen und altbekannten Sachverhalt der Motivationslehre reduziert: wer in einer für wichtig gehaltenen Situation immer wieder versagt, obwohl er sich Mühe gibt, der verliert den Mut und gibt auf. Wissenschaftlich interessant bleibt jedoch die Frage nach dem Erklärungswert der dabei involvierten Kognitionen. Der Verlauf der handlungs- und gefühlssteuernden kognitiven Prozesse ist von situativen und personalen Faktoren abhängig und liefert daher den Schlüssel zur Aufdeckung von individuellen Unterschieden und zur Vorhersage des Erlebens und Handelns unter verschiedenen Rahmenbedingungen. Die entscheidenden Kognitionen sind hier Erwartungen und Ursachenzuschreibungen. Unkontrollierbarkeit als zentrales Bestimmungsstück der Hilflosigkeitsentstehung enthält zugleich die Erwartung des Mißerfolgs und die Übernahme der persönlichen Ver-

antwortung dafür. Wenn jemand einer objektiv unkontrollierbaren Situation ausgesetzt ist, dann stellt dies nur ein Mittel dar, um subjektive Unkontrollierbarkeit zu erzeugen. Wenn die Überzeugung der Unkontrollierbarkeit entscheidend für das nachfolgende Handeln sein soll, nicht aber die Erfahrung einer unkontrollierbaren Situation an sich, dann müßten auch andere Wege neben der direkten Erfahrung zu der subjektiven Überzeugung führen können, eine Situation sei nicht beeinflußbar. Dies kann man an einem alltäglichen Beispiel veranschaulichen. Im Fernsehen wird der »Zauberwürfel« vorgestellt. Das ist ein faustgroßer bunter Würfel, der aus 27 kleinen Würfeln zusammengesetzt ist, die sich so bewegen lassen sollen, daß die Flächen des großen Würfels bestimmte Farben erhalten. Das Ziel (erwünschtes Handlungsergebnis) liegt darin, durch eine Reihe von Drehungen jede Fläche mit einer einheitlichen Farbe zu versehen. Es handelt sich um eine sehr komplizierte kombinatorische Aufgabe, von der behauptet wird, daß selbst gute Mathematiker wochenlang daran vergeblich geknobelt haben. Der Fernsehzuschauer erfährt auf diesem Wege, daß er über den Würfel praktisch keine Kontrolle ausüben kann. Der Zuschauer kauft einen solchen Würfel, probiert eine Weile vergeblich, die problemlösende Folge von Drehungen auszuführen, und gibt dann schnell auf. Ein anderer Käufer, der die Fernsehsendung nicht gesehen hat, knobelt erst wochenlang herum, bis er schließlich schweren Herzens auf weitere Versuche verzichtet. Die direkte Erfahrung einer nichtkontrollierbaren Anforderung ist offenbar nicht die entscheidende Ursache für das Aufgeben. Vielmehr hat der Fernsehzuschauer zuvor indirekt erfahren, daß er höchstwahrscheinlich den Würfel nicht zielgerecht manipulieren kann. Eine Autoritätsinstanz (Fernsehen) hat ihn davon überzeugt, daß er nicht fähig sein wird, ein solches Problem zu lösen. Diese Fremdbeeinflussung seiner eigenen Überzeugung ist verantwortlich für den Grad an erlebter Unkontrollierbarkeit. Diese Unkontrollierbarkeit ist eine der Determinanten für den Handlungsverzicht. Die subjektive Bedeutsamkeit der Problemlösung, also die Erwünschtheit des Handlungsergebnisses, spielt ebenfalls eine Rolle. Wenn jemand z. B. meint, der Zauberwürfel sei im Vergleich zu anderen Problemen, die heute einer Lösung harren, nicht gerade gesellschaftlich relevant, dann wird er sich nicht lange damit befassen. Wir haben es hier übrigens mit einem Beispiel für positive Kontingenzerwartung und negative Kompetenzerwartung zu tun. Der Würfel läßt sich durch Drehbewegungen in die gewünschte Gestalt bringen, das Problem ist also objektiv lösbar, aber das Individuum schreibt sich nicht die Kompetenz zu, es persönlich lösen zu können – und dies zu Recht, denn aufgrund von Konsensinformation weiß es, daß die meisten anderen Menschen dazu genauso unfähig sind. Unfähigkeit aufgrund von Konsensinformation ist gleichbedeutend mit Attribution auf Schwierigkeit. Daher führt das Versagen kaum zu einer psychischen Beeinträchtigung. Nach Abramson u. a. (1978) ist die Art der Konsensinformation übrigens dafür ausschlaggebend, in welchem Maße Hilflosigkeit entweder als persönlich oder als universal erlebt wird.
Konsensinformation spielt in der nun folgenden Erweiterung des Beispiels eine noch größere Rolle. Ein Schüler der 10. Klasse sieht die zweite Fernsehsendung über den Zauberwürfel, in der neue Begebenheiten seit Bekanntwerden dieses kombinatorischen Phänomens mitgeteilt werden. Inzwischen haben sich Schüler organisiert und Klubs gegründet, in denen um die Wette »gewürfelt« wird. Schüler aus einer 10. Klasse werden gezeigt, die in weniger als einer Minute einen beliebig verdrehten Würfel wieder in seine ideale Position zurückdrehen können. Der Schüler erfährt also, daß andere, die mit ihm hinsichtlich vieler Merkmale gut vergleichbar sind, ohne besondere Anstrengung das scheinbar komplizierte Problem lösen. Daraus schließt er, daß es so schwierig nun auch wieder nicht sein kann. Er erlebt Kontrollierbarkeit, indem er sich sagt, was andere können, das könne er auch. Diese Kognition ist handlungsleitend und veranlaßt

daher diesen Schüler, sich erfolgszuversichtlich und ausdauernd mit dem Würfel auseinanderzusetzen. Ohne also unbedingt direkte Erfahrungen mit einer Situation gehabt zu haben, verfügt jemand über einen gewissen Grad an Kontrollierbarkeit oder Unkontrollierbarkeit (subjektive Kompetenzerwartung). Die Beobachtung von anderen Personen, die eine Handlung ausführen, bildet den Ausgangspunkt für schlußfolgernde Prozesse über die eigene Person. Kompetenzerwartungen können auch durch solche stellvertretenden Erfahrungen erworben werden. Jemand anders macht die direkten Erfahrungen sozusagen stellvertretend und wird dabei beobachtet.
Verallgemeinernd lassen sich diese Überlegungen wie folgt zusammenfassen. Die Erfahrung von objektiver Unkontrollierbarkeit in experimentellen oder natürlichen Situationen ist nur eine von mehreren Möglichkeiten, von der eigenen Unfähigkeit zur Kontrolle überzeugt zu werden. Es gibt mindestens drei Möglichkeiten:
1. Direkte Erfahrung
2. Stellvertretende Erfahrung
3. Symbolische Erfahrung
Mit der symbolischen Erfahrung sind verbale Beeinflussungen, z. B. durch Mitteilungen oder Argumente, gemeint. Darauf soll hier nicht näher eingegangen werden. Der Aufbau von positiven Erwartungen folgt dabei denselben Prinzipien wie ihr Abbau. Subjektive Kontrolle und Kontrollverlust stellen zwei Pole der Kompetenzerwartung dar. Kompetenzerwartungen können am besten durch direkte Erfahrungen in solchen Situationen erworben werden, die vom Individuum erfolgreich beeinflußt werden oder in denen es an den Anforderungen scheitert. Kompetenzerwartungen werden auch durch stellvertretende Erfahrungen in Situationen erworben, in denen das Individuum eine Modellperson beim Ausführen einer Bewältigungshandlung beobachtet und daraus Schlüsse auf die eigene Person zieht. Schließlich lassen sich auf einer noch abstrakteren Stufe die Kompetenzerwartungen durch Argumente oder Konsensinformation erwerben, indem z. B. mitgeteilt wird, wie wenig oder wie viel man von einem Individuum zu erwarten hat. Auf dieser Ebene spielt sich übrigens das Phänomen der »sich-selbsterfüllenden Prophezeiung« ab, also der Übernahme von fremden Erwartungen in das eigene Kognitionssystem. Kontrollverlust, wie er in der Theorie der Hilflosigkeit beschrieben wird, ist die negative Valenz der Kompetenzerwartung, und seine Entstehung ist durchaus auf andere Weise möglich, als dort angenommen wird. Diese Überlegung ist vor allem von Bandura (1977) vorgetragen worden, der die Kompetenzerwartung als eine Erwartung von Selbstwirksamkeit bezeichnet (self-efficacy).
Den empirischen Nachweis dafür, daß Kontrollverlust auch durch stellvertretende Erfahrung ermittelt wird, hat ein Mitarbeiter von Bandura – nämlich Irvin Brown (1979) – geliefert. Er befaßte sich mit Modellpersonen als Informationsquelle für Selbsteinschätzungen und führte Experimente durch, um verschiedene Bedingungen der stellvertretenden Erfahrung zu prüfen. Grundannahme war, daß soziale Vergleichsprozesse für die Wirkung der stellvertretenden Erfahrung verantwortlich sind, wobei drei Aspekte unterschieden werden: 1. die Ähnlichkeit zwischen der Modellperson und der Versuchsperson hinsichtlich der angenommenen Fähigkeit, 2. das Ausmaß der Anstrengung seitens der Modellperson und 3. die Ungewißheit der Versuchsperson bezüglich ihrer Leistungsfähigkeit für die spezielle Aufgabe. In dem ersten Experiment, welches hier beschrieben werden soll, haben die Autoren die Ähnlichkeitsbedingung variiert (Brown & Inouye 1978). Es wurden Gruppen miteinander verglichen, die angeblich über dasselbe Fähigkeitsniveau oder sogar über ein höheres als die Modellperson verfügten. 40 männliche Collegestudenten dienten als Versuchspersonen, ein eingeweihter Student als Modell. Die Aufgabe bestand darin, 15 schwierige Anagramme zu lösen, von denen 6 sogar unlösbar waren. In der ersten Versuchsphase saßen eine Versuchsper-

son und das Modell in getrennten Versuchsvorrichtungen, die es gestatteten, sich gegenseitig zu beobachten, ohne jedoch die Aufgabe des anderen zu sehen. Vor jeder Aufgabe mußte die erwartete subjektive Lösungswahrscheinlichkeit auf einer Skala von 1–10 eingeschätzt werden. Diese Erfolgserwartung und die tatsächliche Bearbeitungszeit pro Aufgabe dienten als abhängige Variablen. Die unabhängige Variable war die induzierte Ähnlichkeit zum Modell. Diese experimentelle Manipulation wurde durch eine Leistungsrückmeldung nach der ersten Versuchsphase erzielt. Eine Gruppe erhielt die Mitteilung, sie sei genauso erfolgreich gewesen wie das Modell (Ähnlichkeitsgruppe), eine andere erhielt bessere Rückmeldungen als das Modell (Überlegenheitsgruppe). Eine weitere Gruppe erhielt keine Rückmeldung (No feedback-Gruppe). Die vierte Gruppe schließlich nahm an der ersten Versuchsphase nicht teil (Kontrollgruppe). In der zweiten Versuchsphase wurde das Versagen modelliert. Die Versuchsperson mußte warten, während das Modell die Anagramme bearbeitete. Dabei beobachtete die Versuchsperson das Modell, ohne die Aufgabe sehen zu können. Bei den ersten vier Anagrammen gab das Modell vor, sich sehr zu konzentrieren und zu bemühen, indem es pro Aufgabe etwa zwei Minuten verbrauchte. Dann begann es, sich beim Versuchsleiter zu beschweren, weil die Anagramme angeblich zu kompliziert waren. Dann äußerte es Zweifel, ob die Aufgaben überhaupt lösbar seien. Gegen Ende der zweiten Versuchsphase zeigte das Modell Anzeichen körperlicher Erschöpfung und erledigte die Anagramme jeweils in zehn Sekunden, wobei eine resignative Verstimmtheit anklang. Anschließend war die Versuchsperson an der Reihe. Dabei wurde genau registriert, wieviel Zeit sie für jedes Anagramm aufwendete und wie hoch sie zuvor ihre Erfolgserwartung einschätzte. Nach Durchführung des Experiments hatten die Versuchspersonen einen Fragebogen zu bearbeiten, mit dem überprüft werden sollte, ob die experimentelle Einwirkung – nämlich die Leistungsrückmeldung nach der ersten Versuchsphase – in der erwarteten Weise von der Person aufgenommen worden war.

Die Analyse der nachexperimentellen Befragung führte zu den erwünschten Ergebnissen. Alle Versuchspersonen der Ähnlichkeitsgruppe hielten sich für ebenso kompetent wie das Modell. 90% der Personen in der Überlegenheitsgruppe hielten sich tatsächlich dem Modell für überlegen. 60% der Personen in der No feedback-Gruppe hielten sich für ebenso kompetent wie das Modell. In der Kontrollgruppe gab es keine systematischen Tendenzen. Die eigentliche Auswertung des Experiments wurde nach folgendem Versuchsplan vorgenommen. Je 5 Anagramme wurden zu einem Block zusammengefaßt. Jede Versuchsperson hatte also in der ersten Versuchsphase drei Blöcke und in der zweiten Versuchsphase ebenfalls drei Blöcke zu bearbeiten. Jeder Block lieferte ein Maß für richtige Lösungen (also maximal 5), ein Maß für Ausdauer (Bearbeitungszeit in Sekunden) und ein Maß für Kompetenzerwartung (subjektive Erfolgswahrscheinlichkeit zwischen 1 und 10). Die vier Studentengruppen und die drei Versuchsblöcke in der zweiten Phase dienten als Faktoren einer doppelten Varianzanalyse mit Meßwiederholung. Zwischen den vier Gruppen gab es keinen Unterschied in der durchschnittlichen Anzahl der richtigen Lösungen. Dieses Ergebnis war für das weitere Vorgehen eine methodische Voraussetzung, denn die beiden abhängigen Variablen Ausdauer und Erwartung sollten nicht durch individuelle Leistungsunterschiede beeinflußt werden.

Die Ausdauer war während der ersten Versuchsphase bei allen vier Gruppen ungefähr gleich. Man wendete im Durchschnitt etwa 100 Sekunden Zeit auf, um eine Anagrammaufgabe zu lösen (Abb. 22). In der zweiten Phase, nachdem die fiktiven Leistungsrückmeldungen vorgenommen worden waren, gab es bedeutsame Unterschiede zwischen den Gruppen. Die geringste Ausdauer hatten die Studenten, die geglaubt hatten, sie seien ebenso kompetent wie das Modell. Die höchste Ausdauer hatten die Studenten, die sich dem Modell überlegen glaubten.

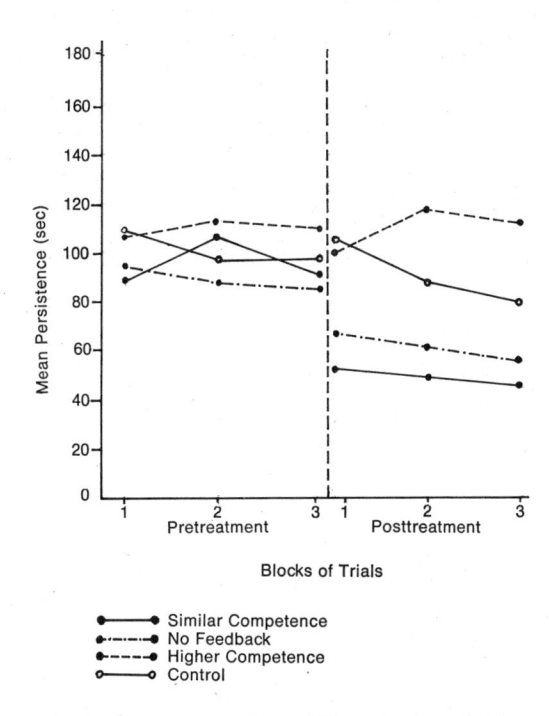

Abb. 22: Durchschnittliche Ausdauer von vier Studentengruppen in zwei Versuchsphasen bei der Lösung von Anagrammaufgaben (aus: Brown & Inouye 1978, 904)

Dies entspricht der theoretischen Vorhersage. Wer miterlebt, daß jemand, der genauso ist wie man selbst, ein Problem nicht lösen kann, der wird wenig Ausdauer haben. Wer dagegen glaubt, er könne mehr als die versagende Person, wird mehr Anstrengung investieren. Der soziale Vergleich erweist sich hier als wichtiges Bestimmungsstück für das eigene Handeln. Ausdauer wird in dieser Untersuchung als Indikator für motiviertes Handeln verwendet, also als Maß für den Anstrengungsaufwand bei der Handlungsausführung. Der theoretische Bezugsrahmen ist aber nur dann akzeptabel, wenn auch die vorhergegangenen Kognitionen, die handlungsleitend sein sollen, erfaßt werden. Dafür liegt hier die subjektive Kompetenzerwartung als weitere abhängige Variable vor. Die Versuchsperson hat vor Beginn jedes Lösungsversuchs auf einem Kontinuum eingeschätzt, zu welchem Grad sie sich die Lösung des nächsten Problems zutraut. Die Analyse dieser Daten erfolgte in gleicher Weise wie die Analyse der Ausdauer. Auch die Ergebnisse sind gleichartig. Die Ähnlichkeitsgruppe verfügt über die geringste, die Überlegenheitsgruppe über die höchste Kompetenzerwartung. Damit sind die Annahmen bestätigt worden. Eine zusätzliche Frage tauchte auf, nämlich die nach dem Zusammenhang zwischen den Kognitionen und den Handlungsausführungen. In diesem Fall ist sie beantwortbar durch die Berechnung einer Korrelation zwischen der Kompetenzerwartung und der Ausdauer pro Versuchsblock. Zwischen den Gruppen gab es keine Unterschiede. Von Block zu Block stieg die Korrelation kontinuierlich an. Während beim ersten Block der ersten Phase die beiden Merkmale nur mit $r = .10$ zusammenhingen, betrug die Korrelation beim dritten Block der zweiten Phase $r = .60$. Die subjektive Kompetenzerwartung erlaubt in diesem Stadium des Experiments eine gute Vorhersage der Ausdauer. Man muß dabei bedenken, daß die Versuchspersonen zu

Beginn überhaupt keine Ahnung hatten, um was für Aufgaben es sich handelte, die sie lösen sollten. Von Aufgabe zu Aufgabe wurde ihnen dann klar, wie die Anagramme aussehen, aber es ließ sich trotzdem nicht sicher abschätzen, wie schwierig das nächste sein würde. Der Anstieg des Zusammenhangs zwischen Kompetenzerwartung und Ausdauer bringt vermutlich eine anwachsende Vertrautheit mit der Situation zum Ausdruck. Die Versuchsperson macht es immer mehr von ihrer Kompetenzerwartung abhängig, welches Maß an Anstrengung sie aufbringen will. Allgemein gesagt läßt sich annehmen, daß Menschen in vertrauten Situationen ihre Handlungsregulation stark von ihrem Erwartungssystem abhängig machen. Das entspricht unseren eigenen theoretischen Vorstellungen von der kognitiven Bestimmtheit des Handelns in Anforderungssituationen (vgl. Kap. 1.5).

Insgesamt liefert also dieses Experiment einen ersten Nachweis für die theoretische Annahme, daß »Hilflosigkeit« durch stellvertretende Erfahrung erworben werden kann. Damit wird zugleich die kognitive Verursachung dieses Phänomens unterstrichen. Nicht die Erfahrung der Unkontrollierbarkeit, sondern die Kognition der Unkontrollierbarkeit gibt den Ausschlag für die motivationalen Beeinträchtigungen. Voraussetzung für die Modellierung des Verhaltens sind soziale Vergleiche. Versuchspersonen verringerten ihre Ausdauer und Erfolgserwartung nach Beobachtung des scheiternden Modells nur dann, wenn sie sich dem Modell für vergleichbar hielten. Schätzten sie dagegen ihre Kompetenz höher ein, dann ließen sie sich nicht vom Modell beeinflussen. Es sind also mindestens zwei Bedingungen erforderlich, um Hilflosigkeit stellvertretend zu erfahren: der Mißerfolg einer anderen Person muß beobachtet werden, und diese Modellperson muß der eigenen Person ähnlich erscheinen. Darüber hinaus dürfte eine weitere Bedingung in dem Grad an vorangegangener direkter oder indirekter Erfahrung mit ähnlichen Anforderungssituationen liegen. Wer lange Zeit positive Kontrollerfahrungen gesammelt oder Nichtkontrolle bewältigt hat, wer also gegen Unkontrollierbarkeit »geimpft« ist, wird sich nicht so schnell von einer Modellperson, die Mißerfolg erlebt, beeinflussen lassen. Im vorliegenden Experiment hatten die Versuchspersonen in der ersten Testphase zunächst direkte Erfahrungen mit 15 Anagrammen gemacht, von denen 6 unlösbar waren. Diese Erfahrungen haben zuvor die Kompetenzerwartungen für alle Gruppen allmählich reduziert, aber der Modellierungseffekt hat unabhängig davon besonders die Ähnlichkeitsgruppe beeinträchtigt, nicht aber die Überlegenheitsgruppe. Hier schließt sich ein weiterer Gedanke an. Die Überlegenheit beruht auf fiktiver Information, also auf einer Illusion von Kontrolle. Soziale Vergleiche, die zu der – unter Umständen falschen – Annahme führen, man hätte mehr Kompetenz als andere, wirken handlungsregulierend. Sie veranlassen das Individuum, mehr oder weniger Anstrengung zu investieren. Scheitert eine scheinbar unterlegene Person beim Versuch, einen erwünschten Zustand herbeizuführen, so steht das Individuum unter Erfolgszwang. Es muß besser sein als der andere, damit der Selbstwert erhalten bleibt. Man darf seine Bemühungen nicht aufgeben, sonst erscheint man als weniger leistungsfähig, was zu einer Verschiebung der sozialen Rangplätze führen würde und mit einer Selbstwertbeeinträchtigung einherginge.

Die Anfälligkeit gegenüber fiktiver Information hängt mit der Gewißheit eigener Kompetenz zusammen. Hegt man überhaupt keine Zweifel daran, eine bestimmte Umweltanforderung entweder kontrollieren oder nicht kontrollieren zu können, dann wird eine aufgezwungene gegenteilige soziale Vergleichsinformation nicht viel bewirken. Die Gewißheit, etwas entweder zu können oder nicht zu können, wird aus der früheren Erfahrung im Umgang mit bestimmten Situationen gespeist. Frühere direkte Erfahrungen sind »hautnäher« und daher wirksamer als indirekte oder symbolische Erfahrungen (Bandura 1977, Brown 1979). Ist der Grad der Gewißheit über die eigenen Fähigkeiten gering, steigt das Bedürfnis nach Einholung von sozialer Vergleichsinformation (Festinger 1954).

Brown (1979) hat ein weiteres Experiment durchgeführt, um herauszufinden, ob man wirklich durch vorangegangene positive Kontrollerfahrungen widerstandsfähiger wird gegenüber einer modellierten Mißerfolgssituation. 36 Schülerinnen und Schüler nahmen daran teil, die nach Zufall auf drei Gruppen verteilt wurden: Ähnlichkeitsgruppe, No-feedback-Gruppe und Kontrollgruppe. Die Versuchsanordnung war wie beim vorigen Experiment aufgebaut, allerdings gab es nur 10 statt 15 Anagramme in jeder Phase, also nur je zwei Blöcke. Der wichtigste Unterschied lag im Schwierigkeitsgrad der Aufgaben. In der ersten Phase waren alle 10 Anagramme lösbar, in der zweiten dagegen nur 3. Die Versuchspersonen konnten also im ersten Teil positive Kontrollerfahrungen machen und dadurch eine hohe Kompetenzerwartung aufbauen. Nach der Leistungsrückmeldung im Anschluß an die erste Phase beobachteten die Versuchspersonen – mit Ausnahme der Kontrollgruppe – wieder ein männliches Modell, das an den Aufgaben scheiterte. In der zweiten Phase wurden alle Schüler den sehr schwierigen und teils unlösbaren Anagrammen ausgesetzt. Dabei ließ sich ermitteln, wie hoch ihre Kompetenzerwartungen und ihre Ausdauer pro Aufgabenblock waren (Abb. 23).

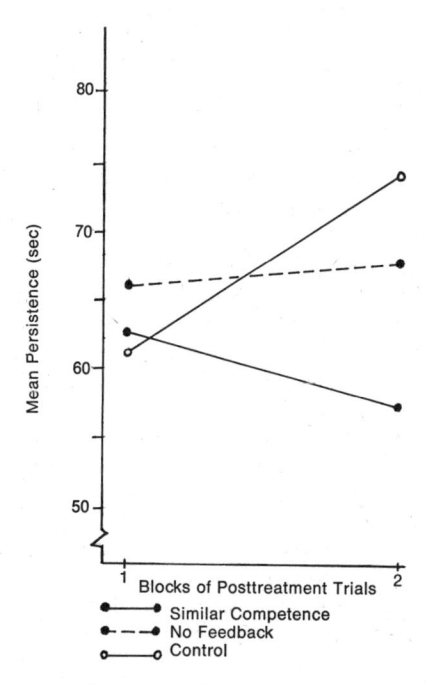

Abb. 23: Durchschnittliche Ausdauer von drei Schülergruppen in der zweiten Versuchsphase beim Lösen von Anagrammaufgaben (aus: Brown 1979, 116)

Schüler, die glaubten, dem Modell ähnlich zu sein, gaben schnell auf. Dies ist eine Bestätigung des vorigen Experiments. Die Schüler der Kontrollgruppe waren beim ersten Aufgabenblock in der zweiten Phase genauso ausdauernd, verstärkten dann aber ihre Ausdauer mit zunehmendem Schwierigkeitsgrad. Dieser interessante Befund ist gut mit unserem Handlungsmodell erklärbar, welches Reaktanz und Hilflosigkeit als adaptive Antworten im Verlauf einer Streßsituation vereint (vgl. Kap. 5.5). Diese Schüler, die das versagende Modell nicht beobachtet hatten, erleben diese Aufgaben als Herausforderung. Sie zeigen Reaktanz gegenüber objektiver Unkontrollierbarkeit, indem sie ihre Bemühungen verstärken. Hätte man das Experiment fortgesetzt, wäre auch für sie irgendwann der Punkt gekommen, an dem sie das Selbstvertrauen verloren und ihre Anstrengung unterlassen hätten. Brown (1979, 117) vermerkt, daß die Ausdauer trotz sinkender Kompetenzerwartung bei den Schülern der Kontrollgruppe angestiegen ist. Daraus kann geschlossen werden, daß die Situation zunehmend bedrohlicher wurde, aber immer noch herausfordernd genug war. Die Ungewißheit über die Kontrollierbarkeit der Situation aktivierte die Schüler dazu, die Kontrolle wiederherzustellen.

Die eigentliche Fragestellung dieses Experiments lag in der Überprüfung der Wirkung früherer Kontrollerfahrungen auf die Hilflosigkeitsentstehung. Zu diesem Zweck hat der Autor die Schüler danach unterteilt, ob sie in der ersten Phase, also der Begegnung mit gut lösbaren Aufgaben, viele oder wenige Anagramme erfolgreich bearbeitet haben. Für diese beiden Gruppen innerhalb der drei Schülergruppen wurden Mittelwertvergleiche im Hinblick auf die später gezeigte Ausdauer berechnet. Schüler, die zuvor *viele* Aufgaben gelöst und anschließend das scheiternde Modell beobachtet hatten, waren ausdauernder als Schüler, die zuvor nur *wenige* Aufgaben gelöst und dann das scheiternde Modell beobachtet hatten. Ist also die frühere direkte Erfahrung günstig verlaufen, dann sind solche Personen resistenter gegenüber Modellierungseffekten der Hilflosigkeit. Hat man jedoch keine ausgeprägten Kontrollerfahrungen gegenüber bestimmten Anforderungen entwickelt, dann genügt schon die Beobachtung eines versagenden Modells, das der eigenen Person ähnlich ist, um den Zustand der Hilflosigkeit im Sinne von reduzierter Erfolgserwartung und Ausdauer herbeizuführen. Direkte Erfahrung gilt als vertrauenswürdiger und stabilisierender als stellvertretende Erfahrung (Bandura 1976, 1977, 1979, 1980).

Der Autor hat außerdem Geschlechtsunterschiede in der Ausdauer und Kompetenzerwartung geprüft und kommt zu der Schlußfolgerung, daß Mädchen etwas anfälliger gegenüber stellvertretender Erfahrung von Unkontrollierbarkeit sind als Jungen. Die Daten sind jedoch nicht sehr überzeugend. Die Verwendung eines männlichen Modells könnte hier eine Rolle gespielt haben. Problemlösungsaufgaben wie z. B. die hier verwendeten Anagramme gelten möglicherweise als »männlicher«. Versagt das Modell, dann müßten Mädchen nach dieser Auffassung erst recht versagen. Eine solche Schlußfolgerung könnte die Motivation der Mädchen beeinträchtigt haben.

Insgesamt läßt sich aus den empirischen Arbeiten über soziale Vergleiche und Unkontrollierbarkeit die begründete Annahme ableiten, daß Hilflosigkeit im Sinne von Kontrollverlust, Resignation, Leistungsabfall, geringer Kompetenzerwartung, Hoffnungslosigkeit usw. auch durch stellvertretende Erfahrung erworben werden kann. Damit ist nebenbei demonstriert, daß nicht eine objektive Erfahrung von Unkontrollierbarkeit an sich, sondern die daraus abgeleitete Kognition der Unkontrollierbarkeit für das weitere motivationale Geschehen verantwortlich ist. Für die Veranlassung und Ausführung einer Handlung ist weniger entscheidend, wie die Umstände beschaffen sind, als vielmehr, wie jemand diese Umstände subjektiv wahrnimmt und auf sich selbst bezieht.

5.7 Kompetenzerwartung in der Verhaltensmodifikation

5.7.1 Der theoretische Ansatz

Die Verhaltensmodifikation ist eine planmäßige Veränderung des Verhaltens, bei der unerwünschtes Verhalten durch erwünschtes ersetzt wird. In der Annahme, jedes Verhalten sei aufgrund von früheren Lernprozessen erworben, soll es durch Lernprozesse ebenfalls wieder modifiziert werden können. Früher herrschte die Auffassung vor, nur direkt beobachtbares Verhalten sei Gegenstand der Analyse und Veränderung, während heute die Auffassung dominiert, auch verborgene kognitive Vorgänge oder gerade diese seien Gegenstand des wissenschaftlichen Interesses und der praktischen Arbeit von Psychologen. So ist die »kognitive Verhaltenstherapie« darauf gerichtet, das unerwünschte Verhalten nicht direkt, sondern auf dem Wege über unerwünschte Kognitionen zu modifizieren (Mahoney 1974, Meichenbaum 1977, Jaeggi 1979).

Diese neuere Auffassung steht in enger Verbindung zur Theorie der Hilflosigkeit (Abramson u. a. 1978). In beiden Fällen haben wir es mit der subjektiven Überzeugung zu tun, eine Situation nicht kontrollieren zu können. Die Hilflosigkeitstheorie legt den Schwerpunkt der Betrachtung auf die Frage, wie Leistungsminderung, Passivität, Apathie und Depression unter experimentellen oder natürlichen Bedingungen sich entwickeln. Die Verhaltensmodifikation richtet ihr Interesse auf die Frage, wie sich ein mit Leidensdruck verbundener seelischer Zustand wieder zurückentwickeln läßt. Ein Beispiel dafür sind krankhafte Ängste (Butollo 1979). Eine Person ist z. B. daran gehindert, Kaufhäuser und andere öffentliche Plätze aufzusuchen, weil dann ihre ängstliche Erregung überhand nimmt (Agoraphobie). In der kognitiven Verhaltenstherapie wird die Person zu einer Umstrukturierung ihrer Wahrnehmung angeleitet und systematisch desensibilisiert (Florin & Tunner 1975). Sie entwickelt dabei Kompetenzerwartungen gegenüber den ursprünglich aversiven Umweltbedingungen. Unkontrollierbarkeit wird schrittweise mit Hilfe therapeutischer Maßnahmen abgebaut und durch Kontrollierbarkeit ersetzt. Intrapersonale Vorgänge sind für den Therapieerfolg mitverantwortlich.

Unter den theoretischen Perspektiven, die einen Zugang zu solchen Vorgängen in der Person gestatten, nimmt die sozial-kognitive Lerntheorie von Bandura (1977, 1978, 1979, 1980) eine wichtige Stellung ein (Mielke 1979). Danach lösen die eigene Erfahrung mit der Umweltauseinandersetzung oder die Beobachtung einer anderen Person, die dies sozusagen stellvertretend tut, kognitive Prozesse aus, mit denen die Grundlage für den Erwerb neuer Verhaltensweisen geschaffen wird. Sprachliche und bildhafte Informationen sind kognitiv repräsentiert und erlauben zeitliche Verzögerungen bis zur Ausführung eines früher erworbenen Verhaltens. Verhaltensverstärkung ist nur eine sekundäre Bedingung für den eigentlichen Lernprozeß. Sie ist vor allem von Bedeutung für die tatsächliche Ausführung des gelernten Verhaltens. Dabei wird zwischen externer Verstärkung, stellvertretender Verstärkung und Selbstverstärkung unterschieden. Insbesondere die Möglichkeit, sich selbst bewerten, verstärken und gezielt regulieren zu können, ist nach dieser Theorie eine wesentliche Grundlage der Verhaltensmodifikation und Persönlichkeitsentwicklung.

Nach Bandura (1977) erklären kognitiv orientierte Theorien menschliches Verhalten in Begriffen von Informationsverarbeitung, die auf *direkte, stellvertretende* oder *symbolische* Quellen zurückzuführen ist. Früher hatte man geglaubt, daß unmittelbare Verhaltensverstärkung zum Erlernen einer bestimmten Reaktion führt. Nach heutiger Auffassung beeinflussen Bekräftigungen vielmehr das Verhalten dadurch, *daß sie Erwartungen über bestimmte Kontingenzen erzeugen*. Bekräftigung ist daher weniger ein Mittel zur Erzeugung von Reaktionen als vielmehr ein Mittel zur Erzeugung einer entspre-

chenden Motivation. Weitere kognitive Elemente des Motivationsprozesses sind z. B. die Zielsetzungen und die selbstbewertenden Reaktionen. Die zentralen Annahmen der kognitiv-sozialen Lerntheorie von Bandura sind die Effizienzerwartungen.
Die Wahrnehmung eigener Leistungseffizienz oder Selbstwirksamkeit ist das zentrale Konzept. Diese Effizienzerwartung wird getrennt von der Handlungs-Ergebnis-Erwartung. Eine Person befindet sich in einer bestimmten Situation und hegt in diesem Augenblick bestimmte Erwartungen bezüglich ihrer Handlungsmöglichkeiten zur Bewältigung dieser Situation. Diese Kognition wird Effizienzerwartung oder Selbstwirksamkeit genannt. Die Handlungs-Ergebnis-Erwartung bezieht sich dagegen auf die Verbindung von der Handlung und dem daraus resultierenden Ergebnis. Die subjektiv wahrgenommene Selbstwirksamkeit beeinflußt die *Auswahl von Situationen,* in die man sich hineinbegibt. Wenn angesichts von bedrohlichen Situationen Menschen glauben, daß sie mit ihren Bewältigungsfertigkeiten diesen Situationen nicht gewachsen sind, entwickeln sie Furcht und vermeiden die Situation. Ist dagegen die Selbstwirksamkeit hoch ausgeprägt und glaubt die Person, über hinreichende Handlungsmöglichkeiten zu verfügen, begegnet sie der Situation aktiv. Der Grad der Selbstwirksamkeit bestimmt außerdem das *Ausmaß der Anstrengung,* mit der man eine Aufgabe zu lösen versucht, und die *Ausdauer* bei der Bewältigung kritischer Situationen. Je höher die Selbstwirksamkeit, desto weniger früh wird man aufgeben. Die Auswahl bestimmter Situationen, der Anstrengungsaufwand und die Bewältigungsdauer sind also Kriteriumsvariablen, die in Abhängigkeit von subjektiv wahrgenommener Selbstwirksamkeit stehen.
Effizienzerwartungen lassen sich in dreierlei Hinsicht unterscheiden. Sie unterscheiden sich bezüglich ihrer *Größe (Niveau),* d. h. man kann gegenüber hochwertigen oder niedrigwertigen Aufgaben die Erwartung eigener Wirksamkeit hegen. Sie unterscheiden sich bezüglich der *Allgemeinheit,* d. h. sie können situationsspezifisch oder auch auf eine ganze Reihe von Situationen generalisiert sein. Schließlich lassen sie sich bezüglich ihrer *Stärke* unterscheiden, das bedeutet, daß schwache Erwartungen durch widersprechende Erfahrungen leicht gelöscht werden können, während stärkere Erwartungen gegenüber einer Reihe von widersprechenden Erfahrungen resistent bleiben. Es gibt nach Bandura vier wesentliche Quellen von Effizienzerwartungen: *Handlungsvollzüge, stellvertretende Erfahrungen, sprachliche Überzeugung* (z. B. Selbstinstruktion) und *Gefühlserregung.*
Beim teilnehmenden Modell-Lernen ist die erfolgreiche Ausführung des erwünschten Verhaltens das entscheidende Bestimmungsstück für die Veränderung des Klienten. Die Umwelt muß also so strukturiert werden, daß die Versuchsperson Erfolgserfahrungen sammeln kann. Es ist in Zukunft zu prüfen, inwieweit Erfolgserfahrungen in kritischen Situationen das Niveau und die Stärke der subjektiv wahrgenommenen Selbstwirksamkeit verändern bzw. inwieweit Selbstwirksamkeit direkt mit dem Handeln in Verbindung steht.
Stellvertretende Erfahrung ist eine andere Informationsquelle, die eine Änderung des eigenen Verhaltens ermöglicht. Dabei werden Personen, die der eigenen ähnlich sind, bei der Bewältigung von kritischen Situationen beobachtet, so daß Situations-Handlungs-Kontingenzen beobachtet werden können. Aus solchen sozialen Vergleichsprozessen werden Schlußfolgerungen für die eigene Person gezogen. Selbstwirksamkeitserwartungen, die auf stellvertretender Erfahrung beruhen, sind schwächer und verwundbarer als solche, die auf eigenen Erfolgserfahrungen beruhen.
Noch schwächer sind die Selbstwirksamkeitserwartungen, die aufgrund sprachlicher Überzeugung als Informationsquelle entstanden sind.
Gefühlsmäßige Erregung ist eine andere Informationsquelle, die im Zusammenhang mit

der Bewältigung von bedrohlichen Situationen die subjektiv wahrgenommene Selbstwirksamkeit beeinflussen kann. Menschen verlassen sich bei der Beurteilung ihrer Ängstlichkeit oder Bewältigungskompetenz unter anderem auch auf ihren Erregungszustand. Bei hoher Erregung erwarten sie in geringerem Maße eine erfolgreiche Problembewältigung als bei niedriger Erregung. Es kommt darauf an, bestimmte Bewältigungsfertigkeiten zu erwerben, damit auch in Zukunft bedrohliche Situationen kognitiv unter Kontrolle gebracht werden können. Die subjektive Überzeugung, über die richtige Bewältigungsfertigkeit zu verfügen, führt zu einer günstigeren kognitiven Einschätzung von erwarteten bedrohlichen Situationen und damit zu einer geringeren Ausprägung antizipatorischer Gefühlserregung. Aus der Sicht der kognitiv-sozialen Lerntheorie ist physiologische Erregung vor allem als eine Information zu betrachten. Dies steht in Übereinstimmung mit der Auffassung von Valins, der mit Hilfe von falschen physiologischem Feedback versucht hat, die kognitive Interpretation des eigenen Zustands zu verändern (Valins-Effekt). Diese Art von Attributionstherapie war nicht erfolgreich, da inzwischen methodologisch überlegene Studien diesen Effekt widerlegt haben. Gezielte Fehlattribution ist kein geeigneter und zuverlässiger Weg, um dauerhafte subjektive Selbstwirksamkeit zu erzeugen.

Man muß nun bei der Untersuchung der Effizienzinformation einige *kognitive* Prozesse beachten. Die Tatsache, daß man eine kritische Situation erfolgreich bewältigt hat bzw. in der Schule ein positives Leistungsergebnis erzielt hat, bedeutet noch lange nicht, daß damit die Selbstwirksamkeit bestärkt worden ist. Vielmehr kommt es unter anderem auch darauf an, inwieweit hier *Attributionen* vorgenommen werden. Ein Mißerfolg bei einem Bewältigungsversuch wird die Selbstwirksamkeit z. B. stärker reduzieren, wenn er auf mangelnde Fähigkeit als wenn er auf äußere Umstände attribuiert wird. Das Verhältnis von Fähigkeit und Anstrengung spielt dabei eine besondere Rolle. Wenn man bei geringem Anstrengungsaufwand Erfolg hat, steigt die Tendenz zu einer Fähigkeitszuschreibung, die die Erwartung von Selbstwirksamkeit begünstigt. Die kognitive Einschätzung des Schwierigkeitsgrades einer Aufgabe oder einer Situation wird ebenfalls den Zusammenhang von Handlungsvollzügen und wahrgenommener Selbstwirksamkeit beeinflussen. Leichte Aufgaben oder Probleme zu bewältigen, ergibt keine neuen Informationen für eine Veränderung der wahrgenommenen Selbstwirksamkeit, während die Bewältigung von herausfordernden Aufgaben eher den Eindruck von wachsender Bewältigungskompetenz vermittelt. Es reicht auch nicht, Erfolg zu haben, wenn man gleichzeitig im intraindividuellen Vergleich feststellt, daß man früher vergleichbare Aufgaben noch besser gelöst hat. Wie bei der Interpretation von Handlungsvollzügen, so gibt es auch bei der kognitiven Einschätzung stellvertretender Erfahrung kognitive Prozesse, die die Entstehung von subjektiver Selbstwirksamkeit modifizieren können. Dazu gehören z. B. die Merkmale des Modells, die Ähnlichkeit zwischen Modell und Beobachter, die Schwierigkeit der Problemaufgabe, die Situationsumstände und die Mannigfaltigkeit der Zielerreichung. Sprachliche Überzeugung als Informationsquelle wird ebenfalls durch bestimmte kognitive Prozesse modifiziert. Dazu gehören z. B. die wahrgenommene Glaubwürdigkeit der überredenden Personen, ihre soziale Bedeutung, ihr Expertenstatus usw. Gefühlsmäßige Erregung als Informationsquelle hängt ebenfalls von Attributionsvoreingenommenheiten ab. Führt man seine Erregung auf eigene Unzulänglichkeiten zurück, wird man geringere Effizienzerwartungen hegen, als wenn man die Erregung auf bestimmte situative Faktoren zurückführt.

Erwartungen persönlicher Effizienz fungieren nicht als Persönlichkeitsmerkmale oder Eigenschaften, die unabhängig von Kontextfaktoren sind. Vielmehr verlangen verschiedene Situationen nach verschiedenen Ausmaßen von Bewältigungskompetenz. In entsprechender Weise variieren auch die Erwartungen, bei denen es sich also um situationsspezifische Kognitionen handelt. Der größte Forschungsaufwand über Erwartungen ist bisher im Zusammenhang mit Handlungs-Ergebnis-Erwartungen betrieben worden. So ist z. B. die Theorie von Rotter (1954) darauf gerichtet, ob Ergebnisse aufgrund eigener Handlungen oder aufgrund externer Kräfte zustande kommen. Die generalisierten Verhaltenserwartungen bezüglich solcher Kontingenzen sind ein Produkt der individuellen Verstärkergeschichte. Von solchen subjektiven Kontrollüberzeugungen im Sinne von Rotter muß die subjektive wahrgenommene Selbstwirksamkeit im Sinne von Bandura getrennt werden. Die Frage, ob eine Ursache internal oder external zuzuschreiben ist, ist innerhalb der kognitiv-sozialen Lerntheorie lediglich ein vermittelndes Bestimmungsstück. Auch die Theorie der gelernten Hilflosigkeit ist an Handlungs-Ergebnis-Erwartungen orientiert. Wenn Personen unkontrollierbaren Ereignissen ausgesetzt werden, entwickeln sie eine Erwartung, nach der ihre Handlungen keinen Einfluß auf die Konsequenzen haben. Die Erwartung von Nichtkontingenz von eigenen Reaktionen und Umweltkonsequenzen ist nichts anderes als eine Handlungs-Ergebnis-Erwartung. Das Gefühl eigener Ohnmacht, Nutzlosigkeit oder Unwirksamkeit kann demnach in doppelter Hinsicht aufgefaßt werden: entweder »ergebnisorientiert« wie ursprünglich bei Seligman – dann müssen die Personen lernen, Handlungs-Ergebnis-Kontingenzen zu erzeugen und wahrzunehmen, wobei sie die Kompetenzen nutzen können, über die sie bereits verfügen; auf der anderen Seite kann die Nutzlosigkeit wirksamkeitsorientiert im Sinne von Bandura sein – dann kommt es darauf an, die Handlungsmöglichkeiten erst einmal zu erwerben und in Verbindung damit Erwartungen über persönliche Wirksamkeit oder Leistungseffizienz aufzubauen.

Im Zusammenhang mit der Therapie von Angstneurosen gibt es einige wichtige Aussagen der kognitiv-sozialen Lerntheorie. Angst und Verteidigungsverhalten werden dabei nicht als kausal verbunden sondern als gleichzeitige Effekte angesehen. Unangenehme Erfahrungen erzeugen Erwartungen von Beeinträchtigungen, die sowohl die Furcht als auch das Verteidigungsverhalten aktivieren können. Wahrgenommene Bedrohung produziert hohe gefühlsmäßige Erregung und verschiedene defensive Manöver, bis ein wirksames Bewältigungsverhalten erreicht ist. Entscheidend ist dabei, daß nicht wegen der unangenehmen Qualität, sondern wegen des Vorhersagewertes eine Aktivierung von Verteidigungsverhalten angesichts von wahrgenommenen Bedrohungen stattfindet. Wenn man gelernt hat, wozu Bedrohungen führen können, wird eine entsprechende Erwartung aufgebaut, so daß die Bewältigungsstrategie zum Einsatz kommen kann, auch wenn gar keine unangenehme Beeinträchtigung in diesem Augenblick erfolgt.

Die Reduktion von physiologischer Erregung verbessert die Handlungsausführung, indem die Wirksamkeitserwartung erhöht wird. Die Erregungsreduktion hat also einen Informationswert, der über die Erwartung zur Handlungsmodifikation führt. Dies ist eine Neuinterpretation der in der Verhaltenstherapie üblichen systematischen Desensibilisierung. Nicht die Reiz-Reaktions-Verbindung, also das entspannte Verhalten angesichts einer Bedrohung, sondern die Information »ich bin entspannt, also habe ich Handlungsmöglichkeiten« bewirkt das therapeutisch angepaßte Verhalten.

5.7.2 Experimentelle Befunde

Diese Zusammenfassung der von Bandura (1977) vorgelegten Theorie der Selbstwirksamkeit soll nun beispielhaft durch einige empirische Arbeiten veranschaulicht und gestützt werden. Bandura und Simon (1977) haben die Auffassung vertreten, daß die eigene Handlungsregulation sich am besten durch eindeutig formulierte und überprüfbare Absichten erleichtern läßt. Solche Absichten (intentions) lassen sich als übergeordnete und als untergeordnete Handlungsziele klassifizieren. Nahziele (proximal goals) sind eher als Fernziele (distal goals) dazu geeignet, eine anreizbezogene Motivation herzustellen. Die Erwartung von Selbstwirksamkeit ist in einem Handlungspfad höher, der aus kleinen, miteinander kontingenten Schritten besteht, als in einer Situation, die nur durch ein fernes Ziel, nicht aber durch Wege dahin charakterisiert ist. Die Autoren haben sich zur empirischen Prüfung dieser plausiblen Annahme ein sehr widerspenstiges Verhalten ausgesucht, nämlich das Eßverhalten von fettleibigen Personen. Das Problem dieser Leute besteht darin, daß sie Unkontrollierbarkeit gegenüber ihren eigenen Bedürfnissen erleben. Im Rahmen eines Selbstkontrollprogramms sollten die Klienten daher ihr unerwünschtes Verhalten durch eigengesteuerte Modifikation unter Kontrolle bringen lernen. Über eine Zeitungsanzeige wurden Versuchspersonen angeworben, die mindestens 25 % Übergewicht hatten. 66 Personen im Alter von 17-71 Jahren (Durchschnitt: 43 Jahre) und mit einem Übergewicht von 26 %-138 % (Durchschnitt: 50 %) meldeten sich daraufhin. Sie wurden nach Zufall verschiedenen Gruppen zugewiesen. Eine Gruppe, die lediglich vor und nach dem Untersuchungszeitraum von 4 Wochen gewogen wurde, diente als Kontrollgruppe. Eine andere hatte die Aufgabe, nach festgelegtem Plan genau zu beobachten und zu registrieren, wieviel Nahrung sie zu sich nahm. Zwei andere Gruppen erhielten darüber hinaus den Auftrag, pro Woche fortschreitend ihre Nahrungsaufnahme um 10 % des Ausgangswertes zu verringern. Die »Fernzielgruppe« wurde auf diese Zielsetzung verpflichtet, während die »Nahzielgruppe« eine noch detailliertere Zielsetzung für vier Zeiträume pro Tag erhielt: vom Frühstück bis zum Mittag-, vom Mittag- bis zum Abendessen, vom Abendessen bis 21.00 Uhr und von 21.00 Uhr bis zum Morgen. Für jede einzelne Zeiteinheit war streng darauf zu achten, daß eine Verringerung der Nahrungsaufnahme um 10 % erfolgte. Alle Versuchsgruppen hatten ein Zählwerk am Unterarm, mit dem die Zahl der Bissen (»mouthfuls«) registriert werden sollte. Abhängige Variablen waren das Eßverhalten und das Gewicht. Als Maßstab für die Veränderung diente die Ausgangslage, die während einer Beobachtungszeit von zwei Tagen vor Versuchsbeginn festgestellt worden war (»baseline«).

Die Ergebnisse zeigten für die Kontrollgruppe erwartungsgemäß keine Gewichtsveränderung. Auch die Selbstbeobachtungsgruppe änderte ihr Gewicht nicht, aber ihr Eßverhalten geringfügig. Die beiden Gruppen, die sich zusätzlich zur Selbstbeobachtung auf eine Zielbindung eingelassen hatten, erreichten erhebliche Verbesserungen. Sie hatten nach vier Wochen ungefähr vier Pfund (Pounds) abgenommen und ihr Eßverhalten modifiziert. Die Nahrungsaufnahme war bei ihnen am Schluß um 30-40 % geringer als zuvor. Zwischen der Nahzielgruppe und der Fernzielgruppe gab es keine Unterschiede, obwohl ursprünglich erwartet worden war, daß die Nahzielgruppe den höchsten Therapieerfolg aufweisen würde. Die Ursache dafür lag in der Nichteinhaltung der Bindung an das Fernziel bei einem Teil der Mitglieder der Fernzielgruppe. Sie hatten nämlich entgegen dem Versuchsplan sich selbst Nahziele gesetzt und ebenfalls täglich oder noch häufiger überprüft, ob sie wirklich unter der erwünschten 10 %-Grenze lagen. Diese improvisierte Zielbindung, die sich aufgrund der regelmäßigen schriftlichen Kommentare bei der Selbstbeobachtung herausgestellt hatte, führte zu dem besten Therapieerfolg überhaupt, während die verbliebenen Mitglieder in der Fernzielgruppe zwar ihr Eßverhalten etwas besser regulierten, aber ihr Gewicht überhaupt nicht verringerten. Berücksichtigt man also die tatsächliche und nicht die ursprünglich vorgesehene Bindung an Nahziele, dann ergibt sich hier eine deutliche Überlegenheit dieser Vorgehensweise im Vergleich zur Bindung an Fernziele. Die Autoren referieren eine Reihe von methodischen und inhaltlichen Problemen dieses Experiments – z. B. die Frage nach der Qualität statt Quantität der Nahrungsaufnahme –, kommen aber aufgrund

dieses Datenmaterials zu dem Schluß, daß die Selbstregulation des Verhaltens am besten durch die Setzung untergeordneter Handlungsziele ermöglicht wird. Durch das Eingehen solcher Zielbindungen sich selbst gegenüber erlebt das Individuum besser die persönlichen Maßstäbe in Relation zum unerwünschten Verhalten, während bei der bloßen Selbstbeobachtung das Problemverhalten sozusagen maßstabslos registriert wird. Dadurch bilden sich Erwartungen von Selbstwirksamkeit heraus. Man macht direkte Erfahrungen mit dem eigenen Körper, man erlebt ab und zu mal Kontrolle über sein bisher unbändiges Verhalten und erfährt dadurch den Grad der subjektiven Beeinflußbarkeit dieses Problems.
Diese Auffassung ist durch ein neues pädagogisches Experiment unterstrichen worden (Bandura & Schunk 1980). Die Autoren wollten untersuchen, ob Schüler ihre Leistungen verbessern, ihr Interesse vergrößern und ihre Selbstwirksamkeitserwartung stärken, wenn ihnen Nahziele statt Fernziele gesetzt werden. 40 Kinder, die weder über Fertigkeiten in der Subtraktion noch über Interesse daran verfügten, wurden aus sechs Grundschulen ausgewählt. Im Vortest erhielten sie 25 Subtraktionsaufgaben mit ansteigender Schwierigkeit, für die sie jedesmal angeben sollten, ob und wie sicher sie glaubten, das Problem lösen zu können. Dies war das Maß der gegenstandsspezifischen Selbstwirksamkeit. Dann wurden die Kinder nach Zufall vier Gruppen zugewiesen. Die erste Gruppe erhielt sieben Stapel mit insgesamt 42 Seiten Unterrichtsmaterial, welches Instruktionen und Subtraktionsaufgaben enthielt und nach individuellem Lerntempo bearbeitet werden sollte. Jeder Stapel bestand aus 6 Seiten, die eine Einheit bildeten. Die Nahzielgruppe wurde ermutigt, pro Sitzung eine solche Einheit zu erledigen. Die zweite Gruppe, also die Fernzielgruppe, wurde ermutigt, alle 42 Seiten bis zum Ende der 7. Sitzung zu bewältigen. Eine dritte Gruppe erhielt keine Zielbindung. Die Kinder der vierten Gruppe dienten zur Kontrolle und nahmen an dem selbstgesteuerten Unterricht nicht teil. Nach der vierten Sitzung wurde ein abschließender Subtraktionstest durchgeführt. Direkt davor und direkt danach mußten die Kinder – genauso wie im Vortest – eine Einschätzung ihrer Selbstwirksamkeit vornehmen. Die Nahzielgruppe hatte im Durchschnitt 74% der Subtraktionsaufgaben gelöst, während die Fernzielgruppe und die ziellose Gruppe nur 55% bzw. 53% gelöst hatten. Die Kontrollgruppe hatte sich nicht verändert. Entsprechend waren die Unterschiede in der Selbstwirksamkeit (Abb. 24).
Vor Beginn des Unterrichtsversuchs hatten die Kinder von sich selbst den Eindruck, sie könnten derartige Aufgaben nicht unter Kontrolle bringen. Ein Drittel der Kinder konnte keine der 25 Aufgaben lösen und ein weiteres Drittel nur eine davon. Nach der Behandlung mit dem selbstinstruierenden Lehrmaterial unter Nahzielbindung kam es zu einem erheblichen Gewinn an subjektiver und objektiver Kompetenz, was für die anderen Gruppen nicht in dem Maße nachzuweisen war.
Zusätzlich sollte das Interesse der Kinder an solchen Aufgaben erfaßt werden. Zu diesem Zweck erhielten sie einen Tag nach dem Abschluß eine Reihe von Aufgaben, aus denen sie frei wählen konnten. Es handelte sich um Subtraktionsaufgaben unterschiedlichen Schwierigkeitsgrads und um Zahlensymbolaufgaben. Die Zahl der freiwillig gewählten Subtraktionsaufgaben galt als Maß für das Interesse der Kinder. Es zeigte sich, daß die Nahzielgruppe im Durchschnitt 14, die anderen Gruppen nur im Durchschnitt ein bis fünf Subtraktionsaufgaben auswählten. 90% der Kinder in der Nahzielgruppe wählten Subtraktionsprobleme aus.
Die Autoren schließen aus den Ergebnissen, daß es für die eigengesteuerte Verhaltensmodifikation eine entscheidende Rolle spielt, sich untergeordnete Ziele zu setzen, um schnell und oft direkte Erfahrungen mit dem Grad der Bewältigung des infrage stehenden Problems zu machen. Natürlich muß dafür gesorgt sein, daß die Probleme tatsäch-

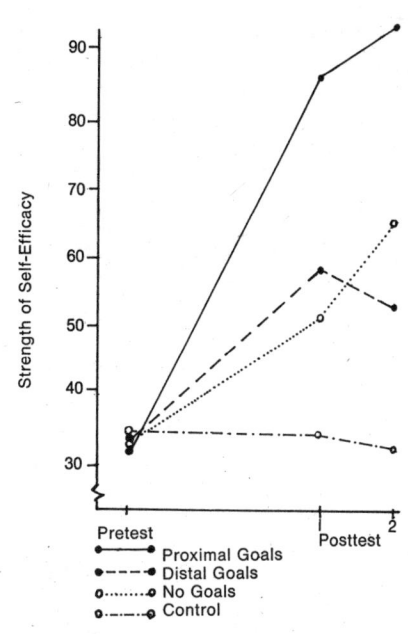

Abb. 24: Kompetenzerwartung der Kinder gegenüber Subtraktionsaufgaben vor Beginn des Unterrichtsversuchs und zweimal nach der 4. Sitzung (aus: Bandura & Schunk 1980).

lich überwiegend gelöst werden, indem man die Einheit kumulativ aufbaut, wobei der Schwierigkeitsgrad wächst. Wenn Menschen sich Ziele setzen, dann machen sie ihre Selbstbewertungen abhängig von der Zielerreichung. Fernziele lassen sich seltener und schwieriger erreichen als Nahziele und erlauben daher dem Individuum seltener eine positive Selbstbewertung. Kompetenzerwartung ist aber auf das Einholen von positiver Information über die eigene Umweltbewältigung angewiesen. Der Mensch braucht ständig Informationen, die den Selbstwert erhalten oder erhöhen. Gelingt der Aufbau von Kompetenzerwartung, so erfolgt dies im Einklang mit tatsächlicher Anstrengungsinvestition und Leistungsverbesserung. Schließlich ist die motivationale Wirkung auch an dem gestiegenen Interesse erkennbar, d. h. in der freiwilligen Auswahl von herausfordernden Situationen.
In einer anderen Untersuchung sind Bandura & Adams (1977) der Veränderung der Kompetenzerwartung im Rahmen einer Verhaltensmodifikation nachgegangen. Per Zeitungsanzeige haben sie solche Personen, die an einer krankhaften Angst vor Schlangen litten, eingeladen, an einem therapeutischen Experiment teilzunehmen. 10 Personen im Alter von 19 bis 57 Jahren, die aufgrund ihrer Schlangenphobie erhebliche Lebensbeeinträchtigungen in Kauf nehmen mußten, erhielten eine systematische Desensibilisierung (vgl. Florin & Tunner 1975, Butollo 1979). Im Vortest wurden zunächst drei Maße erhoben: eine Verhaltensprobe, das subjektive Angsterleben und die Erwartung von Selbstwirksamkeit. Das Vermeidungs- und Annäherungsverhalten gegenüber der Schlange, einer Boa Constrictor, wurde durch 29 Aufgaben operationalisiert. Wer sich nicht einmal in der Lage fühlte, das Zimmer, in dem die Schlange lag, zu betreten, erhielt null Punkte. In der Hierarchie nachfolgende Aufgaben waren: sich dem Glaskäfig mit der Schlange nähern, sie ansehen, sie berühren und festhalten mit und ohne

Handschuhe, sie frei im Raum lassen und zum Käfig zurücktragen, sie 12 cm vom Gesicht entfernt halten und sie schließlich über den Schoß gleiten lassen. Der Verhaltensmeßwert ergab sich aus der Anzahl der mit der Schlange erfolgreich ausgeführten Interaktionen. Das subjektive Angsterleben wurde auf einer 10stufigen Skala während der Handlungsausführung per Zuruf eingeschätzt (»Angstthermometer«). Die Erwartung von Selbstwirksamkeit wurde ebenfalls auf einer Skala eingeschätzt, indem die Versuchspersonen für jede der bedrohlichen Handlungen angaben, ob sie das Problem bewältigen würden und wie sicher sie sich dessen sind. Die systematische Desensibilisierung lief wie üblich ab. Die Klienten lernten zunächst, sich zu entspannen und dies auch zu Hause zu üben. Vier Tage später begannen die Sitzungen, in denen im Entspannungszustand bedrohliche Szenen vorgestellt werden sollten. Die Schlangenangsthierarchie bestand aus 51 Szenen. Die reine Behandlungszeit dauerte im Durchschnitt 4 Stunden und 27 Minuten. Im Nachtest wurden dann noch einmal die drei Maße erhoben, die im Vortest angewandt worden waren. Es stellte sich heraus, daß diese drei Maße sehr hoch miteinander korreliert waren. Je mehr Aufgaben ein Klient bewältigen konnte (also Interaktionen mit der Schlange), desto geringer war die ängstliche Erregung ($r = -.71$) und desto höher war die Erwartung von Selbstwirksamkeit (Abb. 24).

Da nur eine der Versuchspersonen das Therapieziel vollkommen erreicht hatte und eine andere Person nicht mehr länger verfügbar war, wurde für die noch verbliebenen acht Personen eine zweite Modifikationsphase angeschlossen, in der die bedrohlichen Handlungen nicht in der Vorstellung, sondern in vivo auszuführen waren, wobei die Methode des teilnehmenden Modellernens gewählt wurde. Auch in dieser Phase ergab sich eine erhebliche Verhaltensverbesserung und erwies sich die Selbstwirksamkeit als bester Prädiktor des tatsächlichen Verhaltens. Aufgrund einer Mikroanalyse der Daten, deren Wiedergabe hier zu weit führen würde, kommen die Autoren zu dem Schluß, daß nicht die jeweils vorhergegangene Handlung, sondern die damit verknüpfte Kognition die beste Vorhersage für die nächst höhere Stufe in der Verhaltenssequenz liefert. Ob jemand eine subjektiv schwierige Handlung auszuführen wagt und auch tatsächlich erfolgreich ausführt, kann die Person selbst am besten beurteilen. Sie hegt eine Erwartung gegenüber ihrer Fähigkeit, ein spezifisches Problem zu bewältigen. Daher sollte gerade dieser kognitive Faktor bei psychologischen Veränderungen im Mittelpunkt stehen.

Das vorliegende Experiment ist vor allem deswegen bedeutsam, weil hier ausdrücklich die Rolle der Angst thematisiert wird. In der sozial-kognitiven Lerntheorie von Bandura (1977, 79, 80) stellt ängstliche Erregung eine Informationsquelle dar, aus der das Individuum schließt, ob es eine bestimmte Handlung ausführen kann oder nicht. Emotionen sind Bestandteile von Erfahrungen und liefern zusätzliche Informationen über die Kompetenz im Umgang mit bestimmten Anforderungssituationen. Wer bei einem kritischen Ereignis spürt, wie ihm das Herz zum Halse schlägt, der erfährt dadurch, daß das Ereignis für ihn kaum kontrollierbar ist. Selbstwirksamkeit ist die Umkehrung der Angst. Wer gelassen oder neugierig erregt an eine Aufgabe herangeht, erlebt Selbstwirksamkeit. Angst stellt dagegen einen sehr guten Indikator für die Abwesenheit von Kompetenzerwartungen dar. Es ist anzunehmen, daß in Streßsituationen Schlußfolgerungsprozesse ablaufen, bei denen Informationen über den eigenen körperlichen Zustand wichtige Hinweise für eine Interpretation der Situation und auf die persönlichen Ressourcen liefern.

Das Experiment wurde später noch einmal mit 17 Versuchspersonen repliziert (Bandura, Adams, Hardy & Howells 1980). In derselben Veröffentlichung wird ein zweites Experiment mit Klienten geschildert, die unter Agoraphobie litten. Das ist eine krank-

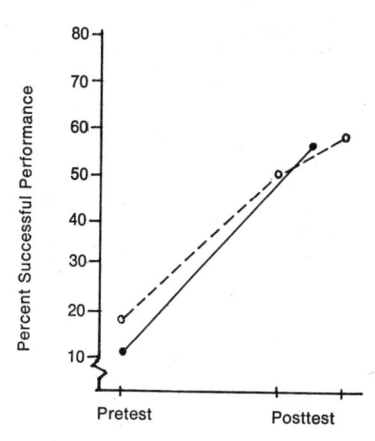

Abb. 25: Veränderung des Bewältigungsverhaltens (durchgezogene Linie) und der Selbstwirksamkeit (gestrichelte Linie) vom Vortest zum Nachtest bei der Therapie von Schlangenphobikern (aus: Bandura & Adams 1977, 294).

hafte Angst vor öffentlichen Plätzen wie z. B. Kaufhäusern, Restaurants, Verkehrsmitteln, Straßen, Fahrstühlen, Kinos usw. Solche Klienten sind in der Ausführung von alltäglichen Handlungen sehr beeinträchtigt. Ihr Leben ist auf einen Nahbereich begrenzt, manchmal sind sie sogar Gefangene in ihrer eigenen Wohnung. Elf Agoraphobiker im Alter von 19–69 Jahren, davon zehn Frauen, wurden von ihren Angehörigen zu einer zehntägigen Intensivbehandlung ins Psychologische Institut gebracht. Alle waren gewohnt, ihr eingeengtes Leben mit Hilfe hoher Dosierung von Beruhigungsmitteln erträglich zu machen, und alle außer zweien waren schon ohne Erfolg in psychiatrischer Behandlung gewesen.
Als Vortest wurden die Selbstwirksamkeit, das Bewältigungsverhalten und das subjektive Angsterleben erfaßt. Die Diagnose der *Selbstwirksamkeit* erfolgte mit acht Skalen für verschiedene Aktivitätsbereiche wie z. B. Autofahren, Benutzen von Treppen und Fahrstühlen, Einkaufen usw. Innerhalb jeder Skala gab es schrittweise Abstufungen im Schwierigkeitsgrad, z. B. ein paar Schritte aus dem Haus gehen, die Straße überqueren, um den Häuserblock spazieren, durch die Stadt fahren. Dieses Verfahren wurde zweimal in der Vortestphase und zweimal in der Nachtestphase zum Einsatz gebracht. Das *Bewältigungsverhalten* wurde durch entsprechende Handlungsausführungen in echten Situationen geprüft wie z. B. den Supermarkt betreten und bestimmte Waren einkaufen. Vier Versuchsleiterinnen waren mit den Klienten unterwegs, um herauszufinden, welche Situationen im höchsten Maße ängstigend waren, damit das Therapieprogramm auf die individuellen Bedürfnisse zugeschnitten werden konnte. Das *Angsterleben* wurde durch Angabe des subjektiven Erregungsgrades auf einer zehnstufigen Skala während der Verhaltensproben erfaßt. Die Behandlung wurde durch Gruppensitzungen vorbereitet, in denen selbstkontrollierte Entspannung, Setzen von Nahzielen, Selbstbehauptung und Ausdrucksbereitschaft geübt wurden. Das eigentliche Training war die direkte Erfahrung mit dem Bewältigungsverhalten in Realsituationen. Die Konfrontation wurde schrittweise aufgebaut und durch sieben Versuchsleiterinnen unterstützt, die zum Teil selbst ehemalige Agoraphobiker waren. Sie gingen mit den Klienten durch die Straßen, in Hochhäuser, Restaurants usw., indem sie zuerst das Zielverhalten modellierten und dann die Versuchspersonen bei der Ausführung beobachteten, wobei genau

registriert wurde, in welchem Maße welche Verhaltenselemente relativ angstfrei verwirklicht wurden. Der Nachtest entsprach in der Vorgehensweise dem Vortest.

Die Ergebnisse zeigen den Erfolg der Behandlung sowohl hinsichtlich des konkreten Zielverhaltens, das im Durchschnitt zu ungefähr ³/₄ erreicht wurde, als auch hinsichtlich der erworbenen Kompetenzerwartung, die noch etwas darüber liegt. Wir haben es also mit einer leichten Überschätzung ihrer Kompetenz seitens der Versuchspersonen selbst zu tun (Abb. 26).

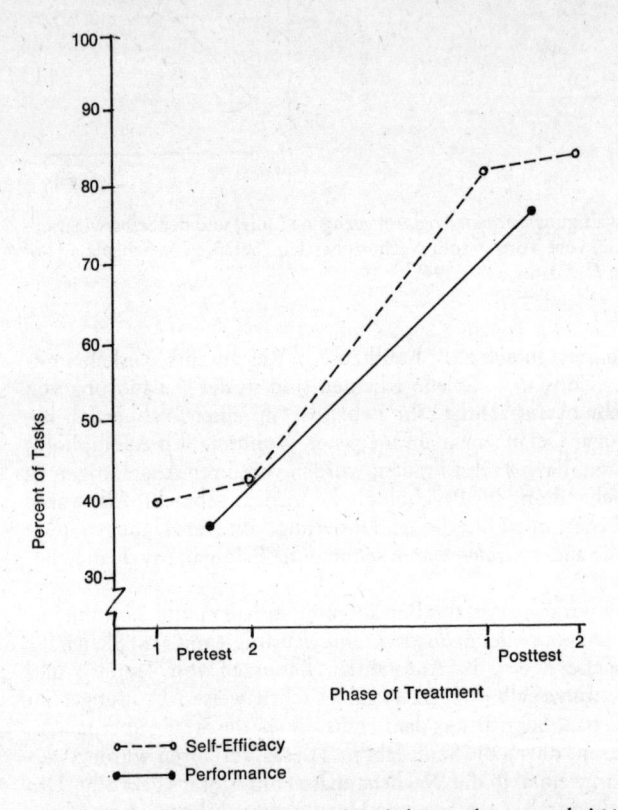

Abb. 26: Kompetenzerwartung und Verhaltensverbesserung bei 11 Agoraphobikern vor und nach der Verhaltensmodifikation (aus: Bandura, Adams, Hardy & Howells 1980).

Die graphische Darstellung liefert eine Aggregation der getrennt erhobenen Maße für Einkaufen, Essen im Restaurant, Aufsuchen hochgelegener Plätze und Spazierengehen ohne Begleitung. Für jede dieser vier Situationen wurden ähnlich erfolgreiche Ergebnisse wie bei der Gesamtauswertung nachgewiesen. Der Grad der Selbstwirksamkeitserwartung war zu $r = .78$ mit dem Grad der Situationsbewältigung korreliert. Das Erleben von Angst in diesen Situationen konnte ebenfalls erheblich reduziert werden. Die Autoren schließen daraus, daß der Erwerb von Kompetenzerwartungen für die Veränderungen im Verhalten und im emotionellen Erleben verantwortlich zu machen ist. Kognitionen vermitteln zwischen der direkten Erfahrung von Situationsbewältigungen und den nachfolgenden Handlungsausführungen sowie dem subjektiven Erleben von Angst dabei. Verhaltenselemente stellen die »Rohdaten« dar, die der Selbstbewertung zugeführt werden müssen, damit sie über eine Wirksamkeitsvalenz verfügen können.

5.8 Die Erfassung individueller Unterschiede in der Hilflosigkeit und Selbstwirksamkeit

Die Entstehung von Kontrollverlust oder der Aufbau von Selbstwirksamkeit erfolgen nicht bei allen Personen in gleicher Weise. Die einen sind empfindsamer als die anderen gegenüber experimentellen oder natürlichen Einwirkungen auf ihr Leben. Individuelle Unterschiede sind mitverantwortlich für das Auftreten bestimmter Symptome und für den Erlebniswandel. Für die Entstehung von Depressionen hat sich z. B. der Grad der Vulnerabilität als wichtige personale Determinante herausgestellt (vgl. Kap. 5.4). Es läßt sich nun danach differenzieren, ob Kontrolle durch andere Persönlichkeitsmerkmale vorhersagbar ist oder ob wir Kontrolle selbst als eine dispositionale Variable auffassen, die bei verschiedenen Individuen unterschiedlich ausgeprägt ist.
Heckhausen (1980, 513) verweist auf einige Arbeiten, in denen Zusammenhänge zwischen Hilflosigkeit und anderen Persönlichkeitsmerkmalen gefunden wurden. Der Grad an internaler gegenüber externaler Kontrolle im Sinne von Rotter (1954, 1979) soll einen Einfluß auf die Hilflosigkeitstendenz haben, indem externale Personen leichter den Glauben an die persönliche Kontrollierbarkeit des Geschehens verlieren. Die Zugehörigkeit zum A-Typ oder B-Typ (vgl. Kap. 1.4) soll eine Rolle spielen, indem B-Typen vermutlich anfälliger gegenüber der Erzeugung von Hilflosigkeit sind. Eine dipositionale Attributionsvoreingenommenheit, wie sie für Mißerfolgsmotivierte charakteristisch ist, begünstigt die Erfahrung von Unkontrollierbarkeit, indem das Versagen übermäßig mit persönlicher Unfähigkeit anstatt mit mangelhafter Anstrengung oder mit hoher Aufgabenschwierigkeit erklärt wird. Depressive sollen besonders gefährdet sein, weil bei ihnen oft eine derartige Attributionsvoreingenommenheit beobachtet wird. Ob diese Überlegungen weiterführen, ist fraglich, denn welche Variable der anderen kausal vorausgeht, bleibt noch zu klären.
Hilflosigkeit als negative und Selbstwirksamkeit als positive Kompetenzerwartungen lassen sich als mehr oder weniger dispositional auffassen. Je nach dem Grad der Verwundbarkeit und Streßausgesetztheit gibt es unterschiedlich ausgeprägte Kompetenzerwartungen als Ergebnis von Lernprozessen in spezifischen Situationen. Es lohnt sich daher, individuelle Differenzen zu berücksichtigen. Das setzt eine Operationalisierung der Kompetenzerwartung voraus. Da es sich hier um Kognitionsinhalte handelt, ist eine Erschließung z. B. aufgrund beobachteten Verhaltens weniger angezeigt als eine direkte Befragung. Dabei wird unterstellt, daß die Person willens und in der Lage ist, über ihre Kognitionen Auskunft zu geben. Die Problematik ist übrigens vergleichbar mit der aktuellen Diskussion über die Erfassung handlungsleitender Kognitionen bei Lehrern (Hofer 1980). Es gibt verschiedene Wege, Kompetenzerwartungen zu operationalisieren. Im folgenden sollen die Ansätze von Bandura (1977) und von Lalonde (1979) und entsprechende deutsche Versionen dargestellt werden.
Bandura und seine Mitarbeiter unterscheiden den Grad (level), die Gewißheit (strength) und die Allgemeinheit (generality) der Kompetenzerwartung. Die Versuchspersonen schätzen z. B. innerhalb einer Angsthierarchie itemweise ein, ob sie sich die Bewältigung dieser Stufe zutrauen oder nicht. Die Zahl der subjektiv bewältigbaren Stufen (Items) ergibt den Grad der Selbstwirksamkeit (level oder magnitude). Anschließend wird die Versuchsperson aufgefordert, anzugeben, wie sicher sie sich ihrer Aussage ist.

Dazu werden 5-stufige Skalen vorgegeben, auf denen die Versuchsperson das Ausmaß ihrer subjektiven Gewißheit ankreuzt, ein bestimmtes Problem wirklich bewältigen zu können. Die Summe dieser Skalenwerte ergibt das Maß für die Gewißheit (strength). Die Allgemeinheit wird durch den Vergleich mit einer anderen Situation ermittelt. So wird z. B. derselbe Einschätzungsvorgang, der für die Angst vor einer bestimmten Giftschlange vorgenommen wird, noch einmal für eine andere, weniger gefährliche Schlange vorgenommen (generality).

Die Operationalisierung soll an einem anderen Beispiel veranschaulicht werden (persönliche Mitteilung von Albert Bandura). Bandura & Schunk (1980) haben bei 40 Grundschülern, deren Kompetenzerwartung gegenüber Mathematik sehr gering war, eine Intervention nach der Methode des remedialen Unterrichts durchgeführt (vgl. Schwarzer 1977, Schwarzer & Rongen 1980). Die Erwartung von Selbstwirksamkeit wurde bei diesen Schülern folgendermaßen operationalisiert. Die Autoren haben 25 Karteikarten angefertigt, auf denen je zwei Subtraktionsaufgaben standen von der Art, wie sie gerade in der Schule behandelt wurden (z. B. 950–173 = ...). Die beiden Aufgaben waren in ihrer Struktur und Anforderung parallel, d. h. nur die Ziffern waren verschieden. Die 25 Karten wurden nach ansteigendem Schwierigkeitsgrad angeordnet. In Einzelsitzungen sollte jeder Schüler diese Karten nacheinander für eine Dauer von je zwei Sekunden ansehen und sollte unmittelbar darauf einschätzen, ob Aufgaben solcher Art für ihn lösbar sind oder nicht. Für alle subjektiv lösbaren Items sollte die Gewißheit auf einer 5-stufigen Skala angegeben werden. Der Versuchsleiter hatte folgendes Antwortblatt vor sich liegen:

Items	Nein	Ja	Gewißheit
Item 1	☐	☐	1 2 3 4 5
Item 2	☐	☐	1 2 3 4 5
.			
.			
Item 25	☐	☐	1 2 3 4 5

Die Zahl der Aufgabentypen, die der Schüler für subjektiv kontrollierbar hält, ergibt den *Grad der Selbstwirksamkeit*. Die Summe der Gewißheitseinschätzungen für alle mit »ja« eingestuften Items ergibt die *Gewißheit der Selbstwirksamkeit*. Die Allgemeinheit hätte hier untersucht werden können, indem man zusätzlich noch andere Leistungssituationen vorgegeben hätte wie z. B. Multiplikationsaufgaben. Nach Bandura ergibt diese Methode sehr gut brauchbare Werte, mit denen das beobachtbare Verhalten sich vorhersagen läßt.

Die Methode ist von Mielke & Brackwede (1980 a) auf die Erfassung der Kompetenzerwartung in sozialen Sprechsituationen übertragen worden. In einem Experiment über das verbale Durchsetzungsverhalten in der Gruppe nahmen sie folgende Operationalisierung vor:

»1. *Schwierigkeit (magnitude)*. Zur Erfassung dieses Selbst-Wirksamkeits-Merkmals erhielten die Versuchspersonen folgende Instruktion:

»Stellen Sie sich bitte vor, Sie sind Diskussionsteilnehmer in einer Dreiergruppe. Stellen Sie sich weiterhin vor, es käme für Sie darauf an, möglichst viel zu den Diskussionen beizutragen und sich gegenüber dominanten Diskussionsteilnehmern durchzusetzen. Was glauben Sie, wie groß ihr Anteil an der Diskussion sein könnte?

Versuchen Sie bitte, Ihre Einschätzung unabhängig vom Thema und von der Zusammensetzung der Gruppe in Prozentanteil der Redezeit anzugeben!«
(Auf einer graphischen Rating-Skala waren die Stärkegrade 0, 20, 40, 60, 80 und 100 Prozent abgetragen.)

2. *Sicherheit (strength).* Die Versuchsperson sollte angeben, mit wieviel Prozent Sicherheit sie ihre zuvor gemachte Voraussage bzw. Selbstwirksamkeits-Schätzung abgegeben habe.

3. *Generalität (generality).* Aufgrund einer Skalierung nach der Methode der gleicherscheinenden Intervalle (Thurstone) von zehn schriftlich vorgegebenen Diskussions-Situationen, in denen sich eine Person gegen weitere Diskussionspartner durchsetzen muß, wurden durch acht beurteilende Psychologen vier Situationen relativ unterschiedlicher Durchsetzungs-Schwierigkeit (bei möglichst ähnlichen Abständen zwischen den vier Urteilsobjekten auf der Schwierigkeitsskala) ausgewählt und der Versuchsperson zur Selbstwirksamkeits-Einschätzung auf Prozent-Ratingskalen der oben beschriebenen Art vorgelegt:

a »Diskussion mit Kommilitonen über die Qualität eines Seminars«
(Skalenwert 3.8, d. h. leichteste Situation)

b »Diskussion in einer Dreiergruppe im Rahmen eines Gruppenexperiments«
(Skalenwert 5.3)

c »Diskussion mit Mitreisenden in einem Zugabteil«
(Skalenwert 6.8)

d »Diskussion mit weiteren Unfallbeteiligten über den Hergang des Unfalls«
(Skalenwert 8.0, d. h. schwerste Situation).«

(Mielke & Brackwede 1980 b, 7 f).«

Die Autoren konnten mit diesem Instrument nicht so durchschlagende Erfolge erzielen wie Bandura. Sie diskutieren die damit zusammenhängenden Probleme und verweisen auf die Schwierigkeit, solche Untersuchungen außerhalb des klinischen Bereichs durchzuführen. Die überwiegend klinische Untersuchungspopulation von Bandura ist aufgrund ihres Leidensdrucks stärker therapiemotiviert.

Eine andere Vorgehensweise ist von Bernadette Lalonde (1979) eingeschlagen worden. Sie überträgt das inhaltliche Konzept Banduras auf die in der Differentiellen Psychologie übliche Fragebogenmethode. Ihr Anliegen war es, ein Maß für schulbezogene Kompetenzerwartung zu entwickeln (MASE: Measure of Academic Self-Efficacy). Zu diesem Zweck hat sie 60 Aussagen formuliert, in denen Elemente der Herausforderung, des Selbstvertrauens, der Explorationstendenz, des Bewältigungsoptimismus usw. enthalten sind. Diese Aussagen werden von den Schülern 5stufig eingeschätzt. Beispiele dafür sind:

5. Wenn ich nicht sicher bin, ob ich etwas kann, dann versuche ich es trotzdem.
12. Ich liebe die Herausforderung, eine neue Tätigkeit in Angriff zu nehmen.
14. Ich vertraue auf meine Fähigkeiten.
16. Wenn ich einer schwierigen Situation gegenüberstehe, glaube ich unbeirrt daran, daß ich sie bewältige.
19. Ich begrüße jede Gelegenheit, etwas Neues zu tun.

Achtundzwanzig der sechzig Items sind negativ gepolt und enthalten Hilflosigkeitsaussagen wie z. B. »Wenn ich einmal versage, dann gebe ich gleich auf«. Vier zusätzliche Füllitems ergänzen die Skala. Der Fragebogen ist zunächst bei 885 Mädchen und Jungen der Klasse 10, 11 und 12 erprobt worden, später in revidierter Fassung noch einmal bei 220 Mädchen und 138 Jungen. Die Zuverlässigkeit des Instruments ist sehr hoch, denn die innere Konsistenz wird mit $r = .95$ und die Retest-Reliabilität mit $r = .85$ angegeben. Das Verfahren erwies sich als guter Prädiktor für Schulnoten, soziale Ängstlichkeit, Leistungsängstlichkeit und Berufserwartungen. Die Korrelation mit der Leistungsängstlichkeits-Skala von Sarason (TAS) betrug r = -.36. Die Korrelation mit einer Selbstkonzept-Skala (Piers-Harris) betrug r = .58.

Einen ähnlichen Weg wie Lalonde sind wir selbst gegangen. Für Befragungen an Tausenden von Schülern benötigten wir ein Instrument, das ökonomisch einsetzbar sein sollte. Zu diesem Zweck haben wir Aussagen über subjektive Kontrollierbarkeit in schulischen Situationen formuliert. Diese Items wurden bei 1122 Schülern aus 6. und 9. Klassen erprobt. Aufgrund einer Faktorenanalyse zerfiel die Itemmenge in zwei Skalen, von denen die eine nur Items mit negativen und die andere nur Items mit positiven Kompetenzerwartungen enthielt. Die erste haben wir »Hilflosigkeit« genannt, die zweite »Selbstwirksamkeit«. Die innere Konsistenz beträgt α = .80 bzw. α = .76 (vgl. Tab. 20 und Tab. 21)

Tab. 20: Hilflosigkeits-Skala

	P.	r_{it}
1. Es gibt viele Probleme, vor denen ich ratlos stehe.	.46	.38
2. Es ist zwecklos, den ganzen Nachmittag an den Hausaufgaben zu büffeln. Ich weiß ja doch nie, ob sie am nächsten Tag nachgesehen werden.	.29	.33
3. Auch wenn ich mich auf eine Klassenarbeit vorbereitet habe, gehöre ich doch immer zu den weniger guten Schülern.	.35	.45
4. Ich glaube, daß die Zensuren herzlich wenig damit zu tun haben, ob ich mich angestrengt habe oder nicht.	.22	.34
5. Schon zu Beginn einer Klassenarbeit weiß ich, daß ich sie trotz aller Anstrengung daneben schreiben werden.	.23	.55
6. Egal ob ich übe oder nicht, ich glaube, ich werde nie bessere Noten bekommen.	.16	.52
7. Wenn ich aufgerufen werde, ohne daß ich aufgezeigt habe, ist mein Kopf wie leergefegt.	.46	.44
8. Es lohnt sich nicht, für eine Klassenarbeit zu üben, weil ich sie doch danebenschreibe.	.14	.45
9. Ob ich für eine Klassenarbeit übe oder nicht, macht keinen Unterschied, weil ich doch nicht weiß, was kommt.	.21	.46
10. Egal ob ich mich anstrenge oder nicht, meine Noten werden davon auch nicht besser.	.14	.53
11. Auch wenn ich genau weiß, wann wir eine Arbeit schreiben, weiß ich nicht, wie ich eine gute Note erreichen kann.	.33	.46
12. Wenn ein Lehrer mich überraschend aufruft, kann ich auch die einfachsten Fragen nicht mehr beantworten.	.29	.47

Tab. 21: Selbstwirksamkeits-Skala

	P.	r_{it}
1. Wenn ich mich in der Schule anstrenge, erziele ich auch gute Leistungen.	.10	.31
2. Ich kann mir meistens selbst helfen, wenn ein Problem für mich auftaucht.	.34	.34
3. Mir fällt meistens etwas ein, wenn ich in der Klemme bin.	.35	.33
4. Wenn ich mich angestrengt habe, kann ich zufriedenstellende Leistungen erbringen.	.16	.41
5. Auch wenn wir eine unangekündigte Arbeit schreiben, gelingt es mir immer, gut abzuschneiden.	.62	.33
6. Wenn ich mich in der Schule anstrenge, läuft bei mir alles wie am Schnürchen.	.30	.47

	P.	r_it

7. Anstrengung lohnt sich bei mir immer, auch wenn der Erfolg nicht sofort eintritt. .26 .43
8. Ich habe in der Schule die Erfahrung gemacht, daß hoher Einsatz auch hohe Gewinne bringt. .25 .40
9. Ich habe die Erfahrung gemacht, daß eine gründliche Vorbereitung auf eine Klassenarbeit das beste Mittel ist, um die gewünschte Zensur zu erhalten. .24 .37
10. Wenn ich genügend übe, gelingt es mir immer, eine gute Arbeit zu schreiben. .28 .46
11. Es fällt mir nicht schwer, bei unerwartet schwierigen schulischen Problemen eine Lösung zu finden. .59 .30
12. Egal, was auch kommen mag, ich werde es schon in den Griff bekommen. .42 .30
13. Ich weiß genau, was ich machen muß, um gute Noten zubekommen. .30 .44

Einen anderen Ansatz, der allerdings noch weiter von dem ursprünglichen Konzept abweicht, hat Belschner (1980) vorgeschlagen. Er will die ganze Breite von Kognitionsinhalten erfassen, die in bestimmten klinisch oder pädagogisch relevanten Situationen auftreten. Dazu legt er nach mehreren Erprobungsschritten schließlich 89 Aussagen vor, die als mögliche Bestandteile der Selbstkommunikation aufgefaßt werden. Die Person soll also angeben, ob ihr diese oder jene Aussage oft durch den Kopf geht, wenn bestimmte Anforderungen auftreten. Die 89 Items sind in zehn Klassen eingeteilt. Die Klasse 1 heißt »Selbstermutigung« und enthält Items folgender Art:

Ich werde das schon hinkriegen.
Irgendwie werde ich das schon machen.
Das muß doch gehen.
Die Aufgabe kann ich doch lösen.

Die Klasse 3 heißt »Kompetenzbewußtsein« und enthält Items folgender Art:

Für einen wie mich ist das keine Schwierigkeit.
Und ich bin doch besser.
Ich bin wirklich gut.
Das soll mir erst einer nachmachen.

Die Klasse 5 heißt »Antizipation negativer Handlungsresultate« und enthält Items folgender Art:

Ich glaube, ich schaffe es nicht.
Wie soll ich das denn machen?
Das wird nie was.
Das ist zu schwer für mich.

Die Klasse 6 heißt »Kompetenzmangel« und enthält Items folgender Art:

Was ich auch mache, es ist verkehrt.
Ich habe nur noch Pech.
Alles geht schief.
Ich mache aber auch alles kaputt.

Das zweite Beispiel der Klasse 6 ist offenbar eine Zufalls- und keine Fähigkeitsattribution, doch haben die Schüler dies möglicherweise trotzdem internal-stabil aufgefaßt, denn sonst hätte die statistische Analyse dieses Item nicht mit den anderen in enge

Verbindung bringen dürfen. Der Autor berichtet über positive Erfahrungen mit diesem Instrument. Neuerdings hat auch Schlottke (1980) eine sehr beachtliche empirische Arbeit über Selbstinstruktion und Bewältigung von Belastung vorgelegt, in der er 26 Items aus dieser Selbstkommunikations-Skala verwendete. Insgesamt zeichnet sich bei Durchsicht der Literatur die Tendenz ab, individuellen Unterschieden in den überdauernden Kognitionsinhalten mehr Aufmerksamkeit zuzuwenden.

5.9 Kontrollverlust bei Schülern

Mißerfolg in der Schule wird sehr unterschiedlich verarbeitet. Manche Schüler werden dadurch veranlaßt, sich mehr anzustrengen, andere dagegen verlieren den Mut. Über diesen Sachverhalt gibt es eine Fülle von theoretischen Entwürfen und empirischen Untersuchungen innerhalb der Motivationspsychologie (Heckhausen 1980). Auch im Zusammenhang mit Streß, Angst und Hilflosigkeit läßt sich dieser motivationale Sachverhalt beschreiben. Die Art und Weise, wie ein Schüler einen Mißerfolg verarbeitet, hängt demnach von der subjektiven Einschätzung eines solchen kritischen Ereignisses ab. Ein Schüler kann die Nichterfüllung von Leistungsanforderungen als bedrohlich einschätzen. Dann erwarten wir, daß er weitere Bewältigungsversuche unternimmt und dabei ängstlich erregt ist. Er kann das Versagen als einen Verlust einschätzen, indem er glaubt, die Kontrolle über einen Aufgabentyp endgültig verloren zu haben. Dann erwarten wir, daß er weitere Versuche unterläßt und dabei depressiv verstimmt ist. Er kann ein Scheitern auch als Herausforderung interpretieren, deswegen seine Bemühungen verstärken und dabei eine Mobilisierung seiner Reserven verspüren.

Die Verarbeitung von Mißerfolg kann als Streßbewältigungsvorgang (coping) verstanden werden. Es gibt Schüler, die solche Aufgabenklassen nicht mehr lösen können, die sie vor kurzer Zeit noch bewältigen konnten. Wenn Schüler gemessen an ihrer bisherigen Leistung und gemessen am Vergleich mit anderen, die über dieselben intellektuellen Lernvoraussetzungen verfügen, versagen, dann kann das daran liegen, daß sie Mißerfolge auf nichtadaptive Weise verarbeitet haben und dadurch in einen Zustand der Hilflosigkeit geraten sind. Was diese Schüler von ihren gleichintelligenten Mitschülern unterscheidet, sind ihre Kognitionen. Sie verfügen über ein defizitäres Selbstmodell, d. h. ihre eigene Person ist im Hinblick auf spezifische Anforderungssituationen in mangelhafter Weise kognitiv repräsentiert.

Um diesen Sachverhalt zu veranschaulichen, kann man die Schüler typisierend in zwei Gruppen einteilen: in hilflose und in erfolgszuversichtliche. In der schon erwähnten Untersuchung von Diener & Dweck (1978) unterschieden sich beide Gruppen so lange nicht, wie sie Erfolg hatten. Nach Beginn der Konfrontation mit Mißerfolg zeigten sich jedoch unterschiedliche Bewältigungsmuster.

Die als hilflos bezeichneten Schüler führten ihr Versagen auf mangelnde Fähigkeiten zurück, zeigten eine negative Einstellung zu den Aufgaben und schweiften mit ihren Gedanken ab. Die als erfolgszuversichtlich bezeichneten Schüler jedoch konzentrierten sich stärker auf die Aufgaben, überprüften ihr Lösungsverhalten genauer und waren optimistisch. Die beiden Autorinnen haben dies festgestellt, indem sie das »laute Denken« der Schüler protokollierten (Tab. 22).

Tab. 22: Zahl der Schüler, die bei Mißerfolg bestimmte Kognitionen verbalisierten (nach Diener & Dweck 1978, 459)

Art der verbalisierten Kognition	Hilflose Gruppe	Erfolgszuversichtliche Gruppe
Ineffektive Lösungsstrategie	14	2
Attribution auf mangelnde Fähigkeit	11	0
Lösungsirrelevante Aussagen	22	0
Negativer Affekt	20	1
Positiver Affekt	2	10
Selbstbeobachtung	0	25
Selbstanweisungen	0	12

Die hilflosen Schüler nahmen demnach eine Einschätzung der Situation als bedrohlich und verlustreich vor, während die anderen eine Einschätzung der Situation als herausfordernd vornahmen. Die erfolgszuversichtlichen hielten sich gar nicht erst mit Ursachenzuschreibungen auf. Sie erkannten zwar, daß sie Mißerfolg hatten, nahmen dies aber zum Anlaß, ihre weiteren Handlungen aufmerksam zu verfolgen und sich verbale Hilfen zu geben, indem sie sich ihre Lösungsschritte vorsprachen. Sie sahen die Aufgabe als ihr Problem an. Die Hilflosen dagegen waren auf ihren persönlichen Mißerfolg gerichtet. Das Problem lag in ihrer Person. Sie schrieben sich die Verantwortung für das Versagen zu und verhinderten dadurch die Realisierung einer adaptiven Bewältigungsstrategie. Sie waren nicht handlungsorientiert, sondern lageorientiert (Kuhl 1981). Sie kognizierten ihre gegenwärtige Lage und blockierten dadurch den Fortgang der Handlung.
In dieser Gegenüberstellung von kognitiven Vorgängen bei hilflosen und bei erfolgszuversichtlichen Schülern begegnet sich die Hilflosigkeitsforschung mit der Angstforschung. Wine (1980, 377) hat die kognitiven Prozesse von hochängstlichen und niedrigängstlichen Personen gegenübergestellt und kommt dabei zu einer ähnlichen Polarisierung (vgl. Kap. 4.2.1). Bei den Hochängstlichen dominieren die statischen Kognitionen, die mit Selbstzweifel verbundenen Attributionen, die gedankliche Beschäftigung mit negativen Handlungsergebnissen, die mangelnde Erwartung von Selbstwirksamkeit, das Abschweifen von der Situation und die öffentliche Selbstaufmerksamkeit. Bei den Niedrigängstlichen dominieren die problemlösungsrelevanten Kognitionen, die situationsangemessenen und handlungssteuernden Überlegungen bzw. die Sachaufmerksamkeit. Wir können annehmen, daß Hilflose und Erfolgszuversichtliche bei Mißerfolg ungefähr gleichermaßen aufgeregt, aber unterschiedlich besorgt sind. Die kognitive Komponente der Angst, nämlich die Besorgtheit (worry) ist bei den Hilflosen stärker ausgeprägt, während bei den Erfolgszuversichtlichen die Besorgtheit nicht nur abwesend ist, sondern darüber hinaus durch konstruktiv-produktive Kognitionen ersetzt wird. Die Erregung, die bei beiden Gruppen gleich stark sein könnte, wird unterschiedlich interpretiert. Die Hilflosen deuten ihre Erregung als ängstlich und leistungsbeeinträchtigend, die Erfolgszuversichtlichen deuten sie als anregend und leistungsmobilisierend.
Der Sachverhalt ist in Wirklichkeit komplizierter, weil Schüler nicht auf Dauer entweder als hilflos oder als erfolgszuversichtlich einzustufen sind. Es handelt sich hier um eine stark vereinfachte Momentaufnahme zum Zweck der anschaulichen Betrachtung eines Phänomens. Schüler entwickeln sich und verändern ihre Erwartungen in Relation zu den Anforderungssituationen und zu ihren früheren Erfahrungen. Die Verbindung von Reaktanz und Hilflosigkeit bei Wortman & Brehm (1975) oder das Stadienschema bei Heckhausen (1980) stellen Denkmodelle für die mögliche Entwicklung des Kon-

trollverlusts von Schülern dar (vgl. Kap. 5.5). Unter der Perspektive der transaktionalen Streßkonzeption kann man hier von einer ständigen Folge der kognitiven Einschätzung und Neueinschätzung sprechen. Sobald sich die Situation durch neue Leistungsanforderungen verändert oder sobald die eigene Person aufgrund von Erfahrungen anders geworden ist, ergibt sich eine Neueinschätzung, indem das Situationsmodell dem Selbstmodell gegenübergestellt wird (vgl. Kap. 1.5). Dieser Gedanke wird von Dweck & Licht (1980, 202) aufgegriffen. Die Autorinnen glauben, daß die beiden oben genannten Gruppen von Schülern sich bei Erfolg nicht unterscheiden. Erfolge werden als wichtig und selbstwertrelevant eingeschätzt und mit den eigenen guten Fähigkeiten in Zusammenhang gebracht. In dem Augenblick, wo Mißerfolge auftreten (sich also die Situation verändert), teilen sich die beiden Schülergruppen. Sie nehmen eine Neueinschätzung vor (reappraisal). Diejenigen, die später als »hilflos« eingestuft werden, revidieren ihr Selbstbild, indem sie die früheren Erfolge als zufallsbedingt oder external verursacht auffassen. Die rückwärts gerichtete Kognition führt zu einem Selbstmodell, das unzureichende Kompetenzerwartungen enthält. Eine neue Erfahrung kann genügen, um die Voraussetzungen für ein Selbstmodell zu beseitigen. Dabei wird es sehr von der Art und Intensität der neuen Erfahrung abhängen und von der Stabilität der vorhandenen Erwartungen. Es spielt eine Rolle, ob die Kompetenzerwartungen durch direkte oder indirekte Erfahrungen aufgebaut sind, wie löschungsresistent sie sind und wie stark verallgemeinert sie sind.

Diener & Dweck (1981, nach Dweck & Licht 1980, 202) haben ihr damaliges Experiment inzwischen repliziert. Sie haben diesmal das laute Denken während der Aufgabenbearbeitung unterbunden und statt dessen die Kinder aufgefordert, nach einer Sequenz von Erfolg oder Mißerfolg ihre Kommentare abzugeben. Wenn hilflose Kinder Erfolg hatten, unterschätzten sie die Zahl der von ihnen ausgelösten Aufgaben, führten die Erfolge weniger auf ihre Fähigkeit zurück und glaubten, daß andere Kinder leistungsstärker seien als sie selbst. Dies taten sie auch dann, wenn sie sämtliche Aufgaben richtig gelöst hatten. Wenn man ihnen sagte, sie sollten noch weitere 15 Aufgaben derselben Art bearbeiten, glaubten sie, davon im Durchschnitt nur 7.46 lösen zu können. Erfolgszuversichtliche dagegen glaubten, im Durchschnitt 13.43 Aufgaben lösen zu können. Sie erinnerten sich zutreffend an die Zahl der von ihnen gelösten Probleme, glaubten, besser als andere zu sein, führten die Erfolge auf ihre Fähigkeit zurück und waren insgesamt optimistisch. Wenn sie gefragt wurden, ob sie ein bereits gelöstes Problem auch dann noch einmal von neuem lösen könnten, wenn sie ihr altes Ergebnis vergessen hätten, stimmten alle dem zu. Von den hilflosen Schülern stimmten nur 65% dieser Aussage zu. Es handelt sich hier um verschiedene Operationalisierungen von Kompetenzerwartung. Die Erwartung, bereits gelöste Aufgaben noch einmal lösen zu können, bezieht sich auf die wiederholte subjektive Verfügbarkeit einer Handlung, die sich früher als wirksam erwiesen hat. Die Erwartung, 15 Probleme derselben vertrauten Aufgabenklasse lösen zu können, bezieht sich auf eine generalisierte Fähigkeit zur Bewältigung dieses Situationstyps. Hilflose und erfolgszuversichtliche Schüler unterscheiden sich im Grad der Kompetenzerwartung, obwohl sie unter experimentellen Bedingungen gleichermaßen oft Erfolg gehabt haben. Bei der Konfrontation mit Mißerfolg fühlen sich die Erfolgszuversichtlichen nicht als Versager, während die Hilflosen dies tun. Sie erleben keine Herausforderung, sondern Kontrollverlust.

In unseren eigenen Untersuchungen geht es darum, schulische Sozialisationswirkungen innerhalb verschiedener Schularten zu erfassen. Dazu haben wir Kontrollverlust und Kontrollerwartung mit Hilfe von Skalen operationalisiert, die sich ökonomisch bei vielen Schülern einsetzen lassen (vgl. Kap. 5.8). Erste Ergebnisse mit den Variablen Hilflosigkeit und Selbstwirksamkeit konnten 1980 gewonnen werden, nachdem diese und andere Merkmale bei Schülern in 6. und 9. Klassen von Hauptschulen, Realschulen, Gymnasien und Gesamtschulen erhoben worden sind. Die Korrelation zwischen den beiden Skalen beträgt r = -.45: je höher der Grad der Hilflosigkeit, desto geringer der Grad der Selbstwirksamkeit. Der Zusammenhang ist nur mittelhoch, die beiden Skalen erfassen also nicht exakt die beiden Pole von Kompetenzerwartung (Kontrolle gegenüber Nichtkontrolle), sondern enthalten auch andere Aspekte. Die Überprüfung der Gültigkeit ist – wie bei allen diagnostischen Verfahren – auch hier niemals abgeschlossen. Erste Hinweise auf die Validität ergeben sich aus den Korrelationen mit den anderen Merkmalen, die wir gleichzeitig miterhoben haben (vgl. Tab. 23). Die Vorzei-

Tab. 23: Der Zusammenhang von Hilflosigkeit und Selbstwirksamkeit mit 10 anderen Variablen bei 1276 Schülerinnen und Schülern

	Hilflosigkeit	Selbstwirksamkeit
Leistungseinschätzung	-.34	.29
Selbstwertgefühl	-.59	.41
Erfolgszuversicht	-.47	.49
Neugier	-.15	.30
Ärger	.41	-.18
Leistungsängstlichkeit	.62	-.36
Allgemeine Ängstlichkeit	.54	-.45
Mangelndes Selbstvertrauen	.37	-.53
Erlebte Anonymität	.44	-.25
Schulverdrossenheit	.50	-.33

chen der Korrelationskoeffizienten unterstützen die Annahme einer hinreichenden Validität dieser Instrumente. Schüler, die sich mehr hilflos als selbstwirksam einschätzen, bewerten die eigene Leistung negativer, haben ein ungünstiges Selbstwertgefühl, sind weniger erfolgszuversichtlich und weniger neugierig. Selbstwirksamkeit hängt mit Neugier zusammen, also mit einer Explorationstendenz, bei der es darum geht, aktiv noch unbekannte Elemente der Umwelt unter Kontrolle zu bringen. Hilflosigkeit hängt mit Ärger zusammen: Schüler, denen die Kontrolle der Umwelt versagt wird, reagieren zunächst ärgerlich, bevor sie endgültig resignieren und gleichgültig werden. Ängstlichkeit in Leistungssituationen und anderswo steht erwartungsgemäß mit Kontrollverlust in Zusammenhang: hilflose Schüler sind besorgt über ihre Mißerfolge. Außerdem fühlen sie sich in der Schule ungeborgen, im Stich gelassen und orientierungslos. Sie sind unzufrieden mit der Schule. Selbstwirksamkeit geht vor allem mit Selbstvertrauen, Erfolgszuversicht und Sicherheit einher.

Eine andere Frage war darauf gerichtet, wer Kontrollverlust erlebt. Nach Dweck & Licht (1980) müßten es vor allem die leistungsschwachen Mädchen sein. Um diesen Sachverhalt näher zu erforschen, haben wir die Schüler nach ihrer letzten Mathematikzensur in drei Leistungsgruppen eingeteilt und dabei Mädchen und Jungen unterschieden. Für jede dieser sechs Gruppen haben wir die durchschnittliche Hilflosigkeit berechnet und dargestellt (Abb. 27).

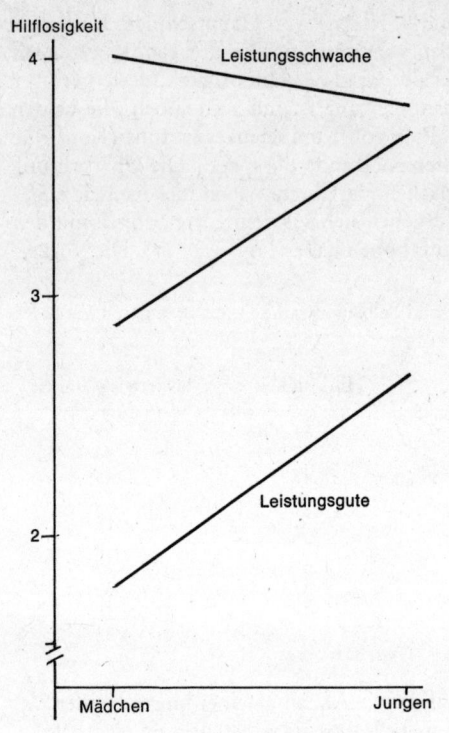

Abb. 27: Hilflosigkeit in Abhängigkeit von Leistungsniveau und Geschlecht bei 1352 Schülern

Wie man sieht, sind erwartungsgemäß die leistungsschwachen Schülerinnen diejenigen mit der ausgeprägtesten Hilflosigkeit. Das dieser Abbildung zugrunde liegende statistische Verfahren ist eine zweifaktorielle Varianzanalyse. Sie ergab zwei signifikante Hauptwirkungen und eine signifikante Wechselwirkung: Leistungsniveau und Geschlecht haben demnach mit der Hilflosigkeit etwas zu tun. Die Wechselwirkung ergibt sich hier aufgrund der größeren Streuung bei den Mädchen. Leistungsunterschiede sind dann besonders deutlich mit Hilflosigkeit verbunden, wenn diese Unterschiede bei Mädchen auftreten.

Ein ähnliches Bild liefert die entsprechende Analyse für das Merkmal Selbstwirksamkeit (Abb. 28).

Hier finden wir keine Wechselwirkung, sondern zwei Haupteffekte. Als Grundlage für die Dreiteilung der Leistung dienten die Deutschnoten (bei Verwendung der Mathematiknote verfehlte der Geschlechtseffekt die Signifikanzgrenze). Entscheidend ist auch bei der Selbstwirksamkeit ihr Zusammenhang mit den Leistungsunterschieden. Schüler mit überdurchschnittlicher Leistung sind von ihrer eigenen Kompetenz überzeugt und damit widerstandsfähiger gegenüber Erfahrungen von Kontrollverlust.

Diese Untersuchungen, die eine wichtige Ergänzung zu experimentellen Arbeiten darstellen, sind noch nicht abgeschlossen, sondern sollen im Längsschnitt ausgewertet werden. Das schulische Lernen stellt die direkte Erfahrungsgrundlage für den Aufbau oder den Verlust von Kompetenzerwartungen dar. Erfolge und Mißerfolge in verschiedenen Lernumwelten tragen zur Entwicklung von überdauernden Kognitionen gegenüber der Umwelt und der eigenen Person bei. Daneben werden indirekte Erfahrungen

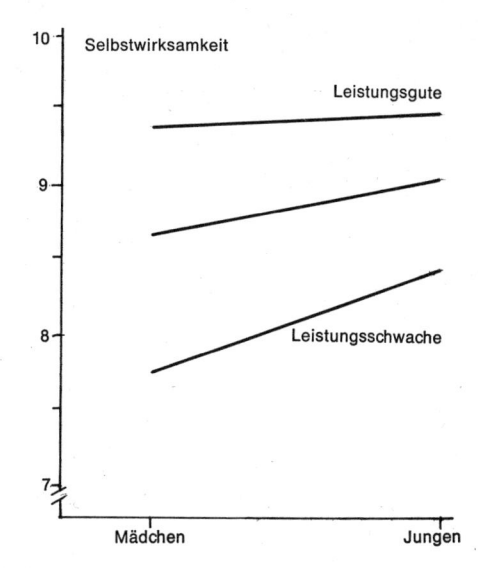

Abb. 28: Selbstwirksamkeit in Abhängigkeit von Leistungsniveau und Geschlecht bei 1628 Schülern.

durch die Beobachtung von Modellpersonen gemacht, deren Erfolge und Mißerfolge sowie deren Emotionen als Informationsgrundlage für die Selbsteinschätzung dienen. Selbstbewertungen unter Rückgriff auf frühere Erfahrungen und auf soziale Vergleiche stellen einen zentralen Vorgang dar, der die Entstehung von Kontrollverlust und den Aufbau von Kompetenzerwartung vermittelt.

Literatur

Abramson, L. Y. & Martin, D. J. (1981). Depression and the causal inference process. In Harvey, J.H., Ickes, W. & Kidd, R.E. (Eds.), *New Directions in Attribution Research* (Vol. 3). Hillsdale: Erlbaum.

Abramson, L.Y. & Sackeim, H.A.A. (1977). A paradox in depression: Uncontrollability and self-blame. *Psychological Bulletin, 84,* 838–851.

Abramson, L.Y., Seligman, M.E.P. & Teasdale, J.D. (1978). Learned helplessness in humans: Critique and reformulation. *Journal of Abnormal Psychology, 87,* 49–74.

Affeldt, U., Ratzki, A. & Wensky, G. (1981). Team-Kleingruppenmodell an der Gesamtschule Köln-Holweide. In Ludwig, H. (Ed.), *Gesamtschule in der Diskussion.* Bad Heilbrunn: Klinkhardt.

Albert, S. (1977). Temporal comparison theory. *Psychological Review, 84,* 485–503.

Albert, D. (1980). Anxiety and learning-performance. *Archiv für Psychologie, 132,* 139–163.

Allen, G.J., Elias, M.J. & Zlotlow, S.F. (1980). Behavioral interventions for alleviating test anxiety: A methodological overview of current therapeutic practices. In I.G. Sarason (Ed.), *Test anxiety* (pp. 150–186). Hillsdale, N.Y.: Erlbaum.

Alloy, L.B., Abramson, L.Y. & Viscusi, D. (1981). Induced mood and the illusion of control. *Journal of Personality and Social Psychology, 41,* 1129–1140.

Alloy, L.B. & Abramson, L.Y. (1979). Judgment of contingency in depressed and nondepressed students: Sadder but wiser? *Journal of Experimental Psychology, 108,* 441–485.

Alonzo, A., Simon, A. & Feinleib, M. (1975). Prodromata of myocardial infarction and sudden death. *Circulation, 52,* 1056–1062.

Alpert, R. & Haber, R.N. (1960). Anxiety in academic achievement situations. *Journal of Abnormal and Social Psychology, 61,* 207–215.

Altman, J.H. & Wittenborn, J.R. (1980). Depression-prone personality in women. *Journal of Abnormal Psychology, 89,* 303–308.

American Psychiatric Association (ed.) (1980). *Diagnostic and statistical manual of mental disorders,* 3rd. ed. Washington: A.P.A.

Ames, C. (1978). Children's achievement attributions and self-reinforcement: Effects of self-concept and competitive rewards structure. *Journal of Educational Psychology, 70,* 345–355.

Ames, C. (1983). Achievement attributions and self-instructions under competitive and individualistic goal structures. *unpublished.*

Ames, C. (1984). Competitive, cooperative, and individualistic goal structures: A motivational analysis. In Ames, R. & Ames, C. (Eds.), *Research on Motivation in Education: Student Motivation* (Vol. 1). New York: Academic Press.

Ames, C. (1986). Conceptions of motivation within different goal structures. In R. Schwarzer (Ed.), *Self-Related Cognitions in Anxiety and Motivation.* Hillsdale: Erlbaum.

Ames, C. & Ames, R. (1981). Competitive versus individualistic goal structures: The salience of past performance information for causal attributions and affect. *Journal of Educational Psychology, 73,* 411–418.

Ames, C., Ames, R. & Felker, D.W. (1977). Effects of competitive rewards structure and valence of outcome on children's achievement attribution. *Journal of Educational Psychology, 69,* 1–8.

Ames, R., Ames, C. & Garrison, W. (1977). Children's causal ascriptions for positive and negative interpersonal outcomes. *Psychological Reports, 41,* 595–602.

Amthauer, R. (1971). *Intelligenz-Struktur-Test.* Göttingen: Hogrefe.

Anderson, C.A., Horowitz, L.M. & French, R. D. (1983). Attributional style of lonely and depressed people. *Journal of Personality and Social Psychology, 45,* 127–136.

Anderson, C.A. & Jennings, D.L. (1980). When experiences of failure promote expectations of success: The impact of attributing failure to ineffective strategies. *Journal of Personality, 48,* 393–407.

Andrews, G., Tennant, C., Hewson, D.M. & Vaillant, G.E. (1978). Life events, stress, social support, coping style and risk of psychological impairment. *Journal of Nervous and Mental Disease, 166,* 307–316.

Andrews, G. & Debus, R. (1978). Persistence and the causal perception of failure: Modifying cognitive attributions. *Journal of Educational Psychology, 70,* 154–166.

Aneshensel, C.S., Clark, V.A. & Frerichs, R.R. (1983). Race, ethnicity, and depression: A confirmatory analysis. *Journal of Personality and Social Psychology, 44,* 385–398.

Antonovsky, A. (1979). *Health, stress and coping*. San Francisco: Jossey–Bass.
Appels, A. (1980). Psychological prodromata of myocardial infarction and sudden death. *Psychotherapy & Psychosomatics, 34*, 187–195.
Appels, A., Jenkins, D. & Rosenman, R. (1982). Coronary-prone behavior in the Netherlands: A cross-cultural validation study. *Journal of Behavioral Medicine, 5*, 83–90.
Apsler, R. (1975). Effects of embarrassment on behavior toward others. *Journal of Personality and Social Psychology, 32*, 145–153.
Arch, E.C. (1987). Differential responses of females and males to evaluative stress: Anxiety, self-esteem, efficacy and willingness to participate. In R. Schwarzer, H.M. van der Ploeg & C.D. Spielberger (Eds.), *Advances in test anxiety research (Vol. 5)* (pp. 97–106). Lisse: Swets & Zeitlinger.
Archibald, P.W. & Tuddenhow, R.D. (1977). *Essentials of Psychology*. In W. Mischel & H. Mischel (Eds.), New York: Random House.
Arieti, S. (1959). Manic-depressive psychosis. In S. Arieti (Ed.), *American Handbook of Psychiatry*. New York: Basic Books.
Arieti, S. & Bemporad, J. (1980). *Severe and mild depression*. London: Tavistock.
Arieti, S. & Bemporad, J.R. (1980). The psychological organization of depression. *American Journal of Psychiatry, 137*, 1360–1365.
Arkin, R.M., Appelman, A.J. & Burger, J.M. (1980). Social anxiety, self-presentation and the self-serving bias in causal attribution. *Journal of Personality and Social Psychology, 38*, 23–35.
Arkin, R.M., Cooper, H.M. & Kolditz, T. (1980). A statistical review of the literature concerning the self-serving bias in interpersonal influence situations. *Journal of Personality, 48*, 435–448.
Arkin, R.M., Detchon, C.S. & Maruyama, G.M. (1981). Causal attributions of high and low achievement motivation college students for performance on examinations. *Motivation and Emotion, 5*, 139–152.
Arkin, R.M., Detchon, C.S. & Maruyama, G.M. (1982). Roles of attribution, affect, and cognitive interference in test anxiety. *Journal of Personality and Social Psychology, 43*, 1111–1124.
Arkin, R.M., Kolditz, T.A. & Kolditz, K.K. (1983), Attributions of the test-anxious student: Self assessment in the classroom. *Personality and Social Psychology Bulletin, 9*, 271–280.
Arkin, R.M. & Maruyama, G.M. (1979). Attribution, affect, and college exam performance. *Journal of Educational Psychology, 71*, 85–93.
Arlin, M. & Whitley, T.W. (1978). Perceptions of self-managed learning opportunities and academic locus of control: A causal interpretation. *Journal of Educational Psychology, 70*, 988–992.
Arlin, M. (1984). Time variability in mastery learning. *American Educational Research Journal, 21*, 103–120.
Arlin, M. (1984). Time, equality, and mastery learning. *Review of Educational Research, 54*, 65–86.
Arlin, M. & Webster, J. (1983). Time costs of mastery learning. *Journal of Educational Psychology, 75*, 187–196.
Aronson, E. (1968). Dissonance theory: Progress and problems. In R.P. Abelson, E. Aronson, W.J. McGuire, et al. (Eds.), *Theories of cognitive consistency*. Chicago: Rand McNally.
Aronson, E., Pines, A.M. & Kafry, D. (1983). *Ausgebrannt. Vom Überdruß zur Selbstentfaltung*. Stuttgart: Klett.
Arsenault, A. & Dolan, S. (in press). The role of personality, occupation and organization in understanding the relationship between job stress, performance and absenteeism. *Journal of Occupational Psychology*.
Arsenault, A. & Dolan, S. (1983). *Le stress au travail et ses effets sur l'individu et l'organisation. Final Rep. to Inst. de Recherche en Sante et Securité du Travail du Quebec*. Quebec.
Asendorpf, J. (1984). Shyness, embarrassment, and self-presentation: A control theory approach. In Schwarzer, R. (Ed.), *The self in anxiety, stress, and depression*. Amsterdam: North Holland.
Asendorpf, J.B., Wallbott, H.G. & Scherer, K.R. (1983). Der verflixte Repressor: Ein empirisch begründeter Vorschlag zu einer zweidimensionalen Operationalisierung von Repression-Sensitization. *Zeitschrift für Differentielle und Diagnostische Psychologie, 4*, 113–128.
Atkinson, J. W. (1977). Motivation for achievement. In T. Blass (Ed.), *Personality variables in social behavior*. Hillsdale, N.Y.: Erlbaum.
Atkinson, J.W. (1964). *An introduction to motivation*. Princeton, N.J.: Van Nostrand.
Atkinson, J.W. & Birch, D. (1970). *The dynamics of action*. New York: Wiley.

Auerbach, S.M., Martelli, M.F. & Mercuri, L.G. (1983). Anxiety, information, interpersonal impacts, and adjustment to a stressful health care situation. *Journal of Personality and Social Psychology, 44,* 1284–1296.
Averill, J.R. (1979). A selective review of cognitive and behavioral factors involved in the regulation of stress. In R.S. Depue (Ed.), *The psychobiology of the depressive disorders: Implications for the effects of stress.* New York: Academic Press.
Averill, J.R. (1980). A constructivist view of emotion. In R. Plutchik & H. Kellermann (Eds.), *Emotion* (pp. 305–340). New York: Academic Press.
Averill, J. R. (1980). The emotions. In E. Staub (Ed.), *Personality* (pp. 133–139). Englewood Cliffs: Prentice-Hall.
Averill, J.R. (1983). Studies on anger and aggression: Implications for theories of emotion. *American Psychologist, 38,* 1145–1160.
Averill, J.R., OBrien, L. & DeWitt, G.W. (1977). The influence of response effectiveness on the preference for warning and on psychophysiological stress reactions. *Journal of Personality, 45,* 395–418.
Bäumler, G. & Breitenbach, W. (1970). Zusammenhänge zwischen Intelligenz, Konzentration, Angst und Leistungsmotivation bei einer studentischen Stichprobe. *Psychologie und Praxis, 14,* 37–40.
Bander, R. S. & Betz, N.E. (1981). The relationship of sex and sex role to trait and situationally specific anxiety types. *Journal of Research in Personality, 15,* 312–322.
Bandura, A. (1969). *Principles of behavior modification.* New York: Holt, Rinehart & Winston.
Bandura, A. (1973). *Aggression: A social learning analysis.* Englewood Cliffs: Prentice-Hall.
Bandura, A. (1976). *Lernen am Modell.* Stuttgart: Klett-Cotta.
Bandura, A. (1977). Self-efficacy: Toward a unifying theory of behavioral change. *Psychological Review, 84,* 191–215.
Bandura, A. (1978). The self system in reciprocal determinism. *American Psychologist, 33,* 344–358.
Bandura, A. (1979). *Sozial-kognitive Lerntheorie.* Stuttgart: Klett-Cotta.
Bandura, A. (1981). Self-referent thought: A developmental analysis of self-efficacy. In Flavell, J. & Ross, L. (Eds.), *Cognitive social development.* New York: Cambridge University Press.
Bandura, A. (1982). Self-efficacy mechanism in human agency. *American Psychologist, 37,* 122–148.
Bandura, A. (1982). The self and mechanisms of agency. In Suls, J. (Ed.), *Social psychological perspectives on the self.* Hillsdale, N.J.: Erlbaum.
Bandura, A. (1983). Self-efficacy determinants of anticipated fears and calamities. *Journal of Personality and Social Psychology, 45,* 464–469.
Bandura, A. (1986). *Social foundations of thought and action.* Englewood Cliffs: Prentice-Hall.
Bandura, A. & Adams, N. (1977). Analysis of self-efficacy theory of behavioral change. *Cognitive Therapy and Research, 1,* 287–310.
Bandura, A. & Cervone, D. (1983). Self-evaluative and self-efficacy mechanisms governing the motivational effects of goal systems. *Journal of Personality and Social Psychology, 45,* 1017–1028.
Bandura, A. & Schunk, D. H. (1981). Cultivating competence, self-efficacy and intrinsic interest through proximal self-motivation. *Journal of Personality and Social Psychology, 41,* 586–598.
Bandura, A., Mahoney, M.J. & Dirks, S.J. (1976). Discriminative activation and maintenance of contingent self-reinforcement. *Behavioral Research and Therapy, 14,* 1–6.
Bandura, A. & Simon, K.M. (1977). The role of proximal intentions in self-regulation of refractory behavior. *Cognitive Therapy and Research, 1,* 177–193.
Bandura, A., Underwood, B. & Fromson, M.E. (1975). Desinhibition of aggression through diffusion of responsibility and dehumanization of victims. *Journal of Research in Personality, 9,* 253–269.
Bandura, A., Adams, N.E., Hardy, A.B. & Howells, G.N. (1980). Tests of the generality of self-efficacy theory. *Cognitive Therapy and Research, 4,* 39–66.
Bar-Tal, D. (1976). *Prosocial behavior.* Washington: Hemisphere.
Bar-Tal, D. (1978). Attributional analysis of achievement related behavior. *Review of Educational Research, 48,* 259–171.
Barabasz, A.F. & Barabsz, M. (1981). Effects of rational-emotive therapy on psychophysiological and reported measures of test anxiety arousal. *Journal of Clinical Psychology, 37,* 511–514.
Barker, R.G. & Gump, P.V. (Eds.) (1964). *Big school, small school: High school size and student behavior.* Stanford: Stanford University Press.
Barrera, M. (1980). *The development and application of two approaches to assessing social support.* Paper presented at WPA meeting, Honolulu (Hawaii).

Basowitz, H., Persky, H., Korchin, S.J. & Grinker, R.R. (1955). *Anxiety and stress.* New York: McGraw Hill.
Bauer, K.O., Bussigel, M., Pardon, H. & Rolff, H.G. (1980). Überprüfung einiger Unterschiede zwischen Gesamtschulen und Schulen des traditionellen Schulsystems. *Zeitschrift für Empirische Pädagogik, 4,* 191–202.
Beck, A.T. (1967). *Depression: Clinical, experimental and theoretical aspects.* New York: Harper and Row.
Beck, A.T. (1981). *Kognitive Therapie der Depression.* München: Urban und Schwarzenberg.
Beck, A.T. & Greenberg, R.L. (1979). Kognitive Therapie bei der Behandlung von Depressionen. In N. Hoffman (Ed.), *Grundlagen kognitiver Therapie* (pp. 177–204). Bern: Huber.
Becker, P. (1980). Prävention von Verhaltensstörungen und Förderung der psychischen Gesundheit. In W. Wittling (Ed.), *Handbuch der Klinischen Psychologie (Bd. 2)* (pp. 47–77). Hamburg: Hoffmann & Campe.
Becker, P. (1980). *Studien zur Psychologie der Angst.* Weinheim: Beltz.
Becker, P. (1981). Neuere psychologische Ätiologietheorien der Depression und Angst. In W. R. Minsel & R. Scheller (Eds.), *Brennpunkte der klinischen Psychologie (Bd. 2).* München: Kösel.
Becker, P. (1982). *Psychologie der seelischen Gesundheit. Band 1: Theorien, Modelle, Diagnostik.* Göttingen: Hogrefe.
Becker, P. (1982). Towards a process analysis of test anxiety: Some theoretical and methodological observations. In R. Schwarzer, H. M. van der Ploeg, & C. D. Spielberger (Eds.), *Advances in test anxiety research* (Vol. 1, pp. 11–17). Lisse/Hillsdale, NJ: Swets & Zeitlinger/Erlbaum.
Becker, P. (1983). Test anxiety, examination stress, and achievement: Methodological remarks and some results of a longitudinal study. In H. M. van der Ploeg, R. Schwarzer & C. D. Spielberger (Eds.), *Advances in test anxiety research* (Vol. 2, pp. 129–146). Lisse/Hillsdale, NJ: Swets & Zeitlinger/Erlbaum.
Becker, P. & Minsel, B. (1986). Psychologie der seelischen Gesundheit. Vol. 2, Göttingen: Hogrefe.
Beckman, L. J. (1970). Effects of students performance on teachers and of observers attributions of causality. *Journal of Educational Psychology, 61,* 76–82.
Belschner, W. (1980). Konstruktion und Bearbeitung pädagogischer Situationen. In W. Belschner, M. Dross, M. Hoffmann & G. Schott (Eds.), *Verhaltenstherapie in Erziehung und Unterricht (Bd. 2 Anwendung)* (pp. 99–168). Stuttgart: Kohlhammer.
Bem, D. J. (1972). Self-perception theory. In L. Berkowitz (Ed.), *Advances in experimental social psychology* (Vol. 6). New York: Academic Press.
Bem, D. J. (1981). Assessing situations by assessing persons. In D. Magnusson (Ed.), *Towards a psychology of situations: An interactional perspective* (pp. 245–257). New York: Hillsdale.
Benner, P., Roskies, E. & Lazarus, R. S. (1980). Stress and coping under extreme conditions. In J. E. Dimsdale (Ed.), *The holocaust: A multidisciplinary study.* Washington: Hemisphere.
Benjamin, M., McKeachie, W. J., Lin, Y.-G. & Holinger, D. P. (1981). Test anxiety: Deficits in information processing. *Journal of Educational Psychology, 73,* 816–824.
Bentler, P. M. (1980). Multivariate analysis with latent variables. Causal modeling. *Annual Review of Psychology, 31,* 419–456.
Berlyne, D. E. (1960). *Conflict, arousal and curiosity.* New York: McGraw Hill.
Betz, N. E. (1978). Prevalence, distribution, and correlates of math anxiety in college students. *Journal of Counseling Psychology, 25,* 441–448.
Birbaumer, N. (1977). Angst. In T. Hermann, P. R. Hofstätter, H. P. Huber & F. E. Weinert (Eds.), *Handbuch psychologischer Grundbegriffe* (pp. 25–38). München: Kösel.
Bittmann, F. (1980). Zusammenhänge zwischen Angst und schulischer Leistung. *Zeitschrift für Empirische Pädagogik, 4,* 161–190.
Bloom, B. S. (1976). *Human characteristics and school learning.* New York: Mc Graw Hill.
Blumenthal, J. A., Williams, R. S., Needels, T. L. & Wallace, A. G. (1982). Psychological changes accompany aerobic exercise in healthy middle-aged adults. *Psychometric Medicine, 44,* 529–536.
Blöschl, L. (1978). *Psychosoziale Aspekte der Depression.* Bern: Huber.
Blöschl, L. (1980). Depressive Störungen. In W. Wittling (Ed.), *Handbuch der Klinischen Psychologie (Bd. 4)* (pp. 335–354). Hamburg: Hoffmann und Campe.
Boesch, E. E. (1975). *Zwischen Angst und Triumph.* Bern: Huber.
Boesch, E. E. (1976). *Psychopathologie des Alltags.* Bern: Huber.
Bösel, R. (Ed.) (1978). *Stress. Einführung in die psychosomatische Belastungsforschung.* Hamburg: Hoffmann und Campe.
Boggiano, A. K. & Ruble, D. (1986). Children's responses to evaluative feedback. In R. Schwarzer (Ed.), *Self-Related Cognitions in Anxiety and Motivation.* Hillsdale: Erlbaum.

Bohrnstedt, G. W. & Felson, R. B. (1983). Explaining the relations among children's actual and perceived performances and self-esteem: A comparison of several causal models. *Journal of Personality and Social Psychology, 45*, 43–56.
Bossong, B. (1983). Wahrgenommene Sympathie des Lehrers und Selbsteinschätzung des Schülers. *Unterrichtswissenschaft, 11*, 285–293.
Borchert, I., Horn, F. & Schmidt, M. (1979). Angstreduktion durch Modellernen bei lernbehinderten Sonderschülern. *Psychologie in Erziehung und Unterricht, 2*, 193–198.
Born, C., Lazarus-Mainka, G. & Stölting, E. (1980). Die paradoxen Reaktionen nichtängstlicher Personen. *Zeitschrift für experimentelle und angewandte Psychologie, 27*, 369–383.
Bottenberg, E. H. & Finster, H. (1974). Erziehungsbedingungen kindlicher Ängstlichkeit. *Praxis der Kinderpsychologie, 3*, 88–98.
Bower, G. H. & Mayer, J. D. (1985). Failure to replicate mood-dependent retrieval. *Bulletin of the Psychonomic Society, 23*, 39–42.
Bowerman, W. R. (1979). *Subjective competence theory applied to cognitive dissonance phenomena: Reactions to negative self-referent causal attributions*. Unpublished manuscript. Netherlands Institute for Advanced Study, Wassenaar.
Bowerman, W. B. (1978). Subjective competence: The structure, process and function of self-referent causal attributions. *Journal for the Theory of Social Behavior, 8*, 45–75.
Bowlby, J. (1973). *Attachment and loss: Separation and anger*. (Vol. 2). London: Hogarth Press.
Bowlby, J. (1980). *Attachment and loss (Vol. 3)*. New York: Basic Books.
Bowler, R. M. & Lanneret, L. (1980). *Stress in relationship to modernity in expatriates in Saudi Arabia*. Paper presented at WPA, Hawaii.
Bowler, R. (1982). A brief review of test anxiety in West German schools. In R. Schwarzer, H. M. van der Ploeg & C. D. Spielberger (Eds.), *Advances in test anxiety research* (Vol. 1) (pp. 85–94). Lisse/Hillsdale, N. Y.: Swets & Zeitlinger/Erlbaum.
Bradley, G. W. (1978). Self-serving biases in the attribution process: A reexamination of the fact or fiction question. *Journal of Personality and Social Psychology, 36*, 56–71.
Brandtstädter, J. & von Eye, A. (1982). *Psychologische Prävention. Grundlagen, Programme, Methoden*. Bern: Huber.
Brehm, J. W. (1966). *A theory of psychological reactance*. New York: Academic Press.
Brehm, J. W. (1972). *Responses to loss of freedom: A theory of psychological reactance*. Morristown: General Learning Press.
Briggs, S. R., Cheek, J. M. & Buss, A. H. (1980). An analysis of the Self-Monitoring Scale. *Journal of Personality and Social Psychology, 38*, 679–686.
Briggs, S. R., Snider, R. & Smith, T. G. (1983). The assessment of shyness: A comparison of measures. In J. M. Cheek (Ed.), *Progress in research on shyness*. Anaheim, Ca.: Symposium at meeting APA.
Broadbent, D. E., Cooper, P. E., FitzGerald, P. & Parkes, K. R. (1982). The Cognitive Failures Questionnaire (CFQ) and its correlates. *British Journal of Clinical Psychology, 21*, 1–16.
Brookover, W. B., Thomas, S. & Paterson, A. (1966). Self-concept of ability and school achievement. *Sociology of Education, 39*, 271–278.
Brophy, J. E. (1983). Research on the self-fulfilling prophecy and teacher expectations. *Journal of Educational Psychology, 75*, 631–661.
Brophy, J. E. & Good, T. L. (1976). *Die Lehrer-Schüler-Interaktion*. München: Urban und Schwarzenberg.
Brown, I. (1979). Learned helplessness through modeling: self-efficacy and social comparison processes. In L. C. Perlmutter & R. A. Monty (Eds.), *Choice and perceived control* (pp. 107–120). Hillsdale: Erlbaum.
Brown, I., Jr. & Inouye, D. K. (1978). Learned helplessness through modeling: The role of perceived similarity in competence. *Journal of Personality and Social Psychology, 36*, 900–908.
Buggle, F. & Baumgärtel, F. (1972). *Die Hamburger Neurotizismus- und Extraversionsskala (HANES)*. Göttingen: Hogrefe.
Burgess, A. W. & Holmstrom, L. L. (1978). Adaptive strategies and recovery from rape. *American Journal of Psychiatry, 136*, 1278–1282.
Burns, R. B. (1979). *The self-concept*. London: Longman.
Buss, A. (1980). *Self-consciousness and social anxiety*. Oxford: Freeman.
Buss, A. (1983). Social rewards and personality. *Journal of Personality and Social Psychology, 44*, 553–563.
Buss, A. (1986). Two kinds of shyness. In R. Schwarzer (Ed.), *Self-Related Cognitions in Anxiety and Motivation*. Hillsdale: Erlbaum.
Buss, D. M. & Scheier, M. F. (1976). Self-consciousness, self-awareness and self-attribution. *Journal of Research in Personality, 10*, 463–468.

Buss, A. H., Iscoe, I. & Buss, E. H. (1979). The development of embarrassment. *Journal of Psychology, 103,* 227–230.

Butollo, W. (1979). *Chronische Angst. Theorie und Praxis der Konfrontationstherapie.* München: Urban & Schwarzenberg.

Butzkamm, J., Halisch, F. & Posse, N. (1979). Selbstregulationsforschung und Selbstkonzepte. In S. H. Filipp (Ed.), *Selbstkonzeptforschung: Probleme, Befunde, Perspektiven* (pp. 203–220). Stuttgart: Klett-Cotta.

Calsyn, R. J. & Kenny, D. A. (1977). Self-concept of ability and perceived evaluation of others: Cause or effect of academic achievement. *Journal of Educational Psychology, 69,* 136–145.

Carver, C. S. (in press). A cybernetic model of self-attention processes. *Journal of Personality and Social Psychology.*

Carver, C. S., Antoni, M. & Scheier, M. F. (1985). Self-consciousness and self-assessment. *Journal of Personality and Social Psychology, 48,* 117–124.

Carver, C. S., Peterson, L. M., Follansbee, D. J. & Scheier, M. F. (1983). Effects of self-directed attention on performance and persistence among persons high and low in test anxiety. *Cognitive Therapy and Research, 7,* 333–353.

Carver, C. S. & Scheier, M. F. (1981). *Attention and self-regulation: A control-theory approach to human behavior.* New York: Springer.

Carver, C. S. & Scheier, M. F. (1983). A control-theory model of normal behavior, and implications for problems in self-management. In P. C. Kendall (Ed.), *Advances in cognitive-behavioral research and therapy* (Vol. 2). New York: Academic Press.

Carver, C. S. & Scheier, M. F. (1984). Self-focused attention in test anxiety: A general theory applied to a specific phenomenon. In H. M. van der Ploeg, R. Schwarzer & C. D. Spielberger (Eds.), *Advances in test anxiety research* (Vol. 3). Lisse/Hillsdale, N. J.: Swets & Zeitlinger/Erlbaum.

Carver, C. S. & Scheier, M. F. (in press). Self-consciousness and reactance. *Journal of Research in Personality.*

Carver, C. S. & Scheier, M. F. (1981). *Attention and self-regulation: A control-theory approach to human behavior.* New York: Springer.

Carver, C. S. & Scheier, M. F. (1986). Functional and dysfunctional responses to anxiety: The interaction between expectancies and self-focused attention. In R. Schwarzer (Ed.), *Self-related cognitions in anxiety and motivation.* Hillsdale: Erlbaum.

Carver, C. S., Blaney, P. H. & Scheier, M. F. (1979). Focus of attention, chronic expectancy and responses to a feared stimulus. *Journal of Personality and Social Psychology, 37,* 1186–1195.

Carver, C. S., Scheier, M. F. & Klahr, D. (1987). Further explorations of a control-process model of test anxiety. In R. Schwarzer, H. M. van der Ploeg & C. D. Spielberger (Eds.), *Advances in test anxiety research (Vol. 5)* (pp. 15–22). Lisse: Swets & Zeitlinger.

Cassel, J. (1974). Psychosocial processes and stress: Theoretical formulation. *International Journal of Health Services, 6,* 471–482.

Castaneda, A., McCandless, R. R. & Palermo, D. S. (1956). The children's form of the Manifest Anxiety Scale. *Child Development, 27,* 317–326.

Cattell, R. B. (1982). The nature and genesis of mood states: A theoretical model with experimental measurem. conc. anxiety, depression, arousal and other mood states. In C. D. Spielberger (Ed.), *Anxiety: Current trends in theory and research* (Vol. 1) (pp. 115–183). New York: Academic Press.

Cheek, J. H. & Buss, A. H. (1981). Shyness and sociability. *Journal of Personality and Social Psychology, 41,* 330–339.

Cheek, J. M. (1982). Aggregation, moderator variables, and the validity of personality tests: A peer rating study. *Journal of Personality and Social Psychology, 43,* 1254–1269a.

Cheek, J. M. (1982). Shyness and self-esteem: A personological perspective. In M. Leary (Ed.), *Recent research in social anxiety: Social, personality, and clinical perspectives.* Toronto, Can.: Symposium at APA meeting.

Cheek, J. M. & Busch, C. M. (1981). The influence of shyness on loneliness in a new situation. *Personality and Social Psychology Bulletin, 7,* 572–577.

Cherkes-Julkowski, M., Groebel, J. & Kuffner, H. (1982). Social comparison and emotional reactions in the classroom. In R. Schwarzer, H. M. van der Ploeg & C. D. Spielberger (Eds.), *Advances in test anxiety research* (Vol. 1) (pp. 105–114). Lisse/Hillsdale, N. Y.: Swets & Zeitlinger/Erlbaum.

Cobb, S. (1976). Social support as a moderator of life stress. *Psychosomatic Medicine, 38,* 300–314.

Cohen, J. (1968). Multiple regression as a general data-analytic system. *Psychological Bulletin, 70,* 426–443.

Communian, A. L. (1985). The development of the Test Anxiety Inventory. In H. M. van der

Ploeg, R. Schwarzer & C. D. Spielberger (Eds.), *Advances in test anxiety research* (Vol. 4, pp. 215–220). Lisse: Swets & Zeitlinger.
Cook, T. D. & Campbell, D. T. (1979). *Quasi-experimentation: Design and analysis issues for field settings*. Chicago: Rand McNally College Publishing.
Cooper, C. L. & Payne, R. (Eds.) (1978). *Stress at work*. New York: Wiley.
Coopersmith, S. (1960). Self-esteem and need achievement as determinants of selective recall and repetition. *Journal of Abnormal and Social Psychology, 60*, 310–317.
Coopersmith, S. (1967). *The antecedents of self-esteem*. San Francisco: Freeman.
Costello, C. G. (1982). Loss as a source of stress in psychopathology. In R. W. J. Neufeld (Ed.), *Psychological Stress and Psychopathology* (pp. 93–125). New York: McGraw-Hill.
Covington, M. V. (1983). Anxiety, task difficulty, and childhood problem-solving: A self-worth interpretation. In H. M. van der Ploeg, R. Schwarzer & C. D. Spielberger (Eds.), *Advances in test anxiety research* (Vol. 2, pp. 101–109). Lisse/Hillsdale, NJ: Swets & Zeitlinger/Erlbaum.
Covington, M. V. (1985). Test anxiety: Causes and effects over time. In H. M. van der Ploeg, R. Schwarzer & C. D. Spielberger (Eds.), *Advances in test anxiety research* (Vol. 4, pp. 55–68). Lisse: Swets & Zeitlinger.
Covington, M. V. (1986). Anatomy of failure-induced anxiety: The role of cognitive mediators. In R. Schwarzer (Ed.), *Self-Related Cognitions in Anxiety and Motivation*. Hillsdale: Erlbaum.
Covington, M. V. & Omelich, C. L. (1979). Effort: The double-edged sword in school achievement. *Journal of Educational Psychology, 71*, 169–182.
Covington, M. V. & Omelich, C. L. (1981). As failures mount: Affective and cognitive consequences of ability demotion in the classroom. *Journal of Educational Psychology, 73*, 796–808.
Covington, M. & Omelich, C. L. (1982). Achievement anxiety, performance and behavioral instruction: A cost/benefits analysis. In R. Schwarzer, H. M. van der Ploeg & C. D. Spielberger (Eds.), *Advances in test anxiety research* (Vol. 1) (pp. 139–154). Lisse/Hillsdale, N. Y.: Swets & Zeitlinger/Erlbaum.
Covington, M. V. & Beery, R. (1976). *Self-worth and school learning*. New York: Holt, Rinehart & Winston.
Covington, M. V. & Carol, C. L. (1987). Item difficulty and test performance among high-anxious and low-anxious students. In R. Schwarzer, H. M. van der Ploeg & C. D. Spielberger (Eds.), *Advances in test anxiety research (Vol. 5)* (pp. 127–135). Lisse: Swets & Zeitlinger.
Covington, M. V. & Omelich, C. L. (1980). *When defense fails: Affective and cognitive consequences of repeated failure in the class-room (Unpublished paper)*. Berkeley.
Covington, M. V. & Omelich, C. L. (1984). Controversies or consistencies? A reply to Brown and Weiner. *Journal of Educational Psychology, 76*, 159–168.
Covington, M. V. & Omelich, C. L. (1985). Ability and effort valuation among failure-avoiding and failure-accepting students. *Journal of Educational Psychology, 77*, 446–459.
Covington, M. V., Omelich, C. L. & Schwarzer, R. (1986). Anxiety, aspirations, and self-concept in the achievement process: A longitudinal model with latent variables. *Motivation and Emotion, 10*, 71–88.
Cowen, E. L. (1971). Coping with school adaptation problems. *Psychology in the School, 8*, 322–329.
Cox, F. N. (1962). Educational streaming and test anxiety. *Child Development, 33*, 381–390.
Cozby, P. C. (1973). Self-disclosure. A literature review. *Psychological Bulletin, 79*, 73–91.
Cronbach, L. J. & Snow, R. E. (1977). *Aptitudes and instructional methods*. New York: Irvington.
Davies-Osterkamp, S. & Salm, A. (1980). Ansätze zur Erfassung psychischer Adaptationsprozesse in medizinischen Belastungssituationen. *Medizinische Psychologie, 6*, 66–80.
Davis, J. A. (1966). The campus as a frog pond: An application of the theory of relative deprivation to career decisions of college men. *The American Journal of Sociology, 72*, 17–31.
Davitz, J. R. (1969). *The language of emotion*. New York: Academic Press.
Debus, G. (1977). Gefühle. In T. Herrmann, P. R. Hofstätter, H. P. Huber & F. E. Weinert (Eds.), *Handbuch psychologischer Grundbegriffe* (pp. 156–168). München: Kösel.
DeCharms, R. (1968). *Personal causation*. New York: Academic Press.
DeCharms, R. (1973). Ein schulisches Trainingsprogramm zum Erleben eigener Verursachung. In W. Edelstein & D. Hopf (Eds.), *Bedingungen des Bildungsprozesses* (pp. 60–78). Stuttgart: Klett-Cotta.
DeCharms, R. (1976). *Enhancing motivation: Change in the class-room*. New York: Irvington.
Deci, E. L. (1980). Intrinsic motivation and personality. In Staub, E. (Ed.), *Personality. Basic aspects and current research* (pp. 35–80). Englewood Cliffs: Prentice Hall.
Deci, E. L. (1980). *The psychology of self-determination*. Lexington: Heath.
Deci, E. L. & Ryan, R. M. (1986). Self-regulation and self-control: The dynamics of self-determi-

nation in personality and development. In R. Schwarzer (Ed.), *Self-Related Cognitions in Anxiety and Motivation.* Hillsdale: Erlbaum.

Deffenbacher, I. L. (1978). Worry, emotionality, and task-generated inference in test-anxiety: An empirical test of attentional theory. *Journal of Educational Psychology, 70*, 248–254.

Deffenbacher, I. L. (1980). Worry and emotionality in test anxiety. In I. G. Sarason (Ed.), *Test anxiety: Theory, research, and applications* (PP. 111–128). Hillsdale, NJ: Erlbaum.

Denney, D. (1980). Self-control approaches to the treatment of test anxiety. In I. G. Sarason (Ed.), *Test anxiety* (pp. 209–244). Hillsdale, N. Y.: Erlbaum.

Denny, J. P. (1966). Effects of anxiety and intelligence on concept formation. *Journal of Experimental Psychology, 72*, 596–602.

Depreeuw, E. (1982). From test anxiety research to treatment. Some critical considerations and propositions. In R. Schwarzer, H. M. van der Ploeg & C. D. Spielberger (Eds.), *Advances in test anxiety research* (Vol. 1, pp. 155–163). Lisse/Hillsdale, NJ: Swets & Zeitlinger/Erlbaum.

Depreeuw, E. (1984). A profile of the test-anxious student. *International Review of Applied Psychology, 33*, 221–232.

Depreeuw, E. & Duyck, J. (1983). The adaptation of a German anxiety questionnaire to a Dutch speaking population. In R. Schwarzer, H. M. van der Ploeg & C. D. Spielberger (Eds.), *Advances in test anxiety research* (Vol. 2) (pp. 169–181). Lisse/Hillsdale, N. Y.: Swets & Zeitlinger/Erlbaum.

DeVito, A. J. & Koplik, E. K. (1987). The anticipation, experience, and recollection of test anxiety. In R. Schwarzer, H. M. van der Ploeg & C. D. Spielberger (Eds.), *Advances in test anxiety research (Vol. 5)* (pp. 107–113). Lisse: Swets & Zeitlinger.

DeVito, A. J. & Kubis, J. F. (1983). Actual and recalled test anxiety and flexibility, rigidity, and self-control. *Journal of Clinical Psychology, 39*, 970–975.

DeVito, A. J. & Kubis, J. F. (1983). Alternate forms of the State-Trait Anxiety Inventory. *Educational and Psychological Measurement, 43*, 729–734.

Devol, D. M. & Schweflinghaus, W. (1978). *Aufbau und Wandel des Selbstkonzepts über die Lebensspanne. Projektskizze.* Bochum.

Diener, E. & Wallbom, M. (1976). Effects of self-awareness in antinormative behavior. *Journal of Research in Personality, 10*, 107–111.

Dixon, J. J., de Moncheaux, C. & Sandler, J. (1957). Patterns of anxiety: An analysis of social anxieties. *British Journal of Medical Psychology, 30*, 102–112.

Doctor, R. M. & Altman, F. (1969). Worry and emotionality as components of test anxiety: Replication and further data. *Psychological Reports, 24*, 563–568.

Dohrenwend, B. S. & Dohrenwend, B. P. (Eds.) (1974). *Stressful life events: Their nature and effects.* New York: Wiley.

Dohrenwend, B. S. & Dohrenwend, B. P. (1978). Some issues in research on stressful life events. *The Journal of Nervous and Mental Disease, 166*, 7–15.

Dohrenwend, B. S. & Dohrenwend, B. P. (1980). What is a stressful life event? In H. Selye (Ed.), *Guide to stress research (Vol. 1)* (pp. 1–20). New York: Van Nostrand.

Doris, J. & Sarason, S. B. (1955). Test anxiety and blame assignments in a failure situation. *Journal of Abnormal and Social Psychology, 50*, 335–338.

Dowaliby, F. J. & Schumer, H. (1975). Lehrerbezogener gegenüber lernerbezogenem Hochschulunterricht in Beziehung zu manifester Angst. In R. Schwarzer & K. Steinhagen (Eds.), *Adaptiver Unterricht* (pp. 161–173). München: Kösel.

Dreesman, H. (1979). Zusammenhänge zwischen Unterrichtsklima, kognitiven Prozessen bei Schülern und deren Leistungsverhalten. *Zeitschrift für Empirische Pädagogik, 3*, 121–134.

Dunn, H. A. (1964). Factor structure of the Test Anxiety Scale for Children. *Journal of Consulting and Clinical Psychology, 28*, 92.

Dunn, J. A. (1968). Anxiety, stress, and the performance of complex intellectual tasks: A new look at an old question. *Journal of Consulting and Clinical Psychology, 32*, 669–673.

Dusek, J. B. (1980). The development of test anxiety in children. In I. G. Sarason (Ed.), *Test anxiety* (pp. 87–110). Hillsdale: Erlbaum.

Dusek, J. B. & Flaherty, J. F. (1981). The development of the self-concept during the adolescent years. *Monographs of the Society for Research in Child Development, 46*.

Duval, S. (1976). Conformity on a visual task as a function of personal novelty on attitudinal dimensions and being reminded on the objekt status of self. *Journal of Experimental Social Psychology, 12*, 87–98.

Duval, S. & Wicklund, R. A. (1972). *A theory of objective self-awareness.* New York: Academic Press.

Dweck, C. S. (1975). The role of expectations and attributions in the alleviation of learned helplessness. *Journal of Personality and Social Psychology, 31*, 674–685.

Dweck, C. S. & Licht, B. G. (1980). Learned helplessness and intellectual achievement. In J. Garber & M. E. P. Seligman (Eds.), *Human helplessness* (pp. 197–222). New York: Academic Press.
Dweck, C. S. & Repucci, N. D. (1973). Learned helplessness and reinforcement responsibility in children. *Journal of Personality and Social Psychology, 25,* 109–116.
Dweck, C. S. & Wortman, C. B. (1982). Learned helplessness, anxiety, and achievement motivation. In H. W. Krohne & L. Laux (Eds.), *Achievement, stress, and anxiety* (pp. 93–125).
Eiff, A. W. von (1977). Diskussionsbeitrag. In M. J. Halhuber (Ed.), *Psychosozialer ›Stress‹ und koronare Herzkrankheit (Vol. 1).* Berlin: Springer.
Endler, N. S. & Edwards, J. (1980). Person by treatment interactions in personality research. In L. A. Pervin & M. Lewis (Eds.), *Perspectives in interactional Psychology* (pp. 141–169). New York: Plenum.
Endler, N. S. & Magnusson, D. (1977). The interactional model of anxiety: An empirical test in an examination situation. *Canadian Journal of Behavioral Science, 9,* 101–107.
Enzle, M. E. (1980). Self-perception of motivation. In D. M. Wegner & R. R. Vallacher (Eds.), *The self in social psychology* (pp. 55–79). New York: Oxford University Press.
Epstein, S. (1973). The self-concept revisited. *American Psychologist, 28,* 404–416.
Epstein, S. (1976). Anxiety, arousal, and the self-concept. In C. D. Spielberger & I. G. Sarason (Eds.), *Stress and anxiety* (Vol. 3). New York: Wiley.
Epstein, F. H. (1978). Voraussagekraft von Streßtests und Prüfung der Wirksamkeit präventiver Maßnahmen in epidemiologischer Sicht. In M. J. Halhuber (Ed.), *Psychosozialer ›stress‹ und koronare Herzkrankheiten* (pp. 177–188). Berlin: Springer.
Epstein, S. (1979). Entwurf einer integrativen Persönlichkeitstheorie. In S.-H. Filipp (Ed.), *Selbstkonzept-Forschung* (pp. 15–46). Stuttgart: Klett-Cotta.
Epstein, S. (1980). The self-concept: A review and the proposal of an integrated theory of personality. In E. Staub (Ed.), *Personality. Basic Aspects and current Research* (pp. 81–132). Englewood Cliffs: Prentice Hall.
Erikson, E. (1950). *Childhood and society.* New York: W. W. Norton.
Eshel, Y. & Klein, Z. (1981). Development of academic self-concept of lower-class and middle-class primary school children. *Journal of Educational Psychology, 73,* 287–293.
Ewert, O. (1983). *Entwicklungspsychologie des Jugendalters.* Stuttgart: Kohlhammer.
Ewert, O. M. (1978). Selbstkonzepte und Erklärung von Verhalten. In Oerter, R. (Ed.), *Entwicklung als lebenslanger Prozeß* (pp. 136–146). Hamburg: Hoffmann & Campe.
Eysenck, M. W. (1982). *Attention and arousal: Cognition and performance.* Berlin: Springer.
Eysenck, M. W. (1983). Anxiety, stress and performance. In G. R. Hockey (Ed.), *Stress and fatigue.* London: Wiley.
Falger, P. R. J. (1979). *Changes in ›work load‹ as potential risk constellation for myocardial infarction: Concise review. (Vol. 7),* 96–114.
Falger, P. R. J. (1983). Pathogenic life changes in middle adulthood and coronary heart disease: A life-span developmental perspective. *International Journal of Aging & Human Development, 16,* 7–27.
Fatke, R. (1977). *Schulumwelt und Schülerverhalten – Adaptationsprozesse in der Schule.* München: Piper.
Faust, E., Helmke, A. & Wender, I. (1979). Einfluß von Modellverhalten und Leistungsangst auf das Leistungs- und Imitationsverhalten von 9–10jährigen Schulkindern. *Zeitschrift für Empirische Pädagogik, 3,* 285–297.
Feldman, N. S. & Ruble, D. N. (1981). Social comparison strategies: Dimensions offered and options taken. *Personality and Social Psychology Bulletin, 7,* 11–16.
Fend, H. (1977). *Schulklima. Soziale Einflußprozesse in der Schule.* Weinheim: Beltz.
Fend, H. & Helmke, A. (1983). Selbstkonzepte und Selbstvertrauen – 10 Jahre Selbstkonzeptforschung in den Konstanzer pädagogisch-psychologischen Wirkungsstudien. *Zeitschrift für Personenzentrierte Psychologie und Psychotherapie, 1.*
Fend, H. & Knörzer, W. (1977). *Beanspruchung von Schülern. Aspekte der schulischen Sozialisation. Gutachten für das BMBW,* Bonn.
Fend, H., Knörzer, W., Nagel, W., Specht, W. & Väth, R. (1976). *Sozialisationseffekte in der Schule.* Weinheim: Beltz.
Fenigstein, A. (1979). Self-consciousness, self-attention, and social interaction. *Journal of Personality and Social Psychology, 37,* 75–86.
Fenigstein, A., Scheier, M. F. & Buss, A. (1975). Public and private self-consciousness. Assessment and theory. *Journal of Consulting and Clinical Psychology, 43,* 522–527.
Fennema, E. & Sherman, J. (1976). Fennema-Sherman mathematics attitude scales. *JSAS Catalog of Selected Documents in Psychology* (Vol. 6, pp. 1–39 (Ms. No 12).

Fenz, W. D. (1975). Strategies for coping with stress. In I. G. Sarason & C. D. Spielberger (Eds.), *Stress and anxiety (Vol. 2)* (pp. 305–336). Washington: Hemisphere.
Fenz, W. D. & Epstein, S. (1967). Gradients of physiological arousal in parachutists. *Psychosomatic Medicine, 29,* 33–51.
Ferri, E. (1971). *Streaming: Two years later. A follow-up of a group of pupils who attended streamed and nonstreamed junior classes.* London: NFER.
Ferguson, T. J., Rule, B. G. & Carlson, D. (1983). Memory for personally relevant information. *Journal of Personality and Social Psychology, 44,* 251–261.
Festinger, L. (1954). A theory of social comparison processes. *Human Relations, 7,* 117–140.
Festinger, L. (1957). *A theory of cognitive dissonance.* Evanston, Illinois: Row Peterson.
Festinger, L. (1964). *Conflict, decision, and dissonance.* Stanford: Stanford University Press.
Ferstl, R. (1980). Psychosomatische Störungen. In W. Wittling (Ed.), *Handbuch der klinischen Psychologie (Vol. 4)* (pp. 139–153). Hamburg: Hoffmann & Campe.
Feshbach, S. (1964). The function of aggression and the regulation of aggressive drive. *Psychological Review, 71,* 257–272.
Feshbach, S. & Singer, R. D. (1971). *Television and aggression: An experimental field study.* San Francisco: Jossey-Bass.
Fiedler, F. E., Potter III, E. H., Zais, M. M. & Knowlton, W. A. (1979). Organisational stress and the use and misuse of managerial intelligence and experience. *Journal of Applied Psychology, 64,* 635–647.
Filipp, S.-H. (1978). Aufbau und Wandel von Selbstschemata über die Lebensspanne. In R. Oerter (Ed.), *Entwicklung als lebenslanger Prozeß* (pp. 110–135). Hamburg: Hoffmann & Campe.
Filipp, S.-H. (Ed.) (1979). *Selbstkonzept-Forschung.* Stuttgart: Klett.
Filipp, S.-H. (1980). Entwicklung von Selbstkonzepten. *Zeitschrift für Entwicklungspsychologie und pädagogische Psychologie, 12,* 105–125.
Filipp, S.-H. (1981). *Kritische Lebensereignisse.* München: Urban & Schwarzenberg.
Filipp, S.-H. (1983). Die Rolle von Selbstkonzepten im Prozeß der Auseinandersetzung mit und Bewältigung von kritischen Lebensereignissen. *Zeitschrift für Personenzentrierte Psychologie und Psychotherapie, 1,* 39–47.
Filipp, S.-H., Aymanns, P. & Braukmann, W. (1986). Coping with life events: When the self comes into play. In Schwarzer, R. (Ed.), *Self-related cognitions in anxiety and motivation.* Hillsdale: Erlbaum.
Findley, M. J. & Cooper, H. M. (1983). Locus of control and academic achievement. *Journal of Personality and Social Psychology, 44,* 419–428.
Finger, R. & Galassi, J. P. (1977). Effects of modifying cognitive versus emotionality responses in the treatment of test anxiety. *Journal of Consulting and Clinical Psychology, 45,* 280–287.
Fitch, G. (1970). Effects of self-esteem, perceived performance and choice on causal attributions. *Journal of Personality and Social Psychology, 16,* 311–325.
Fischer, G. H. (1974). *Einführung in die Theorie psychologischer Tests.* Bern: Huber.
Fischer, P. M. & Mandl, H. (1980). *Selbstwahrnehmung und Selbstbewertung beim Lernen. Metakognitive Komponenten des Lernens mit Texten.* Tübingen: Forschungsbericht 10.
Flammer, A. (1975). Wechselwirkungen zwischen Schülermerkmalen und Unterrichtsmethoden. In R. Schwarzer & K. Steinhagen (Eds.), *Adaptiver Unterricht* (pp. 27–41). München: Kösel.
Florin, I. & Tunner, W. (Eds.) (1975). *Therapie der Angst – Systematische Desensibilisierung.* München: Urban & Schwarzenberg.
Fleming, J. S. & Watts, W. A. (1980). The dimensionality of self-esteem: Some results for a college sample. *Journal of Personality and Social Psychology, 39,* 921–929.
Folkman, S. & Lazarus, R. S. (1980). An analysis of coping in a middle-aged community sample. *Journal of Health and Social Behavior.*
Fontaine, G. (1974). Social comparison and some determinants of expected performance in a novel situation. *Journal of Personality and Social Psychology, 29,* 487–496.
Forsyth, D. R. & McMillan, J. H. (1981). Attributions, affect and expectations: A test of Weiners three-dimensional model. *Journal of Educational Psychology, 73,* 393–403.
Forsyth, D. R. & McMillan, J. H. (1981). The attribution cube and reactions to educational outcomes. *Journal of Educational Psychology, 73,* 632–641.
Fowler, J. W. & Peterson, P. L. (1981). Increasing reading persistence and altering attributional style of learned helplessness children. *Journal of Educational Psychology, 73,* 251–260.
Fox, L., Fennema, E. & Sherman, J. (Eds.) (1977). *Women and mathematics: Research perspectives for change. Papers in Education and Work (No. 8).* Washington: U. S. Department of Health, Education and Welfare.
Fox, J. E. & Houston, B. K. (1983). Distinguishing between cognitive and somatic trait and state anxiety in children. *Journal of Personality and Social Psychology, 45,* 862–870.

Franzoi, S. L. (1983). Self-concept differences as a function of private self-consciousness and social anxiety. *Journal of Research in Personality, 17,* 275–287.
Fraser, B. J. & Fisher, D. L. (1982). Effects of classroom psychosocial environment on student learning. *British Journal of Educational Psychology, 7,* 325–326.
Fraser, B. J. & Fisher, D. L. (1983). Use of actual and preferred classroom environment scales in person-environment fit research. *Journal of Educational Psychology, 75,* 303–313.
Fredricks, A. J. & Dossett, D. L. (1983). Attitude-behavior relations: A comparison of the Fishbein-Ajzen and the Bentler-Speckart models. *Journal of Personality and Social Psychology, 45,* 501–512.
Frese, M. (1978). Partialisierte Handlung und Kontrolle: Zwei Themen der industriellen Psychopathologie. In M. Frese, S. Greif & N. Semmer (Eds.), *Industrielle Psychopathologie* (pp. 159–183). Bern: Huber.
Frese, M. & Mohr, G. (1978). Die psychopathologischen Folgen des Entzugs von Arbeit: Der Fall Arbeitslosigkeit. In M. Frese, S. Greif & N. Semmer (Eds.), *Industrielle Psychopathologie* (pp. 282–338). Bern: Huber.
Freud, S. (1952). *Hemmung, Symptom, Angst (Gesammelte Werke Bd. 14, 1926).* Frankfurt: Fischer.
Freud, S. (1952). *Zur Psychopathologie des Alltagslebens (Gesammelte Werke Bd. 4, 1901).* Frankfurt: Fischer.
Frey, D. & Benning, E. (1982). Das Selbstwertgefühl. In H. Mandl & G. L. Huber (Eds.), *Emotion und Kognition* (pp. 148–182). München/Wien/Baltimore: Urban & Schwarzenberg.
Frey, D., Wicklund, R. A. & Scheier, M. F. (1978). Die Theorie der objektiven Selbstaufmerksamkeit. In D. Frey (Ed.), *Theorien der Sozialpsychologie* (pp. 192–216). Bern: Huber.
Friedman, D. & Jaffe, A. (1983). Anxiety disorders. *Journal of Family Practice, 16,* 145–152.
Friedmann, W. & Rosenman, R. H. (1975). *Der A-Typ und der B-Typ.* Reinbeck: Rowohlt.
Friese, I. H. (1976). Causal attributions and information seeking to explain success and failure. *Journal of Reseach in Personality, 10,* 293–305.
Fröhlich, W. D. (1965). Angst und Furcht. In H. Thomae (Ed.), *Handbuch der Psychologie (Bd. 2, Allgemeine Psychologie).* Göttingen: Hogrefe.
Fröhlich, W. D. (1982). *Angst.* München: Deutscher Taschenbuch Verlag.
Fry, P. S. & Grover, S. (1982). Cognitive appraisals of life stress and depression in the elderly: A cross-cultural comparison of Asians and Caucasians. *International Journal of Psychology, 17,* 437–454.
Fry, P. S. & Coe, K. J. (1980). Achievement performance of internally and externally oriented black and white high school students. *British Journal of Educational Psychology, 50,* 162–167.
Fry, P. S. & Coe, K. J. (1980). Interaction among dimensions of academic motivation and classroom social climate: A study of the perceptions of junior high school pupils. *British Journal of Educational Psychology, 50,* 33–42.
Fuchs, R. (1976). Furchtregulation und Furchthemmung des Zweckhandelns. In A. Thomas (Ed.), *Psychologie der Handlung und Bewegung* (pp. 97–162). Meisenheim: Hain.
Galassi, J. P., Frierson, H. T., Jr. & Sharer, R. (1981). Behavior of high, moderate and low test anxious students during an actual test situation. *Journal of Consulting and Clinical Psychology, 49,* 51–62.
Garbe, U., Lukesch, H. & Strasser, E. M. (1981). Die Beziehung zwischen Schulnoten, leistungsbezogenen Merkmalen der Schülerpersönlichkeit und mütterlichen Erziehungsmaßnahmen. *Psychologie in Erziehung und Wissenschaft.* Frankfurt: Lang.
Gaudry, E. & Spielberger, C. D. (Eds.) (1971). *Anxiety and educational achievement.*
Geen, R. (1980). Test anxiety and cue utilization. In I. G. Sarason (Ed.), *Test anxiety: Theory, research, and applications.* Hillsdale, NJ: Erlbaum.
Gergen, K. J. (1971). *The concept of self.* New York: Holt.
Gibbons, F. X. & Wicklund, R. A. (1976). Selective exposure to self. *Journal of Research in Personality, 10,* 98–106.
Gjesme, T. (1976). Future-time gradients for performance in test-anxious individuals. *Perceptual and Motor Skills, 42,* 235–242.
Gjesme, T. (1977). General satisfaction and boredom at school as a function of the students' personality characteristics. *Scandinavian Journal of Educational Research, 21,* 113–146.
Gjesme, T. (1981). The factor structure of test anxiety among children with different characteristics. *Scandinavian Journal of Educational Research, 25,* 63–98.
Glanzmann, P. (1985). Zusammenhänge zwischen Angstneigung und Zustandsangst in unterschiedlichen Stress-Situationen. *Zeitschrift für Differentielle und Diagnostische Psychologie, 6,* 161–173.
Glanzmann, P. & Laux, L. (1978). The effects of trait anxiety and two kinds of stressors on state

anxiety and performance. In C. D. Spielberger & I. G. Sarason (Eds.), *Stress and anxiety* (Vol. 5, pp. 145–164). Washington, DC: Hemisphere.

Glass, D. & Carver, C. (1980). Helplessness and the coronary-prone personality. In J. Garber & M. E. P. Seligman (Eds.), *Human helplessness: Theory and applications* (pp. 223–243). New York: Academic Press.

Gniech, G. & Grabitz, H.-J. (1978). Freiheitseinengung und psychologische Reaktanz. In D. Frey (Ed.), *Kognitive Theorien der Sozialpsychologie* (pp. 48–73). Bern: Huber.

Gore, S. (1978). The effect of social support in moderating the health consequences of unemployment. *Journal of Health and Social Behavior, 17*, 157–165.

Goulet, R. (1968). Anxiety (drive) and verbal learning: Implications for research and some methodological considerations. *Psychological Bulletin, 69*, 235–247.

Gottlieb, B. H. (1983). *Social support strategies. Guidelines for mental health practice.* Beverly Hills: Sage Publications.

Gough, H. G., Fioravanti, M. & Lazzari, R. (1983). Some implications of self versus ideal-self congruence on the revised Adjective Check List. *Journal of Personality and Social Psychology, 44*, 1214–1220.

Grabitz, H. J. & Gniech, G. (1978). Die kognitiv-physiologische Theorie der Emotion von Schachter. In D. Frey (Ed.), *Kognitive Theorien der Sozialpsychologie* (pp. 161–191). Bern: Huber.

Greene, D. & Lepper, M. R. (Eds.) (1977). *The hidden costs of reward.* Hillsdale: Erlbaum.

Grobe, R. & Hofer, M. (1983). Kognitiv-motivationale Korrelate von Schulnoten: Typen motivierter Schüler. *Zeitschrift für Entwicklungspsychologie und Pädagogische Psychologie, 15*, 292–316.

Groebel, J. & Schwarzer, R. (1982). Social comparison, expectations and emotional reactions in the classroom. *School Psychology International, 3*, 49–56.

Groeben, N. & Scheele, B. (1977). *Argumente für eine Psychologie des reflexiven Subjekts.* Darmstadt: Steinkopff.

Groffmann, K. J., Reihl, D. & Zschintzsch, A. (1980). Angst. In W. Wittling (Ed.), *Handbuch der klinischen Psychologie (Bd. 5)* (pp. 220–276). Hamburg: Hoffmann & Campe.

Guilford, J. P. & Fruchter, B. (1973). *Fundamental statistics in psychology and education.* Tokyo: McGraw-Hill.

Haan, N. (1977). *Coping and defending: Processes of self-environment organization.* New York: Academic Press.

Hacker, W. (Ed.) (1976). *Psychische Regulation von Arbeitstätigkeiten.* Berlin: VEB Deutscher Verlag der Wissenschaften.

Hackfort, D. (1983). *Theorie und Diagnostik sportbezogener Ängstlichkeit.* Köln: Deutsche Sporthochschule.

Häfner, H. (1980). *Die psychische Gesundheit von Gastarbeitern. Mitteilungen der DFG (Heft 2).*

Hagtvet, K. A. (1983). A measurement study of test anxiety emphasizing its evaluative context. In S. R. Irvin & J. W. Berry (Eds.), *Human assessment and cultural factors.* New York: Plenum.

Hagtvet, K. A. (1983). A construct validation study of test anxiety: A discriminant validation of fear of failure, worry and emotionality. In R. Schwarzer, H. M. van der Ploeg & C. D. Spielberger (Eds.), *Advances in test anxiety research* (Vol. 2) (pp. 15–34). Lisse/Hillsdale, N. Y.: Swets & Zeitlinger/Erlbaum.

Hagtvet, K. A. (1984). Fear of failure, worry, and emotionality: Their suggestive causal relationship to mathematical performance and state anxiety. In H. M. van der Ploeg, R. Schwarzer & C. D. Spielberger (Eds.), *Advances in test anxiety research* (Vol. 3, pp. 201–210). Lisse/Hillsdale, N. J.: Swets & Zeitlinger/Erlbaum.

Hagtvet, K. A. (1985). A three dimensional test anxiety construct: Worry and emotionality as mediating factors between negative motivation and test behavior. In J. J. Sanchez-Sosa (Ed.), *Health and clinical psychology* (pp. 109–133). Amsterdam: North-Holland.

Hagtvet, K. A. & Hunstad, E. (1984). *Measuring reading ability. Psychometric properties of the test.* Unpublished manuscript (In Norwegian). University of Bergen: Faculty of Psychology.

Hagvet, K. A. & Hunstad, E. (1987). The influence of anxiety on accuracy and speed of reading performance. In R. Schwarzer, H. M. van der Ploeg & C. D. Spielberger (Eds.), *Advances in test anxiety research (Vol. 5)* (pp. 137–146). Lisse: Swets & Zeitlinger.

Haisch, J. & Frey, D. (1978). Die Theorie sozialer Vergleichsprozesse. In D. Frey (Ed.), *Kognitive Theorien der Sozialpsychologie* (pp. 75–97). Bern: Huber.

Halhuber, M. J. (Ed.) (1977). *Psychosozialer ›Stress‹ und koronare Herzkrankheit.* Berlin: Springer.

Halisch, F. (1976). Die Selbstregulation leistungsbezogenen Verhaltens: Das Leistungsmotiv als Selbstbekräftigungssystem. In H. D. Schmalt & W. U. Meyer (Eds.), *Leistungsmotivation und Verhalten* (pp. 137–192). Stuttgart: Klett.

Halisch, F. & Heckhausen, H. (1977). Search for feedback information and effort regulation during task performance. *Journal of Personality and Social Psychology, 35,* 724–733.

Halisch, F., Butzkamm, J. & Posse, N. (1976). Selbstbekräftigung: I. Theorieansätze und experimentelle Erfordernisse. *Zeitschrift für Entwicklungspsychologie und Pädagogische Psychologie, 9,* 127–149.

Hammen, C. & Mayol, A. (1982). Depression and cognitive characteristics of stressful life-event types. *Journal of Abnormal Psychology, 91,* 165–174.

Hammen, C. L. & Krantz, S. (1976). Effect of success and failure on depressive cognition. *Journal of Abnormal Psychology, 85,* 577–586.

Hansford, B. C. & Hattie, J. A. (1982). The relationship between self and achievement/performance measures. *Review of Educational Research, 52,* 123–142.

Hanusa, B. & Schulz, R. (1977). Attributional mediators of learned helplessness. *Journal of Personality and Social Psychology, 35,* 602–611.

Harter, S. (1978). Effectance motivation reconsidered: Toward a developmental model. *Human Development, 21,* 34–64.

Harter, S. (1982). Developmental perspectives on the self-system. In M. Hetherington (Ed.), *Carmichael's Manual of Child Psychology, Volume on Social and Personality Development*. New York: Wiley.

Harter, S. (1982). The Perceived Competence Scale for Children. *Child Development. 53,* 87–97.

Harter, S. (1983). Competence as a dimension of self-evaluation: Toward a comprehensive model of self-worth. In R. Leahy (Ed.), *The Development of the Self*. New York: Academic Press.

Harter, S. & Connell, J. P. (1983). A model of the relationship among children's achievement and their self-perceptions of competence, controll, and motivational orientation. In J. Nicholls (Ed.), *The Development of Achievement Motivation*. Greenwich, Connecticut: JAI Press.

Harvey, J. H. & Weary, G. (1981). *Perspectives on attributional processes*. Dubuque: Brown Company.

Heckhausen, H. (1974). *Leistungsmotivation und Chancengleichheit*. Göttingen: Hogrefe.

Heckhausen, H. (1977). Achievement motivation and its constructs: A cognitive model. *Motivation and Emotion, 1,* 283–329.

Heckhausen, H. (1974). *Motivationsanalysen*. Heidelberg: Springer.

Heckhausen, H. (1975). Fear of failure as a self-reinforced motive system. In I. G. Sarason & C. Spielberger (Eds.), *Stress and anxiety (Vol. 2)* (pp. 117–128 [1]). Washington: Hemisphere.

Heckhausen, H. (1976). Bessere Lernmotivation und neue Lernziele. In F. E. Weinert, C. F. Graumann, H. Heckhausen & M. Hofer (Eds.), *Pädagogische Psychologie (Teil IV)* (pp. 125–154). Weinheim: Beltz

Heckhausen, H. (1976). Lehrer-Schüler-Interaktion. In F. E. Weinert, C. F. Graumann, H. Heckhausen & M. Hofer (Eds.), *Pädagogische Psychologie (Teil IV)* (pp. 85–124). Weinheim: Beltz

Heckhausen, H. (1977). Motivation: Kognitionspsychologische Aufspaltung eines summarischen Konstrukts. *Psychologische Rundschau, 28,* 175–189.

Heckhausen, H. (1978). Selbstbewertung nach erwartungswidrigem Leistungsverlauf: Einfluß von Motiv, Kausalattribution und Zielsetzung. *Zeitschrift für Entwicklungspsychologie und Pädagogische Psychologie, 10,* 191–216.

Heckhausen, H. (1980). *Motivation und Handeln*. Heidelberg: Springer.

Heckhausen, H. (1982). Task-irrelevant cognitions during an exam: Incidence and effects. In H. W. Krohne & L. Laux (Eds.), *Achievement, stress and anxiety*. Washington: Hemisphere.

Heckhausen, H. (1984). Attributionsmuster für Leistungsergebnisse – Individuelle Unterschiede, mögliche Arten und deren Genese. In F. E. Weinert & R. H. Kluwe (Eds.), *Metakognition, Motivation und Lernen*. Stuttgart: Kohlhammer.

Heckhausen, H. & Rheinberg, F. (1980). Lernmotivation im Unterricht, erneut betrachtet. *Unterrichtswissenschaft, 8,* 7–47.

Heckhausen, H., Schmalt, H. D. & Schneider, K. (in press). Fortschritte der Leistungsmotivationsforschung. In H. Thomae (Ed.), *Handbuch der Psychologie (Bd. 2, 2. Auflage)*. Göttingen: Hogrefe.

Hedl, J. J. Jr. (1987). Explorations in test anxiety and attribution theory. In R. Schwarzer, H. M. van der Ploeg & C. D. Spielberger (Eds.), *Advances in test anxiety research (Vol. 5)* (pp. 55–65). Lisse: Swets & Zeitlinger.

Hedl, J. J. Jr. & Papay, J. P. (1982). The factor structure of the State-Trait Inventory for Children: Kindergarten through the fourth grades. *Personality and Individual Differences, 3,* 439–446.

Heiby, E. M. (1983). Assessment of frequency of self-reinforcement. *Journal of Personality and Social Psychology, 44*, 1304–1307.

Heinemann, W. (1979). The assessment of private and public self-consciousness: A German replication. *European Journal of Social Psychology, 9*, 331–337.

Heinrich, D. L. (1979). The causal influence of anxiety on academic achievement for students of differing intellectual ability. *Applied Psychological Measurement, 3*, 351–359.

Heinrich, D. L. & Spielberger, C. D. (1982). Anxiety and complex learning. In H. W. Krohne & L. Laux (Eds.), *Achievement, stress and anxiety*. Washington: Hemisphere.

Helmke, A. (1979). Schulsystem und Schülerpersönlichkeit. In A. Helmke & E. Dreher (Eds.), *Gesamtschule und dreigliedriges Schulsystem in Nordrhein-Westfalen*. Paderborn: Schöningh.

Helmke, A. & Fend, H. (1982). Diagnostic sensitivity of teachers and parents with respect to the test anxiety of students. In R. Schwarzer, H. M. van der Ploeg & C. D. Spielberger (Eds.), *Advances in test anxiety research* (Vol. 1) (pp. 115–128). Lisse/Hillsdale, N. Y.: Swets & Zeitlinger/Erlbaum.

Hendel, D. D. (1980). Experimental and affective correlates of math anxiety in adult women. *Psychology of Women Quarterly, 5*, 219–230.

Herrmann, C., Liepmann, D. & Otto, J. (1987). Problem-solving and action control as determinants of test anxiety. In R. Schwarzer, H. M. van der Ploeg & C. D. Spielberger (Eds.), *Advances in test anxiety research (Vol. 5)* (pp. 87–96). Lisse: Swets & Zeitlinger.

Hiroto, D. S. & Seligman, M. E. P. (1975). Generality of learned helplessness in man. *Journal of Personality and Social Psychology, 31*, 311–327.

Hirsch, B. (1979). Psychological dimensions of social networks: A multimethod analysis. *American Journal of Community Psychology, 7*, 263–277.

Hobfoll, S. E., Anson, O. & Bernstein, J. (1983). Anxiety reactions in two ego-threat situations of varying intensity. In R. Schwarzer, H. M. van der Ploeg & C. D. Spielberger (Eds.), *Advances in test anxiety research* (Vol. 2) (pp. 81–86). Lisse/Hillsdale, N. Y.: Swets & Zeitlinger/Erlbaum.

Hockey, R. & Hamilton, P. (1983). The cognitive patterning of stress states. In G. R. J. Hockey (Ed.), *Stress and fatigue in human performance*. Chichester: Wiley.

Hodapp, V. (1982). Causal inference from nonexperimental research on anxiety and educational achievement. In H. W. Krohne & L. Laux (Eds.), *Achievement, stress and anxiety*. Washington: Hemisphere.

Hodapp, V. & Henneberger, A. (1983). Test anxiety, study habits, and academic performance. In R. Schwarzer, H. M. van der Ploeg & C. D. Spielberger (Eds.), *Advances in test anxiety research* (Vol. 2) (pp. 119–127). Lisse/Hillsdale, N. Y.: Swets & Zeitlinger/Erlbaum.

Hodapp, V., Laux, L. & Schaffner, W. (1979). *Test anxiety inventory. Preliminary German version 4A*. Mainz.

Hodapp, V., Laux, L. & Spielberger, C. D. (1982). Theorie und Messung der emotionalen und kognitiven Komponente der Prüfungsangst. *Zeitschrift für Differentielle und Diagnostische Psychologie, 3*, 169–184.

Hodges, W. F. (1968). Effects of ego-threat and threat of pain on state anxiety. *Journal of Personality and Social Psychology, 8*, 364–372.

Hofer, M. (Ed.) (1981). *Informationsverarbeitung und Entscheidungsverhalten von Lehrern*. München: Urban & Schwarzenberg.

Hoffmann, N. (Ed.) (1976). *Depressives Verhalten. Psychologische Modelle der Ätiologie und Therapie*. Salzburg: Otto Müller.

Hoffmann, N. (Ed.) (1979). *Grundlagen kognitiver Therapie*. Bern: Huber.

Holroyd, K. A. & Appel, M. A. (1980). Test anxiety and psychological responding. In I. G. Sarason (Ed.), *Test anxiety* (pp. 129–154). Hillsdale: Erlbaum.

Holst, D. von (1977). Diskussionsbeitrag. In M. J. Halhuber (Ed.), *Psychosozialer ›Stress‹ und koronare Herzkrankheit (Bd. 1)*. Berlin: Springer.

Horowitz, M., Wilner, N. & Alvarez, W. (1979). Impact of event scale. A measurement of subjective stress. *Psychosomatic Medicine*.

Howard, G. S. & Maxwell, S. E. (1980). Correlation between student satisfaction and grades: A case of mistaken causation? *Journal of Educational Psychology, 82*, 810–820.

Huber, G. L. & Mandl, H. (1980). *Probleme und Zugänge zu handlungsleitenden Kognitionen durch Verbalisation*. Bericht. Tübingen.

Hull, J. G. & Young, R. D. (1983). Self-consciousness, self-esteem, and success-failure as determinants of alcohol consumption in male social drinkers. *Journal of Personality and Social Psychology, 44*, 1097–1109.

Hull, J. G., Levenson, R. W., Young, R. D. & Shar, K. J. (1983). Self-awareness-reducing effects of alcohol consumption. *Journal of Personality and Social Psychology, 44*.

Hüllemann, K. (1978). Zur Frage der Vermeidung der Streßreaktion durch körperliche Aktivität. In M. J. Halhuber (Ed.), *Psychosozialer ›Streß‹ und koronare Herzkrankheit (Bd. 2)* (pp. 93–105). Berlin: Springer.
Hunt, J. G. & Hunt, L. L. (1977). Racial inequality and self-image: Identity maintainance as identity diffusion. *Sociology and Social Research, 61,* 539–559.
Hutton, L. A. & Levitt, E. E. (1987). An academic approach to the remediation of mathematics anxiety. In R. Schwarzer, H. M. van der Ploeg & C. D. Spielberger (Eds.), *Advances in test anxiety research, (Vol. 5),* 207–211, Lisse: Swets & Zeitlinger.
Hyman, H. H. (1942). The psychology of status. *Archives of Psychology, 269.*
Hyman, H. H. & Singer, E. (Eds.) (1968). *Readings in reference group theory and research.* New York: Free Press.
Ingenkamp, K. (ed.) (1984). *Sozial-emotionales Verhalten in Lehr- und Lernsituationen.* Landau: Erz.wiss. Hochsch. Rh.-Pfalz.
Ingram, R. E., Smith, T. W. & Brehm, S. S. (1983). Depression and information processing: Self-schemata and the encoding of self-referent information. *Journal of Personality and Social Psychology, 45,* 412–420.
Inkeles, A. & Smith, D. H. (1976). *Becoming modern. Individual change in six developing countries (2nd. ed.).* Cambridge, Mass.: Harvard University Press (1974).
Irle, M. & Krolage, J. (1973). Kognitive Konsequenzen irrtümlicher Selbsteinschätzung. *Zeitschrift für Sozialpsychologie, 4,* 36–50.
Irle, M. (1975). *Lehrbuch der Sozialpsychologie.* Göttingen: Hogrefe.
Izard, C. E. & Buechler, S. (1980). Aspects of consciousness and personality in terms of differential emotions theory. In R. Plutchik & H. Kellermann (Eds.), *Emotion. Theory, research and experience* (pp. 165–188). New York: Academic Press.
Izard, C. E. (Ed.) (1979). *Emotions in personality and psychopathology.*
Izard, C. E. (1977). *Human Emotions.* New York: Plenum.
Jacobs, B. (1981). *Angst in der Prüfung. Beiträge zu einer kognitiven Theorie der Angstentstehung in Prüfungssituationen.* Frankfurt/M.: Fischer.
Jacobs, B. & Strittmatter, P. (1979). *Der schulängstliche Schüler.* München: Urban & Schwarzenberg.
Jacoby, K. (1980). *Schulangst. Zur Frage der Entwicklung von Personwahrnehmungsfertigkeiten im Jugendalter.* München: Minerva.
Jaeggi, E. (1979). *Kognitive Verhaltenstherapie.* Weinheim: Beltz.
Janis, I. L. (1983). Stress inoculation in health care: Theory and research. In D. Meichenbaum & M. E. Jaremko (Eds.), *Stress reduction and prevention* (pp. 67–101). New York: Plenum Press.
Jaremko, M. E. (1983). Stress inoculation training for social anxiety, with emphasis on dating anxiety. In D. Meichenbaum & M. E. Jaremko (Eds.), *Stress Reduction and Prevention* (pp. 419–451). New York: Plenum Press.
Jenkins, C. D., Zyzanski, S. J. & Rosenman, R. H. (1971). Progress toward validation of a computer-scored test for the type A coronary-prone behavior pattern. *Psychosomatic Medicine, 33,* 193–202.
Jerusalem, M. (1984). Kumulative Mißerfolge und Hilflosigkeit in der Schule: Ein Entwicklungsmodell und erste empirische Hinweise. In K. Ingenkamp (Ed.), *Sozial-emotionales Verhalten in Lehr- und Lernsituationen* (pp. 223–234). Landau: EWH Rheinland-Pfalz.
Jerusalem, M. (1984). Reference group, learning environment and self-evaluations: A multidynamic analysis with latent variables. In R. Schwarzer (Ed.), *The self in anxiety, stress and depression* (pp. 71–74). Amsterdam: North-Holland.
Jerusalem, M. (1984). Selbstbezogene Kognitionen in schulischen Bezugsgruppen. Eine Längsschnittstudie. Band I des Berichtes über das Forschungsvorhaben »*Entwicklung des Selbstkonzepts und selbstbezogener Kognitionen in Abhängigkeit von sozialen Vergleichssituationen in schulischen Umwelten*«. Berlin: FU Berlin.
Jerusalem, M. (1985). Selbstkonzeptentwicklung von Kindern und Jugendlichen und der Einfluß perzipierten Lehrerverhaltens. In D. Liepmann & A. Stiksrud (Eds.), *Entwicklungsaufgaben und Bewältigungsprobleme in der Adoleszenz.* (pp. 98–109). Göttingen: Hogrefe.
Jerusalem, M. (1985). A longitudinal field study with trait worry and trait emotionality: Methodological problems. In H. M. van der Ploeg, R. Schwarzer & C. D. Spielberger (Eds.), *Advances in test anxiety research* (Vol. 4) (pp. 23–34). Lisse: Swets & Zeitlinger.
Jerusalem, M. & Schwarzer, R. (1982). Entwicklung des Selbstkonzepts in schulischen Bezugsgruppen: Eine dynamische Mehrebenenanalyse. In G. Lüer (Ed.), *Bericht über den 33. Kongreß der Deutschen Gesellschaft für Psychologie 1982* (pp. 634–642). Göttingen: Hogrefe.
Jerusalem, M., Liepmann, D. & Herrmann, C. (1985). Test anxiety and achievement motiva-

tion: An analysis of causal relationships. In H. M. van der Ploeg, R. Schwarzer & C. D. Spielberger (Eds.), *Advances in test anxiety research* (Vol. 4) (pp. 135–146). Lisse: Swets & Zeitlinger.
Jerusalem, M. & Quast, H. (1985). Die Bedeutung alltäglicher Erlebnisse für Selbsteinschätzungsprozesse. In D. Albert (Ed.), *Bericht über den 34. Kongreß der Deutschen Gesellschaft für Psychologie 1984.* Göttingen: Hogrefe.
Jöreskog, K. G. (1971). Statistical analysis of sets of congeneric tests. *Psychometrika, 36,* 109–133.
Jöreskog, K. G. & Sörbom, D. (1978). *LISREL Analysis of linear structural relationships by the method of maximum likelihood (Version IV).* Chicago: NER.
Jöreskog, K. & Sörbom, D. (1979). *Advances in factor analysis and structural equation models.* Cambridge, MA: Abt Books.
Johnson, D. S. (1981). Naturally acquired learned helplessness: The relationship of school failure to achievement behavior, attributions and self-concept. *Journal of Educational Psychology, 73,* 174–180.
Johnson, J. H. & Sarason, I. G. (1979). Recent developments in research on life stress. In V. Hamilton & D. M. Warburton (Eds.), *Human stress and cognition: An information processing approach* (pp. 205–236). London: Wiley.
Jones, W. H. (1982). Loneliness and social behavior. In L. A. Peplau & D. Perlman (Eds.), *Loneliness: A sourcebook of current theory, research and therapy.* New York: Wiley-Interscience.
Jones, W. H., Freemon, J. & Goswick, R. (1981). The persistence of loneliness: Self and other determinants. *Journal of Personality, 49,* 27–48.
Jones, E. E. & Nisbett, R. E. (1972). The actor and the observer: Divergent perceptions of causes of behavior. In Jones, E. E. et al. (Eds.), *Attribution: Perceiving the causes of behavior* (pp. 79–94). Morristown, N. J.: General Learning Press.
Jones, E. E. (1976). How do people perceive the causes of their behavior? *American Scientist, 64,* 237–246.
Jones, E. E. (1979). The rocky road from acts to dispositions. *American Psychologist, 34,* 104–117.
Jopt, U.-J. (1980). Leistungsmotiv und naivpsychologische Fähigkeitswahrnehmung bei Schülern. *Zeitschrift für Entwicklungspsychologie und Pädagogische Psychologie, 12,* 75–87.
Jopt, U.-J. (1980). Selbstkonzepte eigener Fähigkeit und schulischer Fleiß. Ein neues Modell für ein altes Phänomen. *Zeitschrift für Empirische Pädagogik, 4,* 137–150.
Jopt, U.-J. (1981). Fachspezifische Fähigkeitswahrnehmung und Intelligenz: Wie realistisch ist das Selbstkonzept eigener Fähigkeit? In W. Michaelis (Ed.), *Bericht über den 32. Kongreß der Deutschen Gesellschaft für Psychologie, Zürich, 1980.* Göttingen: Hogrefe.
Jopt, U.-J. & Ermshaus, W. (1977). Wie generalisiert ist das Selbstkonzept eigener Fähigkeit? Eine motivationspsychologische Untersuchung zur Aufgabenabhängigkeit der Fähigkeitswahrnehmung *Zeitschrift für Experimentelle und Angewandte Psychologie* (Vol. 24, pp. 578–601).
Jopt, U.-J. & Ermshaus, W. (1978). Untersuchung zur Motivspezifität des Zusammenhangs zwischen Selbstbelohnung und Kausalattribuierung nach Erfolg und Mißerfolg. *Archiv für Psychologie, 130,* 53–68.
Joseph, J., Kane, T., Nacci, P. & Tedeschi, J. T. (1977). Perceived aggression: A re-evaluation of the Bandura modeling paradigm. *Journal of Social Psychology, 103,* 277–289.
Jourard, S. (1971). *Self disclosure.* New York: Wilex-Interscience.
Juli, D. & Engelbrecht-Greve, M. (1978). *Streßverhalten ändern lernen.* Reinbek: Rowohlt.
Kammer, D. (1983). Eine Untersuchung der psychometrischen Eigenschaften des deutschen Beck-Depressionsinventars (BDI). *Diagnostica, 24,* 48–60.
Kanfer, F. H., Stifter, E. & Morris, S. J. (1981). Self-control and altruism: Delay of gratification for another. *Child Development, 52,* 674–682.
Kanner, A. D., Coyne, J. C., Schaefer, C. & Lazarus, R. S. (1981). Comparisons of two modes of stress measurement: Daily hassles and uplifts versus major life events. *Journal of Behavioral Medicine, 4,* 1–39.
Kanoy, R. C., Johnson, B. W. & Kanoy, K. W. (1980). Locus of control and self-concept in achieving and underachieving bright elementary students. *Psychology in the schools, 17,* 395–399.
Kaplan, B., Cassel, J. C. & Gore, S. (1977). Social support and health. *Medical care, 15,* 47–58.
Kaplan, H. B. (1980). *Deviant behavior in defense of self.* New York: Academic Press.
Kash, M. M. & Borich, G. D. (1978). *Teacher behavior and pupil self-concept.* Massachusetts: Addison-Wesley.
Katschnig, H. (Ed.) (1980). *Sozialer Streß und psychische Erkrankung.* München: Urban und Schwarzenberg.
Keavney, G. & Sinclair, K. E. (1978). Teacher concerns and teacher anxiety: A neglected topic of classroom research. *Review of Educational Research, 48,* 273–290.
Kelley, H. H. (1971). *Attribution in social interaction.* New York: General Learning Press.

Kelley, H. H. (1972). *Causal schemata and the attribution process.* New York: General Learning Press.
Kelley, H. H. (1973). The process of causal attribution. *American Psychologist, 28,* 107–128.
Kelley, H. H. & Michela, J. L. (1980). Attribution theory and research. *Annual Review of Psychology, 31,* 457–501.
Kenny, D. A. (1979). *Correlation and causality.* New York: Wiley.
Keul, J. (1978). Metabolische und zirkulatorische Veränderungen nach Beta-Rezeptorenblockade mit Bunitrolol bei psychischen Belastungen. In M. J. Halhuber (Ed.), *Psychosozialer Streß und koronare Herzkrankheit* (Vol. 2, pp. 55–72).
Kielholz, P. (1979). Streß und Arzt. *Monatskurse für ärztliche Fortbildung, 26,* 7–17.
Kifer, E. (1975). Relationships between academic achievement and personality characteristics, a quasi-longitudinal study. *American Educational Research Journal, 12,* 191–210.
Kleber, E. W., Fisher, R., Hildeschmidt, A. & Lohrig, K. (1977). *Lernvoraussetzungen und Unterricht.* Weinheim: Beltz.
Kleber, E. W., Meister, H., Schwarzer, C. & Schwarzer, R. (1976). *Beurteilung und Beurteilungsprobleme.* Weinheim: Beltz.
Kleijn, W. C., Ploeg, H. M. van der & Kwee, M. G. T. (1983). Construct validation of test anxiety: An exploration of relationships with anxiety, anger and irrational thinking. In R. Schwarzer, H. M. van der Ploeg & C. D. Spielberger (Eds.), *Advances in test anxiety research* (Vol. 2) (pp. 203–214). Lisse/Hillsdale, N. Y.: Swets & Zeitlinger/Erlbaum.
Klein, C. D., Fencil-Morse, E. & Seligman, M. E. P. (1976). Learned helplessness, depression, and the attribution of failure. *Journal of Personality and Social Psychology, 33,* 508–516.
Klinger, E. (1977). *Meaning and void: Inner experience and the incentives in people's lives.* Minneapolis: University Minnesota Press.
Knapp, A. (1978). Der Einfluß der Fachleistungsdifferenzierung auf Persönlichkeitsveränderungen von Schülern im sozialen und emotionalen Bereich. *Psychologie in Erziehung und Unterricht, 25,* 306–314.
Kobasa, S. C. O. & Puccetti, M. C. (1983). Personality and social resources in stress resistance. *Journal of Personality and Social Psychology, 45,* 839–850.
Koch, J.-J. & Wienke, D. (1978). Angst und Schulangst in der Berufsschule. *Psychologie in Erziehung und Unterricht, 25,* 139–151.
Kobler, A. L. & Scotland, E. (1964). *The end of hope: A social-clinical study of suicide.* New York: The Free Press.
Korte, K., Jerusalem, M., Faulhaber, J. & Schwarzer, R. (1984). The validation of a German self-consciousness inventory. In R. Schwarzer (Ed.), *Entwicklung des Selbstkonzepts.*
Kötter, B. (1978). *Selbstkonzept der Fähigkeit und Ursachenerklärung schulischer Leistungen.* Unveröffentliche Dissertation. Frankfurt.
Köckeis-Stangl, E. (1978). Der Stellenwert von Selbsteinschätzungen und Selbstwertgefühlen im schulischen Sozialisationsprozess. In Posch, P. & Thonhauser, J. (Eds.), *Österreichische Beiträge zur Bildungsforschung.*
Korchin, S. J. (1964). Anxiety and cognition. In C. Sheerer (Ed.), *Cognition: Theory, research, promise.* New York: Harper & Row.
Kraak, B. (1976). Handlungs- Entscheidungs-Theorien. Anwendungsmöglichkeiten und Verbesserungsvorschläge. *Psychologische Beiträge, 18,* 505–515.
Krahe, B. (1984). Der »self-serving bias«. *American Journal of Community Psychology, 7,* 263–277.
Krahe, B. (1984). Der »self-serving bias« Kausalattribution von Schülern. *Schweizerische Zeitschrift für Psychologie, 39,* 33–50.
Krantz, S. (1983). Cognitive appraisals and problem-directed coping: A prospective study of stress. *Journal of Personality and Social Psychology, 44,* 638–643.
Krantz, D. S., Glass, D. C. & Snyder, M. L. (1974). Helplessness, stress level, and the coronary-prone behavior pattern. *Journal of Experimental Psychology, 10,* 284–300.
Kreitler, S. & Kreitler, H. (1985). The psychosemantic determinants of anxiety: A cognitive approach. In H. M. van der Ploeg, R. Schwarzer & C. D. Spielberger (Eds.), *Advances in test anxiety research* (Vol. 4). Lisse: Swets & Zeitlinger.
Kreitler, S. & Kreitler, H. (1987). Modifying anxiety by cognitive means. In R. Schwarzer, H. M. van der Ploeg & C. D. Spielberger (Eds.), *Advances in test anxiety research (Vol. 5)* (pp. 195–206).Lisse: Swets & Zeitlinger.
Krohne, H. W. (1980). Angsttheorie: Vom mechanistischen zum kognitiven Ansatz. *Psychologische Rundschau, 31,* 12–29.
Krohne, H. W. (1980). Parental child-rearing behavior and the development of anxiety and

coping strategies in children. In Sarason, I. G. & Spielberger, C. D. (Eds.), *Stress and anxiety. Vol. 7.* Washington: Hemisphere.

Krohne, H. W. (1980). Prüfungsangst: Defensive Motivation in selbstwertrelevanten Situationen. *Unterrichtswissenschaft, 8,* 226–242.

Krohne, H. W. & Laux, L. (Eds.) (1982). *Achievement, stress and anxiety.* Washington, DC: Hemisphere.

Krohne, H. W., Rogner, J. & Schaffner, P. (1980). Erziehungsstil-Skalen zur Überprüfung des Zweiprozeß-Modells elterlicher Erziehungswirkungen. *Zeitschrift für Entwicklungspsychologie und Pädagogische Psychologie, 12,* 233–254.

Krohne, H. W. & Schaffner, P. (1980). Anxiety, coping strategies and test-performance. *Psychologische Forschungsberichte aus dem Fachbereich 3 der Universität Osnabrück, 19.*

Krohne, H. W., Wiegand, A. & Kiehl, G. E. (1985). Konstruktion eines multidimensionalen Instruments zur Erfassung von Angstbewältigungstendenzen. In H. W. Krohne (Ed.), *Angstbewältigung in Leistungssituationen.* Weinheim: Edition Psychologie.

Krohne, H. W. & Rogner, J. (1981). Repression-sensitization as a central construct in coping research. In Krohne, H. W. & Laux, L. (Eds.), *Achievement, stress and anxiety.* Washington: Hemisphere.

Krüger, J., Möller, H. & Meyer, W.-U. (1983). Das Zuweisen von Aufgaben verschiedener Schwierigkeit: Auswirkungen auf Leistungsbeurteilung und Affekt. *Zeitschrift für Entwicklungspsychologie und Pädagogische Psychologie, 15,* 280–291.

Krug, S. (1976). Förderung und Änderung des Leistungsmotivs: Theoretische Grundlagen und deren Anwendung. In H. D. Schmalt & W. U. Meyer (Eds.), *Leistungsmotivation und Verhalten* (pp. 221–247). Stuttgart: Klett.

Krug, S. & Hanel, J. (1976). Motivänderung: Erprobung eines theoriegeleiteten Trainingsprogrammes. *Zeitschrift für Entwicklungspsychologie und Pädagogische Psychologie, 8,* 274–287.

Krug, S. & Peters, J. (1977). Persönlichkeitsveränderung nach Sonderschuleinweisung. *Zeitschrift für Entwicklungspsychologie und Pädagogische Psychologie, 9,* 181–184.

Krug, S., Bachmann, D., Egeri, M., Kanz, F. J. & Wecher, F. (1978). Die Wirksamkeit von Selbstkontrollmaßnahmen im normalen Schulunterricht. *Zeitschrift für Entwicklungspsychologie und Pädagogische Psychologie, 10,* 242–257.

Krug, S., Hage, A. & Hieber, S. (1978). Anstrengungsvariation in Abhängigkeit von der Aufgabenschwierigkeit, dem Konzept eigener Tüchtigkeit und dem Leistungsmotiv. *Archiv für Psychologie, 130,* 265–278.

Krug, S., Peters, J. & Quinkert, H. (1977). Motivförderungsprogramm für lernbehinderte Sonderschüler. *Zeitschrift für Heilpädagogik, 28,* 667–674.

Krug, S., Rheinberg, F. & Peters, J. (1977). Einflüsse der Sonderbeschulung und eines zusätzlichen Motivänderungsprogramms auf die Persönlichkeitsentwicklung von Sonderschülern. *Zeitschrift für Heilpädagogik, 28,* 431–439.

Kugle, C. L., Clements, R. O. & Powell, P. M. (1983). Level and stability of self-esteem in relation to academic behavior of second-graders. *J. Pers. and Soc. Psych., 44,* 201–219.

Kuhl, J. (1981). Motivational and functional helplessness: The moderating effect of state versus action orientation. *Journal of Personality and Social Psychology, 40,* 155–171.

Kuhl, J. (1983). *Motivation, Konflikt und Handlungskontrolle.* Berlin: Springer.

Kuhl, J. (1983). Volitional aspects of achievement motivation and learned helplessness: Toward a comprehensive theory of action control. In B. A. Maher (Ed.), *Progress in experimental personality research* (Vol. 12), New York: Academic Press.

Kuhl, J. (1984). Tatsächliche und phänomenale Hilflosigkeit: Vermittlung von Leistungsdefiziten nach massiver Mißerfolgsinduktion. In F. E. Weinert & R. H. Kluwe (Eds.), *Metakognition, Motivation und Lernen.* Stuttgart: Kohlhammer.

Kuhl, J. & Blankenship, V. (1979). The dynamic theory of achievement motivation: From episodic to dynamic thinking. *Psychological Review, 86,* 141–151.

Kuhl, J. & Blankenship, V. (1979). Behavioral change in a constant environment: Shift to more difficult tasks with constant probability of success. *Journal of Personality and Social Psychology, 37,* 551–563.

Kulik, J. A. (1983). Confirmatory attribution and the perpetuation of social beliefs. *Journal of Personality and Social Psychology, 44,* 1171–1181.

Kun, A., Garfield, T. & Sipowicz, C. (in press), Causality pleasure in young children: An experimental study of effectance motivation. *Developmental Psychology.*

Lalonde, B. I. D. (1979). *The construction and validation of a measure of academic self-efficacy.* Doctoral thesis, University of Toronto, OISE. Department of Educational Psychology.

Lam, Y. L. (1981). Relationships between anxiety and class-room behaviors of adult learners. *The British Journal of Educational Psychology, 51,* 90–96.

Lange, B., Kuffner, H. & Schwarzer, R. (1983). *Schulangst und Schulverdrossenheit: Eine Längsschnittanalyse von schulischen Sozialisationseffekten.* Opladen: Westdeutscher Verlag.
Langeheine, R. (1978). Schulische Sozialisation und Schulangst: Ganztags- vs. Halbtagsschule. *Zeitschrift für Empirische Pädagogik, 2,* 2–16.
Langer, E. J. (1975). The illusion of control. *Journal of Personality and Social Psychology, 32,* 311–328.
Lantermann, E. D. (1980). *Interaktion. Person, Situation und Handlung.* München: Urban & Schwarzenberg.
Lantermann, E. D. (1982). Integration von Kognitionen und Emotionen in Handlungen. In H. W. Hoefert (Ed.), *Person und Situation.* Göttingen: Hogrefe.
Lantermann, E. D. (1983). Kognitive und emotionale Prozesse beim Handeln. In G. Huber & H. Mandl (Eds.), *Kognition und Emotion.* München: Urban & Schwarzenberg.
Larbig, W. & Birbaumer, N. (1980). Angst. In W. Wittling (Ed.), *Handbuch der Klinischen Psychologie (Bd. 4)* (pp. 182–243). Hamburg: Hoffmann & Campe.
Laux, L. (1976). The multitrait-multimethod rationale in stress research. In I. G. Sarason & C. D. Spielberger (Eds.), *Stress and anxiety (Vol. 3)* (pp. 171–184). Washington: Hemisphere.
Laux, L. (1983). Psychologische Streßkonzeptionen. In Theorien und Formen der Motivation. *Serie Motivation und Emotion der Enzyklopädie der Psychologie.* Göttingen: Hogrefe, *1,* 453–535.
Laux, L. (1986). A self-presentational view of coping with stress. In M. H. Appley & R. Trumbull (Eds.), *Dynamics of stress.* New York: Plenum Press.
Laux, L. & Glanzmann, P. (1987). A self-presentational view of test anxiety. In R. Schwarzer, H. M. van der Ploeg & C. D. Spielberger (Eds.), *Advances in test anxiety research (Vol. 5)* (pp. 31–37). Lisse: Swets & Zeitlinger.
Laux, L. & Spielberger, C. D. (1983). Stress, trait-state anxiety, and learning: Two competing models. In C. D. Spielberger, & R. Diaz-Guerrero (Eds.), *Cross-cultural anxiety* (Vol. 2). Washington, D. C.: Hemisphere.
Laux, L. & Vossel, G. (1981). Theoretical and methodological issues in achievement-related stress and anxiety research. In H. W. Krohne & L. Laux (Eds.), *Achievement, stress, and anxiety.* Washington: Hemisphere/Wiley.
Laux, L. & Vossel, G. (1981). Paradigms in stress research: Laboratory versus field and traits versus processes. In L. Goldberger & S. Breznitz (Eds.), *Handbook of stress: Theoretical and clinical aspects.* New York: The Free Press.
Lavelle, T. L., Metalsky, G. I. & Coyne, J. C. (1979). Learned helplessness, test anxiety, and acknowledgement of contingencies. *Journal of Abnormal Psychology, 88,* 381–387.
Lazarus, R. S. (1966). *Psychological stress and the coping process.* New York: McGraw-Hill.
Lazarus, R. S. (1975). The self-regulation of emotion. In L. Levi (Ed.), *Emotions* (pp. 47–68). New York: Raven.
Lazarus, R. S. (1981). The stress and coping paradigm. In C. Eisdorfer, D. Cohen, A. Kleinman & P. Maxim (Eds.), *Theoretical bases for psychopathology.* New York: Spectrum.
Lazarus, R. S. (1983). Puzzles in the study of daily hazzles. Verteilt auf dem Kongress »Integrated Perspectives in Youth Development:...« in Berlin, West, 1983.
Lazarus, R. S. (1983). The costs and benefits of denial. In S. Breznitz (Ed.), *The denial of stress.* New York: International Universities Press.
Lazarus, R. S. (1984). On the primacy of cognition. *American Psychologist, 39,* 124–129.
Lazarus, R. S., Averill, J. R. & Opton, E. M. (1973). Ansatz zu einer kognitiven Gefühlstheorie. In Birbaumer, N. (Ed.), *Neuropsychologie der Angst* (pp. 158–183). München: Urban & Schwarzenberg.
Lazarus, R. S., Averill, J. R. & Opton, E. M. Jr. (1974). The psychology of coping: Issues of research and assessment. In G. V. Coelho, D. A. Hamburg & J. E. Adams (Eds.), *Coping and adaptation.* New York: Basic Books.
Lazarus, R. S. & Cohen, J. B. (1978). Environmental stress. In I. Altman & J. F. Wohlwill (Eds.), *Human behavior and the environment: Current theory and research.* New York: Plenum.
Lazarus, R. S., Cohen, J. B., Folkman, S., Kanner, A. & Schaefer, C. (1980). Psychological stress and adaptation: Some unresolved issues. In H. Selye (Ed.), *Selye's guide to stress research* (Vol. 1) (pp. 90–117). New York: Van Nostrand Reinhold.
Lazarus, R. S., Coyne, J. C. & Folkman, S. (1982). Cognition, emotion, and motivation: The doctoring of Humpty-Dumpty. In R. W. J. Neufeld (Ed.), *Psychological stress and psychopathology* (pp. 218–239). New York: McGraw-Hill.
Lazarus, R. S. & DeLongis, A. (1983). Psychological stress and coping in aging. *American Psychologist, 38,* 245–254.
Lazarus, R. S. & Folkman, S. (1984). *Stress, appraisal, and coping.* New York: Springer.

Lazarus, R. S. & Golden, G. (1981). The function of denial in stress, coping and aging. In E. McGarraugh & S. Kiesler (Eds.), *Aging: Biology and behavior* (pp. 283–307). New York: Academic Press.

Lazarus, R. S., Kanner, A. & Folkman, S. (1980). Emotions: A cognitive-phenomenological analysis. In R. Plutchik & H. Kellerman (Eds.), *Emotion. Vol. 1* (pp. 189–217). New York: Academic Press.

Lazarus, R. S. & Launier, R. (1978). Stress related transactions between person and environment. In L. A. Pervin & M. Lewis (Eds.), *Perspectives in interactional psychology* (pp. 287–327). New York: Plenum Press.

Leary, M. R. (1982). Social anxiety. In L. Wheeler (Ed.), *Review of personality and social psychology* (Vol. 3). Beverly Hills: Sage.

Leary, M. R. & Dobbins, S. E. (1983). Social anxiety, sexual behavior, and contraceptive usw. *Journal of Personality and Social Psychology, 45*, 1347–1354.

Leary, M. R. & Schlenker, B. R. (1981). The social psychology of shyness: A self-presentation model. In J. I. Tedeschi (Ed.), *Impression management: Theory and social psychological research* (pp. 335–358). New York: Academic Press.

Lee, B. & Noam, G. G. (Eds.), (1983). *Developmental approaches to the self.* New York: Plenum Press.

Lefcourt, H. M. (1980). Locus of control and coping with life events. In E. Staub (Ed.), *Personality. Basic aspects and current research* (pp. 200–235). Englewood Cliffs: Prentice Hall.

Leichner, R. (1980). Zum Einfluß induzierter Angst auf die Verarbeitung sozialer Informationen. *Zeitschrift für Experimentelle und Angewandte Psychologie, 27*, 468–482.

Leppin, A., Schwarzer, R., Belz, D., Jerusalem, M., & Quast, H.-H. (1987). Causal attribution pattern of high and low test-anxious students. In R. Schwarzer, H. M. van der Ploeg & C. D. Spielberger (Eds.), *Advances in test anxiety research (Vol. 5)* (pp. 67–86). Lisse: Swets & Zeitlinger.

Lerner, M. J., & Miller, D. T. (1978). Just world research and the attribution process: Looking back and ahead. *Psychological Bulletin, 85*, 1030–1051.

Levi, L. (Ed.) (1975). *Emotions. Their parameters and measurement.* New York: Raven Press.

Levine, J. M. (1982). Social comparison and education. In J. M. Levine & M. C. Wang (Eds.), *Teacher and student perceptions: Implications for learning.* Hillsdale, N. J.: Erlbaum.

Levine, J. M. & Moreland, R. L. (1986). Outcome comparisons in group contexts: Consequences for the self and others. In R. Schwarzer (Ed.), *Self-Related Cognitions in Anxiety and Motivation.* Hillsdale: Erlbaum.

Levitt, E. E. (1971). *Die Psychologie der Angst.* Stuttgart: Kohlhammer.

Levitt, E. E., & Hutton, L. A. (1983). Correlates and possible causes of mathematics anxiety. In C. D. Spielberger & J. N. Butcher (Eds.), *Advances in personality assessment* (Vol. 3), Hillsdale, NJ: Erlbaum.

Lewicki, P. (1983). Self-image bias in person perception. *Journal of Personality and Social Psychology, 45*, 384–393.

Lewinsohn, P. M. (1974). A behavioral approach to depression. In R. M. Friedman & M. M. Katz (Eds.), *The psychology of depression: Contemporary theory and research* (pp. 157–178). Washington, D. C.: Winston/Wiley.

Lewinsohn, P. M., Mischel, W., Chaplin, W. & Bartin, R. (1980). Social competence and depression: The role of illusory self-perceptions. *Journal of Abnormal Psychology, 89*, 202–212.

Liebert, R. M. & Morris, L. W. (1967). Cognitive and emotional component of test anxiety: A distinction and some initial data. *Psychological Reports, 20*, 975–978.

Liebhart, E. H. (1977). Fähigkeit und Anstrengung im Lehrerurteil: Der Einfluß inter- vs. intraindividueller Perspektive. *Zeitschrift für Entwicklungspsychologie und Pädagogische Psychologie, 9*, 94–102.

Liepmann, D., Herrmann, C. & Jerusalem, M. (1985). Zur Frage der Interaktion von Leistungsmotivation und Schulangst bei Berufsschülern. In D. Liepmann & A. Stiksrud (Eds.), *Entwicklungsaufgaben und Bewältigungsprobleme in der Adoleszenz.* (pp. 147–158). Göttingen: Hogrefe.

Lind, E. & Theorell, T. (1973). Sociological characteristics and myocardial infarctions. *Journal of Psychosomatic Research, 17*, 59–73.

Loevinger, J. & Wessler, R. (1970). *Measuring ego development (Vol. 1).* San Francisco: Jossey-Bass.

Mack, B. & Schröder, G. (1979). Geschlechtsspezifisches Angstverhalten bei Kindern im Fragebogen und in der realen Situation. *Diagnostica, 25*, 365–375.

Maddux, C., Scheiber, L. M. & Bass, J. E. (1982). Self-concept and social distance in gifted children. *Gifted Child Quarterly, 26*, 77–81.

Magnusson, D. (1982). Situational determinants of stress: An interactional perspective. In L. Goldberger & S. Breznitz (Eds.), *Handbook of stress*. New York: The Free Press.

Magnusson, D. (1985). Situational factors in research in stress and anxiety: Sex and age differences. In C. D. Spielberger, I. G. Sarason & P. B. Defares (Eds.), *Stress and anxiety* (Vol. 9). New York: Hemisphere.

Magnusson, D. & Endler, N. S. (1977). Interactional psychology: Present status and future prospects. In D. Magnusson & N. S. Endler (Eds.), *Personality at the crossroads: Current issues in interactional psychology*. Hillsdale, NJ: Erlbaum.

Mahoney, M. J. (1974). *Cognition and behavior modification*. Cambridge, Mass.: Ballinger.

Maier, S. F., & Seligman, M. E. P. (1976). Learned helplessness: Theory and evidence. *Journal of Experimental Psychology (General), 105*, 3–46.

Mandel, N. M. & Shrauger, J. S. (1980). The effects of self-evaluative statements on heterosocial approach in shy and nonshy males. *Cognitive Therapy and Research, 4*, 369–381.

Mandl, H. & Huber, G. L. (Eds.) (1982). *Kognition und Emotion*. München: Urban & Schwarzenberg.

Mandler, G. & Sarason, S. B. (1952). A study of anxiety and learning. *Journal of Abnormal and Social Psychology, 47*, 166–173.

Mandler, G. (1975). *Mind and emotion*. New York: Wiley.

Mandler, G. (1979). Thought processes, consciousness, and stress. In V. Hamilton & D. M. Warburton (Eds.), *Human stress and cognition* (pp. 179–201). New York: Wiley.

Mandler, G. (1980). The generation of emotion. A psychological theory. In R. Plutchik & H. Kellermann (Eds.), *Emotion (Vol. 1)* (pp. 219–243). New York: Academic Press.

Mandler, G. & Watson, D. L. (1966). Anxiety and interruption of behavior. In C. D. Spielberger (Ed.), *Anxiety and behavior*. New York: Academic Press.

Markus, H. (1977). Self-schemata and processing information of the self. *Journal of Personality and Social Psychology, 35*, 63–78.

Markus, H. & Smith, J. (1981). The influence of self-schemata on the perception of others. In N. Cantor & J. F. Kihlstrom (Eds.), *Personality, cognition and social interaction* (pp. 233–262). Hillsdale, N. J.: Erlbaum.

Martin, J. (1980). Relative deprivation: A theory of distributive injustice from an era of shrinking resources. In Pettigrew, T. F. (Ed.), *Research in organisational behavior* (Vol. 3). Greenwich, Conn.: JAI Press.

Maroldo, G. K. (1982). Shyness and love on a college campus. *Perceptual and Motor Skills, 55*, 819–824.

Marsh, H., Smith, I. D. & Barnes, J. (1983). Multitrait-multimethod analyses of the Self-Description Questionnaire: Student-Teacher agreement on multidimensional ratings of self-concept. *American Educational Research Journal, 20*, 333–358.

Marsh, H. W., Relich, J. D. & Smith, I. D. (1983). Self-concept: The construct validity of interpretations based upon the SDQ. *Journal of Personality and Social Psychology, 45*, 173–187.

Marsh, H. W., Smith, I. D., Barnes, J. & Butler, S. (1983). Self-concept: Reliability, stability, dimensionality, validity and the measurement of change. *Journal of Educational Psychology, 75*, 772–789.

Masuda, M. & Holmes, T. H. (1978). Life events: Perceptions and frequencies. *Psychosomatic Medicine, 40*, 236–261.

Matthews, K. (1982). Psychological perspectives on the Type A behavior pattern. *Psychological Bulletin, 91*, 293–323.

Matthews, K. A. & Angulo, J. (1980). Measurement of the type A behavior pattern in children: Assesment of children's competetiveness, impatience-anger, and aggression. *Child Development, 51*, 466–475.

McCarthy, J. D. & Hoge, D. R. (1982). Analysis of age effects in longitudinal studies of adolescent self-esteem. *Development Psychology*, 372–379.

McClelland, D. C. (1975). *Power: The inner experience*. New York: Irvington.

McClelland, D. C. (1978). Managing motivation to expand human freedom. *American Psychologist, 33*, 201–210.

McCrae, R. R. (1984). Situational determinants of coping responses: Loss, threat, and challenge. *Journal of Personality and Social Psychology, 46*, 919–928.

McCroskey, J. C. (1977). Oral communication apprehension: A summary of recent theory and research. *Human Communication Research, 4*, 78–96.

McCroskey, J. C. & Anderson, J. F. (1976). The relationship between communication apprehension and academic achievement among college students. *Human Communication Research, 3*, 73–81.

McLean, P. D. (1976). Depression as a specific response to stress. In I. G. Sarason & C. D. Spielberger (Eds.), *Stress and anxiety* (Vol. 3) (pp. 297–324). Washington: Hemisphere.

Mechanic, D. (1962). *Students under stress: A study in the social psychology of adaptation.* New York: Free Press.
Mehrabian, A. & Ksionsky, S. A. (1974). *A theory of affiliation.* Lexington, Mass.: Heath.
Meichenbaum, D. (1972). Cognitive modification of test anxious college students. *Journal of Consulting and Clinical Psychology, 39,* 370–380.
Meichenbaum, D. (1977). *Cognitive behavior modification: An integrative approach.* New York: Plenum Press.
Meichenbaum, D. (1980). Stability of personality change and psychotherapy. In E. Staub (Ed.), *Personality. Basic aspects and current research* (pp. 295–332). Englewood Cliffs: Prentice Hall.
Meichenbaum, D. & Butler, L. (1980). Toward a conceptual model for the treatment of test anxiety: Implications for research and treatment. In I. G. Sarason (Ed.), *Test anxiety: Theory, research, and applications* (pp. 187–208). Hillsdale, NJ: Erlbaum.
Meichenbaum, D., Turk, D. & Burstein, S. (1975). The nature of coping with stress. In I. G. Sarason & C. D. Spielberger (Eds.), *Stress and anxiety (Vol. 2)* (pp. 337–360). Washington: Hemisphere.
Metcalfe, B. M. A. (1981). Self-concept and attitude to school. *British Journal of Educational Psychology, 51,* 66–76.
Meyer, W. A., Folkes, V. & Weiner, B. (1976). The perceived informational value and affective consequences of choice behavior and intermediate difficulty task selection. *Journal of Research in Personality, 10,* 410–423.
Meyer, W. U. (1969). Anspruchsniveau und erlebte Selbstverantwortlichkeit für Erfolg und Mißerfolg. *Psychologische Beiträge, 11,* 328–348.
Meyer, W.-U. (1972). Überlegungen zur Konstruktion eines Fragebogens zur Erfassung von Selbstkonzepten der Begabung. *Ruhr-Universität Bochum.*
Meyer, W.-U. (1973). Anstrengungsintention in Abhängigkeit von Begabungseinschätzung und Aufgabenschwierigkeit. *Archiv für Psychologie, 125,* 245–262.
Meyer, W.-U. (1973). *Leistungsmotiv und Ursachenerklärung von Erfolg und Mißerfolg.* Stuttgart: Klett.
Meyer, W.-U. (1976). Leistungsorientiertes Verhalten als Funktion wahrgenommener eigener Begabung und wahrgenommener Aufgabenschwierigkeit. In H. D. Schmalt & W. U. Meyer (Eds.), *Leistungsmotivation und Verhalten* (pp. 101–135). Stuttgart: Klett.
Meyer, W. U. (1978). Der Einfluß von Sanktionen auf Begabungsperzeption. In D. Görlitz, W. U. Meyer & B. Weiner (Eds.), *Bielefelder Symposium über Attribution* (pp. 71–87). Stuttgart: Klett-Cotta.
Meyer, W.-U. (1982). Indirect communications about perceived ability estimates. *Journal of Educational Psychology, 74,* 259–268.
Meyer, W.-U. (1983). Das Konzept der eigenen Begabung als ein sich selbst stabilisierendes System. *Zeitschrift für Personenzentrierte Psychologie und Psychotherapie, 1,* 21–30.
Meyer, W.-U. (1983). Prozesse der Selbstbeurteilung: Das Konzept von der eigenen Begabung. *Zeitschrift für Entwicklungspsychologie und Pädagogische Psychologie, 15,* 1–25.
Meyer, W.-U. (1984). *Das Konzept von der eigenen Begabung.* Bern: Huber.
Meyer, W. U. & Butzkamm, A. (1975). Ursachenerklärung von Rechennoten. I. Lehrerattribuierungen. *Zeitschrift für Entwicklungspsychologie und Pädagogische Psychologie, 7,* 53–66.
Meyer, W.-U. & Plöger, F.-O. (1979). Scheinbar paradoxe Wirkungen von Lob und Tadel auf die wahrgenommene eigene Begabung. In S.-H. Filipp (Ed.), *Selbstkonzept-Forschung* (pp. 221–235). Stuttgart: Klett-Cotta.
Meyer, W. U., & Schmalt, H. D. (1978). Die Attributionstheorie. In D. Frey (Ed.), *Kognitive Theorien der Sozialpsychologie* (pp. 98–137). Bern: Huber.
Meyer, W.-U. & Starke, E. (1981). Seeking information about ones own ability in relation to self-concept of ability: A field study. *Unpublished manuscript, Bochum.*
Meyer, W. U., & Wacker, A. (1970). Die Entstehung der erlebten Selbstverantwortlichkeit (1) in Abhängigkeit vom Zeitpunkt der Selbständigkeitserziehung. *Archiv für die gesamte Psychologie, 122,* 24–39.
Meyer, W.-U., Bachmann, M., Biermann, U., Hempelmann, M., Plöger, F.-O. & Spiller, H. (1979). The informational value of evaluative behavior: Influences of praise and blame on perceptions of ability. *Journal of Educational Psychology, 71,* 259–268.
Mielke, R. (1979). Die Integration intrapersonaler Prozesse in der Verhaltensanalyse. *Bielefelder Arbeiten zur Sozialpsychologie.*
Mielke, R. (Ed.), (1982). *Interne/Externe Kontrollüberzeugung.* Bern: Huber.
Mielke, R. & Brackwede, D. (1980). Selbst-Wirksamkeits-Erwartungen und soziale Verhaltensmodifikation: I. Veränderung von Redeverhalten. *Bielefelder Arbeiten zur Sozialpsychologie.*
Mielke, R. & Brackwede, D. (1980). Selbst-Wirksamkeits-Erwartungen und soziale Verhaltens-

modifikation: II. Veränderung von Durchsetzungsverhalten in der Gruppe. *Bielefelder Arbeiten zur Sozialpsychologie.*
Miller, D. T. & Ross, M. (1975). Self-serving biases in the attribution of causality: Fact or fiction? *Psychological Bulletin, 82,* 213–225.
Miller, G. A. (1956). The magical number seven, plus or minus two: Some limits on our capacity for processing information. *Psychological Review, 63,* 81–97.
Miller, III, I. W. & Norman, W. H. (1979). Learned helplessness in humans: A review and attribution-theory model. *Psychological Bulletin, 86,* 93–118.
Miller, L. C., Berg, J. H. & Archer, R. L. (1983). Openers: Individuals who elicit intimate self-disclosure. *Journal of Personality and Social Psychology, 44,* 1234–1244.
Miller, L. C., Murphy, R. & Buss, A. H. (1980). *Consciousness of body: Private and public.* Austin, Texas: Unpublished paper.
Miller, R. L. (1977). Preferences for social versus nonsocial comparison as a means of self-evaluation. *Journal of Personality, 45,* 343–355.
Miller, W. R. & Seligman, M. E. P. (1975). Depression and learned helplessness in man. *Journal of Abnormal Psychology, 84,* 228–238.
Minsel, B. (1980). Lern- und Leistungsstörungen. In W. Wittling (Ed.), *Handbuch der Klinischen Psychologie* (Vol. 4, pp. 76–104). Hamburg: Hoffmann & Campe.
Minsel, B. & Minsel, W. R. (1980). Lern- und Leistungsstörungen. In W. Wittling (Ed.), *Handbuch der Klinischen Psychologie* (Vol. 5, pp. 50–84). Hamburg: Hoffmann & Campe.
Minsel, B. & Schwarzer, C. (1983). Nonlinear relationships of worry and emotionality to school achievement. In R. Schwarzer, H. M. van der Ploeg & C. D. Spielberger (Eds.), *Advances in test anxiety research* (Vol. 2) (pp. 159–166). Lisse/Hillsdale, N. Y.: Swets & Zeitlinger/Erlbaum.
Minsel, W. R. & Bente, G. (1980). Gesprächspsychotherapie. In W. Wittling (Ed.), *Handbuch der Klinischen Psychologie* (Vol. 2, pp. 139–164). Hamburg: Hoffmann & Campe.
Minsel, W. R., Lohmann, J. & Bente, G. (1980). Krisenintervention. In W. Wittling (Ed.), *Handbuch der Klinischen Psychologie* (Vol. 2, pp. 78–101). Hamburg: Hoffmann & Campe.
Minsel, W. R. & Scheller, R. (1981). *Brennpunkte der Klinischen Psychologie.* München: Kösel.
Mischel, H. N. & Mischel, W. (1983). The development of children's knowledge of self-control strategies. *Child Development, 54,* 603–619.
Mischel, T. (Ed.) (1977). *The self.* Oxford: Basil Blackwell.
Mischel, W. (1973). Toward a cognitive social learning reconceptualization of personality. *Psychological Review, 80,* 252–283.
Mischel, W. (1977). On the future of personality measurement. *American Psychologist, 32,* 246–254.
Mischel, W. (1979). On the interface of cognition and personality. *American Psychologist, 34,* 740–754.
Mischel, W., Ebbesen, E. B. & Zeiss, A. R. (1973). Selective attention to the self: Situational and dispositional determinants. *Journal of Personality and Social Psychology, 27,* 129–142.
Mischel, W., Ebbesen, E. B. & Zeiss, A. R. (1976). Determinants of selective memory about the self. *Journal of Consulting and Clinical Psychology, 44,* 92–103.
Mitchell, R. E. & Trickett, E. J. (1980). Social network research and psychosocial adaption: Implikations for community mental health practice. In P. Insel (Ed.), *Climate of mental health: Perspectives in prevention.* Lexington: Heat.
Mitchell, R. E. & Trickett, E. J. (1980). Task force report: Social networks as mediators of social support. *An Analysis of the effects and determinants of social networks. Community Mental Health Journal, 16,* 27–44.
Modigliani, A. (1971). Embarrassment, facework and eye contact: Testing theory of embarrassment. *Journal of Personality and Social Psychology, 17,* 15–24.
Monat, A. (1976). Temporal uncertainty, anticipation time and cognitive coping under threat. *Journal of Human Stress, 2,* 32–43.
Monge, R. H. (1973). Developmental trends in factors of adolescent self-concept. *Developmental Psychology, 8,* 382–393.
Mook, J., Oláh, A. & Ploeg, H. M. van der (1987). Anxiety-situations during adolescence: Sex and age differences, and cross-cultural consistencies. In R. Schwarzer, H. M. van der Ploeg & C. D. Spielberger (Eds.), *Advances in test anxiety research (Vol. 5)* (pp. 215–226). Lisse: Swets & Zeitlinger.
Mook, J., Oláh, A., van der Ploeg, H. M. & Magnusson, D. (1985). Culture, age, and sex as moderating factors for expected consequences in achievement-demanding and socially evaluative situations. In H. M. van der Ploeg, R. Schwarzer & C. D. Spielberger (Eds.), *Advances in test anxiety research* (Vol. 4). Lisse: Swets & Zeitlinger.

Moos, R. H. (1979). *Evaluating educational environment: Procedures, measures, findings, and policy implications*. San Francisco: Jossey Bass.

Moreland, R., Miller, J. & Laucka, F. (1981). Academic achievement and self-evaluations of academic performance. *Journal of Educational Psychology, 73*, 335–344.

Morgan, M. (1984). Reward-induced decrements and increments in intrinsic motivation. *Review of Educational Research, 54*, 5–30.

Morris, L. W. & Liebert, R. M. (1969). The effects of anxiety on timed and untimed intelligence tests: Another look. *Journal of Consulting and Clinical Psychology, 33*, 240–244.

Morris, L. W., Davis, M. A. & Hutchings, C. H. (1981). Cognitive and emotional components of anxiety: Literature review and a revised worry-emotionality scale. *Journal of Educational Psychology, 73*, 541–555.

Morris, L. W., Franklin, M. S. & Ponath, P. (1983). The relationship between trait and state indices of worry and emotionality. In H. M. van der Ploeg, R. Schwarzer & C. D. Spielberger (Eds.), *Advances in test anxiety research* (Vol. 2) (pp. 3–13). Lisse/Hillsdale: Swets & Zeitlinger/Erlbaum.

Morris, L. W. & Liebert, R. M. (1970). Relationship of cognitive and emotional components of test anxiety to physiological arousal and academic performance. *Journal of Consulting and Clinical Psychology, 35*, 332–337.

Mosher, D. (1968). Measurement of guilt in females by self-report inventories. *Journal of Consulting and Clinical Psychology, 32*, 690–695.

Motowidlo, S. D. (1980). Effects of traits and states on subjective probability of task success and performance. *Motivation and Emotion, 3*, 247–262.

Mueller, J. H. & Thompson, W. B. (1984). Test anxiety and distinctiveness of personal information. In H. van der Ploeg, R. Schwarzer & C. D. Spielberger (Eds.), *Advances in Test Anxiety* (Vol. 3). Lisse/Hillsdale: Swets/Erlbaum.

Mueller, J. H. & Thompson, W. B. (1985). Test anxiety: Congruence of study and test conditions. In R. Diaz-Guerrero (Ed.), *Proceeding of the International Congress of Psychology in Acapulco*. Amsterdam: North-Holland.

Mueller, J. H. & Thompson, W. B. (1987). Test anxiety and organizational context. In R. Schwarzer, H. M. van der Ploeg & C. D. Spielberger (Eds.), *Advances in test anxiety research* (Vol. 5) (pp. 23–30). Lisse: Swets & Zeitlinger.

Müller, W. & Hauss, F. (1978). Der Stellenwert der Herzinfarkt-Risikofaktoren unter sozialmedizinischen Gesichtspunkten. In M. J. Halhuber (Ed.), *Psychosozialer »Stress« und koronare Herzkrankheit* (Vol. 2, pp. 239–263). Berlin: Springer.

Mummendey, H. D. & Sturm, G. (1979). Methoden und Probleme der Messung von Selbstkonzepten. In S. H. Filipp (Ed.), *Selbstkonzept-Forschung* (pp. 171–190). Stuttgart: Klett-Cotta.

Mummendey, H. D. & Sturm, G. (1979). Untersuchung retrospektiver Selbständerungen von Senioren unter Berücksichtigung biographischer Veränderungen und von Vergleichswerten jüngerer Erwachsener. *Bielefelder Arbeiten zur Sozialpsychologie, 51*.

Mummendey, H. D. & Sturm, G. (1980). Erster Bericht über eine Längsschnittuntersuchung zu kritischen Lebensereignissen und Selbstbildänderungen jüngerer Erwachsener. *Bielefelder Arbeiten zur Sozialpsychologie, 51*.

Naveh-Benjamin, M., McKeachie, W. J., Lin, Y. & Holinger, D. P. (1981). Test anxiety: Deficits in information processing. *Journal of Educational Psychology, 73*, 816–824.

Neubauer, W. F. (1976). *Selbstkonzept und Identität im Kindes- und Jugendalter*. München: Reinhardt.

Nicholls, J. G. (1976). Effort is virtuous, but it's better to have ability: Evaluative responses to perceptions of effort and ability. *Journal of Research in Personality, 10*, 306–315.

Nicholls, J. G. (1976). When a scale measures more than its name denotes: The case of the Test Anxiety Scale for children. *Journal of Consulting and Clinical Psychology, 44*, 976–985.

Nicholls, J. G. (1978). The development of the concepts of effort and ability, perception of academic attainment and understanding that difficult tasks require ability. *Child Development, 49*, 800–814.

Nicholls, J. G. (1979). Development of perception of own attainment and causal attributions for success and failure in reading. *Journal of Educational Psychology, 71*, 94–99.

Nicholls, J. G., Jagacinski, C. M. & Miller, A. T. (1986). Conceptions of ability in children and adults. In R. Schwarzer (Ed.), *Self-Related Cognitions in Anxiety and Motivation*. Hillsdale: Erlbaum.

Nickel, H. (1981). Schulreife und Schulversagen: Ein ökologischer Erklärungsansatz und seine praktischen Konsequenzen (Übersichtsartikel). *Psychologie in Erziehung und Unterricht, 1*, 19–33.

Nickel, H. & Schlüter, P. (1970). Angstwerte bei Hauptschülern und ihr Zusammenhang mit

Leistungs- sowie Verhaltensmerkmalen, Lehrerurteil und Unterrichtsstil. *Zeitschrift für Entwicklungspsychologie und Pädagogische Psychologie, 2,* 125–136.
Nickel, H., Schlüter, P., & Fenner, H.-J. (1973). Angstwerte, Intelligenztest- und Schulleistungen sowie der Einfluß der Lehrerpersönlichkeit bei Schülern verschiedener Schularten. *Psychologie in Erziehung und Unterricht, 20,* 1–13.
Nielsen, S. L. & Sarason, I. G. (1980). Personality and selective attention. *Technical Report.* Seattle: Univ. of Washington.
Nisbett, R. E. & Bellows, N. (1977). Verbal reports about influences on social judgments: Private access versus public theories. *Journal of Personality and Social Psychology, 35,* 613–624.
Nisbett, R. E. & Ross, L. (1980). *Human inference: Strategies and shortcomings of social judgment.* Englewood Cliffs: Prentice Hall.
Nisbett, R. E. & Valins, S. (1971). *Perceiving the causes of one's own behavior.* New York: General Learning Press.
Nisbett, R. E. & Wilson, T. D. (1977). Telling more than we know. Verbal reports on mental processes. *Psychological Review, 84,* 231–259.
Nitsch, J. R. (1981). *Stress. Theorien, Untersuchungen, Maßnahmen.* Bern: Huber.
Nitsch, J. R. & Hackfort, D. (1981). Streß in Schule und Hochschule – eine handlungspsychologische Funktionsanalyse. In J. R. Nitsch (Ed.), *Streß. Theorien, Untersuchungen, Maßnahmen...* Bern: Huber.
Olweus, D. (1976). Der »moderne« Interaktionismus von Person und Situation und seine varianzanalytische Sackgasse. *Zeitschrift für Entwicklungspsychologie und Pädagogische Psychologie, 8,* 171–185.
O'Malley, P. M. & Bachman, J. G. (1983). Self-esteem: Change and stability between ages 13 and 23. *Developmental Psychology, 19,* 257–268.
O'Neil, H. F., Jr. & Richardson, F. C. (1980). Test anxiety reduction and computer-based learning environments. In I. G. Sarason (Ed.), *Test anxiety: Theory, research, and applications.* Hillsdale, NJ: Erlbaum.
Öner, N. P. (1983). State and trait anxiety in Turkish patients and normals. In C. D. Spielberger & R. Diaz-Guerrero (Eds.), *Cross-cultural anxiety* (Vol. 1, pp. 107–119). Washington, DC: Hemisphere.
Öner, N. & Kaymak, D. A. (1987). The transliteral equivalence and the reliability of the Turkish TAI. In R. Schwarzer, H. M. van der Ploeg & C. D. Spielberger (Eds.), *Advances in test anxiety research (Vol. 5)* (pp. 227–239). Lisse: Swets & Zeitlinger.
Orlik, P. (1961). Ein Beitrag zu den Problemen der Metrik und der diagnostischen Valenz schulischer Leistungsbeurteilungen. *Zeitschrift für experimentelle und angewandte Psychologie, 8,* 400–408.
Orlik, P. (1979). Das Selbstkonzept als Bezugssystem. *Zeitschrift für Sozialpsychologie.*
Otto, J. (1981). *Regulationsmuster in Warte- und Vollzugssituationen.* München: Minerva.
Paivio, A., Baldwin, A. L. & Berger, S. M. (1961). Measurement of children's sensitivity to audiences. *Child Development, 32,* 721–730.
Parcel, G. S., Nader, R. R. & Rogers, P. J. (1980). A health education program for children with asthma. *Journal for Developmental and Behavioral Pediatrics.*
Parcel, G. S., Nader, R. R. & Rogers, P. J. (1980). Health locus of control and health values: Implications for school health education. *Health Values, 4,* 32–37.
Patten, M. D. (1983). Relationships between self-esteem, anxiety, and achievement in young learning disabled students. *Journal of Learning Disabilities, 16,* 43–45.
Paulhus, D. (1983). Sphere-specific measures of perceived control. *Journal of Personality and Social Psychology, 44,* 1253–1265.
Paulus, P. B. (1980). *Psychology of group influence.* Hillsdale: Erlbaum.
Pekrun, R. (1983). *Schulische Persönlichkeitsentwicklung.* Frankfurt: Lang.
Pekrun, R. (1983). Wie valide ist das attributionstheoretische Motivationsmodell? In G. Lüer (Ed.), *Bericht über den 33. Kongreß der Deutschen Gesellschaft für Psychologie in Mainz 1982.* Göttingen: Hogrefe.
Pekrun, R. (1984). An expectancy-value model of anxiety. In H. van der Ploeg, R. Schwarzer & C. D. Spielberger (Eds.), *Advances in Test Anxiety Research* (Vol. 3). Lisse/Hillsdale: Swets/Erlbaum.
Perlmutter, L. C. & Monty, R. A. (1979). *Choice and perceived control.* Hillsdale: Erlbaum.
Peterson, C., Schwartz, S. M. & Seligman, M. E. P. (1981). Self-blame and depressive symptoms. *Journal of Personality and Social Psychology, 41,* 253–259.
Peterson, C. & Seligman, M. E. P. (1984). Hilflosigkeit, Attributionsstil und Depression. In F. E. Weinert & R. H. Kluwe (Eds.), *Metakognition, Motivation und Lernen* (pp. 164–191). Stuttgart: Kohlhammer.

Pettigrew, T. F. (1967). Social evaluation theory. In D. Levine (Ed.), *Nebraska Symposium on Motivation* (pp. 241–311) Lincoln.
Phares, E. J. (1968). Test anxiety, expectancies, and expectancy changes. *Psychological Reports, 22,* 259–265.
Phares, E. J. (1976). *Locus of control in personality.* Morristown: General Learning Press.
Phillips, B. N. (1978). *School stress and anxiety.* New York: Human Sciences Press.
Phillips, B. N. (1985). Test anxiety in school settings. Application of the Aptitude-treatment interaction concept in research on test anxiety, instruction. In H. M. van der Ploeg, R. Schwarzer & C. D. Spielberger (Eds.), *Advances in test anxiety research* (Vol. 4). Lisse: Swets & Zeitlinger.
Phillips, B. N., Pitcher, G. D., Worsham, M. E. & Miller, S. C. (1980). Test anxiety and the school environment. In I. G. Sarason (Ed.), *Test anxiety: Theory, research, and applications* (pp. 327–346). Hillsdale, NJ: Erlbaum.
Phillips, K. A. (1987). Test anxious children's response to classroom instruction. In R. Schwarzer, H. M. van der Ploeg, & C. D. Spielberger (Eds.), *Advances in test anxiety research (Vol. 5)* (pp. 147–155). Lisse: Swets & Zeitlinger.
Pilkonis, P. A. (1977). Shyness, public and private, and its relationship to other measures of social behavior. *Journal of Personality, 45,* 585–595.
Pilkonis, P. A. (1977). The behavioral consequences of shyness. *Journal of Personality, 45,* 596–611.
Pittman, N. L. & Pittman, T. S. (1979). Effects of amount of helplessness training and internal-external locus of control on mood and performance. *Journal of Personality and Social Psychology, 37,* 39–47.
Plake, B. S., Ansorge, C. J., Parker, C. S. & Lowry, S. R. (1982). Effects of item arrangements, knowledge of arrangements, test anxiety and sex on test performance. *Journal of Educational Measurements, 19,* 49–57.
Plake, B. S. & Parker, C. S. (1982). The development and validation of a revised version of the mathematics anxiety rating scale. *Educational and Psychological Measurement, 42,* 1215–1222.
Plake, B. S., Smith, E. P. & Damsteegt, D. D. (1981). A validity investigation of achievement anxiety test. *Educational and Psychological Measurement, 41,* 1215–1222.
Ploeg, H. M. van der (1982). The relationship of worry and emotionality to performance in Dutch school children. In R. Schwarzer, H. M. van der Ploeg & C. D. Spielberger (Eds.), *Advances in test anxiety research* (Vol. 1, pp. 55–66). Lisse/Hillsdale, NJ: Swets & Zeitlinger.
Ploeg, H. M. van der (1983). Test anxiety and anger: Some empirical considerations. In R. Schwarzer, H. M. van der Ploeg & C. D. Spielberger (Eds.), *Advances in test anxiety research* (Vol. 2, pp. 67–80). Lisse/Hillsdale, NJ: Swets & Zeitlinger/Erlbaum.
Ploeg, H. M. van der (1983). The validation of the Dutch form of the Test Anxiety Inventory. In H. M. van der Ploeg, R. Schwarzer & C. D. Spielberger (Eds.), *Advances in test anxiety research* (Vol. 2, pp. 191–202). Lisse/Hillsdale, NJ: Swets & Zeitlinger/Erlbaum.
Ploeg, H. M. van der (1984). Worry, emotionality, intelligence and academic performance in male and female Dutch secondary school children. In Ploeg, H. van der, Schwarzer, R. & Spielberger, C. D. (Eds.), *Advances in Test Anxiety Research* (Vol. 3). Lisse/Hillsdale: Swets/Erlbaum.
Ploeg, H. M. van der, Defares, P. B. & Spielberger, C. D. (1980). *Handleiding bij de Zelf-Beoordelings Vragenlijst ZBV. Een nederlandstalige bewerking van de Spielberger State-Trait Anxiety Inventory STAI-DY.* Lisse: Swets & Zeitlinger.
Ploeg, H. M. van der, Schwarzer, R. & Spielberger, C. D. (Eds.) (1983). *Advances in test anxiety research* (Vol. 2). Lisse/Hillsdale, NJ: Swets & Zeitlinger/Erlbaum.
Ploeg, H. M. van der, Schwarzer, R. & Spielberger, C. D. (Eds.) (1984). *Advances in test anxiety research* (Vol. 3). Lisse/Hillsdale, NJ: Swets & Zeitlinger/Erlbaum.
Ploeg, H. M. van der, Schwarzer, R. & Spielberger, C. D. (Eds.) (1985). *Advances in test anxiety research* (Vol. 4). Lisse/Hillsdale, NJ: Swets & Zeitlinger/Erlbaum.
Ploeg-Stapert, J. D. van der & Ploeg, H. M. van der (1985). A multifacetted behavioral treatment program of test anxiety. In H. M. van der Ploeg, R. Schwarzer & C. D. Spielberger (Eds.), *Advances in test anxiety research* (Vol. 4). Lisse: Swets & Zeitlinger.
Ploeg-Stapert, J. D. van der, & Ploeg, H. M. van der (1987). The evaluation and follow-up of a behavioral group treatment of test-anxious adolescents. In R. Schwarzer, H. M. van der Ploeg & C. D. Spielberger (Eds.), *Advances in test anxiety research (Vol. 5)* (pp. 187–194). Lisse: Swets & Zeitlinger.
Plutchik, R. A. (1980). A general psychoevolutionary theory of emotion. In R. Plutchik & H. Kellerman (Eds.), *Emotion* (Vol. 1, pp. 3–33). New York: Academic Press.
Plutchik, R. & Kellerman, H. (1980). *Emotion. Theory, Research and Experience.* New York: Academic Press.

Prystav, G. (1979). Die Bedeutung der Vorhersagbarkeit und Kontrollierbarkeit von Stressoren für Klassifikationen von Belastungssituationen. *Zeitschrift für Klinische Psychologie, 8,* 283–301.
Prystav, G. (1980). Vorhersagbarkeit und Kontrollierbarkeit aversiver Reize als belastungsinduzierende Variablen. *Archiv für Psychologie, 132,* 121–138.
Quast, H., Jerusalem, M. & Schwarzer, R. (1985). The impact of daily stress on social anxiety and helplessness: A longitudinal field study. In J. J. Sanchez-Sosa (Ed.), *Health and clinical psychology.* (pp. 157–173). Amsterdam: North-Holland.
Rahe, R. H. (1975). Life changes and near-future illness reports. In L. Levi (Ed.), *Emotions* (pp. 511–530). New York: Raven.
Ramirez, O. M. & Dockweiler, C. J. (1987). Mathematics anxiety: A systematic review. In R. Schwarzer, H. M. van der Ploeg & C. D. Spielberger (Eds.), *Advances in test anxiety research (Vol. 5)* (pp. 157–175). Lisse: Swets & Zeitlinger.
Reed, M. & Saslow, C. A. (1980). The effects of relaxation instructions and EMG biofeedback on test anxiety, general anxiety, and locus of control. *Journal of Clinical Psychology, 36,* 683–690.
Revensdorf, D. (1980). *Faktorenanalyse.* Stuttgart: Kohlhammer.
Rheinberg, F. (1975). Zeitstabilität und Steuerbarkeit von Ursachen schulischer Leistung in der Sicht des Lehrers. *Zeitschrift für Entwicklungspsychologie und Pädagogische Psychologie, 7,* 180–194.
Rheinberg, F. & Krug, S. (1978). Innere und äußere Differenzierung, Motivation und Bezugsnorm-Orientierung. In K. J. Klauer & H. J. Kornadt (Eds.), *Jahrbuch für Empirische Erziehungswissenschaft* (pp. 165–195). Düsseldorf: Schwann.
Rheinberg, R. (1982). Bezugsnorm-Orientierung angehender Lehrer im Verlauf ihrer praktischen Ausbildung. In F. Rheinberg (Ed.), *Bezugsnormen. Jahrbuch für Empirische Erziehungswissenschaft.* Düsseldorf: Schwann.
Rhoads, D. L., Gonzalez, J. R. & Raymond, J. S. (1980). *Life change, social support, psychological symptomatology: A search for causal relationships.* Paper presented at WPA meeting. Honolulu (Hawaii).
Richardson, F. C. & Suinn, R. M. (1972). The mathematics anxiety rating scale: Psychometric data. *Journal of Counseling Psychology, 19,* 551–554.
Richardson, F. C. & Woolfolk, R. L. (1980). Mathematics anxiety. In I. G. Sarason (Ed.), *Test anxiety: Theory, research, and applications.* Hillsdale, NJ: Erlbaum.
Rocklin, T. (1985). Interactive effects of test anxiety, test difficulty and feedback: Implications for ability testing. In H. M. van der Ploeg, R. Schwarzer & C. D. Spielberger (Eds.), *Advances in test anxiety research* (Vol. 4). Lisse: Swets & Zeitlinger.
Rosenberg, M. (1965). *Society and the adolescent self-image.* Princeton, NJ: Princeton University Press.
Rosenthal, T. L. (1980). Modeling approaches to test anxiety and related problems. In I. G. Sarason (Ed.), *Test anxiety* (pp. 245–270). Hillsdale: Erlbaum.
Ross, L., Bierbrauer, G. & Polly, S. (1974). Attribution of educational outcomes by professional and nonprofessional instructors. *Journal of Personality and Social Psychology, 29,* 609–618.
Ross, L., Greene, D. & House, P. (1977). The »false consensus effect«: An egocentric bias in social perception and attribution processes. *Journal of Experimental and Social Psychology, 13,* 279–301.
Rost, D. H. (1977). Läßt sich Schulangst im Klassenzimmer durch Modell- bzw. Bekräftigungslernen reduzieren? *Zeitschrift für Empirische Pädagogik, 1,* 15–40.
Roth, S. & Kubal, S. (1975). Effects of noncontingent reinforcement on tasks of differing importance: Facilitation and learned helplessness. *Journal of Personality and Social Psychology, 32,* 680–691.
Rotter, J. (1979). Individual differences and perceived control. In L. Permutter & R. A. Monty (Eds.), *Choice and perceived control* (pp. 263–270). Hillsdale: Erlbaum.
Rotter, J. B. (1954). *Social learning and clinical psychology.* Englewood Cliffs: Prentice Hall.
Rounds, J. B. & Hendel, D. D. (1979). *The measurement and dimensionality of mathematics anxiety. Unpublished paper.* University of Minnesota.
Rowell, J. & Mansfield, H. (1980). The teaching of transformation geometry in grade eight: A search for aptitude-treatment interactions. *Journal of Educational Research, 74,* 55–59.
Ruble, D. N., Feldman, N. S. & Boggiano, A. K. (1976). Social comparison between young children in achievement situations. *Developmental Psychology, 12,* 192–197.
Ruebush, B. K. (1960). Interfering and facilitating effects of test anxiety. *Journal of Abnormal and Social Psychology, 60,* 205–212.
Ruebush, B. K., Byrum, M. & Farnham, L. J. (1963). Problem solving as a function of children's defensiveness and parental behavior. *Journal of Abnormal and Social Psychology, 67,* 355–362.
Rule, B. C. & Nesdale, A. R. (1976). Emotional arousal and aggressive behavior. *Psychological Bulletin, 83,* 851–863.

Runkel, W. (1980). Schach ist doch ein Sport. *Zeitmagazin, 45,* 46–48.
Runyan, W. M. (1978). The life course as a theoretical orientation: Sequences of person-situation interaction. *Journal of Personality.*
Rutter, M., Maughan, B., Mortimer, P. & Ouston, J. (1980). *Fünfzehntausend Stunden.* Weinheim: Beltz.
Salomon, G. (1975). Heuristische Modelle für die Gewinnung von Interaktionshypothesen. In R. Schwarzer & K. Steinhagen (Eds.), *Adaptiver Unterricht.* München: Kösel.
Sandler, I. N. & Lakey, B. (1982). Locus of control as a stress moderator: The role of control perceptions and social support. *American Journal of Community Psychology, 10,* 65–80.
Sanford, R. N., & Risser, J. (1948). What are the conditions of self-defensive forgetting? *Journal of Personality, 17,* 244–260.
Sarason, B. (1986). Social support, social behavior, and cognitive processes. In R. Schwarzer (Ed.), *Self-Related Cognitions in Anxiety and Motivation.* Hillsdale: Erlbaum.
Sarason, I. G. (1960). Empirical findings and theoretical problems in the use of anxiety scales. *Psychological Bulletin, 57,* 403–415.
Sarason, I. G. (1961). The effects of anxiety and threat on the solution of a difficult task. *Journal of Abnormal and Social Psychology, 62,* 165–168.
Sarason, I. G. (1972). Experimental approaches to test anxiety: Attention and the use of information. In C. D. Spielberger (Ed.), *Anxiety: Current trends in theories and research* (Vol. 2, pp. 381–403). New York: Akademic Press.
Sarason, I. G. (1975). Anxiety and self-preoccupation. In I. G. Sarason & C. D. Spielberger (Eds.), *Stress and anxiety* (Vol. 2, pp. 27–44). Washington: Hemisphere.
Sarason, I. G. (1975). Test anxiety and the self-disclosing coping model. *Journal of Consulting and Clinical Psychology, 43,* 148–153.
Sarason, I. G. (1975). Test anxiety, attention, and the general problem of test anxiety. In C. D. Spielberger & I. G. Sarason (Eds.), *Stress and anxiety* (Vol. 1). New York: Wiley.
Sarason, I. G. (1978). The Test Anxiety Scale: Concept and research. In C. D. Spielberger & I. G. Sarason (Eds.), *Stress and anxiety* (Vol. 5, pp. 193–216). Washington, DC: Hemisphere.
Sarason, I. G. (1980). Life stress, self-preoccupation, and social supports. In I. G. Sarason & C. D. Spielberger (Eds.), *Stress and anxiety* (Vol. 7) (pp. 73–91). Washington: Hemisphere.
Sarason, I. G. (1981). Test anxiety, stress, and social support. *Journal of Personality, 49,* 101–114.
Sarason, I. G. (1984). Stress, anxiety, and cognitive interference: Reactions to tests. *Journal of Personality and Social Psychology, 46,* 929–938.
Sarason, I. G. (Ed.) (1980). *Test anxiety: Theory, research, and applications.* Hillsdale, NJ: Erlbaum.
Sarason, I. G. (1986). Test anxiety, worry and cognitive interference. In R. Schwarzer (Ed.), *Self-related cognitions in anxiety and motivation* (pp. 19–33). Hillsdale, NJ: Erlbaum.
Sarason, I. G. & Sarason, B. R. (1981). The importance of cognition and moderator variables in stress. In D. Magnusson (Ed.), *Toward a psychology of situations: An interactional perspective.* Hillsdale, N. Y.: Erlbaum.
Sarason, I. G. & Sarason, B. R. (1987). Cognitive interference as a component of anxiety: Measurement of its state and trait aspects. In R. Schwarzer, H. M. van der Ploeg & C. D. Spielberger (Eds.), *Advances in test anxiety research (Vol. 5)* (pp. 3–14). Lisse: Swets & Zeitlinger.
Sarason, I. G. & Spielberger, C. D. (Eds.) (1980). *Stress and anxiety* (Vol. 7). Washington, DC: Hemisphere.
Sarason, I. G. & Stoops, R. (1978). Test anxiety and the passage of time. *Journal of Consulting and Clinical Psychology, 46,* 102–109.
Sarason, I. G., Johnson, J. H. & Siegel, J. M. (1978). Assessing the impact of life changes: Development of the life experiences survey. *Journal of Consulting and Clinical Psychology, 46,* 932–946.
Sarason, I. G., Levine, H. M., Basham, R. B. & Sarason, B. (1983). Assessing social support: The Social Support Questionnaire. *Journal of Personality and Social Psychology, 44,* 127–139.
Sarason, I. G., Sarason, B. R., Keefe, D. E., Hayes, B. E., & Shearin, E. N. (1986). Cognitive interference: Situational determinants and trait-like characteristics. *Journal of Personality and Social Psychology, 51,* 1–12.
Sarason, S. B. (1966). The measurement of anxiety in children: Some questions and problems. In C. D. Spielberger (Ed.), *Anxiety and behavior* (pp. 63–79). New York: Academic Press.
Sarason, S. B., Davidson, K. S., Lighthall, F. F. & Waite, R. R. (1958). A test anxiety scale for children. *Child Development.*
Sarason, S. B., Davidson, K. S., Lighthall, F. F., Waite, R. R. & Ruebush, B. K. (1960). *Anxiety in elementary school children.* New York: Wiley.

Sarason, S. B., Davidson, K. S., Lighthall, F. F., Waite, R. R., & Ruebush, B. K. (1971). *Angst bei Schulkindern.* Stuttgart: Klett.
Sarnoff, J., Lighthall, F. F., Waite, R. R., Davidson, K. S. & Sarason, S. B. (1958). A crosscultural study of anxiety among American & English school children. *Journal of Educational Psychology, 49,* 129–137.
Schachter, S. & Singer, J. (1962). Cognitive social and physiological determinants of emotion. *Psychological Review, 69,* 379–399.
Schaefer, C. & Lazarus, R. S., et al. (1980). Rationale and instructions for the ways of coping checklist. *Hektogramm.* Berkeley: UCB.
Schaefer, H. (1977). Diskussionsbeitrag. In M. J. Halhuber (Ed.), *Psychosozialer »Streß« und koronare Herzkrankheit.* Berlin: Springer.
Scheier, M. (1976). Self-awareness, self-consciousness and angry aggression. *Journal of Personality, 44,* 627–644.
Scheier, M. F. & Carver, C. S. (1977). Self-focused attention and the experience of emotion: Attraction, repulsion, elation and depression. *Journal of Personality and Social Psychology, 10,* 264–273.
Scheier, M. F. & Carver, C. S. (1981). Private and public aspects of the self. In L. Wheeler (Ed.), *Review of personality and social psychology* (Vol. 2). Beverly Hills, CA: Sage.
Scheier, M. F. & Carver, C. S. (1983). Two sides of the self: One for you and one for me. In J. Suls & A. G. Greenwald (Eds.), *Psychological perspectives of the self* (Vol. 2). Hillsdale, NJ: Erlbaum.
Scheier, M. F., Buss, A. H. & Buss, D. M. (1978). Self-consciousness, self-report of aggressiveness and aggression. *Journal of Research in Personality, 12,* 133–140.
Scheier, M. F., Carver, C. S. & Gibbons, F. X. (in press). Self-focused attention and reactions to fear: When standards and affect collide. *Journal of Personality and Social Psychology.*
Scheier, M. F., Carver, C. S., Schulz, R., Wishnick, G. I. & Katz, I. (1978). Sympathy, self-consciousness, and reactions to the stigmatized. *Journal of Applied Social Psychology.*
Scheier, M. F., Fenigstein, A. & Buss, A. H. (1974). Self-awareness and physical aggression. *Journal of Experimental Social Psychology, 10,* 264–273.
Scheirer, M. A. & Kraut, R. E. (1979). Increasing educational achievement via self-concept change. *Review of Educational Research, 49,* 131–150.
Schell, H. (1972). *Angst und Schulleistung.* Göttingen: Hogrefe.
Schlenker, B. R. (1975). Self-presentation: Managing the impression of consistency when reality interferes with self-enhancement. *Journal of Personality and Social Psychology, 32,* 1030–1037.
Schlenker, B. R. (1975). *The self and social life.* New York: McGraw-Hill.
Schlenker, B. R. (1980). *Impression management: The self-concept, social identity, and interpersonal relations.* Monterey, CA: Brooks/Cole.
Schlenker, B. R. & Leary, M. R. (1982). Social anxiety and self-presentation: A conceptualization and model. *Psychological Bulletin, 92,* 641–669.
Schlottke, P. F. (1980). *Selbstinstruktion und Bewältigung von Belastung.* München: Minerva.
Schmalt, H. D. (1975). Selbständigkeitserziehung und verschiedene Aspekte des Leistungsmotivs. *Zeitschrift für Entwicklungspsychologie und Pädagogische Psychologie, 7,* 24–37.
Schmalt, H. D. (1978). Leistungsthematische Kognitionen I: Kausalerklärungen für Erfolg und Mißerfolg. *Zeitschrift für Experimentelle und Angewandte Psychologie, 25,* 246–272.
Schmalt, H. D. (1979). Leistungsthematische Kognitionen II: Kausalattribuierungen, Erfolgserwartungen und Affekte. *Zeitschrift für Experimentelle und Angewandte Psychologie, 26,* 509–531.
Schmalt, H.-D. (1982). Two concepts of fear of failure motivation. In R. Schwarzer, H. M. van der Ploeg & C. D. Spielberger (Eds.), *Advances in test anxiety research* (Vol. 1) (pp. 45–52). Lisse/Hillsdale, N. Y.: Swets & Zeitlinger/Erlbaum.
Schmalt, H. D. & Meyer, W. U. (1976). *Leistungsmotivation und Verhalten.* Stuttgart: Klett.
Schneewind, K. (1977). Selbstkonzept. In T. Herrmann, P. R. Hofstätter, H. P. Huber & F. E. Weinert (Eds.), *Handbuch psychologischer Grundbegriffe* (pp. 424–431). München: Kösel.
Schneider, H.-D. (1976). Die Bezugsgruppe als Umweltfaktor im Lebenszyklus. *Aktuelle Gerontologie, 6,* 573–580.
Schneider, K. (1977). Leistungsmotive, Kausalerklärungen für Erfolg und Mißerfolg und erlebte Affekte nach Erfolg und Mißerfolg. *Zeitschrift für Experimentelle und Angewandte Psychologie, 24,* 613–637.
Schneider, K. & Posse, N. (1978). Der Einfluß der Erfahrung mit einer Aufgabe auf die Aufgabenwahl, subjektive Unsicherheit und die Kausalerklärungen für Erfolge. *Psychologische Beiträge, 20,* 228–250.
Schneider, K. & Posse, N. (1978). Subjektive Unsicherheit, Kausalattribuierung und Aufgabenwahl I. *Zeitschrift für Experimentelle und Angewandte Psychologie, 25,* 302–320 (a).

Schneider, K. & Posse, N. (1978). Subjektive Unsicherheit, Kausalattribuierung und Aufgabenwahl II. *Zeitschrift für Experimentelle und Angewandte Psychologie, 25*, 474–499 (b).
Schneider, K. & Schmalt, H.-D. (1981). *Motivation*. Stuttgart: Kohlhammer.
Schönpflug, W. (1979). Regulation und Fehlregulation im Verhalten I. Verhaltensstruktur, Effizienz und Belastung – theoretische Grundlagen eines Untersuchungsprogramms. *Psychologische Beiträge, 21*, 174–203.
Schönpflug, W. (1984). Activity style of anxious individuals. In H. M. van der Ploeg, R. Schwarzer & C. D. Spielberger (Eds.), *Advances in Test Anxiety Research* (Vol. 3). Lisse/Hillsdale: Swets/Erlbaum.
Schönpflug, W. & Schulz, P. (1976). Streß und Verhaltensregulation bei Belastung. In W. Track (Ed.), *Bericht über den 30. Kongreß der Deutschen Gesellschaft für Psychologie in Regensburg* (pp. 435–440). Göttingen: Hogrefe.
Schulz, P. (1983). Regulation und Fehlregulation im Verhalten VII. Entstehungsbedingungen und Erscheinungsweisen der emotionalen Belastung in Leistungssituationen. *Psychologische Beiträge, 24*, 498–522.
Schunk, D. A. (1981). Modeling and attributional effects on children's achievement: A self-efficacy analysis. *Journal of Educational Psychology, 73*, 93–105.
Schunk, D. H. (1983). Reward contingencies and the development of children's skills and self-efficacy. *Journal of Educational Research, 75*, 511–518.
Schwartz, G. E. & Weinberger, D. A. (1980). Patterns of emotional responses to affective situations: Relations among happiness, sadness, anger, fear, depression, and anxiety. *Motivation and Emotion, 4*, 175–191.
Schwarz, N. & Clore, G. L. (1983). Mood, misattribution, and judgments of well-being: Informative and directive functions of affective states. *Journal of Personality and Social Psychology, 45*, 513–523.
Schwarzer, C. & Cherkes-Julkowski, M. (1982). Determinants of test anxiety and helplessness. In R. Schwarzer, H. M. van der Ploeg & C. D. Spielberger (Eds.), *Advances in test anxiety research* (Vol. 1) (pp. 33–43). Lisse/Hillsdale, N. Y.: Swets & Zeitlinger/Erlbaum.
Schwarzer, C. & Kim, M.-J. (1984). Adaptation of the Korean form of the Test Anxiety Inventory. In H. M. van der Ploeg, R. Schwarzer & C. D. Spielberger (Eds.), *Advances in test anxiety research* (Vol. 3, pp. 277–282). Lisse/Hillsdale, NJ: Swets & Zeitlinger/Erlbaum.
Schwarzer, R. (1975). *Schulangst und Lernerfolg*. Düsseldorf: Schwann.
Schwarzer, R. (1977). *Beraterlexikon*. München: Kösel.
Schwarzer, R. (1979). Bezugsgruppeneffekte in schulischen Umwelten. *Zeitschrift für Empirische Pädagogik, 3*, 153–166.
Schwarzer, R. (1979). Schüler ohne Selbstvertrauen. Zur typologischen Analyse des subjektiven Befindens in der Schule. *Zeitschrift für Pädagogik, 25*, 181–189.
Schwarzer, R. (1979). Sequentielle Prädiktion des Schulerfolges. *Zeitschrift für Entwicklungspsychologie und Pädagogische Psychologie, 11*, 171–180.
Schwarzer, R. (1979). Was wird aus ängstlichen Grundschülern? *Zeitschrift für Entwicklungspsychologie und Pädagogische Psychologie, 11*, 261–271.
Schwarzer, R. (1980). Diagnosis and prediction of learning success. *Studies in Educational Evaluation, 6*, 195–207.
Schwarzer, R. (1981). Besorgtheit und Aufgeregtheit als unterscheidbare Komponenten der Leistungsängstlichkeit. *Psychologische Beiträge, 23*, 579–594.
Schwarzer, R. (1981). Schulangst in Beziehung zur Klassenstufe und Schulart. *Psychologie in Erziehung und Unterricht, 28*, 1–6.
Schwarzer, R. (1983). Unterrichtsklima als Sozialisationsbedingung für Selbstkonzeptentwicklung. *Unterrichtswissenschaft, 11*, 129–148.
Schwarzer, R. (1984). Worry and emotionality as separate components in test anxiety. *International Review of Applied Psychology, 33*, 205–219.
Schwarzer, R. (Ed.) (1984). *The self in anxiety, stress and depression*. Amsterdam: North-Holland.
Schwarzer, R. (Ed.) (1984). *Selbstbezogene Kognitionen: Trends in der Selbstkonzeptforschung*. Forschungsbericht. Freie Universität Berlin.
Schwarzer, R. (Ed.) (1986). *Self-related cognitions in anxiety and motivation*. Hillsdale: Erlbaum.
Schwarzer, R. (Ed.) (1986). *Skalen zur Befindlichkeit und Persönlichkeit*. Forschungsbericht. Freie Universität Berlin.
Schwarzer, R. & Arzoz, J. (1980). Die psychosoziale Verfassung von Ausländerkindern in integrierten und in nationalen Schulen. *Zeitschrift für Pädagogik, 26*, 877–893.
Schwarzer, R. & Jerusalem, M. (1981). Selbstwertgefühl in schulischen Bezugsgruppen. In Michaelis, W. (Ed.), *Bericht über den 32. Kongreß der Deutschen Gesellschaft für Psychologie in Zürich 1980, Band 2*. Zürich: Hogrefe.

Schwarzer, R. & Jerusalem, M. (1982). Selbstwertdienliche Attributionen nach Leistungsrückmeldungen. *Zeitschrift für Entwicklungspsychologie und Pädagogische Psychologie, 14,* 47–57.

Schwarzer, R. & Jerusalem, M. (1983). Selbstkonzeptentwicklung in schulischen Bezugsgruppen – eine dynamische Mehrebenenanalyse. *Zeitschrift für personenzentrierte Psychologie und Psychotherapie, 2,* 79–87.

Schwarzer, R., Jerusalem, M. & Lange, B. (1982). A longitudinal study of worry and emotionality in German secondary school children. In R. Schwarzer, H. M. van der Ploeg & C. D. Spielberger (Eds.), *Advances in test anxiety research* (Vol. 1, pp. 67–81). Lisse/Hillsdale, NJ: Swets & Zeitlinger/Erlbaum.

Schwarzer, R., Jerusalem, M. & Schwarzer, C. (1983). Self-related and situation-related cognitions in test anxiety and helplessness: A longitudinal analysis with structural equations. In R. Schwarzer, H. M. van der Ploeg & C. D. Spielberger (Eds.), *Advances in test anxiety research* (Vol. 2) (pp. 35–43). Lisse/Hillsdale, N. Y.: Swets & Zeitlinger/Erlbaum.

Schwarzer, R., Jerusalem, M. & Stiksrud, H. A. (1984). The developmental relationship between test anxiety and helplessness. In H. M. van der Ploeg, R. Schwarzer & C. D. Spielberger (Eds.), *Advances in test anxiety research* (Vol. 3). Lisse/Hillsdale, NJ: Swets & Zeitlinger/Erlbaum.

Schwarzer, R. & Lange, B. (1980). Zur subjektiven Lernumweltbelastung von Schülern. *Unterrichtswissenschaft, 8,* 358–371.

Schwarzer, R. & Lange, B. (1983). Test anxiety development from grade 5 to grade 10: A structural equation approach. In R. Schwarzer, H. M. van der Ploeg & C. D. Spielberger (Eds.), *Advances in test anxiety research* (Vol. 2) (pp. 147–157). Lisse/Hillsdale, N. Y.: Swets & Zeitlinger/Erlbaum.

Schwarzer, R., Lange, B. & Jerusalem, M. (1981). Selbstkonzept und Ängstlichkeit bei deutschen und ausländischen Grundschülern. *Unterrichtswissenschaft, 2,* 112–119.

Schwarzer, R., Lange, B. & Jerusalem, M. (1982). Die Bezugsnorm des Lehrers aus der Sicht des Schülers. In Rheinberg, F. (Ed.), *Bezugsnormen zur Schulleistungsbewertung. Jahrbuch für Empirische Erziehungswissenschaft 1982* (pp. 161–172). Düsseldorf: Schwann.

Schwarzer, R., Lange, B. & Jerusalem, M. (1982). Selbstkonzeptentwicklung nach einem Bezugsgruppenwechsel. *Zeitschrift für Entwicklungspsychologie und Pädagogische Psychologie, 14,* 125–140.

Schwarzer, R., Ploeg, H. M. van der & Spielberger, C. D. (Eds.) (1982). *Advances in test anxiety research* (Vol. 1). Lisse/Hillsdale, NJ: Swets & Zeitlinger/Erlbaum.

Schwarzer, R., Ploeg, H. M. van der & Spielberger, C. D. (Eds.) (1987). *Advances in test anxiety research* (Vol. 5). Lisse/Hillsdale, NJ: Swets & Zeitlinger/Erlbaum.

Schwarzer, R., Ploeg, H. M. van der & Spielberger, C. D. (1982). Test anxiety: An overview of theory and research. In R. Schwarzer, H. M. van der Ploeg & C. D. Spielberger (Eds.), *Advances in test anxiety research* (Vol. 1, pp. 3–9). Lisse/Hillsdale, NJ: Swets & Zeitlinger/Erlbaum.

Schwarzer, R. & Quast, H.-H. (1985). Multidimensionality of the anxiety experience: Evidence for additional components. In H. M. van der Ploeg, R. Schwarzer & C. D. Spielberger (Eds.), *Advances in test anxiety research* (Vol. 4). Lisse/Hillsdale, N. J.: Swets & Zeitlinger/Erlbaum.

Schwarzer, R., Quast, H.-H. & Jerusalem, M. (1987). The impact of anxiety and self-consciousness on cognitive appraisals in the achievement process. In R. Schwarzer, H. M. van der Ploeg & C. D. Spielberger (Eds.), *Advances in test anxiety research (Vol. 5)* (pp. 39–52). Lisse: Swets & Zeitlinger.

Schwarzer, R. & Rongen, R. (1980). Remedialer und adaptiver Unterricht in der Grundschule. In D. Rost (Ed.), *Unterricht für die Grundschule* (pp. 80–98). Bad Heilbrunn: Klinkhardt.

Schwarzer, R. & Royl, W. (1976). Angst und Schulunlust als Sozialisationseffekte verschiedener Schularten. *Zeitschrift für Pädagogik, 22,* 547–558.

Schwarzer, R. & Royl, W. (1979). Schulverdrossenheit gestern und heute: ein differentieller Kohorteneffekt. *Zeitschrift für Entwicklungspsychologie und Pädagogische Psychologie, 11,* 372–376.

Schwarzer, R. & Royl, W. (1979). Die Entwicklung der Leistungsängstlichkeit bei Gesamt- und Regelschülern. *Psychologie in Erziehung und Unterricht, 26,* 259–266.

Schwarzer, R. & Schwarzer, C. (1982). Test anxiety with respect to school reference groups. In R. Schwarzer, H. M. van der Ploeg & C. D. Spielberger (Eds.), *Advances in test anxiety research. Vol. 1* (pp. 95–104). Lisse: Swets & Zeitlinger.

Schwarzer, R. & Schwarzer, C. (1983). The validation of the German form of the State-trait Personality Inventory: A pilot study. In R. Schwarzer, H. M. van der Ploeg & C. D. Spielberger (Eds.), *Advances in test anxiety research* (Vol. 2) (pp. 215–221). Lisse/Hillsdale, N. Y.: Swets & Zeitlinger/Erlbaum.

Schwarzer, R. & Steinhagen, K. (1975). *Adaptiver Unterricht. Beiträge zur Wechselwirkung von Schülermerkmalen und Unterrichtsmethoden.* München: Kösel.

Schwenkmezger, P. (1980). Untersuchungen zur kognitiven Angsttheorie im sportmotorischen Bereich (»state-trait-anxiety«). *Zeitschrift für Experimentelle und Angewandte Psychologie, 27*, 607–630.

Schwenkmezger, P. (1985). *Modelle der Eigenschaftsangst und Zustandsangst. Theoretische Analysen und empirische Untersuchungen zur Angsttheorie von C. D. Spielberger.* Göttingen: Hogrefe.

Seiler, T. B. (1979). Genetische Kognitionstheorie, Persönlichkeit und Therapie. In N. Hoffmann (Ed.), *Grundlagen kognitiver Therapie* (pp. 25–66). Bern: Huber.

Seligman, M. E. P. (1975). *Helplessness: On depression, development and death.* San Francisco: Freeman.

Seligman, M. E. P. (1978). Comment and integration. *Journal of Abnormal Psychology, 87*, 165–179.

Seligman, M. E. P. (1979). *Erlernte Hilflosigkeit.* München: Urban & Schwarzenberg.

Seligman, M. E. P., Abramson, L. Y., Semmel, A. & Von Baeyer, C. (1979). Depressive attributional style. *Journal of Abnormal Psychology, 88*, 242–247.

Seligman, M. E. P. & Miller, S. M. (1979). The psychology of power: Concluding comments. In L. C. Perlmuter & R. A. Monty (Eds.), *Choice and perceived control* (pp. 347–370). Hillsdale: Erlbaum.

Selye, H. (1974). *Stress without distress.* Toronto: McClelland & Stewart.

Selye, H. (1976). *The Stress of Life.* New York: McGraw-Hill Book Co.

Selye, H. (1979). The stress concept and some of its implications. In V. Hamilton & D. M. Warburton (Eds.), *Human stress and cognition* (pp. 11–32). New York: Wiley.

Selye, H. (1980). *Selye's guide to stress research.* New York: Van Nostrand.

Semmer, N. & Frese, M. (1979). Handlungstheoretische Implikationen für kognitive Therapie. In N. Hoffmann (Ed.), *Grundlagen kognitiver Therapie* (pp. 115–154). Bern: Huber.

Semmer, N. & Pfäfflin, M. (1978). *Interaktionstraining. Ein handlungstheoretischer Ansatz zum Training sozialer Fertigkeiten.* Weinheim: Beltz.

Sharma, S. & Rao, U. (1983). Academic performance in different school courses as related to self-acceptance, test anxiety and intelligence. In R. Schwarzer, H. M. van der Ploeg & C. D. Spielberger (Eds.), *Advances in test anxiety research* (Vol. 2) (pp. 111–118). Lisse/Hillsdale, N.Y.: Swets & Zeitlinger/Erlbaum.

Sharma, S., Sud, A. & Spielberger, C. D. (1983). Development of the Hindi form of the Test Anxiety Inventory. In R. Schwarzer, H. M. van der Ploeg & C. D. Spielberger (Eds.), *Advances in test anxiety research* (Vol. 2, pp. 183–189). Lisse/Hillsdale, NJ: Swets & Zeitlinger/Erlbaum.

Shavelson, R. J., Bolus, R. & Keesling, J. W. (1980). Self-concept: Recent developments in theory and methods. In D. A. Payne (Ed.), *New directions for testing and measurement* (Vol. 7) (pp. 25–43). Washington: Jossey-Bass.

Shavelson, R. J., Hubner, J. J. & Stanton, G. C. (1976). Self-concept: Validation of construct interpretations. *Review of Educational Research, 46*, 407–441.

Shavelson, R. J. & Marsh, H. W. (1986). On the structure of self-concept. In R. Schwarzer (Ed.), *Self-Related Cognitions in Anxiety and Motivation.* Hillsdale: Erlbaum.

Shepark, L. A. (1979). Self-acceptance: The evaluative component of the self-construct. *American Educational Research Journal, 16*, 139–160.

Shrauger, J. S. & Osberg, T. M. (1980). The relationship of time investment and task outcome to causal attributions and self-esteem. *Journal of Personality, 48*, 360–378.

Silbereisen, R. K. & Eyferth, K. (Eds.) (1986). *Development as action in context.* New York: Springer.

Silver, R. L. & Wortman, C. B. (1980). Coping with undesirable life events. In J. Garber & M. E. P. Seligman (Eds.), *Human helplessness. Theory and applications* (pp. 279–340). New York: Plenum.

Silverman, J. (1964). Self-esteem and differential responsiveness to success and failure. *Journal of Abnormal and Social Psychology, 69*, 115–118.

Sledge, W. H., Boydstun, J. A. & Rabe, A. (1980). Self-concept changes related to war captivity. *Archives of General Psychiatry, 37*, 430–443.

Smith, A. (1987). Task-related motivation and time of testing. In R. Schwarzer, H. M. van der Ploeg & C. D. Spielberger (Eds.), *Advances in test anxiety research (Vol. 5)* (pp. 115–123). Lisse: Swets & Zeitlinger.

Smith, A. P. (1985). Diurnal variation in test anxiety and effort. In H. M. van der Ploeg, R. Schwarzer & C. D. Spielberger (Eds.), *Advances in test anxiety research* (Vol. 4, pp. 159–168). Lisse: Swets & Zeitlinger.

Smith, E. R. & Miller, F. D. (1978). Limits on perception of cognitive processes. A reply to Nisbett and Wilson. *Psychology Review, 85*, 355–362.

Smith, T., Snyder, C. R. & Handelsmann, M. M. (1982). On the self-serving function of an academic wooden leg: Test anxiety as a self-handicapping strategy. *Journal of Personality and Social Psychology, 42,* 314–321.
Snyder, C. R. & Smith, T. W. (1982). Symptoms of self-handicapping strategies. The virtues of old wine in new bottles. In G. Weary & H. L. Mirels (Eds.), *Integrations of clinical and social psychology.* New York: Oxford University Press.
Sohn, D. (1977). Affect-generating powers of effort and ability self attributions of academic success and failure. *Journal of Educational Psychology, 69,* 500–505.
Spence, K. W. (1956). *Behavior theory and conditioning.* New Haven: Yale University Press.
Spence, K. W. & Farber, I. E. (1953). Conditioning and extinction as a function of anxiety. *Journal of Experimental Psychology, 45,* 116–119.
Spence, K. W. & Spence, J. (1966). The motivational components of manifest anxiety: Drive and drive stimuli. In C. D. Spielberger (Ed.), *Anxiety and behavior* (pp. 291–326). New York: Academic Press.
Spence, K. W. & Taylor, J. A. (1951). Anxiety and the strength of the UCS as determiners of the amount of eyelid conditioning. *Journal of Experimental Psychology, 42,* 183–188.
Spielberger, C. D. (Ed.) (1966). *Anxiety and behavior.* New York: Academic Press.
Spielberger, C. D. (1966). Theory and research on anxiety. In C. D. Spielberger (Ed.), *Anxiety and behavior* (pp. 3–20). New York: Academic Press.
Spielberger, C. D. (1972). Anxiety as an emotional state. In C. D. Spielberger (Ed.), *Anxiety: Current trends in theory and research* (Vol. 1, pp. 23–49). New York: Academic Press.
Spielberger, C. D. (1972). Conceptual and methodological issues in anxiety research. In C. D. Spielberger (Ed.), *Anxiety: Current trends in theory and research* (Vol. 2, pp. 481–493). New York: Academic Press.
Spielberger, C. D. (1973). *State-Trait Anxiety Inventory for Children: Preliminary manual.* Palo Alto, CA: Consulting Psychologists Press.
Spielberger, C. D. (1975). Anxiety: State-Trait-Process. In C. D. Spielberger & I. G. Sarason (Eds.), *Stress and anxiety* (Vol. 1) (pp. 115–143). New York: Wiley.
Spielberger, C. D. (1975). Anxiety: State-trait process. In C. D. Spielberger & I. G. Sarason (Eds.), *Stress and anxiety* (Vol. 1, pp. 115–143). Washington, DC: Hemisphere.
Spielberger, C. D. (1976). The nature and treatment of test anxiety. In M. Zuckerman & C. D. Spielberger (Eds.), *Emotion and anxiety.* New York: Wiley.
Spielberger, C. D. (1980). *Test Anxiety Inventory. Preliminary professional manual.* Palo Alto, Ca: Consulting Psychologists Press.
Spielberger, C. D. (1983). *Manual for the State-Trait Anxiety Inventory (STAI form Y).* Palo Alto, CA: Consulting Psychologists Press.
Spielberger, C. D., Anton, W. D. & Bedell, J. (1976). The nature and treatment of test anxiety. In M. Zuckerman & C. D. Spielberger (Eds.), *Emotions and anxiety: New concepts, methods, and applications* (pp. 317–345). New York: Erlbaum/Wiley.
Spielberger, C. D. & Butcher, J. N. (Eds.) (1983). *Advances in personality assessment (Vol. 3).* Hillsdale: Erlbaum.
Spielberger, C. D. & Diaz-Guerrero, R. (Eds.) (1976). *Cross-cultural anxiety (Vol. 1).* Washington: Hemisphere.
Spielberger, C. D., Gonzales, H. P., Taylor, C. J., Algaze, B. & Anton, W. D. (1978). Examination stress and test anxiety. In C. D. Spielberger & I. G. Sarason (Eds.), *Stress and anxiety* (Vol. 5). New York: Hemisphere/Wiley.
Spielberger, C. D., Gorsuch, R. L. & Lushene, R. E. (1970). *STAI Manual for the State-Trait Anxiety Inventory.* Palo Alto, CA: Consulting Psychologists Press.
Spielberger, C. D. & Vagg, P. R. (1987). The treatment of test anxiety: A transactional process model. In R. Schwarzer, H. M. van der Ploeg & C. D. Spielberger (Eds.), *Advances in test anxiety research (Vol. 5)* (pp. 179–186). Lisse: Swets & Zeitlinger.
Spreen, O. (1961). Konstruktion einer Skala zur Messung der manifesten Angst in experimentellen Untersuchungen. *Psychologische Forschung, 26,* 205–223.
Stahlberg, D. & Frey, D. (1983). Selbstwertschutz und Selbstwerterhöhung. *Selbstkonzept-Themenheft. Zeitschrift für personenzentrierte Psychologie und Psychotherapie* (Vol. 2) (pp. 11–20). Weinheim: Beltz.
Standford, D., Dember, W., & Stanford, L. A. (1963). Children's form of the Alpert-Haber Achievement Anxiety Scale. *Child Development, 34,* 1027–1032.
Stapf, K. H., Herrmann, T., Stapf, A. & Stäcker, K. H. (1972). *Psychologie des elterlichen Erziehungsstils.* Stuttgart: Klett.
Staub, E. (1980). *Personality. Basic aspects and current research.* Englewood Cliffs: Prentice Hall.

Stegie, R. (1980). Probleme der Life-Event-Forschung. *Medizinische Psychologie, 6,* 20–32.
Steigerwald, F. (1980). Die empirische Erfassung der Todesangst mit Fragebogen. *Medizinische Psychologie, 6,* 54–65.
Stein, F., Fischer, M. & Stephan, E. (1982). Theoretical and empirical analyses of test anxiety from an ecopsychological perspective. In R. Schwarzer, H. M. van der Ploeg & C. D. Spielberger (Eds.), *Advances in test anxiety research* (Vol. 1) (pp. 19–31). Lisse/Hillsdale, N. Y.: Swets & Zeitlinger/Erlbaum.
Stephan, E., Fischer, M. & Stein, F. (1983). Self-related cognitions in test anxiety research: An empirical study and critical conclusions. In H. M. van der Ploeg, R. Schwarzer & C. D. Spielberger (Eds.), *Advances in test anxiety research* (Vol. 2, pp. 45–66). Lisse/Hillsdale, NJ. Swets & Zeitlinger/Erlbaum.
Stevens, L. & Jomes, E. E. (1976). Defensive attribution and the Kelley cube. *Journal of Personality and Social Psychology, 34,* 809–820.
Stocksmeier, U. (1977). Diskussionsbeitrag. In M. J. Halhuber (Ed.), *Psychosozialer »Streß« und koronare Herzkrankheit* (Vol. 1). Berlin: Springer.
Stouffer, S. A., Suchman, E. A., DeVinney, L. C., Star, S. A. & Williams, R. M. (1949). *The American soldier: Adjustment during army life. Vol. 1.* Princeton, N. J.: Princeton University Press.
Streitmatter, J. & Jones, R. M. (1982). Perceived parent and teacher socialization styles on self-esteem in early adolescence. *Journal of Early Adolescence, 108,* 61–72.
Suls, J. M. (Ed.) (1982). *Psychological perspectives on the self. Vol. 1.* Hillsdale, N. J.: Erlbaum.
Suls, J. & Fletcher, B. (1983). Social comparison in the social and physical sciences: An archival study. *Journal of Personality and Social Psychology, 44,* 575–580.
Suls, J. M. & Gastorf, J. W. (1978). Performance evaluation via social comparison: Performance similarity versus related-attribute similarity. *Social Psychology, 41,* 297–305.
Suls, J., Gastorf, J., & Wittenberg, S. (1978). Life events, psychological distress, and the Type A coronary-prone behavior pattern. *Journal of Psychosomatic Research, 23,* 315–319.
Suls, J. & Greenwald, A. G. (Ed.) (1983). *Psychological perspectives on the self (Vol. 2).* Hillsdale: Erlbaum.
Suls, J. M. & Miller, R. L. (Eds.) (1977). *Social comparison processes.* New York: Wiley.
Suls, J. M. & Mullen, B. (1982). From the cradle to the grave: Comparison and self-evaluation across the life-span. In J. M. Suls (Ed.), *Social psychological perspectives on the self* (pp. 97–125). Hillsdale, N. J.: Erlbaum.
Swank, R. L. (1949). Combat exhaustion. *Journal of Nervous and Mental Disease, 109,* 475–508.
Swann, W. B. Jr. & Read, S. J. (1981). Acquiring self-knowledge: The search for feedback that fits. *Journal of Personality and Social Psychology,* 1119–1128.
Tabachnik, N., Crocker, J. & Alloy, L. B. (1983). Depression, social comparison, and the false-consensus effect. *Journal of Personality and Social Psychology, 45,* 688–699.
Taylor, J. (1953). A personality scale of manifest anxiety. *Journal of Abnormal and Social Psychology, 48,* 285–290.
Taylor, J. A. (1956). Drive theory and manifest anxiety. *Psychological Bulletin, 53,* 303–320.
Tedeschi, J. T. (1974). *Perspectives on social power.* Chicago: Aldine.
Tennen, H. & Eller, S. J. (1977). Attributional components of learned helplessness and facilitation. *Journal of Personality and Social Psychology, 35,* 265–271.
Tesser, A. & Campbell, J. (1980). Self-definition: The impact of the relative performance and similarity of others. *Social Psychology, 43,* 341–347.
Tesser, A. & Paulhus, D. (1983). The definition of self: Private and public self-evaluation management strategies. *Journal of Personality and Social Psychology, 44,* 672–682.
Theorell, T. (1977). On risk factors for premature myocardial infarction in middle-aged building construction workers. In M. J. Halhuber (Ed.), *Psychosozialer »Streß« und koronare Herzkrankheit* (Vol. 1, pp. 44–57). Berlin: Springer.
Thomae, H. (1974). *Konflikt, Entscheidung, Verantwortung.* Stuttgart: Kohlhammer.
Thomas, A. (1979). Learned helplessness and expectancy factors: Implications for research in learning disabilities. *Review of Educational Research, 49,* 208–221.
Tiedemann, J. (1980). *Sozial-emotionales Schülerverhalten.* München: Reinhardt.
Tobias, S. (1975). Sequenzierung, Materialvertrautheit und Merkmal-Methoden-Interaktionen im programmierten Unterricht. In R. Schwarzer & K. Steinhagen (Eds.), *Adaptiver Unterricht* (pp. 146–160). München: Kösel.
Tobias, S. (1980). Anxiety and instruction. In I. G. Sarason (Ed.), *Test anxiety: Theory, research, and applications* (pp. 280–309). Hillsdale, NJ: Erlbaum.
Tobias, S. (1986). Anxiety and cognitive processing of instruction. In R. Schwarzer (Ed.), *Self-Related Cognitions in Anxiety and Motivation.* Hillsdale: Erlbaum.

Tolsdorf, C. C. (1976). Social networks, support, and coping: An exploratory study. *Family Process, 15,* 407–417.
Topman, R. M. & Jansen, T. (1984). »I really can't do it, anyway«: The treatment of test anxiety. In H. M. van der Ploeg, R. Schwarzer & C. D. Spielberger (Eds.), *Advances in test anxiety research* (Vol. 3, pp. 243–251). Lisse/Hillsdale, NJ: Swets & Zeitlinger/Erlbaum.
Treiber, B. (1981). Attribute-Treatment Interaction (ATI). In H. Schiefele & A. Krapp (Eds.), *Handlexikon Pädagogische Psychologie.* München: Ehrenwirth.
Treiber, B. & Petermann, F. (1976). Probleme der Unterrichtsdifferenzierung aus der Sicht des ATI-Forschungsprogramms. *Zeitschrift für Pädagogik, 22,* 526–546.
Trudewind, C. (1975). *Häusliche Umwelt und Motiventwicklung.* Göttingen: Hogrefe.
Trudewind, C. (1976). Die Entwicklung des Leistungsmotivs. In H. D. Schmalt & W. U. Meyer (Eds.), *Leistungsmotivation und Verhalten* (pp. 193–219). Stuttgart: Klett.
Tryon, G. S. (1980). The measurement and treatment of test anxiety. *Review of Educational Research, 50,* 343–372.
Turner, R. G. (1978). Consistency, self-consciousness, and the predictive validity of typical and maximal personality measures. *Journal of Research in Personality, 12,* 117–132c.
Turner, R. G. & Peterson, M. (1977). Public and private self-consciousness and emotional expressivity. *Journal of Consulting and Clinical Psychology, 45,* 490–491.
Turner, R. G., Scheier, M. F., Carver, C. S. & Ickes, W. (1978). Correlates of self-consciousness. *Journal of Personality Assessment, 42,* 285–289.
Tversky, A. & Kahnemann, D. (1973). Availability: A heuristic for judging frequency and probability. *Cognitive Psychology, 5,* 207–232.
Ulich, D., Haußer, K., Mayring, P., Alt, B., Strehmel, P. & Grünwald, H. (1980). *Kognitive Kontrolle in Krisensituationen: Arbeitslosigkeit bei Lehrern. 1. Zwischenbericht zum DFG-Projekt 1980.*
Vagg, P. R. & Spielberger, C. D. (in press). The treatment of test anxiety: A transactional process model. In C. D. Spielberger & P. R. Vagg (Eds.), *The assessment and treatment of test anxiety.* New York: Hemisphere/McGraw-Hill.
Vaillant, G. E. (1977). *Adaptation to life.* Boston: Little, Brown & Co.
Valins, S. & Nisbett, R. E. (1971). *Some implications of attribution processes for the development and treatment of emotional disorders.* New York: General Learning Press.
Vallacher, T. T. (1980). An introduction to self-theory. In D. M. Wegner & R. R. Vallacher (Eds.), *The self in social psychology* (pp. 3–30). New York: Oxford University Press.
Veroff, J. (1969). Social comparison and the development of achievement motivation. In C. P. Smith (Ed.), *Achievement-related motives in children* (pp. 46–101). New York: Russel Sage Foundation.
Verres, R. & Sobez, I. (1980). *Ärger, Aggression und soziale Kompetenz.* Stuttgart: Klett-Cotta.
Verrez, R. & Sobez, I. (1980). Kognitive Aspekte von Ärger und Wut. *Medizinische Psychologie.*
Vester, F. (1976). *Phänomen Streß.* Stuttgart: Deutsche Verlagsanstalt.
Viebahn, P. (1979). Erwartungs-Wert-Theorie und Lernhandlungen. Beiträge einer partiellen Handlungstheorie zur Unterrichtstheorie. *Zeitschrift für Erziehungswissenschaftliche Forschung, 13,* 137–160.
Vlek, C. & Pruyn, A. (1984). Evaluative stress and human performance: The case of test anxiety. In H. M. van der Ploeg, R. Schwarzer & C. D. Spielberger (Eds.), *Advances in Test Anxiety Research* (Vol. 3). Lisse/Hillsdale: Swets/Erlbaum.
Voss, H.-G. (1984). Curiosity, exploration and anxiety. In H. M. van der Ploeg, R. Schwarzer & C. D. Spielberger (Eds.), *Advances in Test Anxiety Research* (Vol. 3). Lisse/Hillsdale: Swets/Erlbaum.
Wachtel, P. L. (1968). Anxiety, attention, and coping with threat. *Journal of Abnormal and Social Psychology, 73,* 137–143.
Wade, B. E. (1981). Highly anxious pupils in formal and informal primary classrooms; the relationship between inferred coping strategies and cognitive attainment. *The British Journal of Educational Psychology, 51,* 39–49.
Wagner, I. (1976). *Aufmerksamkeitstraining mit kognitiv impulsiven Kindern.* Weinheim: Beltz.
Wagner, H. (1982). Bezugsnormspezifische Lehrerunterschiede im Urteil von Schülern. In F. Rheinberg (Ed.), *Bezugsnormen zur Schulleistungsbewertung. Jahrbuch für Empirische Erziehungswissenschaft 1982* (pp. 173–191). Düsseldorf: Schwann.
Wahl, D. (1975). *Erwartungswidrige Schulleistungen.* Weinheim: Beltz.
Wahl, D. (1979). Methodische Probleme bei der Erfassung handlungsleitender und handlungsrechtfertigender subjektiver psychologischer Theorien von Lehrern. *Zeitschrift für Entwicklungspsychologie und Pädagogische Psychologie, 11,* 208–217.
Wasna, M. (1972). *Motivation, Intelligenz und Lernerfolg.* München: Kösel.

Weary Bradley, G. (1978). Self-serving bias in the attribution process: A reexamination of the fact or fiction question. *Journal of Personality and Social Psychology, 36*, 56–71.
Wegner, D. M., & Schaefer, D. (1978). The concentration of responsibility: An objective self-awareness analysis of group size effects in helping situations. *Journal of Personality and Social Psychology, 36*, 147–155.
Wegner, D. M. & Vallacher, R. R. (Eds.) (1980). *The self in social psychology*. New York: Oxford Press.
Weiner, B. (1977). Attribution and affect: Comments on Sohn's critique. *Journal of Educational Psychology, 69*, 506–511.
Weiner, B. (1979). A theory of motivation for some classroom experiences. *Journal of Educational Psychology, 71*, 3–25.
Weiner, B. (1980). A cognitive (attribution) – emotion – action model of motivated behavior: An analysis of judgments of help-giving. *Journal of Personality and Social Psychology, 39*, 186–200.
Weiner, B. (1980). *Human motivation*. New York: Holt, Rinehart, & Winston.
Weiner, B. (1980). The role of affect in rational (attributional) approaches to human motivation. *Educational Researcher, 9*, 4–11.
Weiner, B. (1982). An attributionally based theory of motivation and emotion – focus, range and issues. In Feather, N. T. (Ed.), *Expectations and actions: Expectancy-value models in psychology*. Hillsdale, N. J.: Erlbaum.
Weiner, B. (1982). An attribution theory of motivation and emotion. In H. W. Krohne & L. Laux (Eds.), *Achievement, stress and anxiety*. Washington: Hemisphere.
Weiner, B. (1982). The emotional consequences of causal ascriptions. In M. S. Clark, & S. T. Fiske (Eds.), *Affect and cognition. The 17th Annual Carnegie Symposium on Cognition*. Hillsdale: Erlbaum.
Weiner, B. (1983). Some methodological pitfalls in attributional research. *Journal of Educational Psychology, 75*, 530–543.
Weiner, B., Russell, D. & Lerman, D. (1978). Affective consequences of causal ascriptions. In J. H. Harvey, W. J. Ickes & R. F. Kidd (Eds.), *New directions in attribution research* (Vol. 2). Hillsdale, N. Y.: Erlbaum.
Weiner, B., Russel, D. & Lerman, D. (1978). Affektive Auswirkungen von Attributionen. In D. Görlitz, W. U. Meyer & B. Weiner (Eds.), *Bielefelder Symposium über Attribution* (pp. 139–174 [b]).Stuttgart: Klett-Cotta.
Weinert, F. E. & Kluwe, R. H. (Eds.) (1984). *Metakognition, Motivation und Lernen*. Stuttgart: Kohlhammer.
Wertheim, E. H. & Schwarz, J. C. (1983). Depression, guilt and self-management of pleasant and unpleasant events. *Journal of Personality and Social Psychology, 45*, 884–889.
White, R. W. (1959). Motivation reconsidered: The concept of competence. *Psychological Review, 66*, 297–333.
Wicklund, R. A. (1975). Objective self-awareness. In Berkowitz, L. (Ed.), *Advances in experimental social psychology*. Vol. 8 (pp. 233–275). New York: Academic Press.
Wicklund, R. A. (1979). *Die Aktualisierung von Selbstkonzepten in Handlungsvollzügen*. In S. H. Filipp (Ed.), Stuttgart: Klett-Cotta.
Wicklund, R. A. (1986). Fitting to the environment and the use of dispositions. In R. Schwarzer (Ed.), *Self-Related Cognitions in Anxiety and Motivation*. Hillsdale: Erlbaum.
Wicklund, R. A. & Frey, D. (1980). Self-awareness theory: When the self makes a difference. In D. M. Wegner & R. R. Vallacher (Eds.), *The self in social psychology* (pp. 31–54). New York: Oxford University Press.
Wicklund, R. A. & Gollwitzer, P. M. (1981). Symbolic self-completion, attempted influence, and self-deprecation. *Basic and Applied Psychology, 2*, 89–114.
Wicklund, R. A. & Gollwitzer, P. M. (1982). *Symbolic self-completion*. Hillsdale: Erlbaum.
Wiechart, D. (1977). Zur Erfassung des Selbstkonzepts. *Psychologische Rundschau*.
Wiechardt, D. (1978). Selbstkonzept. In K. J. Klauer (Ed.), *Handbuch der Pädagogischen Diagnostik*. Düsseldorf: Schwann.
Wieczerkowski, W., Nickel, H., Janowski, A., Fittkau, B. & Rauer, W. (1974). *Angstfragebogen für Schüler*. Braunschweig: Westermann.
Wine, J. D. (1971). Test anxiety and direction of attention. *Psychological Bulletin, 76*, 92–104.
Wine, J. D. (1980). Cognitive-attentional theory of test anxiety. In I. G. Sarason (Ed.), *Test anxiety: Theory, research, and applications* (pp. 349–385). Hillsdale, NJ: Erlbaum.
Wine, J. D. (1982). Evaluation anxiety: A cognitive-attentional construct. In H. W. Krohne & L. Laux (Eds.), *Achievement, stress, and anxiety*. Washington, DC: Hemisphere.
Wohlwill, J. F. (1974). Human adaptation to levels of environmental stimulation. *Human Ecology, 2*, 127–147.

Wortman, C. B. & Brehm, J. W. (1975). Responses to uncontrollable outcomes: An integration of reactance theory and the learned helplessness model. In L. Berkowitz (Ed.), *Advances in experimental social psychology* (Vol. 8, pp. 277–336). New York: Academic Press.

Wortman, C. B. & Dintzer, L. (1978). Is an attributional analysis of the learned helplessness phenomenon viable? A critique of the Abramson-Seligman-Teasdale reformulation. *Journal of Abnormal Psychology, 87,* 75–90.

Wrubel, J., Benner, P. & Lazarus, R. S. (1981). Social competence from the perspective of stress and coping. In J. D. Wine & M. D. Smye (Eds.), *Social competence.* New York/London: Guilford Press.

Wrzesniewski, K. (1984). Development of the Polish form of the State-Trait Personality Inventory. In H. M. van der Ploeg, R. Schwarzer & C. D. Spielberger (Eds.), *Advances in Test Anxiety Research* (Vol. 3). Lisse/Hillsdale: Swets/Erlbaum.

Wylie, R. C. (1961). *The self-concept. A critical survey of pertinent research literature.* Lincoln: University of Nebraska Press.

Wylie, R. C. (1968). The present status of self theory. In E. F. Borgatta & W. W. Lambert (Eds.), *Handbook of personality theory and research* (pp. 728–787). Chicago: Rand McNally.

Wylie, R. C. (1974). *The self concept: A review of methodological considerations and measuring instruments* (Vol. 1). Lincoln: University of Nebraska Press.

Wylie, R. C. (1979). *The self-concept: Vol. 2. Theory and research on selected topics.* Lincoln: University of Nebraska Press.

Yamamoto, K. (1979). Children's rating of the stressfulness of experiences. *Developmental Psychology, 15,* 581–582.

Yates, G. C. R., Hannel, G. & Lippet, R. M. (1985). Cognitive slippage, test anxiety, and response in a group testing situation. *British Journal of Educational Psychology, 55,* 28–33.

Zajonc, R. B. (1984). On the primacy of affect. *American Psychologist, 39,* 117–123.

Zajonc, R. B. (1980). Feeling and thinking: Preferences need no inferences. *American Psychologist, 36,* 151–175.

Zatz, S. & Chassin, L. (1983). Cognitions of test-anxious children. *Journal of Consulting and Clinical Psychology, 51,* 526–534.

Zeidner, M. (1987). Sociocultural differences in test attitudes and motivations: The Israeli scene. In R. Schwarzer, H. M. van der Ploeg & C. D. Spielberger (Eds.), *Advances in test anxiety research (Vol. 5)* (pp. 241–250). Lisse: Swets & Zeitlinger.

Zimbardo, P. G. (1977). *Shyness.* New York: Jove.

Zuckerman, M. (1979). Attribution of success and failure revisited, or: The motivational bias is alive and well in attribution theory. *Journal of Personality and Social Psychology, 47,* 245–287.

Ausgewähltes Sachregister

Ärger 22f., 50, 78, 203
Angst 12, 22f., 62, 64, 73, 74, 79, 80ff., 160, 169, 176, 192, 200
Attribution 43, 61, 67f., 97ff., 103, 131, 153, 155, 159, 160ff., 173ff., 187
A-Typ 37ff.
Aufgeregtheit 82, 84, 87ff., 97, 101f., 120, 126, 149

Bedrohung 10, 22, 24, 28, 41, 64, 80, 84, 109, 127, 147, 164, 169f., 175, 188
Besorgtheit 82, 84f., 87ff., 94, 95, 97, 101f., 120, 126, 133ff., 149, 201

Coping 11, 16ff., 19, 20f., 43ff., 78f., 169, 200

Depression 18, 22ff., 65, 160ff., 195

Emotion 11, 16f., 22f., 41, 43, 47, 56, 62ff., 78, 136, 142, 148, 169, 175f.
Existenzangst 73, 78, 92f.

Herausforderung 9, 12, 41, 79, 90, 164, 169, 184
Hilflosigkeit 18, 24, 44, 75, 89, 103, 147ff.

Instrumentalitätserwartung 42f.

Kompetenzerwartung 43f., 75, 78, 141, 154, 171, 179, 181ff., 191, 195f., 202

Konsequenzerwartung 10, 42f.
Kontrolle 28, 29, 32, 38, 40, 43, 67f., 76, 78f., 164ff., 170, 172f., 187, 189
Kontrollverlust 38, 89, 152, 154, 160ff., 166f., 177ff., 200ff.

Lebensereignisse 12ff., 25ff., 38, 41
Leistungsangst 74, 78, 90, 92ff., 146
Lernumwelt 111ff., 120, 204

Publikumsangst 78, 132ff., 139ff.

Scham 60, 78, 126ff., 130ff., 139ff.
Schüchternheit 54, 60, 78, 135ff., 139ff.
Schulangst 100ff., 134

Selbstaufmerksamkeit 18, 31, 47ff., 74, 90f., 97, 112, 127f., 131, 133, 138, 140f., 142f.,
- einschätzung 18, 76, 94, 164f.
- konzept 47f., 80, 139, 160
- modell 41ff., 46, 141, 149, 170, 200, 202
- wertbedrohung 9, 11, 31, 45, 80, 90, 92, 127, 169, 176
- wertgefühl 47, 60, 79, 153
- wertschätzung 47f., 60, 75, 131, 138
- wirksamkeit 11, 43, 75f., 78, 94, 104, 179, 186ff., 195ff., 200ff.
Situationsmodell 41, 46, 80, 141, 170, 202
soziale Angst 60, 78, 87, 92f.
soziales Netzwerk 11, 25ff., 169
soziale Vergleiche 30, 38, 90, 100f., 110, 112, 125, 153f., 179, 181ff.
Streß 9ff., 78f., 117, 140, 160, 170, 200

Therapie 89, 95, 124ff., 167
Transaktion 11, 17, 22, 34, 40f., 46f., 76f., 79, 149

Verlegenheit 60, 78, 126ff., 132, 139ff.
Verlust 9, 12, 17, 24, 28, 35, 164, 166ff., 175
Verstärkerverlust 24, 38, 167f., 170
Vulnerabilität 40, 168f., 171, 195